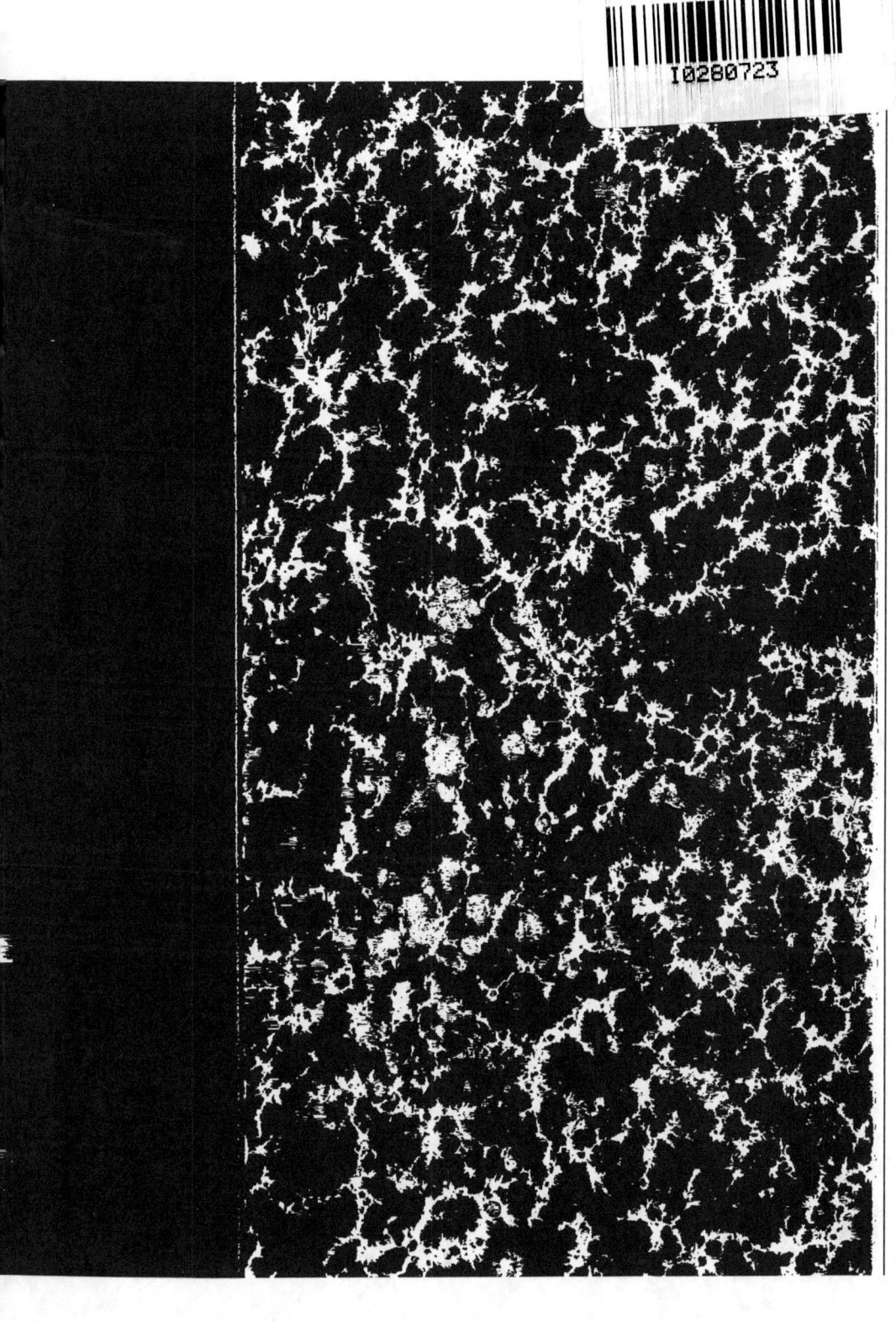

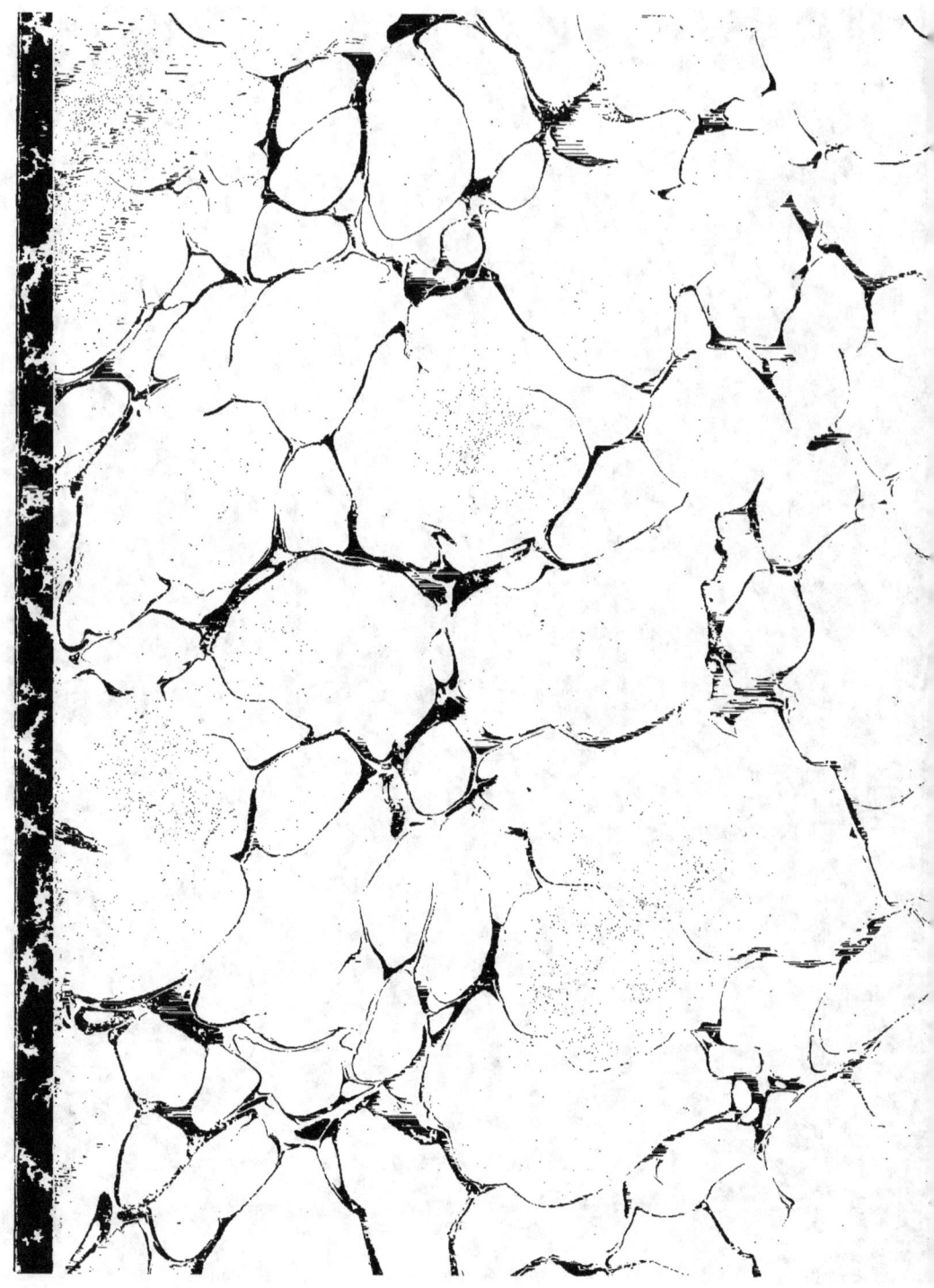

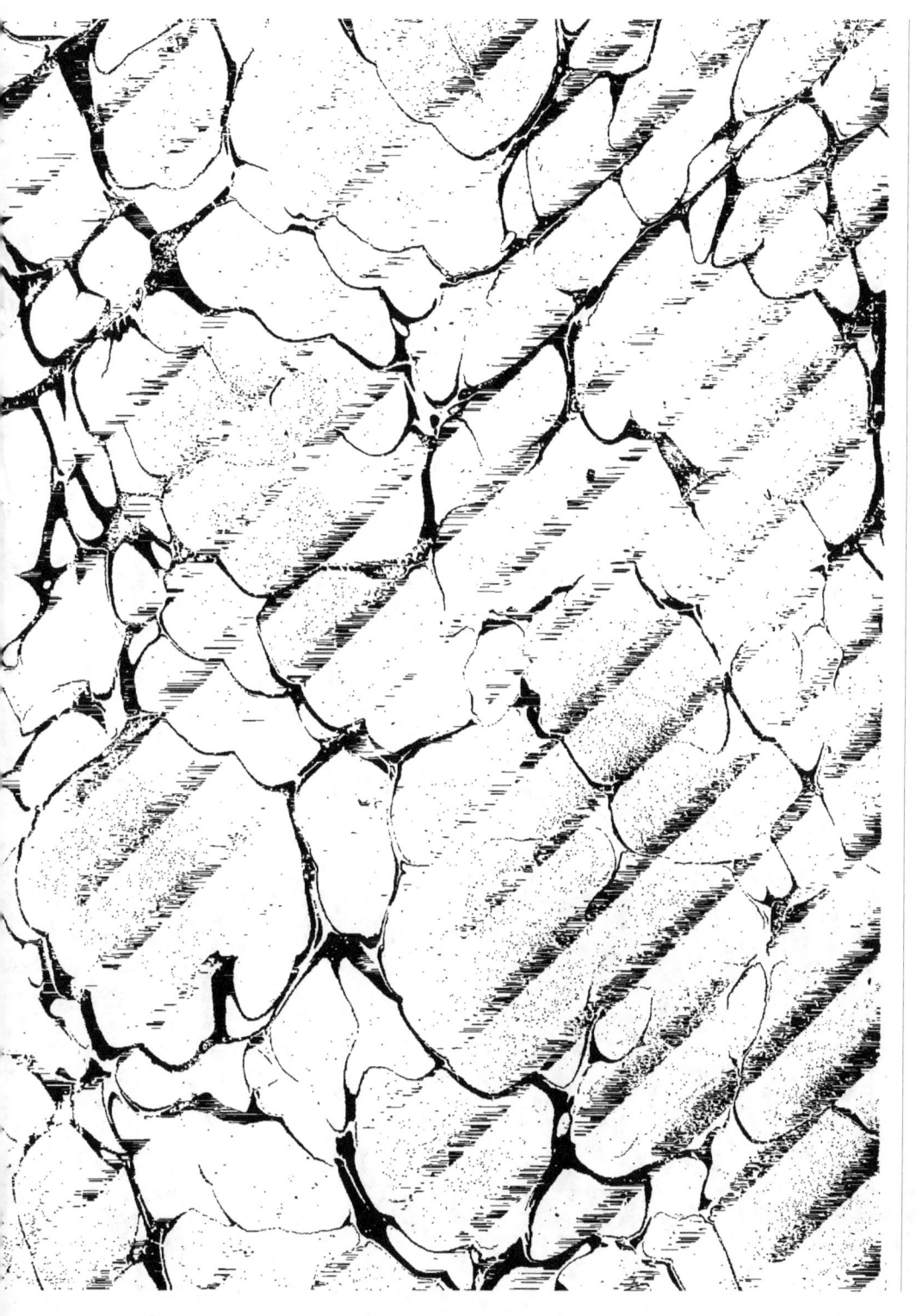

MÉMOIRES
DE
NICOLAS GOULAS

IMPRIMERIE GOUVERNEUR, G. DAUPELEY

A NOGENT-LE-ROTROU.

MÉMOIRES

DE

NICOLAS GOULAS

GENTILHOMME ORDINAIRE DE LA CHAMBRE
DU DUC D'ORLÉANS

PUBLIÉS POUR LA PREMIÈRE FOIS
D'APRÈS LE MANUSCRIT ORIGINAL DE LA BIBLIOTHÈQUE NATIONALE
POUR LA SOCIÉTÉ DE L'HISTOIRE DE FRANCE

PAR CHARLES CONSTANT

TOME PREMIER

A PARIS
LIBRAIRIE RENOUARD
HENRI LOONES, SUCCESSEUR
LIBRAIRE DE LA SOCIÉTÉ DE L'HISTOIRE DE FRANCE
RUE DE TOURNON, N° 6
—
MDCCCLXXIX.

EXTRAIT DU RÈGLEMENT.

Art. 14. — Le Conseil désigne les ouvrages à publier, et choisit les personnes les plus capables d'en préparer et d'en suivre la publication.

Il nomme, pour chaque ouvrage à publier, un Commissaire responsable, chargé d'en surveiller l'exécution.

Le nom de l'éditeur sera placé à la tête de chaque volume.

Aucun volume ne pourra paraître sous le nom de la Société sans l'autorisation du Conseil, et s'il n'est accompagné d'une déclaration du Commissaire responsable, portant que le travail lui a paru mériter d'être publié.

Le Commissaire responsable soussigné déclare que l'édition des Mémoires de Nicolas Goulas, *préparée par* M. Charles Constant, *lui a paru digne d'être publiée par la* Société de l'Histoire de France.

Fait à Paris, le 15 avril 1879.

Signé Mis De CHANTÉRAC.

Certifié,

Le Secrétaire de la Société de l'Histoire de France,

J. DESNOYERS.

NOTICE

BIBLIOGRAPHIQUE ET BIOGRAPHIQUE.

Depuis longtemps on connaissait l'existence d'un *Abrégé de l'Histoire du règne de Louis XIII*, par Nicolas Goulas, gentilhomme de la chambre de Gaston d'Orléans ; et, comme faisant suite à ce premier ouvrage, les *Mémoires de ce qui s'est passé en France durant la régence de la reine Anne d'Autriche, depuis 1643 jusqu'en 1651*. Ces deux manuscrits ont été décrits dans le *Dictionnaire historique de la France*, sous les n°s 22155 et 23377[1]; et Fevret de Fontette indiquait qu'il existait deux exemplaires des mémoires de Goulas, l'un formant un volume in-folio, alors conservé dans la bibliothèque du prince Eugène de Savoie, et l'autre formant quatre volumes petit in-4°, conservés dans la bibliothèque de M. le baron d'Hœndorff. Aujourd'hui réunis à la Bibliothèque impériale de Vienne, ces deux exemplaires sont catalogués sous les n°s 6940, 6941, 6989, 6990 et 7043[2].

1. Fevret de Fontette signale encore, sous le n° 25602, deux autres manuscrits de Nicolas Goulas qui portent les titres suivants : « Vie de Léonard Goulas, secrétaire des commandements de M. le duc d'Orléans, avec la défense de M. Goulas contre les calomnies insérées dans un livre intitulé : *Mémoires de M. de Montrésor*. »
Ces deux manuscrits se retrouvent aujourd'hui dans le manuscrit n° 851 du fonds français, à la Bibliothèque nationale de Paris, et sont demeurés jusqu'à présent entièrement inédits.
2. Le catalogue de la Bibliothèque impériale de Vienne signale

Un autre manuscrit du même auteur a été décrit, en 1848, par M. Monmerqué, dans l'ouvrage de M. Paulin Paris, les *Manuscrits français de la Bibliothèque du Roi* (Paris, Techener, 1848, tome VII, p. 4 et suiv.). Ce manuscrit se divise en deux parties : la première porte pour titre : *La vie du sieur de la Mothe Goulas, à M. Malo, conseiller du roy en sa cour de Parlement*, et la seconde : *Seconde partie de la vie du sieur de la Mothe Goulas, et des choses qu'il a vues pendant qu'il a servi Son Altesse royale, Monseigneur Gaston de France, duc d'Orléans.* Le manuscrit de la Bibliothèque nationale de Paris est un in-folio recouvert en basane brune ; il provient du fonds Lancelot et se trouve aujour-

---

encore, sous le n° 6950, les deux manuscrits notés par Fevret de Fontette sous le n° 25602 du *Dictionnaire historique de la France*.

Il indique en outre, sous le n° 9021, une « Histoire d'Allemagne et des Empereurs, par Nicolas de la Mothe Goulas. »

Le manuscrit in-folio, catalogué à la Bibliothèque impériale de Vienne sous le n° 7043, porte le titre général suivant : « Histoire de Louis XIIIe depuis 1610, et la régence jusqu'en fin de 1651, écrite et rédigée par le sieur de la Mothe Goulas. » — Une autre main a ajouté, ce qui est une erreur, « secrétaire des commandements de monseigneur Gaston de France, duc d'Orléans. » Nicolas Goulas n'était que gentilhomme ordinaire ; c'est Léonard Goulas qui remplissait les fonctions de secrétaire des commandements.

Le ms. de Vienne se divise en trois parties distinctes, qui portent les titres suivants :

a). « Abrégé de l'histoire du règne de Louis XIIIe, roy de France et de Navarre, 1610-1626. »

b). « Mémoires de ce qui est arrivé en France depuis le commencement de l'année 1627 jusques à la mort de Louis XIIIe, au mois de may 1643. »

c). « Mémoires de ce qui s'est passé en France durant la régence de la reyne Anne d'Autriche, depuis l'année 1643 jusques à la fin de 1651. »

NOTICE. iij

d'hui catalogué sous le n° 851 du fonds français. C'est le texte de ce dernier manuscrit que nous publions[1].

Enfin, au cours de notre publication, une copie du manuscrit de la Bibliothèque nationale de Paris nous a été signalée à la Bibliothèque du ministère des Affaires étrangères. Cette copie, cataloguée sous le n° 77, forme trois tomes in-folio reliés; l'écriture en est belle et paraît être celle d'un copiste du commencement du XIX° siècle, mais les incorrections abondent et cette copie ne pouvait en aucune façon nous aider dans la publication du manuscrit original de Nicolas Goulas.

Nous venons d'écrire : Manuscrit original de Nicolas Goulas; est-ce bien un original que le manuscrit qui existe à la Bibliothèque nationale de Paris? — En le décrivant pour la première fois dans les *Manuscrits français de la Bibliothèque du Roi*, M. Monmerqué disait : « Ce volume, d'une écriture difficile, paraît être autographe ; » Fevret de Fontette, dans son *Dictionnaire historique de la France*, avait déjà considéré les manuscrits de Nicolas Goulas qu'il cataloguait comme « écrits de la main de l'auteur; » nous pouvons affirmer aujourd'hui que nous sommes en présence d'un original.

Nous n'en avions d'ailleurs jamais douté; les manuscrits de Paris et de Vienne[2], qui sont tous de la même écri-

---

1. Nous nous sommes servi, après l'avoir soigneusement collationnée, de la copie qui, au *Catalogue de la Bibliothèque de M. Monmerqué* (1861), portait le n° 3976, et était ainsi décrite : « *Mémoires de M. de Goulas*, ms. sur papier, 3 vol. in-4° cart.; copie faite par M. Monmerqué, sur le manuscrit original de Goulas, à la Bibliothèque impériale. »

2. Les manuscrits de Vienne nous ont été communiqués par la voie diplomatique et sont demeurés pendant plusieurs années à notre disposition, à la Bibliothèque nationale de Paris. Nous

ture, portent à chaque page des indications qui attestent leur originalité[1]; tous contiennent des ratures et des interlignes qui montrent l'auteur se corrigeant lui-même au cours de la rédaction de ses *Mémoires*, ou bien, en les soumettant à une seconde lecture, complétant ici sa pensée, plus loin remplaçant une expression par une autre, annulant même parfois des parties de phrases d'une façon si complète et d'un trait d'encre si compacte, qu'il est difficile sinon impossible aujourd'hui d'en faire revivre le sens primitif[2]. Tous ces faits nous semblaient affirmer clairement l'originalité des *Mémoires* que nous publions. Il ne peut plus aujourd'hui y avoir de doute depuis que l'on a découvert[3] dans l'étude de M⁰ Champetier de Ribes,

---

ne saurions trop exprimer ici notre reconnaissance aux personnes qui nous ont ainsi permis de contrôler journellement les deux manuscrits et de les compléter l'un par l'autre.

1. S'il était besoin d'en citer un exemple, il faudrait se reporter notamment au folio 312 v° du manuscrit de Vienne, et l'on y verrait collé un petit papier, sur lequel sont écrites les notes suivantes, qui sont de la même écriture que le reste du volume et ne peuvent qu'émaner d'un auteur soucieux de son œuvre :

1° « Il faut se souvenir que les trois ou quatre premiers cahiers sont de plus petit papier et de les montrer au relieur. »

2° « Il faut se souvenir qu'à la fin de 1641 l'on n'a point parlé des gens de qualité tués à Mardick pour faire cognoistre leur naissance et leur mérite. »

3° « A la fin de 1648, il faut parler des affaires de Rome et de l'état de l'Italie, puis de celuy de Catalogne, de l'exécution de la paix d'Allemagne, et puis des illustres morts. »

4° « A la fin de 1649, il est expédient de toucher les affaires étrangères et marquer les illustres morts; ainsi de 1650, à la fin. »

2. Les corrections sont toutes de la même main, mais les unes sont de la même plume et de même encre que le reste du manuscrit, tandis que les autres ont été faites avec une plume plus fine et une encre quelque peu différente.

3. C'est à M. Alphonse Callery que nous devons cette intéressante découverte; nous sommes heureux de pouvoir lui adresser

notaire à Paris, quatre signatures et un paraphe de Nicolas Goulas[1]. En rapprochant ces signatures des divers manuscrits que nous avons eus sous les yeux, l'on peut se convaincre de la similitude des écritures et par suite de l'authenticité absolue des mémoires que nous publions.

Il ne nous reste plus maintenant qu'à expliquer comment Nicolas Goulas a pu être amené à les rédiger lui-même en double et même en triple exemplaire. Il nous semble que le premier des manuscrits doit être celui qui est conservé à la Bibliothèque nationale de Paris. La première pensée de Nicolas Goulas a dû être de composer des *Mémoires*, ou mieux encore d'écrire sa *Vie* pour l'offrir, sinon en exemple, du moins à titre d'enseignement, à l'un des membres de sa famille. C'était assez l'usage autrefois, et dans bien des familles qui, sans être illustres, étaient jalouses de conserver leurs traditions d'honneur et de travail, il n'était pas rare de rencontrer cette espèce de Livre-Journal qui contenait, dans un ordre chronologique, la mention et le détail des principaux événements au milieu desquels on avait vécu, dont on avait été le témoin, parfois même un des acteurs. « Il y a, dit Nicolas Goulas, dans la

ici tous nos remerciements pour les obligeantes et précieuses communications qu'il a bien voulu nous faire à ce sujet.

1. Voici les actes notariés au bas desquels se trouve la signature de Nicolas Goulas :

1° 14 juillet 1681. — Procuration en brevet donnée par Nicolas Goulas à son neveu, J.-B. Goulas, à l'effet de recevoir de Sébastien et Jean Malo une somme de 1375 livres, etc.

2° 14 juillet 1681. — Mainlevée d'opposition sur des rentes appartenant à Charles, Sébastien et Jean Malo ; acte en forme de brevet.

3° 14 juillet 1681. — Mainlevée d'opposition ; acte en forme de brevet passé au château de la Mothe.

4° Procuration en brevet donnée par Nicolas Goulas à J.-B. Goulas à l'effet de donner quittance de rentes anciennes supprimées et remboursées.

dédicace de ses *Mémoires*, des vies de particuliers qui se peuvent cognoistre et où d'honnestes gens prennent intèrest. » C'est évidemment la pensée qui le guide lorsqu'il présente sa *Vie* à Monsieur son neveu (Charles Malo, conseiller du roi au parlement de Paris), c'est-à-dire « le récit de tout ce qui lui est arrivé en son enfance, sa jeunesse et durant tout le temps qu'il a été à la cour. » Ce n'est que « la conduite et les pensées d'un particulier du commun » qu'il présente en ses écrits, mais il espère que son neveu y prendra quelque intérêt : « Vous qui m'avez toujours aimé, lui dit-il, et qui, ayant des enfants, devez souhaiter, qu'outre le bon exemple que vous leur donnez, ils rencontrent encore dans leur maison un de leurs plus proches qui, bien qu'il n'ait point été vertueux, leur montre, leur proteste, leur crie qu'il faut aimer la vertu. »

Puis, après avoir fait simplement le récit de sa vie et raconté à son neveu « les particularités » de faits dont il a été le témoin et de personnes « qui se sont confiées à sa discrétion, » voici que Nicolas Goulas s'aperçoit qu'en rendant à son neveu « un compte exact des conversations qu'il a eues » soit avec Gaston d'Orléans, soit avec les gentilshommes de sa petite cour, « il y a de quoy faire comme l'histoire de tout ce qui s'est passé en France durant cette époque » (Ms. de Paris, fol. 267 r°); et c'est ainsi que, suivant nous, l'auteur des *Mémoires* que nous publions s'est mis à composer, non plus le simple historique de sa vie, mais l'*Abrégé de l'histoire du règne de Louis XIII*, les *Mémoires de ce qui est arrivé en France depuis le commencement de l'année 1627 jusqu'à la mort de Louis XIII*, et enfin les *Mémoires de ce qui s'est passé en France durant la régence de la reine Anne d'Autriche, depuis 1643 jusqu'en 1651*, c'est-à-dire cet ensemble qui compose le manuscrit in-folio ou les quatre petits in-4º de la Bibliothèque impériale de Vienne, et qui porte, sur le premier feuillet du manuscrit in-folio, ce titre plus général : *Histoire de Louis 13ᵉ depuis 1610, et la Régence jusqu'en 1651, écrite et rédigée par le sieur de la Mothe Goulas*[1].

L'*Histoire de Louis XIII et de la Régence jusqu'en 1651*, qui se trouvait dans la bibliothèque du baron d'Hœndorff ou dans celle du prince Eugène de Savoie, n'est pas d'ailleurs la reproduction textuelle de la *Vie du sieur de la Mothe Goulas*, dédiée à M. Charles Malo ; c'est une composition nouvelle d'un même sujet faite sur un plan différent et dans une tout autre pensée. Le ton familier avec lequel la *Vie du sieur de la Mothe* est écrite est bien différent du style plus compassé et plus correct de l'*Histoire de Louis XIII et de la Régence*, et l'on chercherait vainement dans celle-ci cette sorte de causerie dans laquelle l'auteur se met continuellement en scène, ces petites aventures toutes personnelles à Goulas ou aux siens ; les petites scènes intimes et parfois scabreuses de la vie de Gaston d'Orléans en ont été bannies avec soin ; en sorte que le ton général qui a présidé à la rédaction de l'*Histoire de Louis XIII*, sévèrement divisée par chapitres embrassant les événements d'une année entière, peut les faire

---

1. Lorsqu'on collationne le ms. de Paris avec celui de Vienne, l'on est frappé du fait suivant : les phrases sont souvent les mêmes, construites avec les mêmes expressions ; mais lorsque la phrase du manuscrit de Vienne n'est plus entièrement semblable à celle du manuscrit de Paris, il n'est pas rare que des ratures et des modifications aient été apportées sur ce dernier. Cette observation nous a confirmé dans cette pensée que Nicolas Goulas avait sous les yeux le ms. de Paris lorsqu'il a rédigé le ms. de Vienne.

considérer plutôt comme des annales historiques que comme des mémoires.

Lorsqu'il écrit pour Charles Malo, son neveu [1], Goulas, comme il le dit lui-même (Ms. de Paris, fol. 260 r°), ne songe à écrire ni histoire, ni mémoires, ni commentaires, « c'est une conversation de deux personnes qui se fient l'une à l'autre, de l'oncle et du neveu, qui s'entretiennent l'après soupé. Vous êtes dans le fauteuil, ajoute-t-il, près du lit de repos de la salle de la Mothe[2], et moy, assis sur ce petit lit, appuyé sur un carreau, sans cérémonie, dans la dernière familiarité, je vous conte ce que j'ay vu et ouy dire, et vous écoutez celuy que vous estimez digne de créance. » Quand Nicolas Goulas au contraire écrit son *Histoire du règne de Louis XIII*, il ne se montre plus « comme en déshabillé, en robe de chambre, en bonnet de nuit, » et sans toutefois affecter la gravité de l'historien, il ne se permet plus de risquer tantôt une anecdote grivoise, tantôt une expression triviale

---

1. Charles Malo, auquel Nicolas Goulas a dédié ses mémoires, était conseiller aux enquêtes au parlement de Paris; c'est lui qui probablement a été l'un des conseillers délégués pour les Grands Jours de Clermont (Introduction aux Mémoires de Fléchier sur les Grands Jours de Clermont, par M. Gonod, p. xx). C'était un magistrat distingué. « Malo a bon sens, lisons-nous dans des Notes secrètes sur le personnel de tous les parlements (1663), Malo a bon sens et fait bien la justice, est ferme et sûr, démesle bien une affaire, a de l'honneur et de la probité; a des biens sur le roi, son père s'étant meslé d'affaires et particulièrement des cuirs; est officieux et civil. » (*Correspondance administrative sur le règne de Louis XIV* recueillie par G.-B. Depping. Impr. nat., 1851, t. II, aux Notes secrètes.)

Charles Malo était le fils de Marie Goulas et de Pierre Malo, secrétaire du roi. Deux de ses frères, Sébastien et Jean, ont été conseillers au parlement de Metz; un autre, Pierre, a rempli les mêmes fonctions au parlement de Rouen.

2. Le château de la Mothe, près de Ferrières-en-Brie.

ou familière, ou bien encore un de ces bons mots qui font sourire après boire et rendent plus croustillante une aventure de ruelle ou de cabaret.

Les manuscrits de Paris et de Vienne ne font donc pas tout à fait double emploi, et l'on conçoit dès lors que Nicolas Goulas, qui a passé les vingt-trois dernières années de sa vie dans la solitude de son château de la Mothe-en-Brie, en « véritable reclus, » ait eu le loisir et le goût d'écrire lui-même ses *Mémoires* en double et même en triple expédition. « Il faut qu'un reclus s'occupe et empesche son corps et son esprit de se rouiller, écrit-il, je me promène beaucoup dans la salle, la chambre, le jardin, le bois, les avenues de la maison, et pendant cela mon esprit fait plus de chemin que mon corps ;..... » et plus loin : « Si l'on trouve force papier brouillé dans mon cabinet, c'est que j'ay haï l'oisiveté et qu'il vaut mieux faire de mauvaises compositions que de ne rien faire. »

Les compositions de Goulas ne sont pas d'ailleurs si mauvaises, et tandis que l'auteur de la *Bibliographie historique de la France* affirme que « il ne s'y trouve rien de fort considérable, » M. Monmerqué (*Manuscrits français de la Bibliothèque du Roi*, t. VII, p. 6) s'est montré moins sévère et plus juste, en disant que « Goulas ne sera pas seulement lu comme un historien destiné à redresser les assertions de plusieurs de ses contemporains, il sera aussi placé au nombre des écrivains dignes d'être remarqués. »

Quant à nous, Nicolas Goulas nous semble devoir être regardé comme le principal historien de la cour de Gaston d'Orléans. La petite cour de Blois n'a guère été connue jusqu'à présent que par les *Mémoires de Montrésor*, ce favori du duc d'Orléans que Goulas qualifie de « dangereuse vermine », et signale comme « le conducteur de la barque

b

des mécontents »; ou bien encore par les *Mémoires de Mademoiselle de Montpensier* dont les récits détaillés commencent à une époque trop éloignée des actes les plus importants de la vie de Monsieur. Les *Mémoires de Nicolas Goulas* qui commencent en 1626 et finissent en 1651 paraissent destinés à suppléer à la pénurie des mémoires relatifs à Gaston d'Orléans [1].

La vérité, dont Goulas était « un des plus passionnés amans », n'en fait pas un panégyriste du prince qu'il a servi;

1. Voici quelques indications sur la façon dont Goulas écrivit ses *Mémoires* : « J'ay commencé de dresser des mémoires, dit-il (ms. de Paris, fol. 7), un an après le siège de Corbie et la grande cabale qui pensa perdre là M. le cardinal de Richelieu. Je gardois alors les lettres des personnes de condition qui avaient la bonté de m'avertir quand je n'étois pas auprès de Monsieur, et quand je m'y trouvois, et qu'il n'étoit pas à Paris ou à la cour. » Le plus souvent, Nicolas Goulas ne parle que des choses « qu'il a sues d'original; » et, comme il le dit encore, « ayant toujours suivi M. le duc d'Orléans et ayant su beaucoup de choses d'assez près parce qu'il me les a montrées, n'est-ce pas avoir droit d'en parler? » — « D'ailleurs, ajoute Goulas, ayant approché des plus grands et en quelque sorte auprès d'eux, je leur ay ouy dire beaucoup de choses assez importantes que je puis aujourd'huy ne cacher pas; mes amis les plus intimes ont eu occasion plusieurs fois de négocier avec le premier ministre du feu Roy et de la Reyne régente, et ils se sont confiés en ma discrétion; j'ay vu de près les conduites de certaines personnes de qualité qui étant révélées feraient beaucoup à l'éclaircissement des intrigues de la cour, et je m'ouvre avec vous entièrement et sans me rien réserver. »

Si Goulas a *commencé de dresser ses mémoires* vers 1637, il ne les a vraisemblablement écrits que beaucoup plus tard; il dit, en effet, dans la préface (fol. 11 r°) : « J'ay passé l'âge où les lois romaines dispensoient de servir la république, et je suis arrivé à celuy où les lois chrétiennes exigent plus de larmes et de bonnes œuvres afin de comparoistre devant le tribunal du grand juge et payer icy bas ce qui est dû à sa justice. »

il n'avait pas « une âme timorée qui louche à toute rencontre de sa conscience », et ne professait guère cette doctrine des bons courtisans « que les gens d'honneur n'ont point de chausses. » Vivant à la cour de Monsieur, dans la complète intimité de Léonard Goulas, son cousin, et de ceux qui, auprès du frère du roi, représentaient le parti des patients et des modérés, et ne trempaient pas « dans les fadaises des ministres de Monsieur, » Nicolas Goulas a pu se dire un de ceux qui, à la cour de Gaston, « s'étaient chargés de rabattre les coups et de s'opposer à la fureur des enragés. » En relatant avec soin tous les faits dont il a été le témoin ou qu'il a puisés à bonne source [1], c'est en quelque sorte « sa confession générale qu'il rédige pour Dieu et pour les siens, » et l'on ne saurait dire du gentilhomme de la chambre de Monsieur ce que La Rochefoucault disait de Retz, que « souvent son imagination lui fournit plus que sa mémoire. » A tous ces titres les « ressouvenances » de Nicolas Goulas ont un caractère intime et sincère qui doit nous les rendre précieuses.

C'était « un esprit fort orné et rempli de très belles connaissances » [2] que celui de Nicolas Goulas. Originaire d'Auvergne, la famille des Goulas était venue s'établir à Paris vers 1453. A cette époque, un Robert Goulas « y faisoit les affaires du duc Jehan de Bourbonnais, après qu'il eut épousé la fille du roy Charles VII, » et se qualifiait « contrôleur de sa maison [3]. » Parmi les ancêtres de Nicolas Goulas nous

1. Voir le chapitre intitulé : Des amis et des habitudes du sieur de la Mothe-Goulas, *Mémoires de N. Goulas*, t. II, page 446.
2. Voir la notice que lui a consacrée Moréri.
3. Un Robert Goulas, fils du premier Robert, figure sur un état des dépenses de la maison du duc de Bourbonnais (*Compte-rendu de* 1492 *pour les dépenses de* 1489-1490), immédiate-

rencontrons des avocats au parlement de Paris[1], des conseillers au Châtelet, un chanoine de l'église cathédrale de Meaux, des conseillers et des correcteurs à la Cour des comptes, un conseiller à la Cour des aides, des secrétaires du roi, tous gens de robe et d'église ; parmi les femmes, plusieurs religieuses, dont une à Port-Royal, et toutes les autres, on peut le dire sans s'égarer « dans cette mer de généalogie des Hennequin ou s'enfoncer dans la forest des branches de Grangier, » s'allient avec un grand nombre de maisons considérables du royaume. « Nos ancêtres, écrit Goulas à son neveu, ont eu quelque peu de la bonne gloire et ont plus cherché dans leurs mariages d'appartenir à d'honnestes gens qu'à mettre du bien dans leur maison. »

Nicolas Goulas naquit à Paris, non loin de l'église Saint-Paul, au Marais[2], le 14 mai 1603, « au soir vers les huit

ment après le maître des requêtes, pour une somme de cinquante livres, « qui n'étoient pas en ce temps-là si peu de chose, ajoute Nicolas Goulas (Ms. de Paris, fol. 2 v°), puisque les gentilshommes de la maison du roy n'en avoient que soixante, comme il se voit dans les Mémoires de M. Commynes » (*Mémoires de Commines*, édition publiée par la Société de l'Histoire de France, t. II, p. 479).

« Il n'est guère d'ancienne race qui n'ait sa chimère, dit Nicolas Goulas dans le chapitre où il parle de *l'origine et de la descente de la famille des Goulas de Paris* (fol. 2 v°), il y en a chez nous comme chez les autres, et la tradition ajoute que ce premier Robert [Goulas] venoit d'un gentilhomme gascon que le duc de Bourbon, aïeul de Jehan, avoit amené de Guienne, lorsqu'il s'en retourna victorieux des Anglois, au temps de Charles VIe, vers l'an 1400, et d'un gentilhomme sorty des seigneurs de Terraube, près de Lectoure, du nom de Goular, l'*r* ayant été changée en *s* et ayant été appelé Goulas au lieu de Goular. »

1. Voir la notice biographique que nous avons publiée dans la *France judiciaire* (1re année, p. 13) sous ce titre : « Un avocat au parlement de Paris, Léonard Goulas, 1542-1561. »

2. La famille Goulas habitait une maison de la rue Saint-An-

heures. » Son père était Jehan Goulas, d'abord trésorier des Ligues de Suisse, puis secrétaire du roi, enfin trésorier de l'ordinaire des guerres, seigneur de la Mothe et de Cousternois en Brie[1]. Sa mère, Marie Grangier, était fille de Jehan Grangier, seigneur de Liverdis, conseiller, maître d'hôtel du roi et son ambassadeur aux Ligues Grises. Ce fut Nicolas de Neufville, seigneur de Villeroy, secrétaire d'Etat, qui

toine, qu'un de ses ancêtres, Léonard Goulas, avocat au parlement de Paris, avait achetée moyennant quatre mille francs, le 27 juin 1554, de Madame Jehanne de Longvy, veuve de messire Philippe Chabot, amiral de France (*Mémoires de Goulas*, Ms. de Paris, fol. 4 v°). — Cette maison devait être située sur le prolongement actuel de la rue Pavée-au-Marais, non loin de l'église Saint-Paul, à côté d'une maison de bains qui existait encore vers 1830 et qui n'a été détruite que pour le prolongement de la voie jusqu'à la rue Saint-Antoine. — C'est du moins l'opinion de M. Monmerqué, corroborée d'ailleurs par un passage de la *Vie de Léonard Goulas* par Nicolas Goulas, son cousin (fol. 15 r°) : « Il [Léonard Goulas] vint à Paris incognito et le vis chez des baigneurs à la rue Saint-Antoine où j'étois. »

1. La Mothe (écrit aussi *La Motte*) est un écart de la paroisse de Jossigny, canton de Lagny-sur-Marne, dans l'arrondissement de Meaux ; ce n'est plus qu'une ferme dans la plaine qui s'étend vers Serris. Autrefois fief, manoir seigneurial avec tourelles, pont-levis, fossés de huit pieds de large, chapelle, droit de justice, etc., le château de La Mothe a été démoli au milieu du xviiie siècle. La Mothe a eu le titre de baronnie ; c'était en 1560 François Allegrain, procureur général près la Cour des aides, qui s'en qualifiait seigneur. Puis ce château passa dans la même main que le petit et le grand Cousternois, situés à côté de La Mothe, que l'on appela dès lors La Mothe-Courvoyer, du nom de son possesseur. Jean Goulas, en 1606 (Voir *Histoire du diocèse de Paris,* de l'abbé Lebeuf, édition 1758, tome XV, page 14), devint le seigneur du château de La Mothe, qui relevait directement du roi à cause de son château de Crécy-en-Brie, et La Mothe-Courvoyer s'appela désormais La Mothe-Goulas.

« le tint sur les fonds du sacré lavoir, avec Madame la Chancelière[1]. »

Le père de Nicolas Goulas était « un assez honnête homme,.... mais ce n'étoit pas un grand docteur, et s'il savoit bien le métier dont il se mesloit — il était trésorier de l'ordinaire des guerres — il l'exerçoit innocemment et noblement. » Il rêva tout d'abord une abbaye pour son fils, et fit demander à Henri IV, par l'intermédiaire de M. de Villeroy, celle de Saint-Barthélemy qui, devenue vacante, fut donnée à M. du Monceau, oncle des Goulas et bailli de Meaux, dont le frère avait été aumônier du roi. C'est ainsi que Nicolas Goulas, malgré le désir de son père, ne fut point « abbé à la barrette » et fut mis entre les mains d'un précepteur, nommé Choquet, qui « avoit peine de tirer de son jeune élève une retraite d'une heure en tout le jour. » La musique lui plaisait davantage, et volontiers il délaissait le jeu pour assister à la leçon de musique que le célèbre Richard[2] donnait à sa sœur.

Il est des souvenirs d'enfance qui ne s'effacent jamais de notre mémoire : la vue du bon roi Henri IV laissa dans l'esprit de Nicolas Goulas, alors âgé de cinq à six ans, un souvenir toujours vivace. Le roi revenait de Vincennes avec la reine et descendait la rue Saint-Antoine ; près de l'église Saint-Paul, Goulas était avec son père dans la foule des curieux réunis pour voir passer le roi. Henri IV reconnaît Jehan Goulas, son trésorier de l'ordinaire des guerres, et lui sou-

---

1. *Madame la Chancelière* était alors Marie Prunier, femme du chancelier de Bellièvre.

2. Richard est mis au nombre des maîtres et compositeurs de musique du XVIIe siècle qui s'acquirent de la réputation par leurs chansons (Voir le *Parnasse français* de Du Tillet, p. 392). — Goulas dit de Richard « qu'il ne chantoit point ou chantoit détestablement » (*Mémoires*, ms. de Paris, fol. 9 v°).

rit « comme à une personne de cognoissance. » Je n'oubliai jamais ce sourire royal, disait encore Goulas cinquante ans plus tard ; « l'idée m'en est demeurée si vive dans l'imagination que je peindrois aujourd'hui le roy si j'en savois assez de la peinture pour faire un portrait. » Et de fait, Nicolas Goulas aime à parler d'Henri IV, à citer ses bons mots[1] ; jamais il n'en parle sans émotion : « je me déborde, écrit-il quelque part dans ses *Mémoires*, lorsque je tombe sur les vertus de ce bon roy, et ne me puis retenir quand j'en devrois ennuyer les vivants et les morts. »

Le brave Choquet, quoiqu'il passât pour un grand mathématicien et « un sujet de grande littérature, » avait réellement « trop peu de commerce avec les auteurs de la première classe » pour demeurer longtemps un précepteur suffisant pour les enfants de Jehan Goulas, et deux de ses fils, Nicolas et Vincent[2], entrèrent dans la pension d'un très honnête homme appelé Montreuil[3], dont les élèves suivaient les cours du collège de Boncourt[4]. Six mois après

---

1. Entre autres anecdotes relatives à Henri IV, Goulas en cite une (Ms. de Paris, fol. 10 r°), qui nous paraît intéressante. Un jour, à Fontainebleau, l'ambassadeur d'Espagne s'étonnait de voir tant de courtisans se presser autour du roi de France et craignait que Sa Majesté en fût incommodée : « Monsieur l'ambassadeur, dit Henri IV, je souffre volontiers la foule et la presse de ces gens-cy, parce qu'ils me pressent comme cela dans les batailles. »

2. Vincent Goulas était alors âgé de six ans ; il devint conseiller en la Cour des aides.

3. Ce pensionnat était fréquenté par les enfants des parents les plus riches de Paris ; Goulas cite parmi ses jeunes condisciples : M. de Montmor qui devint maître des requêtes ; M. Deslandes-Payen et M. Lecomte, conseillers en la Grand'Chambre.

4. Fondé en 1353, le collège de Boncourt fut réuni en 1638 au collège de Navarre. Pierre Galland, neveu du célèbre Pierre Gal-

son entrée au collège de Boncourt, Nicolas Goulas perdit son père (le jour de Pâques de l'année 1613) et sa mère fort peu de temps après. Orphelin à dix ans, Goulas fut recueilli par l'aînée de ses sœurs, Louise, qui avait épousé Pierre Sublet, seigneur de Romilly, fils du contrôleur général des finances M. de Heudicourt. Une autre sœur, Marie Goulas, avait épousé Pierre Malo, secrétaire du roi. Ce furent M. de Romilly et M. Malo qui s'occupèrent tout spécialement de l'éducation et de l'établissement des six enfants de Jehan Goulas[1] ; ils furent successivement nommés tuteurs, et eurent à défendre avec la plus grande fermeté les intérêts des mineurs Goulas qui faillirent être gravement compromis par un traité avec M. de Beaumarchais, relatif à la charge de trésorier de l'ordinaire des guerres, « traité, dit Nicolas Goulas, qui nous mettoit à l'hospital si l'on ne se fust accommodé. » Mme de Romilly et Mme Malo continuèrent de leur côté leurs bons soins au jeune Nicolas Goulas, lui firent donner des leçons de musique par un nommé Brésoy, qui lui apprit à jouer du luth, et veillèrent à ce qu'il allât terminer ses études au collège Cardinal-Lemoine, dans lequel il fit « sa première et sa philosophie[2]. »

land qui avait été recteur de l'Université de Paris en 1543, était principal du collège de Boncourt, au moment où Goulas y étudiait.

1. Jehan Goulas, de son mariage avec Marie Grangier, avait eu neuf enfants, quatre garçons : Jehan Goulas, qui mourut fort jeune ; Nicolas, l'auteur des mémoires ; Vincent, qui devint conseiller à la Cour des aides ; Timoléon, qui fut contrôleur des ligues de Suisse. Les cinq filles furent : Louise, qui épousa M. de Romilly ; Marie, qui épousa M. Malo ; Geneviève, mariée à Louis Targer, secrétaire du roi ; Élisabeth, qui fut religieuse à Saint-Antoine ; enfin, Michelle, religieuse à Pont-aux-Dames.

2. Le collège Cardinal-Lemoine avait alors pour principal Edmond Richer, l'auteur du livre *De ecclesiastica et politica potestate*, in-4°, 1611. Ce collège avait été converti en caserne durant

Le jeune philosophe du collège Cardinal-Lemoine « ne goustoit guère alors la philosophie, cette reine des sciences ; » et une passion ardente pour une jeune fille « luy avoit pris au cœur et à l'âme et luy déroboit tout son temps. » C'est qu'aussi, s'il faut en croire Nicolas Goulas, « jamais homme n'eust tant d'inclination et de pente à la galanterie et ne se mist si avant dans le commerce des femmes, leur entretien et tout ce qu'on imagine qu'elles aiment le plus, la danse, la musique et le reste qui les charme et les embarque. » La belle qui remplit la première son cœur était la fille de Louise Seguier, qui le 6 mai 1595 avait épousé Charles de Longueil, premier du nom, seigneur de Sèvres et de la Vaudoire[1] ; « elle étoit bien faite dans sa taille, elle avoit le port d'une personne de qualité et un certain air doux et fier tout ensemble, lequel, s'il engageoit à la regarder avec admiration, imprimoit aussi le respect et empeschoit de l'aborder qu'avec crainte[2]. » A tant de grâce et à tant de charmes, comment résister ? Tout autre que Goulas eût certainement succombé et le jeune homme entra si avant dans le commerce de la jeune fille que la mère en prit l'alarme et songea bien vite à les séparer.

M. Pierre Malo eut besoin à cette époque de faire un petit voyage en Suisse, et, profitant de l'occasion, contraignit Nicolas Goulas, son neveu et son pupille, à quitter Sèvres et Paris, et à l'accompagner. « L'éloignement de *Chimène*

---

les troubles de la Ligue, et c'était à M. Richer qu'il devait sa restauration.

1. Voir le Dictionnaire de la noblesse de La Chesnaie des Bois, t. IX, p. 99.

2. C'est peut-être cette même personne qu'à son retour de la Rochelle (1628), Goulas retrouva à Paris, « toute faite et toute raisonnable » (*Mémoires*, t. I, p. 39), et qui épousa, en 1632, Jacques des Forges, écuyer seigneur de la Mothe-en-Brie.

me pensa mettre au désespoir, dit Goulas ; néanmoins les objets différents que nous rencontrions chaque jour, gagnant pays, me divertirent et combattirent mes tristes pensées. »
Le voyage fut des plus gais pour le jeune compagnon de M. Malo ; le vin d'Arbois le mit en belle humeur avec l'hôtelier de Pontarlier [1], et une demoiselle de Soleure faillit faire oublier à ce Rodrigue imberbe la Chimène de Sèvres ; mais ce ne fut heureusement, paraît-il, « qu'un avorton de galanterie où les yeux seulement eurent part. » A peine de retour à Paris, Nicolas Goulas repartit presque aussitôt avec son cousin le jeune Liverdis [2], pour suivre les cours de droit à l'université de Bourges.

A Bourges, la conduite de Nicolas Goulas fut loin d'être exemplaire. Tandis que son cousin devenait « un grand homme de droit et de lois, prenant soigneusement ses leçons, conversant avec les docteurs et conférant avec leurs plus forts écoliers, » Goulas était « un homme de fleuret, un libertin, laissant les régents et leurs classes, et se mettant dans une salle de tireur d'armes, faisant contre tous venants. » Il y avait bien aussi de par la ville certaine petite bourgeoise, « de simple étoffe et coiffée d'un chaperon, » dont les yeux brillaient d'un vif éclat, et qui paraissait fort peu disposée à peupler l'hôpital que voulait fonder la veuve de Jean Pilon [3]. Goulas se montrait assidu auprès de la dame ; mais cette aventure galante n'eut aucune

1. Le portrait que Goulas fait de l'aubergiste de Pontarlier est assez bien touché : « Il étoit gros et court, dit-il, rouge et enluminé, le visage boursouflé et jovial s'il en fut jamais ; il avoit un nez que l'on pouvoit dire le premier du monde, tout couvert de boutons, gros et rond comme une orange. »
2. Ce Liverdis fut par la suite conseiller à la Grand'Chambre du parlement de Paris.
3. Voir Tallemant des Réaux (t. III, p. 344, édit. Monmerqué).

suite, et c'est à l'armée du roi, alors retenue devant Montauban, que nous retrouvons bientôt notre jeune amoureux.

Ce ne fut ni par bravoure, ni par un sentiment de haine contre le parti huguenot[1], que Nicolas Goulas se décida à prendre du service dans les armées du roi ; il n'eut jamais cet esprit chevaleresque qui animait de son temps bon nombre de gentilshommes ; Goulas n'éleva jamais ses pensées si haut; une certaine mesquinerie règle presque toujours sa conduite, et s'il s'engage, au mois d'août 1621, dans la compagnie de M. de Brissac, c'est uniquement parce que, avec le peu de bien que son père lui avait laissé, il croyait ne pouvoir jamais entrer dans les charges, et espérait rencontrer quelques avantages dans la profession des armes. Cependant, une fois incorporé comme cadet dans la compagnie de Brissac, Nicolas Goulas, sans être toujours le premier sur la brèche, se conduit en brave soldat et sait demeurer à son poste, impassible sous le feu de l'ennemi, au siège de Montauban.

Au mois de mars 1622, Nicolas Goulas est en Bas-Poitou; il assiste à la fuite de M. de Soubise qui, dès qu'il apprend que le roi est à deux lieues de lui, se sauve avec sa cavalerie et abandonne les îles de Ré et d'Oléron. Une fois les îles « nettoyées, » Goulas combat encore devant Royan ; puis, atteint par la fièvre, il se fait ramener à Paris. De retour au milieu des siens, il recouvre vite la santé, mais il perd aussitôt « la pensée de l'enseigne aux gardes et de tout autre employ dans la guerre. » Cependant en septembre 1622, le grand combat livré devant Montpellier vient réveil-

---

1. Une tante de Goulas, Mme de la Forêt, mariée en secondes noces avec M. de Pusignan du Dauphiné, avait loué à Paris l'hôtel de Méra, conjointement avec Mme de Ruvigny, et tenait en ce lieu des conciliabules secrets en faveur du parti huguenot.

ler chez Goulas ce qu'il appelle « son humeur guerrière ; » mais la paix était faite momentanément en France : c'est en Hollande que Goulas se propose d'aller guerroyer. Il servit en effet, l'année suivante, dans la compagnie de M. du Buhat qui tenait alors ses quartiers à Zutphen, « la plus belle garnison de Hollande. » A l'armée de Hollande, Nicolas Goulas se trouvait en pleine coterie huguenote, et ses camarades de régiment essayaient de le gagner à leur cause, lui mettaient sans cesse sous les yeux les livres de Calvin et de Du Plessis-Mornay, et lui rompaient la tête du *Mystère d'Iniquité* et des ouvrages de Marnix de sainte Aldegonde. Mais Goulas demeurait inébranlable dans la foi de ses pères : « Dieu, dit-il, par sa grande miséricorde, me préserva en cette occasion si dangereuse, et toutes leurs tentatives ne servirent de rien ; je leur disois souvent que je savois mettre la différence entre la foy et les mœurs de nos prestres, et que je ne ferois jamais banqueroute à ma religion. » Il y demeura en effet toujours fidèle, et nous le retrouvons dans sa retraite de La Mothe, comme nous le représente le nécrologe de l'abbaye de Notre-Dame de Port-Royal-des-Champs[1], « occupé pendant vingt ans à une lecture assidue de l'Écriture et des Pères de l'Église, prenant un goût extrême aux Saintes Vérités, et joignant à la retraite, où il trouvoit toute sa joie et sa consolation, la prière, l'abstinence, le jeûne, la visite et l'assistance des pauvres qui l'ont pleuré à sa mort comme un père. »

Pour avoir une idée complète de l'éducation que reçut Nicolas Goulas, il faudrait le suivre à Paris, après son retour de Hollande (1624), entouré de Prévost, son maître à danser, de Mesangeau, professeur de luth, et d'un célèbre

---

1. Amsterdam, 1723, in-4°, p. 146 et 147.

maître d'armes; c'est surtout en compagnie de « l'un des fils du président d'Athys, de la maison de Viole, » qu'on le rencontrerait à la salle d'armes, au bal, courant les ruelles, et ferraillant derrière Notre-Dame, près du Pont-au-Double, contre le gardien du port qui l'avait injurié. Nous le retrouverions encore, dans le faubourg Saint-Germain, non loin de Saint-Sulpice, au manège de M. de Beauplan[1], « dont il était le pensionnaire à cinq cents francs par quartier, » et chez lequel il rencontrait le vicomte de Melun, fils du vicomte de la Borde; M. de Verderonne, qui était alors page de la reine mère; le baron de Bouteville, et quantité d'autres gentilshommes de qualité. Au mois de septembre 1625, c'est en Italie que se trouve Nicolas Goulas, en compagnie de son oncle, M. du Monceau, qui allait gagner un « jubilé à Rome »; il visite successivement Gênes, Livourne, Pise, Florence, Sienne, Rome, Naples la gentille, Venise la belle, Ancône, Vérone, toutes les villes importantes de l'Italie[2].

C'est pendant son séjour à Rome (janvier 1626) que Nicolas Goulas apprit le métier de courtisan, qu'il n'allait pas tarder à exercer en France. Il fit connaissance alors avec un certain M. de Rochas, attaché à la personne du baron de la Buisse, « qui avait beaucoup voyagé, possédait beaucoup de savoir et connaissait une infinité de belles choses plaisantes à raconter. » Sa conversation était des plus attrayantes; il contait volontiers les intrigues de la cour de Rome qu'il démêlait à merveille; le conclave n'avait pas de secrets pour

---

1. C'est ce M. de Beauplan qui devint bientôt le capitaine des gardes du cardinal de Richelieu. (*Mémoires de N. Goulas*, t. I, p. 74.)

2. On peut lire quelques descriptions de ces villes dans les mémoires de N. Goulas, ms. de Paris, fol. 31 et suiv.

lui, et jamais il n'oubliait de montrer par de nombreux exemples tirés de l'histoire comment un esprit fin, habile et délié, parvient toujours à réussir dans le monde, et surtout à la cour.

Goulas vivait heureux à Rome et songeait même à s'y fixer définitivement, lorsqu'au mois d'août 1626, il reçut de France une lettre de son cousin Léonard Goulas, qui venait d'être nommé secrétaire des commandements de Monseigneur le duc d'Orléans[1]. Léonard Goulas l'informait qu'il venait d'obtenir pour lui une charge de gentilhomme ordi-

1. Léonard Goulas, celui qui devint le secrétaire des commandements de Gaston d'Orléans, était né à Paris le 2 octobre 1594. Son père, Paul Goulas, conseiller au Châtelet de Paris, qui avait épousé en 1583 Magdeleine de Repichon, d'une maison noble de Normandie, mourut à l'âge de trente-neuf ans (1595), et ce fut Jehan Goulas, trésorier de l'ordinaire des guerres, qui prit soin, après sa mort, des enfants encore jeunes qu'il laissait sans fortune. Léonard Goulas fut mis au collège, et, « quoique sa mère en fist mauvais jugement et ne crust pas qu'il devint un grand docteur, il passa de bien loin ses frères et ses compagnons, » fit mentir le proverbe parisien : « grosse tête et peu de sens, » et devint au contraire un homme d'un grand jugement et d'un esprit très clairvoyant. Au sortir du collège, on le plaça d'abord chez un procureur des comptes, puis chez un receveur, pour en faire un financier; enfin, profitant du départ pour l'Italie du commandeur de la Porte, un ami de la famille Goulas, on lui confia le jeune Léonard qui partit ainsi pour Rome. Après un séjour de dix mois en Italie, « pendant lequel il étudia les mœurs des peuples et les polices des États, les conduites fines et habiles des courtisans, » Léonard Goulas revint en France, résolut alors de faire son chemin à la cour et acheta la charge de trésorier de Monseigneur le duc d'Orléans. C'est à la suite de la disgrâce du maréchal d'Ornano, gouverneur de Monsieur, que Léonard Goulas devint secrétaire des commandements de Gaston; c'est dans ces fonctions qu'il demeura depuis lors, jusqu'à la mort de son maître en 1660. Retiré dans son château de Ferrières-en-Brie, Léonard Goulas mourut le 19 juillet 1661.

naire de la chambre de Son Altesse royale, dont on reformait alors la maison[1]. A cette nouvelle, Nicolas Goulas « reconnut tout aussitôt que Dieu ne le vouloit pas à Rome davantage, » et deux mois après (25 décembre 1626) Léonard Goulas présentait son cousin à la cour de Monsieur et le faisait accréditer par M. de Bellegarde, premier gentilhomme de la chambre de Son Altesse royale.

C'est à cette époque que commence pour Nicolas Goulas la vie de courtisan qu'il mena jusqu'en 1660, jusqu'à la mort de Gaston d'Orléans. On lira avec intérêt les divers incidents de son existence dans les mémoires qui vont suivre.

Après la mort de Monsieur, Nicolas Goulas se retira dans son château de la Mothe, où il vécut paisiblement, entouré de ses nombreux parents, les Grangier de Bellesme et les Grangier de Serris, ainsi que des Goulas de Bel-Air, ses neveux.

Il mourut le 3 avril 1683. Le lendemain son corps était transporté à Serris, pour y être inhumé, selon l'usage, dans le chœur de l'église[2]; mais l'ouverture de son testament olographe des 23 décembre 1682 et 12 janvier 1683[3] ayant fait connaître sa volonté de reposer à Ferrières, auprès de son cousin Léonard Goulas, son corps fut transporté de Serris à Ferrières, le 10 avril 1683, et déposé dans la cha-

---

[1]. Dans la *Collection de lettres autographes sur le règne de Louis XIII,* formée par M. Picard et décrite par Ét. Charavay, en 1873, se trouve (p. 59) la mention suivante : « 11 août 1626. Lettre sur vélin, par Gaston d'Orléans, Nantes. Il donne à N. Goulas, sieur de la Mothe, la charge de gentilhomme ordinaire. »

[2]. Voir, dans les archives de la paroisse de Serris, l'acte de décès dressé par le curé Giffey.

[3]. Extrait du testament de Nicolas Goulas; Archives nationales, registre des publications du Châtelet de Paris, cote Y, 25, fol. 397.

pelle de la Vierge jusqu'au 3 mai, jour où l'on procéda à son inhumation définitive dans les caveaux de cette chapelle.

Une pierre tombale, sise à main droite, dans la muraille (collection Gaignières, t. XV, fol. 82), portait cette épitaphe :

HIC NICOLAUS GOULAS
PECCATOR
RESURECTIONEM A DOMINO
PROMISSAM EXPECTAT
QUIS FALLI TIMEAT CUM
PROMITTIT VERITAS.
1683 OBIIT DIE OCTAVA
APRILIS[1].

1. Cette épitaphe n'est autre que l'une de celles que Nicolas Goulas avait préparées pour lui-même (Ms. de Paris, *Vie de Léonard Goulas*, fol. 26 r°). Le sculpteur n'a eu qu'à ajouter une date.
Les mots D. Augus., qui se trouvaient aussi gravés sur la pierre tombale, à droite de l'épitaphe, indiquent que la citation était tirée des *Confessions de saint Augustin*, comme on peut le voir d'ailleurs dans le manuscrit de Paris, qui porte au-dessous de l'épitaphe la souscription : D. August. Confess.

MÉMOIRES

DE NICOLAS GOULAS

MÉMOIRES DE CE QUI EST ARRIVÉ EN FRANCE
DEPUIS LE COMMENCEMENT DE L'ANNÉE 1627
JUSQUES A LA MORT DE LOUIS 13me AU MOIS DE MAY 1643.

CHAPITRE XIV[1].

L'état de la cour quand le sieur de la Mothe y entra et comment il fut traité de Son Altesse royale.

Dès le lendemain de mon arrivée[2], je reçus un compliment de M. Goulas, secrétaire des commandements de Monseigneur[3], avec les lettres de la charge

---

1. Les treize premiers chapitres des *Mémoires de Nicolas Goulas,* exclusivement relatifs à la vie intime de l'auteur, à sa famille, à son éducation, à sa jeunesse, présentent peu d'intérêt historique. Nous avons pensé qu'il suffisait de tenir largement compte de ces quarante-huit premiers folios du manuscrit de Paris dans la notice biographique qui précède.

2. Décembre 1626. Nicolas Goulas était à Rome lorsqu'il fut informé par un de ses parents, M. Target, qu'il pouvait espérer la charge de gentilhomme ordinaire de Monsieur.

3. Léonard Goulas, seigneur de Frémoy, conseiller du roi, secrétaire des commandements et du cabinet de Monsieur. Cousin

de gentilhomme ordinaire de la maison du Prince. Il voulut ainsi achever la chose d'aussi bonne grâce qu'il l'avoit commencée et me combler d'obligation[1].

Vous pouvez croire que je ne fus pas paresseux à l'aller remercier de tant de bontés, quoique je me trouvasse peu en état de me montrer à d'honnestes gens, et l'ayant salué et toute sa famille, et luy ayant protesté qu'entrant chez Son Altesse royale comme sa créature, je n'y voulois demeurer que pour servir et honorer mon bienfaiteur et ses plus proches, je convins avec luy du jour qu'il me feroit l'honneur de me présenter à notre maistre. Si j'ay bonne mémoire, ce fut la dernière feste de Noël 1626, à son lever. Il le supplia donc, comme on l'habilloit, d'avoir agréable que j'entrasse et luy fisse la révérence, et je fus appelé aussitost et introduit par l'huissier. J'étois bien vestu et si je manquois de bonne mine et d'un visage de cour, il me semble que j'aborday ce grand prince sans me déferrer, et m'étant baissé fort bas, je crus voir en me relevant qu'il avoit eu ma personne agréable, faisant un certain signe de la teste, comme il se tournoit vers un homme de qualité qui luy étoit venu faire sa cour, pour luy dire que j'étois à luy et revenois d'Italie. La foule entrant dans la chambre bientost après, je me rangeay derrière M. Goulas, environné de ceux qui avoient affaire à luy, car étant fort

---

germain de Nicolas, l'auteur des *Mémoires*, Léonard était fils de Paul Goulas, seigneur de Frémoy et de Madeleine de Repichon.

1. Léonard Goulas, s'acquittant envers Nicolas Goulas de certaines dettes de famille, avait fait offrir à son cousin, à titre purement gracieux, cette charge de gentilhomme qui valait douze cents écus *(Mémoires de N. Goulas,* Ms. de Paris, fol. 43 v°).

bien avec son maistre, présomptif héritier de la couronne, de grande espérance, peu satisfait du gouvernement, appuyé des mécontents en grand nombre, l'on croyoit que les choses changeant à la cour, il y pouvoit prétendre une meilleure place encore que n'étoit la sienne, ou que Madame étant persuadée qu'il étoit son serviteur, elle qui alloit estre le milieu entre le Roy et son mary, favoriseroit son élévation et augmenteroit son crédit. Je reçus donc mille bons visages de ceux à qui il apprit qui j'étois, et il me mena ensuite disner chez luy avec cinq ou six personnes de qualité de ses amis.

Ce fut après ce disné que je fis connoissance et que je commençay d'aimer et d'honorer un des aumosniers de Monseigneur, appelé M. Passart[1], qui méritoit sans doute d'estre aimé et honoré; j'auray occasion d'en parler cy après : cependant il vous faut dire qu'à deux jours de là j'y dinay encore avec l'élite de la maison de Monseigneur, et M. Goulas, le plus obligeant amy et le meilleur parent du monde, les pria tous de m'aimer pour l'amour de luy et de me considérer comme un autre luy mesme. Vous pouvez croire que j'en fus merveilleusement bien traité et qu'il n'y en eut pas un qui ne me fist mille offres et ne me félicitast de la bonne réception que Son Altesse royale m'avoit faite. J'ay dit que c'étoit l'élite de la maison parce que la plupart de ceux qui y avoient les premières places y disnèrent. M. de Puylorens[2],

---

1. François Passart, conseiller du roi et aumônier ordinaire de Gaston d'Orléans, était fils de François Passart, seigneur de la Fresnaye, et de Jacqueline Robineau.

2. Antoine de l'Age, seigneur, puis duc de Puylaurens.

premier chambellan, qui possédoit presque toute la faveur ; M. de la Ferté Imbault[1], lieutenant de la compagnie de gendarmes, M. de Wailly de la maison d'Halluyn, capitaine des gardes[2], M. de Leully, son fils[3], M. le comte de Brion, premier écuyer, de la maison de Ventadour[4], M. des Ouches, premier chambellan[5], M. de Bois d'Ennemetz, premier maréchal des logis, qui partageoit la faveur, et commençoit pourtant à déchoir[6], M. de Patrix[7], M. de la Rivière, lequel

1. Jacques d'Estampes, seigneur de la Ferté-Imbault, marquis de Mosny. Fils de Claude d'Estampes et de Jeanne de Hautemer, il était chambellan d'affaires de Monsieur et commandait, en qualité de capitaine-lieutenant, la compagnie de deux cents hommes de Son Altesse royale.
2. Charles-Maximilien de Hallwyn, seigneur de Wailly (Goulas écrit *d'Ouailly*), mort à Nancy en 1630 (P. Anselme, t. III, p. 915).
3. Alexandre de Hallwyn, seigneur de Wailly, Leuilly, etc.
4. François-Christophe de Levis, comte de Brion, duc de Damville, fils puiné d'Anne de Levis, duc de Ventadour, et de Marguerite de Montmorency.
5. Gabriel d'Aremberg de la Béraudière, chevalier, baron des Ouches, fils de Louis d'Aremberg et de Catherine de la Béraudière. Madame de Motteville désigne ce gentilhomme sous le nom de Desouches. Richelieu parle plusieurs fois dans ses mémoires de ce *Desouches*, qui avait été courrier du roi en 1621, et devint ensuite un domestique de confiance de Monsieur.
6. Goulas écrit *Boisdannemetz*. — Jacques Daniel, seigneur de Bois d'Ennemetz, était fils de Jean-Paul Daniel, seigneur de Hautevergue, d'Arquecourt, du Veneur et du Viennois, et de Marie de Gillain. Il est l'auteur des *Mémoires d'un favori du duc d'Orléans*, imprimés à Leyde en 1668.
7. Pierre Patrix, seigneur de Sainte-Marie, naquit à Caen en 1583 ; il avait quarante ans lorsqu'il entra au service de Monsieur, qui le nomma son premier maréchal-des-logis. Scarron le cite dans ses rimes badines :

..... Patrix,
Quoique Normand, homme de prix.

Il était l'ami de Voiture, et a laissé des chansons et poésies diverses

venoit d'estre fait aumosnier de Monseigneur, de simple aumosnier de M. l'évesque de Cahors qu'il étoit[1], M. Gedoin[2] et quelques autres. M. Goulas donnoit ce régal à ces messieurs à cause de quelque bienfait reçu de Son Altesse royale, dont il leur avoit fait compliment en foule, et il leur avoit dit qu'il leur rendroit grâces de leur civilité à table.

Dès le lendemain M. Goulas voulut bien prendre la peine de me mener chez M. le duc de Bellegarde, premier gentilhomme de la chambre et surintendant de la maison de Monseigneur[3], lequel ayant été favory d'Henry IIIe et confident d'Henry IVe étoit alors un ornement de la cour et passoit auprès du Roy et de la Reyne, sa mère, pour si sage et affectionné à l'Etat que dans la jalousie qu'ils avoient de Monseigneur, ils

---

dans le Recueil de Barbin. Il a dédié au duc d'Orléans un livre de vers, tristes et ennuyeux, qui a pour titre : *Miséricorde de Dieu sur la conduite d'un pécheur pénitent, avec quelques autres pièces chrestiennes, le tout composé et mis en lumière par luy-mesme, en réparation du passé*, etc. (Blois, 1660, in-12). Il mourut en 1671, et s'il faut en croire son épitaphe, rédigée par lui-même, il avait grand besoin en effet de réparer le passé, car

> ... Maudit pécheur, endurci dans son crime,
> De cent folles amours l'éternelle victime,
> Et l'infâme jouet de mille vanités,
> Il n'eut de son vivant point d'autres qualités.

1. Louis Barbier, abbé de la Rivière, fut aumônier de Gaston, puis premier aumônier de Madame. M. Cousin *(Journal des savants* de 1854, octobre, p. 613) a consacré un article à ce courtisan que Mazarin, dans ses *Carnets,* qualifie d' « insouffrable. »

2. Louis Gedoin, seigneur de Belan, était introducteur des ambassadeurs auprès de Monsieur.

3. Roger de Saint-Lary, duc de Bellegarde, « cet antique galant, » comme l'appelle madame de Motteville, était fils de Jean de Saint-Lary et de Bellegarde, et d'Anne de Villemer. Il mourut en 1646.

l'avoient cru un instrument propre à dissiper les caballes qui se feroient contre le service de Leurs Majestés dans sa maison, remplie de gens qui songeoient à s'élever en toute manière. Ce seigneur vénérable, si respectable par son âge, sa qualité et son mérite, me reçut avec tout l'agrément et la civilité du règne d'Henry IIIe et me témoigna qu'il croyoit d'avoir obligation à mon présentateur et parent, non seulement à cette première visite, mais aussy à toutes les autres que je luy rendis depuis de mon chef.

Les jours suivants nous fusmes chez M. Le Coigneux, chancelier[1], Messieurs de Puylorens, père et fils[2], M. de Rouville, chevalier d'honneur de Madame, M. l'évesque de Cahors, premier aumosnier de Monseigneur[3], qui avoit connu mon père, et à moins d'un mois de là je fus un courtisan achevé et comme si je n'eusse fait autre chose toute ma vie.

Il vous faut représenter à cette heure l'état de cette cour de Monseigneur, quelle étoit la disposition du prince, l'humeur de ses confidents, les prétentions et desseins de ceux qui faisoient quelque figure dans sa maison et dans celle de Madame.

Premièrement Monseigneur ayant été marié comme

---

1. Jacques Le Coigneux, seigneur de Bachaumont et Lierville, était fils d'Antoine Le Coigneux, conseiller du roi, maître ordinaire en sa chambre des comptes, et de Marie de Longuei[1]. — Tallemant des Réaux prétend « qu'il avoit un peu la mine d'un arracheur de dents. »

2. Puylaurens, le père, s'appelait René de L'Age et était premier écuyer de Madame. Il avait épousé Jeanne Pot de Rhodes.

3. Pierre Habert, évêque de Cahors, était fils d'un conseiller d'État, Louis Habert, seigneur du Mesnil, et de Marie de Rubenti.

malgré luy avoit toujours sur le cœur la violence qui luy avoit été faite[1]; il se souvenoit de la manière qu'on luy avoit osté le maréchal et la maréchale d'Ornano[2] et on l'assuroit que le maréchal mort aussitost après son mariage n'étoit pas mort de maladie; on luy représentoit la ruine de M. de Vendosme[3] dont la seule cause étoit l'amitié du grand prieur[4] pour luy[5]; on protestoit que M. de Chalais[6] avoit péri parce qu'il étoit son serviteur, et ce pauvre seigneur sans doute luy avoit été très agréable, et se fiant de cet agrément, luy avoit porté d'étranges paroles, dont le cardinal de Richelieu étant averti, il s'en étoit servy pour le

1. Gaston d'Orléans avait épousé, le 5 août 1626, Marie de Bourbon, fille unique d'Henri de Bourbon, duc de Montpensier, et d'Henriette-Catherine, duchesse de Joyeuse. « Cette union, dit plus loin Goulas, se fit contre vent et marée. »

2. Goulas écrit d'*Ornane*, comme le nom se prononçait. — Jean-Baptiste d'Ornano, comte de Montlor, colonel général des Corses, maréchal de France, avait été nommé gouverneur de Monsieur à la mort du comte du Lude (1619). Le maréchal d'Ornano, que la reine avait employé pour empêcher le mariage de Gaston avec mademoiselle de Montpensier, était tombé en disgrâce et venait d'être remplacé par le duc de Bellegarde, auprès de Son Altesse royale. D'Ornano mourut au château de Vincennes le 4 septembre 1626.

3. César, duc de Vendôme, fils aîné d'Henri IV et de Gabrielle d'Estrées, naquit en 1594; enfermé au château d'Amboise, avec son frère le grand-prieur, il ne sortit de prison qu'à la fin de 1629 et dut, pour prix de sa liberté, abandonner son gouvernement de Bretagne au cardinal de Richelieu. Il mourut en 1665.

4. Alexandre, dit le chevalier de Vendôme, grand-prieur de France, mourut enfermé au château de Vincennes le 8 février 1629.

5. *Luy*, Monsieur.

6. Henri de Talleyrand, marquis de Chalais, était petit-fils, par sa mère, du maréchal de Montluc. Né en 1599, il avait épousé, en 1623, Charlotte de Castille, veuve du comte de Charny.

perdre, et ce fut la raison pourquoy il[1] l'avoit toujours haï et durant sa vie et après sa mort.

Monseigneur avoit été élevé par le maréchal d'Ornano, créature de M. le connétable de Luynes[2], et cet homme ambitieux voulant faire valoir son poste et n'ayant pas de petits desseins, M. de la Vieuville[3] les découvrit, le fit éloigner de la cour, et mettre de suite dans la Bastille, sur le refus d'aller au Pont-Saint-Esprit, son gouvernement. M. de la Vieuville ruiné par le cardinal de Richelieu, on le remit auprès de Son Altesse royale, et il s'y trouva avec le mesme crédit que devant. J'ay ouy conter là-dessus une chose tout à fait étrange, qui montre bien l'inconstance et la bizarrerie de la fortune et de la cour; c'est que le Roy ayant pris quelque temps après de nouveaux ombrages du colonel sur ce qu'il portoit son maistre à demander l'entrée du conseil et d'avoir part aux affaires afin d'en estre, il fut mis en délibération si on luy feroit trancher la teste, ou si on le feroit maréchal de France, et qu'on embrassa ce dernier party dans la pensée que contentant son ambition, il contenteroit le Roy à l'avenir; quoique ce maréchal possédast son maistre, il est certain que la maréchale sa femme[4] n'avoit pas moins de part auprès de luy.

Cette dame, durant la première disgrâce de son

---

1. *Il,* Monsieur.

2. Charles d'Albert, duc de Luynes, dont la veuve épousa le duc de Chevreuse.

3. Charles, marquis, puis duc de la Vieuville, fut surintendant des finances du mois de janvier 1623 au mois d'août 1624. Il mourut en janvier 1653.

4. Marie de Rémond de Montlor.

mary, fut abandonnée de beaucoup de ses amis, comme c'est l'ordinaire à la cour, mais madame la présidente de Verderonne[1] son intime, redoubla ses soins et son amitié, ce qui fit que la colonelle voulut bien prendre confiance en Puylorens, son neveu, qui étoit gentilhomme ordinaire de Monseigneur, et elle en donna part au colonel qui luy rendit par ses lettres mille bons offices auprès de son maistre, luy faisant entendre qu'il étoit le seul de sa maison auquel il se put confier. Il devint ainsi le milieu entre Son Altesse royale et ces personnes qui avoient son secret et les affections de son cœur, et il les servit si fidèlement et si habilement en cette rencontre que le mary et la femme en demeurèrent extrêmement satisfaits, et se voyant rétablir, continuèrent de l'employer. Néanmoins craignant sa jeunesse et qu'il n'entreprit de faire trop de chemin, ils luy donnèrent un adjoint, qui étoit son camarade, un Normand, appelé Bois d'Ennemetz, lequel ne manquoit ny d'adresse, ny d'esprit, ny d'ambition et vouloit à toute reste[2] s'élever. Ces deux amis, s'il y en peut avoir à la cour, rendoient compte de tout ce qu'ils voyoient et entendoient dire chez Monseigneur et à Monseigneur, et dans la seconde disgrâce du maréchal, ou il périt, ils jouèrent le mesme personnage que devant et avec le mesme zèle pour leur patron, mais quand ils le virent mort, la

---

1. Louise Pot, fille de Guillaume Pot, seigneur de Rhodes, et de Jacqueline de La Châtre, avait épousé en secondes noces Claude de l'Aubespine, seigneur de Verderonne.

2. De toutes ses forces, à tout prix *(Dictionnaire de Trévoux)*. Expression hors d'usage.

maréchale éloignée sans ressource, Monseigneur marié, sa maison faite, et eux avec la créance de leur maistre, présomptif héritier de la couronne, ils prirent les mesmes erres du feu maréchal, et donnèrent le mesme conseil de demander part aux affaires et le commandement des armées, ce qui fit naistre au Roy les mesmes ombrages qu'auparavant. Néanmoins ils trouvèrent un grand obstacle à leurs desseins : Madame, habile princesse, qui avoit crédit sur son mary; et appréhendant de la faire déclarer contre eux, ils marchèrent bride en main.

M. le duc de Bellegarde avoit été mis auprès de Monseigneur du choix du Roy et de la Reyne, sa mère, après le mariage et aussi après la ruine du maréchal d'Ornano, et comme vieux et bon courtisan, il voyoit la raison de son employ; aussy l'avoit-il refusé d'abord, et Monseigneur, poussé par ses courtisans, luy disoit peu de choses, le traitoit mal, et fort souvent s'en moquoit; jusques là qu'un jour, sortant du lit (nous n'étions que sept ou huit personnes dans la chambre) ce seigneur, si propre et si parfumé, luy présentant de la meilleure grâce du monde une serviette sur une assiette de vermeil doré, pour frotter ses dents, il se tourna et luy fit un gros pet au nez, dont il rougit de dépit et se déconcerta de sorte, quoique excellent ouvrier de dissimulation, que chacun s'en aperçut. Enfin Monseigneur, ayant force gens de qualité attachés à sa fortune, et étant vu fréquemment et visité de la belle volée de la cour, messieurs de Puylorcus et de Bois d'Ennemetz n'étoient pas sans inquiétude et ne manquoient pas de rivaux de leur bonheur.

Les choses étant en cette assiette chez Son Altesse royale il faut voir maintenant qui jouoient les premiers rôles sur ce théatre. Nous avons dit que M. de Puylorens étoit le mieux et par conséquent le plus considéré ; mais voulant s'accréditer davantage, en faisant donner à ses amis, il se lia d'abord avec M. Goulas, auquel Monseigneur se confioit beaucoup, et qui avoit toute l'adresse et l'habileté nécessaire pour se maintenir dans son poste. Les voilà bientost fort unis ; Puylorens vient tous les jours manger chez luy ; il témoigne de faire capital de son amitié ; il publie qu'il luy a de l'obligation et que leur liaison sera éternelle, et s'en étant ainsi appuyé il travaille à détruire son camarade Bois d'Ennemetz, qui sembloit partager son crédit et sa faveur, et il réussit bien vite.

Il y avoit quelque temps que M. Le Coigneux avoit acheté la charge de chancelier de Monseigneur, et celui cy voyant le maréchal et la maréchale d'Ornano hors de la maison, voulut avoir part au gâteau et taster de la confiance. Il étoit fils d'un maistre des comptes et avoit été président en cette chambre souveraine, et en ayant usé comme la plupart des jeunes gens de Paris, je veux dire ayant mangé la meilleure part de son bien, et en désirant trouver d'autre, il s'offrit probablement au cardinal de Richelieu puisqu'il étoit alors en usage à la cour. Comme il se sent soutenu, il prend plus d'audace et espère. Il représente à Puylorens que pour avoir les honneurs du royaume qu'il ambitionne, il faut s'adresser à ceux qui les donnent et que pour estre bien avec eux il les faut servir. Puylorens ayant quelque lumière que celuy cy étoit agréable au tout-puissant[1] se détache insensiblement de M. Goulas et oublie les engagemens qu'il a avec luy, et ces deux messieurs s'entreprestant, appuyés comme ils étoient de la cour, demeurèrent les maistres et se rendirent patrons de case : j'entends après la mort de Madame, car avant cela[2] le Roy et la Reyne sa mère se servoient d'elle, et le président Le Coigneux témoignoit d'estre renfermé dans son sceau, et Puylorens de mesme feignoit de ne songer qu'à conserver l'agrément de son maistre et à son plaisir.

J'ay déjà parlé de M. le duc de Bellegarde, premier gentilhomme de la Chambre, de M. Le Coigneux, chancelier, de M. de Puylorens, premier chambellan et de M. Goulas, secrétaire des commandements ; passons aux autres et disons que M. de Wailly, de la maison de Halluyn, étoit capitaine des gardes ; M. de Leully, son fils, avoit eu sa survivance par le moyen de M. Goulas, et ces deux cy, gens de qualité et de mérite, étoient assez considérés par Monseigneur, particulièrement M. de Leully, que l'on croyoit capable de donner atteinte à la faveur, à cause qu'étant agréablement chagrin, et disant les choses avec une certaine naïveté ingénieuse, Monseigneur avoit beaucoup de pente vers luy, se plaisoit à l'entendre *pester* et souvent de la *pesterie* ils passoient au plus sérieux ; d'ailleurs la Reyne mère luy auroit été favorable, parce que le bonhomme M. de Wailly étoit créature du maréchal d'Ancre.

M. le comte de Brion étoit encore des plus avant

1. C'est-à-dire au cardinal de Richelieu.
2. La faveur chez Son Altesse royale étoit rampante, ajoute Goulas, dans le Ms. de Vienne.

dans les plaisirs de Son Altesse royale. Il étoit fils d'un duc et pair, neveu de madame la Princesse, beau, bien fait, adroit à pied et à cheval, de grande dépense, enjoué, galant, enfin un des ornements de la cour, et Monseigneur en faisoit grand cas, se plaisoit avec luy, le mettoit de tous ses divertissements, et il auroit eu par là la faveur, sans une légèreté déplorable qui donna matière aux concurrents de l'éloigner et de l'exclure.

M. des Ouches, gentilhomme de Poitou, premier chambellan, étoit encore assez bien, car ayant l'esprit agréable et une facilité de parler merveilleuse, Monseigneur l'appeloit souvent dans ses plaisirs, se jouoit avec luy, et luy faisoit de ces malices qui partent d'estime, à cause qu'il s'en défendoit en honneste homme et avec la délicatesse d'un habile et délié courtisan.

M. de Patrix avoit aussy l'agrément de notre maistre, et il l'appeloit souvent au petit coucher; car c'étoit un esprit admirable, de bonne compagnie, gay, fertile en pensées plaisantes et nouvelles, faisant des vers à merveilles, enfin si divertissant qu'il étoit impossible de ne le pas aimer quand il vouloit se communiquer et plaire.

Je ne dis rien de M. le marquis de Maulevrier, maistre de la garde-robe[1], parce qu'il étoit si jeune alors qu'on le pouvoit mettre au rang des enfants, et depuis je ne sais par quelle mauvaise destinée, quoique Monseigneur l'estimast, qu'il fust d'aussy bonne mine et aussy adroit que pas un des autres, il ne l'appeloit

---

1. Cosme Savary, marquis de Maulevrier, était fils de François Savary, seigneur de Brèves, marquis de Maulevrier, premier écuyer de la reine-mère, et d'Anne de Thou.

point dans ses plaisirs, il ne l'approchoit point de sa personne, et ne le considéroit que comme l'un de ses officiers principaux, fils de son premier gouverneur.

Je n'ay point parlé de M. le comte de Moret[1], et je ne sais si j'en dois parler à cause qu'en ce temps là il étoit plus attaché au Roy, et le voyoit plus souvent que Monseigneur; néanmoins ayant beaucoup de familiarité avec Son Altesse royale et quelque ascendant sur son esprit, enfin se pouvant dire un de ceux à qui Monseigneur avoit plus de pente, sans doute il doit estre mis de sa cour, et il faut dire qu'il y avoit le premier rang, autant par l'agrément du prince, que par l'honneur qu'il avoit d'estre son frère.

M. de Bouteville[2] approchoit aussy Son Altesse royale et n'en étoit pas vu de mauvais œil, et son grand nom, sa bravoure, sa fierté effaçoient beaucoup de l'éclat de ceux qui suivoient Monseigneur, soit par l'attache de leurs charges, soit par l'espérance qu'ayant part aux affaires, ou commandant les armées, ils arriveroient à leurs fins par son crédit. Tous ceux cy donc et d'autres en grand nombre s'efforçoient d'entrer dans l'esprit de nostre maistre et de se rendre considérables par là à Sa Majesté, qui se croyoit obligée de le ménager beaucoup, pour l'empescher de faire alors ce qu'il a fait depuis, je veux dire troubler le royaume

---

1. Antoine de Bourbon, comte de Moret, était fils d'Henri IV et de Jacqueline de Bueil; il naquit en 1607 et fut tué en 1632 à la bataille de Castelnaudary.

2. François de Montmorency, comte de Luxe, seigneur de Bouteville, était fils de Louis de Montmorency, vice-amiral de France sous Henri IV. Né en 1600, il mourut sur l'échafaud en place de Grève, le 21 juin 1627.

et embarrasser la cour ; et, à ce propos, il me souvient d'une parole de M. de Guise[1] à M. de Rames Dacqueville, de Normandie[2], qui étoit des nostres et paroissoit autant que qui que ce fut : « Monsieur de Rames, « vous estes de mes amis, vous vous estes donné à « Monsieur, saviez-vous bien que souvent les servi- « teurs des frères de roys perdent la teste. » Il vouloit que M. de Rames apprist l'histoire de la Mole, Coconnas et Tourtay, qui furent les victimes de M. d'Alençon, du temps d'Henry IIIe.

Je laisse les personnes de moindre considération quoi qu'elles fussent de grande naissance, qui s'attachèrent au présomptif héritier de la couronne[3] que l'on n'eut jamais cru devoir passer la plus grande part de sa vie dans la persécution, l'exil et la misère, et enfin tomber dans Blois, particulier.

Je viens à la cour du Roy qui est la véritable cour, et à l'état des affaires de France dont j'entendois quelquefois parler aux plus sensés, et cela pour mieux éclaircir ce que vous lirez ensuite dans ces relations.

1. Charles de Lorraine, quatrième duc de Guise, mourut en exil, à Florence, au mois de septembre 1640.
2. Henry Martel, chevalier, seigneur de Rames, était chambellan d'affaires de Gaston d'Orléans ; il était fils de Charles Martel, seigneur de Rames, et de Joachine de Rochechouart. C'est lui que Madame de Sévigné a appelé « l'officieux d'Hacqueville ; » il mourut subitement en 1678.
3. L'on peut consulter sur les personnages qui s'attachèrent à Gaston d'Orléans, le *Recueil des noms, surnoms, qualitez, armes et blasons de tous les seigneurs, gentilshommes et principaux officiers estant au service de Monseigneur*, etc., par Pierre d'Hozier (Bibliothèque nationale de Paris, cabinet des titres, n° 694). Nous avons puisé dans ce recueil de nombreux renseignements pour nos notes biographiques.

Premièrement je vous donne le roy Louis XIII pour tout autre que l'on ne vous l'a figuré, et qu'on ne l'a cru, car il avoit de belles qualités, un grand cœur, un grand esprit, une parfaite intelligence de la guerre; il étoit capable de conseil, jaloux de son autorité[1], bon connoisseur du fort et du faible des hommes, craignant Dieu, aimant la justice, passionné pour la gloire[2] de son Etat et pour la sienne, mais dur envers ses proches et sévère à tout le monde. Il appréhendoit fort son frère et la Reyne, sa mère, depuis sa dernière rupture envers celle cy, mais il avoit ce défaut qu'il se défioit de luy mesme, ce qui l'a jeté dans les embarras qu'il a eus toute sa vie, car s'imaginant qu'il feroit des fautes s'il tenoit seul le gouvernail, il en faisoit une déplorable de se résigner entièrement à ceux qu'il appeloit pour le prendre, et le cardinal de Richelieu qu'il avoit mis dans son conseil malgré luy à l'instance de la Reyne, sa mère, se sut fort bien prévaloir de ce faible, quand il commença de craindre que M. le cardinal de Bérulle et Messieurs de Marillac ne le supplantassent, mais il n'en étoit pas encore là durant l'hiver de 1627[3], qui est le temps dont je parle.

Le Roy et la Reyne, sa mère, ayant marié Monseigneur, contre vent et marée, et détruit par l'adresse

1. La Rochefoucauld a dit de Louis XIII : « Il vouloit estre gouverné et portoit impatiemment de l'estre. »

2. Après le mot *gloire,* on lit dans le Ms. de Vienne ce membre de phrase : « Mais timide, attaché à ses opinions, se défiant de soy mesme. »

3. 1626 (Ms. de Vienne). On sait que Goulas fut présenté à la cour vers Noël de l'année 1626 ; c'est donc en janvier ou février 1627 qu'il se place pour dépeindre la cour au milieu de laquelle il allait vivre.

du cardinal de Richelieu toutes les oppositions et les cabales que l'on avoit faites pour l'empescher de se marier, le cardinal avoit servy au goust de l'un et de l'autre et jouissoit agréablement du fruit de son travail et de ses peines; mesme il s'étoit fait donner des gardes par son maistre et s'étoit mis ainsi presque à costé de luy. La ruine de la maison de Vendosme, l'éloignement de M. le Comte, la mort de M. de Chalais, la fuite de Madame de Chevreuse, le mariage, et plus que tout cela, l'élévation, le faste et le crédit de M. le cardinal épouvantoient tout le monde, et les ministres de Monseigneur connurent qu'il falloit dépendre de luy et qu'ils se perdroient bientost sans doute de ne s'y pas soumettre. La Reyne mère étoit merveilleusement bien avec le Roy, son fils, et avoit toute la part qu'elle désiroit en ses affaires; le cardinal vivoit avec tant de complaisance, et témoignoit une telle résignation à ses volontés qu'il ne s'y pouvoit rien ajouter. Il vouloit un surintendant des finances à sa poste[1], comme tous les autres premiers ministres, et il trouva bientost son homme [dans] M. d'Effiat, lequel se prostitua et s'abandonna tout entier[2]; et pour l'établir promptement en cette belle place, la plus considérable de la cour après le ministère, il fit donner les sceaux à M. de Marillac[3], qui, par sa grande

1. *A sa poste,* c'est-à-dire : à sa convenance; on dit encore aujourd'hui : *payer à poste,* dans le sens de : payer à des termes convenus.
2. Antoine Coëffier, marquis d'Effiat, né en 1581, devint plus tard (1er janvier 1631) maréchal de France, et mourut en Allemagne où il commandait une armée, le 27 juillet 1632. — Tallemant des Réaux dit que, nommé surintendant des finances en 1626, dans cette charge « il apprit à voler à ceux qui l'ont suivy. »
3. Michel de Marillac, conseiller d'Etat, surintendant des

intégrité, la remplissoit dignement, et il y guida sa créature. Le chancelier[1] avoit été envoyé chez luy, et étoit tombé malheureusement dans la disgrâce du Roy, à cause, disoit-on, que quand le maréchal d'Ornano fut aresté prisonnier[2], Monsieur l'auroit rencontré, et comme pris à partie du désastre de son gouverneur, sur ce que le Roy luy avoit dit que tout son conseil étoit d'un avis là dessus, et que le chancelier auroit répondu que ce n'avoit pas été son opinion; mais le bonhomme a toujours soutenu, jusques à la mort, qu'il n'avoit point usé de ces termes, et qu'encore qu'il eust répondu avec le respect qu'il devoit au frère du Roy, il pensoit l'avoir satisfait, sans blesser l'honneur de sa charge, et le rang où l'avoit élevé Sa Majesté[3]. Les habiles voyoient que M. le Cardinal, maistre de tout, vouloit des créatures dans les premières places, et ne cesseroit point qu'il ne les eust remplies de ses gens. Voilà pourquoy M. de Marillac, qui n'en étoit pas, songea à le gagner de la main, et commença alors de s'aider de M. de Bérulle[4] pour jeter les fondements de sa ruine auprès de sa mais-

finances en 1624, reçut les sceaux le 1ᵉʳ juin 1626, et quitta la surintendance des finances qui fut donnée à d'Effiat. Privé de sa charge en 1630, après la journée des Dupes, il mourut le 7 août 1632.

1. Étienne d'Aligre, né à Chartres, réputé « l'un des plus honnestes hommes de la robe », avoit été créé garde des sceaux en 1624, et chancelier à la fin de la même année.

2. A Fontainebleau (Ms. de Vienne).

3. Voir à ce sujet les *Mémoires de feu M. le duc d'Orléans*; La Haye, 1685, p. 25.

4. Pierre de Bérulle naquit au château de Serilly, près de Troyes, en 1575. Il mourut à Paris le 2 octobre 1629 (Tabaraud, *Histoire du cardinal de Bérulle*).

tresse, dans la créance que celle qui avoit pu l'élever, pourroit bien aussi le faire tomber; mais ils se trompèrent dans leurs mesures, et la plupart des courtisans qui ne s'imaginèrent point que le Roy rompist une seconde fois avec la Reyne, sa mère, à laquelle il avoit si souvent demandé pardon, et disoit-on, avec larmes.

Or il faut savoir qu'en ce temps les religionnaires affaiblis de tant de pertes nous faisoient beau jeu, et que M. le cardinal de Richelieu qui vouloit se rendre nécessaire et applaudir aux catholiques, portoit le Roy à leur donner le dernier coup, et il est certain qu'il n'y avoit rien de si utile pour la religion et de si avantageux pour l'Etat que d'arracher les ongles à ces gens, et rien aussi de si glorieux pour le Roy et pour celuy auquel il avoit commis la direction de ses affaires. Or le cardinal de Richelieu avoit toujours eu ce dessein en teste et j'ay ouy conter à M. du Tremblay[1], frère du Père Joseph[2], qu'incontinent après la promotion non seulement il songeoit à la première place, mais mesme à ce qu'il feroit l'ayant acquise, et qu'un jour qu'il se promenoit vers le soir, le long de la rivière de Loire, étant descendu de carrosse pour faire exercice, il ouït dire qu'il venoit derrière au galop; il s'arreste et comme il le vit pied à terre il luy demande où il va : il luy répondit que son dessein étoit d'accompagner son Eminence, et M. le cardinal, le faisant approcher, luy dit en marchant : « Puisque « vous estes venu pour moy je vous veux faire part « de mes pensées. Trois choses me passoient par l'es- « prit, la première de ruiner les huguenots et de rendre

[1]. Charles Le Clerc, seigneur du Tremblay; fils puiné de Jean Leclerc et de Marie de la Fayette.
[2]. François Le Clerc du Tremblay.

« le Roy absolu dans son Etat, la seconde d'abaisser
« la maison d'Autriche, et la troisième de décharger
« les peuples de France de tant de subsides et de
« tailles, et de faire rentrer le Roy dans ses domaines
« qui peuvent seuls le faire subsister hautement. »
Je ne sais si Dieu luy prolongeant la vie il auroit mis
à effet le dernier de ces beaux projets, mais je sais
bien que le premier lui a réussi, et qu'il a fort avancé
le second, ayant laissé tant de besogne à l'Empire et
à l'Espagne qu'il leur a fallu des coups de miracle
pour les sauver. Le cardinal de Richelieu donc ayant
calmé la cour et rendu le Roy très absolu, tastoit les
religionnaires qui étoient comme aux abois, et ceux
cy, sachant qu'on ne leur pardonneroit point, cherchoient à s'appuyer des étrangers nos ennemis. Ils
avoient M. de Soubise[1] en Angleterre, lequel voyant
la conjoncture belle pour nous mettre à dos les Anglois,
la prit brusquement et il luy réussit. Le duc de Buckingham[2], qui avoit gouverné le roi Jacques, gouvernoit encore, par un nouveau caprice de la fortune, le
nouveau roy, son fils, et se voyant hay et aboyé[3] de
tout le peuple, qui s'en fait très souvent accroire en ce
pays là, il pensa que pour l'apaiser et mesme le

1. Benjamin de Rohan, seigneur de Soubise, deuxième fils de
René de Rohan et de Catherine de Parthenay, mourut en
Angleterre en 1641.

2. Goulas écrit ici *Bouquinghen*, et change à chaque instant
l'orthographe de ce nom. — Georges Villiers, duc de Buckingham,
né le 28 août 1592, à Brookesby (Leicestershire), fut assassiné le
2 septembre 1628 (vieux style, 24 août).

3. *Aboyé*, dans le sens de poursuivi par des critiques et des
injures; Saint-Simon a dit dans le même sens : « Le prince de
Conti faisait un triste et humiliant personnage, accueilli de personne, *aboyé* de tous. »

gagner, il falloit tourmenter les papistes, et jeter la guerre en France, deux choses qui charment toujours les Anglois à cause qu'ils les desirent avec passion. Ainsi sous de mauvais prétextes il fait chasser tous les domestiques de la Reyne[1] et par cette frasque[2] dont le contre coup alloit au Roy, il s'imagine que les Anglois se vont promettre de passer bientost la mer, et ne songeront plus à luy nuire. Si cette pièce offensa le Roy, il ne le faut pas révoquer en doute ; il dépescha M. le maréchal de Bassompierre vers le roy d'Angleterre avec qualité d'ambassadeur extraordinaire, lequel ne recevant aucune satisfaction se retire tost, mais ayant découvert à Londres que les Anglois alloient rompre avec nous, et avoient de grandes intelligences en France, il en avertit M. le cardinal de Richelieu et ne le surprit pas ; il en avoit eu les avis de plusieurs endroits, tellement que M. d'Angoulesme[3] fut envoyé aussitost en Poitou avec ordre d'assembler les troupes, et aux gouverneurs des provinces et des places de lui obéir. Mais il y avoit sur le tapis une autre affaire qui n'embarrassoit pas médiocrement le Roy et ses ministres. M. de Savoie mal satisfait de nous à cause du traité de Monçon[4], conclu sans sa

1. L'expulsion des Français eut lieu le 9 août 1626.
2. Mot italien : *frasca,* qui au pluriel signifie *balivernes. Frasque* s'emploie familièrement pour désigner une action extravagante faite avec éclat. (Note de M. Monmerqué.)
3. Charles de Valois, comte d'Auvergne, puis duc d'Angoulesme, né en 1573, était le fils naturel de Charles IX. « S'il eut pu se défaire de l'humeur d'escroc que Dieu luy avoit donnée, a dit Tallemant des Réaux, c'eut été un des plus grands hommes de son siècle. » Il mourut le 24 septembre 1650.
4. Ce traité avait été signé le 5 mars 1626, entre la France et l'Espagne, au sujet de la Valteline.

participation, bien que le Roy, disoit-il, par un article de la ligue avec les Vénitiens et luy, pour retirer la Valteline d'entre les mains des Espagnols et la restituer aux Grisons, fut obligé de ne point traiter sans ses alliés, s'étoit ajusté avec l'Espagne pour dépouiller M. de Mantoue, les uns et les autres croyant à ce coup venir à bout de leurs projets vu la grande diversion qu'on alloit faire en France, les huguenots conspirant avec les Anglois à l'arrivée de cet état; et ils prirent le temps que le Roy, engagé devant la Rochelle, ne pouvoit en façon quelconque secourir ses amis; mais il n'étoit pas encore question de cela, l'on n'avoit que des amis bastants de mettre en cervelle[1] le ministère, parce que M. de Savoie armoit et songeoit ainsi à prendre ses avantages selon le temps et l'occasion, se promettant que les François ayant assez d'embarras chez eux songeroient peu aux affaires de delà les monts, et qu'il auroit beau jeu. C'étoit l'assiette de la cour et ce qui paroissoit sur le théâtre.

Cependant Monseigneur, pour témoigner qu'il avoit oublié le passé et étoit content du présent, dansa un ballet et se divertit fort tout l'hiver. Il revenoit si tard se coucher et se levoit tellement tard que je ne luy pouvois faire ma cour commodément, étant logé chez monsieur votre père[2] à la rue Saint-Antoine[3];

---

1. *Bastants de mettre en cervelle le ministère,* sont deux vieilles locutions qui signifient : suffisants pour causer de l'inquiétude au ministère. Le mot *bastant* est le participe présent du verbe *baster,* mot qui a survécu dans l'interjection *baste!*

2. Le père de Charles Malo, conseiller au Parlement, à qui sont dédiés les *Mémoires* de Nicolas Goulas.

3. Pierre Malo, qui avait épousé Marie Goulas, sœur de Nicolas Goulas, habitait alors une maison, achetée le 27 juin 1554

ainsi je me résolus de prendre une chambre auprès du Louvre, et avec sa permission et celle de ma sœur, je m'y établis enfin tout à fait.

Attendant le soir Son Altesse royale je m'entretenois ordinairement avec M. d'Hozier[1], ce célèbre faiseur de généalogies, lequel ayant des obligations à M. Goulas, voulut bien m'apprendre une partie de ce qu'il savoit des races illustres de France, et des non illustres. J'étudiay avec luy le blason des armes, je lus quelques livres qui en traitent et qu'il m'indiqua et je me rendis le jargon armorial si familier qu'il sembloit à M. d'Hozier mesme que je n'avois fait autre chose toute ma vie que de m'occuper à ces matières sèches, épineuses et mal plaisantes : il est vray que la connoissance que j'avois de notre histoire m'aida beaucoup et que je savois déjà les noms et les maisons de ceux dont elle avoit le plus parlé.

Mais à propos des courses nocturnes de Monseigneur, je vous veux faire un conte qui vous fera rire. Il alloit de nuit par la ville et entroit souvent en ces lieux où l'on craint fort le commissaire du quartier. Le Roy sévère et chrétien, condamnant avec raison cette vie, luy fit dire qu'il luy feroit plaisir de la changer, et la chose passa jusques à mettre des espions aux portes du Louvre, et dans les rues, pour estre

---

par les ancêtres de Goulas à la veuve de l'amiral Chabot. Cette maison devait être située, non loin de l'église Saint-Paul, sur le prolongement actuel de la rue Pavée au Marais.

1. Pierre d'Hozier, seigneur de La Garde, fils d'Etienne d'Hozier, seigneur de La Garde, et de Françoise Le Tellier, était gentilhomme à la suite du duc d'Orléans. Il est l'auteur notamment d'un *Recueil* signalé plus haut, à la note 3, p. 15. — Né à Salons en 1592, Pierre d'Hozier mourut à Paris en 1660.

averti s'il sortoit la nuit. La défense augmentant l'envie, car il nous disoit souvent que jamais homme n'eut un si beau *nitimur in vetitum*[1], tantost il prenoit le manteau d'un page, tantost une méchante casaque, tantost vestu de gris, il faisoit porter une lanterne devant luy et se couloit par le guichet, comme s'il eut été un simple officier de la maison du Roy, des Reynes, ou de la sienne, et rencontroit ses gens près du jeu de paume du Louvre, ou devant l'hostel de Longueville[2]. Un soir que le Roy avoit tonné l'après disnée, pressé du *nitimur*, il mouroit d'envie de sortir, et M. le comte de Brion, qui étoit de ces courses, s'approchant luy dit à l'oreille de ne se pas mettre en peine et de le laisser faire. Ils entrent dans la garde-robe, il luy jette un manteau de page sur les épaules, luy donne un méchant chapeau et un flambeau et le fait descendre le premier par un degré dérobé. Comme ils eurent passé le pont du Louvre, et qu'ils furent sous la porte près du guichet, il luy cria fort haut : « Page, vous allez trop vite ; je vous ay commandé mille fois de ne le point faire, vous estes un étourdy, » et s'avançant luy donna un coup de pied au cul, à le jeter au delà du guichet. Monseigneur, surpris comme vous pouvez penser et n'osant se plaindre, gagne le rendez-vous où étoient ses gens et

1. Nitimur in vetitum semper, cupimusque negata (Ovide).
2. Ce n'est qu'en 1664 que l'ancien hôtel de Chevreuse, situé rue Saint-Thomas du Louvre, à côté de l'hôtel de Rambouillet, porta le nom d'hôtel de Longueville. Goulas n'écrivait ses Mémoires que vers 1670, c'est ce qui explique qu'il appelle *Hôtel de Longueville* l'hôtel de Chevreuse qui avait été bâti au commencement du xviie siècle par Clément Métezeau, en même temps que l'immense galerie qui reliait définitivement les Tuileries au Louvre.

dit à M. de Brion, moitié en colère : « Parbleu, Brion, n'y retournez plus, vous m'avez un peu trop déguisé. »

CHAPITRE XV.

De la mort de Madame et du voyage de La Rochelle.

Je passay cet hiver en nouveau de cour, étudiant et regardant comme il me falloit comporter dans le grand monde. Tout mon soin étoit de paroistre reconnoissant vers mon maistre et mon parent[1] qui m'avoit tant témoigné d'affection et d'estime avant que de m'avoir vu ny connu. Je m'entretenois souvent chez luy avec M. Passart aumosnier de Monseigneur. C'étoit un gentilhomme de Picardie, de grande vertu, d'agréable esprit, de bonne conversation et amy très fidèle de M. Goulas. Il me donnoit de bonnes leçons et me formoit insensiblement à la manière du prince, c'est à dire qu'il taschoit de me faire trouver ce tour qu'il falloit avoir pour luy plaire et entrer dans sa familiarité. Il me souvient qu'il me disoit une fois que ceux qui veulent réussir dans le monde se doivent proposer un modèle à imiter, non pas qu'un honneste homme s'attache à copier qui que ce soit, parce que la copie ne vaut jamais l'original, mais qu'y ayant des hommes dont l'air, le maintien, le procédé, l'abord ouvert et civil, le son de la voix, la manière de s'exprimer, ravissent, il falloit tascher de prendre une chose de l'un et une de l'autre, sans affecter pourtant de

1. Léonard Goulas, son cousin germain.

ressembler à personne en particulier : il me désignoit notre M. des Ouches, lequel, à dire vray, avoit tout plein de bonnes parties, mesmement cet extérieur et ce débit attrayant si estimé de mon conseiller. Il fit que je liay quelque espèce d'intelligence avec luy et que je l'allois voir, sans m'engager pourtant, parce que je le connus trop attaché de certain costé qui mettoit en ombrage notre favori; d'ailleurs je craignis qu'il ne me proposast un employ que j'abhorrois et que le sage qui avoit soin de ma conduite auroit condamné. Néanmoins ce métier est le meilleur pour s'élever à la cour, il donne l'oreille des princes, il rend considérable partout, et Puylorens m'en étoit un bel exemple. Il y en avoit d'autres encore que Monseigneur appeloit dans ses plaisirs, à cause qu'ils luy rendoient de ces bons offices : je les puis nommer, si je veux; mais laissons reposer les morts et ne scandalisons point les vivants : disons seulement de ceux cy qu'encore qu'ils passassent pour gens d'honneur, l'on en rabattit beaucoup dès qu'on eut connu leur jeu et qu'on les eut découverts. C'est un malheureux pays que la cour, on y veut estre bon à quelque chose, et pour y estre en considération il faut avoir l'agrément du maistre, qui peut faire le bien et le mal, rendre de bons et de mauvais offices, mais a toujours les rieurs de son costé ; et tel qui le déteste en son âme n'a pour luy que des paroles de joie. Enfin les intérests se soucient peu des biais pour avoir leur compte et se dépouillent de tout scrupule, tellement qu'un seigneur à cordon bleu a toujours soutenu, et très à propos, que les gens d'honneur n'ont point de chausses : il en avoit et en pouvoit souvent changer, et un autre de la secte m'a toujours dit qu'il n'y avoit rien de si embarrassant à la cour qu'une âme timorée qui louche à toute rencontre de sa conscience : je luy répondis qu'il avoit raison et que je m'en étois bien aperçu, car pour n'en estre point embarrassé l'on ne leur parle jamais de rien.

L'hiver se passa insensiblement et Madame approcha de son terme, tous les gens attendant avec inquiétude ce qu'elle feroit. Enfin la pauvre princesse étant accouchée d'une fille[1], fut si mal secourue, à ce qu'on dit, qu'elle mourut cinq ou six jours après, et causa par sa mort autant de douleur au Roy, à la Reyne mère, et à son mary, qu'ils étoient capables d'en recevoir. Je n'eusse jamais cru, voyant vivre Monseigneur comme il faisoit, qu'il dust ressentir cette perte au point qu'il fist; il en fut touché très sensiblement et l'on ne vit que larmes, sanglots et désespoir dans sa maison; plusieurs jours durant, tous étoient consternés du cœur, hormis la faveur qui ne l'étoit que du visage. La fille qu'elle fit nous fut déjà un sujet d'affliction et perdant l'espérance d'avoir un fils l'année d'après, comme on se l'étoit promis en cas qu'elle mit une fille au monde[2], tous ressentoient de la douleur mesmement ceux dont les charges avoient cousté cher, et les officiers de Madame. Nos favoris se servirent de cette mauvaise raison pour consoler leur maistre, qu'ayant des enfants masles le Roy les prendroit pour assurer la succession de la couronne et ne tiendroit pas grand compte de luy après, et

1. Le 29 mai 1627. L'enfant qui venait de naître devint la grande Mademoiselle.
2. En cas que Dieu ne donnast qu'une femelle (Ms. de Vienne).

mesme songeroit à l'abaisser et le ruiner, si bien que la perte de sa femme étant sa sureté, il se plaignoit à tort de ce qu'il alloit estre plus calme et plus considérable.

Il me souvient qu'il nous dit une chose très plaisante, incontinent après que Madame fut accouchée. On avoit porté Mademoiselle dans une chambre tout proche, et M. le duc de Bellegarde la voulut voir : il nous appela deux ou trois qui parlions ensemble, et, me prenant par la main, pour me faire faveur, il me poussa devant luy dans un petit passage et me dit de heurter doucement à une porte qui étoit au bout. Je heurtay et nommay M. le duc de Bellegarde, et l'on ouvrit aussitost. Il entra et nous avec luy, et nous vismes cette petite princesse toute rouge et telle que j'avois peine à la souffrir : néanmoins il l'admira et loua sa beauté avec toute la délicatesse et les termes de la vieille cour. Il est vray qu'au sortir de là, rencontrant Monseigneur qui venoit de chez Madame, il luy dit qu'il nous avoit menés voir Mademoiselle; que c'étoit la plus aimable chose du monde, et qu'il osoit assurer qu'elle ressembleroit tout à fait à Son Altesse royale. Monseigneur, qui n'aimoit guères ces sortes de complaisances, luy répliqua brusquement : « Ne dites jamais cela, M. de Bellegarde, car si ma fille me ressembloit elle iroit droit au rempart. » Vous jugez bien que toute l'assistance rit de bon cœur et que la repartie du prince, vive et prompte, méritoit mieux d'estre admirée que la beauté d'un enfant de six ou sept heures[1].

1. Cette anecdote ne figure pas dans le Ms. de Vienne.

Madame mourut donc à quatre ou cinq jours de là[1], et laissa son mari outré de douleur, quoiqu'on ne l'estimast pas capable d'en prendre ainsi jusques à l'excès. Il fut visité du Roy et à l'heure mesme il se retira à Saint-Cloud chez M. Le Coigneux, où il reçut les compliments de toute la Cour, et si j'ay bonne mémoire, y ayant demeuré quelques jours, il alla à Chantilly et puis vint loger à l'hostel de Bellegarde, qui est aujourd'huy l'hostel Séguier.

Depuis son malheur il ne coucha plus au Louvre, et n'y entra qu'avec un ressentiment extrême de sa perte; mais au milieu de son déplaisir, il en éprouva un autre qui le pensa accabler : l'exécution, en pleine Grève, de messieurs de Boutteville et des Chapelles[2], lesquels durant la grande rigueur de l'édit contre les duels, ayant fait un combat dans la place Royale, où le marquis de Bussy d'Amboise[3] fut tué, et ayant esté pris à Vitry, se trouvant en Lorraine, le Roy avoit commandé que leur procès leur fut fait. Le Parlement les condamna à perdre la teste, et quoique Monseigneur intercédat pour les criminels, mesme eut demandé leur grâce à la teste de tous leurs parents,

---

1. Le 4 juin 1627.
2. François de Rosmadec, comte des Chapelles, fils de Sébastien de Rosmadec, baron de Molac, et de Françoise de Montmorency, cousine germaine de Bouteville. — Ce duel eut lieu le 12 mai 1627; le comte des Chapelles était le second de Bouteville.
3. Henri de Clermont d'Amboise, marquis de Bussy, était fils de Charles de Clermont d'Amboise, seigneur de Bussy, et de Jeanne de Montluc-Balagny. — Bussy d'Amboise, qui fut tué par le comte des Chapelles, servait de second au jeune Guy d'Harcourt-Beuvron. Voir les détails de ce duel dans le *Mercure françois*, t. XIII, p. 407.

qui n'estoient pas de médiocre considération, le Roy ne put jamais estre fléchy. Le prince ne se rebuta point, étant toujours à Saint-Cloud, il écrivit plusieurs fois au Roy et à la Reyne, sa mère; il fit parler au cardinal de Richelieu et à tous ceux qu'il crut avoir crédit auprès du Roy, et toutes ses sollicitations, conjurations et prières ne servirent de rien. Le Roy, voulant un grand exemple pour arrester le cours du mal et exterminer le duel par tout son royaume, envoya une partie du régiment des gardes aux environs du Palais et de la Grève, et l'arrest fut exécuté[1].

Nous étions tous auprès de notre maistre très mal content, et on luy souffloit que le Roy étoit plus offensé contre Boutteville, de ce qu'il étoit attaché à son service, que de son duel et du mépris de ses édits. Néanmoins après plusieurs allées et venues, messieurs Le Coigneux et de Puylorens rajustèrent les choses, la Reyne mère donnant l'espérance que Monseigneur, se conduisant bien, commanderoit l'armée, en cas que les huguenots et les Anglois rompissent avec le Roy. De Saint-Cloud nous allasmes à Chantilly où Monseigneur rongea son frein et tascha de se consoler.

Cependant le Roy faisoit lever des troupes, recouvroit de l'argent, amassoit des munitions de guerre de toutes sortes et préparoit tout ce dont il avoit besoin pour bien recevoir ses ennemis et chastier ses rebelles. Il partit de Paris[2], et le lendemain de son partement, il tomba malade et se fit porter à Villeroy[3],

1. Le 22 juin 1627.
2. Le 28 juin 1627.
3. C'était un magnifique château, situé près de Ménecy, canton de Corbeil.

où il demeura plus de deux mois. C'étoit au commencement de l'été, et sa fièvre tierce et double tierce l'incommodoit fort durant les chaleurs. Monseigneur, n'osant y aller souvent, y envoyoit tous les jours; on luy avoit conseillé d'en user ainsi parceque le Roy étoit fort chagrin, ne vouloit voir personne, et hormis messieurs de Souvré[1] et de Saint-Simon[2], peu de gens de qualité entroient dans sa chambre, surtout on ne luy parloit d'aucune affaire, et M. le cardinal de Richelieu en avoit l'entière direction sous l'autorité de la Reyne. Je fus un de ceux qui furent le plus employés aux messages et compliments, durant cette maladie, et pour cet effet j'avois un coureur à Essonne et un à Juvisy, si bien que j'allois et venois beaucoup plus viste qu'en poste, et je commançay là d'avoir l'honneur d'estre connu de Sa Majesté, car encore que je ne visse pas le Roy, on luy disoit pourtant mon nom, et la considération où M. Goulas étoit auprès de son maistre faisoit que chacun prenoit soin de m'obliger. Or cette maladie s'opiniastroit, on en appréhendoit l'événement et dans l'incertitude où l'on étoit, l'on songea d'adoucir Monseigneur et de le contenter. Le Roy, comme j'ay dit, avoit envoyé devant M. d'Angoulesme, et se préparoit à le suivre, mais sa maladie l'ayant arresté, autant qu'il étoit nécessaire que luy, ou une personne de grand poids, marchast, afin que

1. Jean, seigneur de Souvré ou Souvray, marquis de Courtenvaux, fils aîné de Gilles, maréchal de Souvré, ancien gouverneur de Louis XIII. Jean de Souvré fut capitaine du château de Fontainebleau, gouverneur de Touraine, et premier gentilhomme de la chambre du roi; il mourut en 1656.

2. Le père de l'auteur des *Mémoires*, favori de Louis XIII.

chacun fit son devoir, que la noblesse accourut à l'armée et que les peuples contribuassent volontiers, on proposa à Monseigneur de partir, et on luy donna un pouvoir très ample. Il est vray, disoient les malins de la cour, que, lorsque le Roy se vit sur pied, et en état de nous rejoindre bientost, pour nous ramener à Paris passer l'hiver, Monseigneur eut ordre de partir promptement et de faire diligence par le chemin, à cause que les choses pressoient et que le fort Saint-Martin, en Rhé, étoit en danger, les Anglois ayant fait là leur descente, et assiégeoient la place de concert avec les Rochelois.

Mais il vous faut marquer en passant que Puylorens trouva icy l'occasion de se défaire tout à fait de son camarade Bois d'Ennemetz et qu'il ne la perdit pas. Celui cy désespéré de ne se voir pas des élus qui devoient courir avec Monseigneur qui alloit en poste, part sept ou huit heures devant sur un bon coureur qu'il mène à toute bride, jusques où il peut aller, et bien qu'on luy refusast des chevaux aux postes, à cause que Monseigneur étoit attendu à tout moment, il s'en fait donner, l'épée à la main, et pique droit à la Rochelle, près de laquelle l'armée du Roy étoit campée, et fait sa charge au quartier général d'Estré[1], car étant premier maréchal des logis de Son Altesse royale, c'étoit sa fonction de préparer et de faire marquer son logement et de toute sa maison et de sa suite. Vous pouvez croire que son départ étant su, l'on ne manqua pas de le bien dauber, et que son crime

---

1. Aytré, bourg situé à une lieue environ au sud de la Rochelle. La plupart des historiens du temps écrivent aussi : *Netré*.

ne fut pas petit d'avoir rompu les postes de son maistre, comme de dessein, pour se venger de ce qu'il ne le menoit pas avec luy, aussi ne le porta-t-il pas plus loin que l'arrivée de Monseigneur au camp, où il eut commandement d'abord de se retirer, avec menace d'un chastiment plus rude, s'il ne délogeoit à l'heure mesme; il le fit, certes très prudemment, sans que Puylorens fit semblant de vouloir user de son crédit pour le servir. Jamais homme ne fut moins plaint dans sa disgrâce, chacun le traita de ridicule, se moqua de sa sottise, se joua de sa prétention à faveur; l'on passa mesme jusques à dire qu'il n'avoit pas plus de cœur que de jugement, et que Monseigneur l'obligeoit beaucoup de le chasser lorsqu'on devoit donner un combat. Néanmoins s'il avoit de la vanité, il n'étoit pas sans courage, et il est vray qu'il le devoit montrer icy étranglant Puylorens qui l'avoit réduit à faire cette extravagance et à fascher son maistre pour l'achever. Enfin ce pauvre homme, se jugeant perdu, se retira et passa bientost après en Italie, où la guerre étoit allumée, cherchant les occasions de se signaler, et s'étant arresté à Venise, il eut querelle avec M. de Ruvigny qui le tua en duel[1]. Il se porta partout en galant homme et ses ennemis mesme ont rendu ce témoignage qu'il s'étoit battu comme un César, et qu'on luy avoit imposé[2] quand on l'accusa de manquer de cœur.

1. Ce duel eut lieu à Mantoue. Tallemant des Réaux appelle Bois d'Ennemetz *un bravissime*. — Voir sur Bois d'Ennemetz et Ruvigny le tome III, page 836, des *Lettres choisies de Bayle*, imprimées à Rotterdam en 1714.

2. *Qu'on luy avoit imposé,* c'est-à-dire qu'on avait fait peser sur lui une accusation qu'il ne méritait pas.

Monseigneur, arrivant à Estré, avec deux cents gentilshommes vestus de deuil, la plupart jeunes gens qui mouroient d'envie de tirer le coup de pistolet, aux yeux de leur maistre, ils ne se purent contenir, ils approchèrent de la ville, et ces Rochelois sortant les engagèrent à les charger : ils ne les marchandèrent point; il y eut là une grosse escarmouche où il fut tué quelques gens de part et d'autre et de notre costé un brave gentilhomme de Picardie, appelé Maricourt, qui s'étoit donné, depuis peu, à Monseigneur. M. le duc de Bellegarde voulant retirer le corps y pensa laisser le sien. D'Ormois, de notre Brie, lieutenant au régiment d'Estissac, fut fort blessé, et bien qu'il y fit des merveilles, l'histoire n'en a pas dit un mot, parce qu'il étoit attaché particulièrement à Son Altesse royale, ayant été nourri son page; mesme les historiens payés par M. le cardinal de Richelieu ont passé sous silence le grand service que Monseigneur rendit au Roy et à l'Etat bientost après, car ce fut par ses soins et sa diligence, que d'Andouins de Bayonne arma des pinasses[1], avec lesquelles il entreprit de passer en Rhé et secourir Saint-Martin, et M. de Gaimpy, frère de M. du Metz de la cour des Aydes, que vous connaissez, oncle de messieurs de Bugnons, nos cousins, en emplit une de vivres, à ses dépens,

---

1. « Pinasses, dit Fournier dans son *Inventaire des mots,* sont petits vaisseaux longs, étroits, forts et légers, propres à faire course ou descendre du monde en une côte ; ils sont faits de pin pour l'ordinaire, les Bayonnois s'en servent fort, tant à la voile qu'à la rame. » L'on peut voir ces navires figurer sur les gravures de Callot, représentant le siége du fort Saint-Martin de Ré.

monta dessus et entra heureusement dans la place avec d'Andouins. Il y demeura le reste du siége, se comportant en très brave et galant homme, et il n'en a pas été très bien récompensé, si l'on ne compte l'estime et la louange pour beaucoup : ce n'est point assez que d'estre brave et de bien servir, il faut estre heureux et avoir de quoy plaire aux hommes. M. le cardinal de Richelieu, voulant recueillir toute la gloire du secours de Rhé et de la prise de la Rochelle et ne pouvant souffrir que personne y eust part, les écrivains ont ravy à Monseigneur celle qui luy appartenoit pour donner tout à leur Mécénas et à ses supposts, sans faire mention de Son Altesse royale, ny de ses gens, injustice que je ne puis taire dans cet écrit que je vous adresse, où je vous conte ingénuement ce que j'ay vu et ouy dire en mon temps et durant que j'ay été du grand monde.

Or le Roy arrivant au siège[1] (je parle ainsi à cause que l'on avoit formé un espèce de blocus à la Rochelle), Monseigneur luy quitta le quartier d'Estré, où il étoit, quoique Sa Majesté s'efforçast de l'y retenir, et alla se loger à un chasteau, à une lieue de là, appelé Dampierre[2]. Je tombay malade aussitost d'une très violente fièvre continue, qui me mit à deux doigts du tombeau. C'est un miracle comment je ne mourus pas et je puis dire que M. Goulas me sauva la vie, car il me fit donner une petite chambre dans ce chasteau où j'es-

1. Le 12 octobre 1627. — Parti de Saint-Germain le 12 septembre, « le Roy, dit Bassompierre, s'achemina à petites journées. »

2. Dampierre est situé sur la route de Niort, au N.-E. de la Rochelle.

tois vu, à tous les moments, des médecins et des apothicaires de Monseigneur : j'avois à point nommé les bouillons, citrons, confitures et autres régals nécessaires aux malades, et je recevois mille amitiés de toute la cour. Le médecin de M. le duc de Bellegarde, qui étoit des particuliers amis de M. Goulas, pour en avoir reçu quelque plaisir, me traita avec tant d'assiduité et de suffisance, et me donna ses remèdes si à propos, qu'à la fin il me tira d'affaire. Mais quand il fallut partir, les Anglois ayant été chassés de Rhé et bien battus[1], et l'hiver commençant à refroidir les courages des guerriers, chacun me voyant si foible et si exténué, me conseilla d'arrester à la première ville; il n'y eust que M. Passart qui s'opposa à ce conseil, mesme il pria M. Goulas de nous donner pour luy et pour moy le devant de son carosse, luy promettant qu'il auroit tout le soin de ma personne, qu'il s'en chargeoit déjà et me rendroit sain et sauf à Paris. En effet ce vertueux homme étant continuellement après moy et auprès de moy, durant tout le chemin, me témoigna toujours autant d'amitié que si j'eusse été son frère, et j'eus mille preuves en cette occasion de sa très grande piété et charité, car outre qu'il me rendoit plus de services que mes valets, il me parloit souvent de Dieu, et parloit encore plus souvent à Dieu en ma présence, se mettant à genoux le matin et le soir pour dire son bréviaire, et rendant ainsi très exactement ce qu'il devoit à Jésus-Christ, notre Seigneur, et ce qu'il croyoit devoir au prochain pour

---

1. Voir *Appendice*, I, des détails empruntés au Ms. de Vienne sur le siége de la Rochelle et les troubles du Languedoc.

l'amour de luy. Il vous faut dire une étrange byzarrerie de mon mal : j'avois une telle envie de boire du vin de Sèvre, que je ne me résolus à partir misérable comme j'étois que pour jouir incontinent de ce bien, étant si persuadé que je ne guérirois point sans en boire que j'en fis confidence à M. Passart qui en rioit, admirant les extravagants effets de ces sortes de fièvres.

Si j'eusse été capable de joie et de divertissement, j'en eusse eu autant qu'il se peut durant huit ou dix jours que nous marchasmes; car M. Goulas menoit dans son carosse cinq ou six personnes de très agréable conversation : messieurs de la Rivière, de Patrix, Gedoin, Passart, La Lande[1], lesquels jouèrent perpétuellement la comédie, et je puis assurer que jamais il ne fut dit de si fines, et si solides choses; et à propos de ce La Lande que vous avez connu en votre jeune âge, je vous conteray en passant une de ses plaisanteries. Comme capitaine de la porte de Monseigneur, il avoit trouvé moyen d'avoir une petite chambre dans ce chasteau, où Son Altesse royale alla loger, quand le Prince quitta Estré au Roy, et cette chambre étoit au dessus de celle que m'avoit fait donner M. Goulas. Il entra donc un jour où j'étois malade, et voyant qu'il n'y avoit point de rideaux à mon lit, il s'écria : « Comment, point de barrières contre les « vents-coulis ! Ah ! monsieur mon amy, je suis à la « cour depuis quarante ans; j'y ay connu toute sorte

---

1. Louis de Lubert, seigneur de la Lande, était fils d'Yvon de Lubert de la Lande et d'Alizon Lefaucheux.

« de monde, mais tous ceux qui se sont négligés sont
« morts, et moy qui ay pris mes commodités, je vis. »
Or vous remarquerez qu'il étoit soupçonné d'aimer
beaucoup la vie présente et de songer peu à la future.
Et Monseigneur luy dit un jour fort plaisamment :
« La Lande n'en fais point le fin; je sais ta créance,
« tu crois au Roy, à moy, à la vie et à l'argent, et
« voilà tout. »

Mais revenons à mon propos. Dès que nous étions arrivés à l'hostellerie, M. Passart prenoit la peine de me faire porter à notre chambre, et me mettre au lit, et aussitost il se jetoit à genoux et prioit Dieu. Sa prière achevée il alloit manger, ou il me tenoit quelques propos de piété, attendant qu'on le vint quérir, et après un léger repas, il quittoit nos messieurs et ne tardoit guères à se coucher pour se lever plus matin; et sans doute ils perdoient beaucoup de ce qu'il étoit si chrétien, car il auroit bien tenu sa place dans leurs conversations.

Enfin M. Goulas me rendit à Paris avec assez de santé, mais si fatigué, si abattu, si maigre et si défait qu'à peine me pouvoit-on reconnaistre. Ma sœur ayant su que nous arrivions m'envoya son carosse, à la porte Saint-Jacques, dans lequel je me mis pour aller chez elle, après avoir remercié M. Goulas et M. Passart et pris congé de toute la bonne compagnie. Je bus alors tout à mon aise du vin de Sèvre, et monsieur votre père m'en faisoit verser avec joie, riant de cette extravagante envie de ma fièvre, et ils eurent sujet d'admirer l'effet qu'il fit, car, en moins de huit jours, il me rendit tout un autre homme.

CHAPITRE XVI.

Des sentiments, des passions et de l'état de l'âme du sieur de la Mothe, au retour du premier voyage de la Rochelle et après sa grande maladie.

Je recouvray mes forces de la manière que je vous ay dit, et j'eus encore l'obligation à ma sœur de mon entière convalescence; mais dès que j'eus le corps sain, mon âme devint malade, et d'une dangereuse et longue maladie. J'avois vu autrefois une demoiselle, notre parente et notre voisine, laquelle m'avoit fort plu et ne m'avoit point battu lorsque je le luy avois dit; et par malheur je l'allois rencontrer alors à l'église toute faite et toute raisonnable, et à mes yeux encore toute belle, et plus mesme qu'elle ne me l'avoit jamais paru. Ce fut à Saint-Merry que je la vis, car Monseigneur logeant à l'hostel de Montmorency, nous n'avions pas d'église plus proche pour ouïr la messe. Cette passion, renaissant dans mon âme, n'y fut pas seule; il y en avoit beaucoup d'autres; l'ambition me dévoroit; je bruslois du désir de m'élever, la place que j'avois chez Son Altesse royale me semblant trop basse, et je n'étois pas en état d'en prétendre de meilleure : tant de gens de qualité et de mérite qui approchoient Monseigneur m'offusquoient, et c'étoient comme de hauts arbres qui, par leurs branchages étendus, m'ostoient la lumière du soleil et m'empeschoient de croistre. Je manquois de bien pour dépenser, de talents pour paraistre, d'industrie pour arriver à mes fins ; ainsi j'étois extresmement chagrin et rien ne me pouvoit réjouir; tellement que je menois une triste vie, et d'autant plus ennuyeuse que je ne me découvrois à personne et ne cherchois pas de consolation.

Ce fut vers ce temps là que je fis amitié avec M. de Brasseuze[1], gentilhomme de qualité et de mérite, lequel se trouvant en mesme condition que moy chez Son Altesse royale, de mesme âge et presque avec les mesmes inclinations, notre liaison fut bientost grande et devint telle que nous ne nous quittions point, et Monseigneur le faisoit remarquer à toute sa cour. M. de Brasseuze aimoit plus le monde et se plaisoit à visiter les femmes de qualité. Il y en avoit beaucoup auprès de l'hostel de Montmorency, et entre autres madame de Nogent du Tillet, sœur du premier président de Rouen, laquelle avoit une fille très accomplie ; et comme sa parenté étoit grande et ses alliances des meilleures de la ville et de la cour, cette maison ne désemplissoit pas de gens de condition. On y trouvoit toujours du plus beau monde de l'un et l'autre sexe, des personnes d'élite, de ceux que madame de Choisy a dit depuis *la fine fleur de chevalerie*. M. de Brasseuze y ayant été mené par de ses amis une fois ou deux, voulut absolument que je l'y accompagnasse la troisième ; et voyez, je vous prie, les rencontres que produit le hasard, ou le diable, si vous voulez, j'y trouvay la demoiselle qui m'avoit blessé autrefois, et donné à Saint-Merry de nouveaux coups, laquelle

---

1. Charles des Friches, seigneur de Brasseuzes, fils d'Artus des Friches, seigneur de Brasseuzes, Carmes, Ormesson et Chamfort, et de Catherine Doria. M. de Brasseuzes était gentilhomme ordinaire de Monsieur.

logeant dans la mesme rue et à deux ou trois maisons de madame de Nogent, avoit fait connoissance et amitié avec sa fille et obtenu de madame sa mère la liberté d'aller passer quelques après disnées chez elle, rarement toutefois, car cette dame toute morte au monde craignoit autant d'estre obligée à faire des visites qu'à en recevoir mesme de ses proches. Je crus devoir donner d'abord bonne impression de moy à cette dame, afin d'estre bien venu dorénavant dans sa maison. Après l'avoir saluée et luy avoir fait mon compliment, je pris grand soin de luy plaire; je luy parlay de ses parens et de ses amis de ma connoissance que j'avois vus à l'armée, en Hollande, en Italie; je luy fis confidence de quelque nouvelles particulières de notre cour; je la flattay fort de l'estime où elle étoit, dont les marques se voyoient à tout moment, les plus qualifiés de chez le Roy luy rendant soigneusement leurs devoirs, et la visitant aussi souvent que les princesses; j'admiray la beauté de mademoiselle de Nogent, particulièrement son port et sa grâce qu'en effet elle avoit admirables; je luy soutins qu'elle choisiroit pour elle tel party qu'elle voudroit et que les meilleurs seroient à son refus : ainsi je la pris par tous ses sensibles, et j'usay ensuite de tant de flatteries que je l'enchantay en moins d'une heure, et devins son plus cher et plus intime confident, enfin, de ses secrets le grand dépositaire.

Après cette longue conversation, il vint du monde sérieux et je me retiray par respect et pour m'approcher des demoiselles. Sans mentir, leur cercle étoit fort beau, car les dames auxquelles j'avois cédé ma place avoient amené de quoy le parer et

l'embellir. Je voyois que Mlle de Nogent attendoit quelque chose de moy, et M. de Brasseuze n'avoit pas manqué de me bien prosner, et madame sa mère m'avoit donné une très favorable audience, si bien que lui adressant la parole je l'obligeay de se tourner un peu de mon costé et engageay ma parente dans la conversation, ayant prévu ce qui arriva que le reste de la compagnie embarqueroit bien viste Mlle de Nogent et que j'aurois moyen d'entretenir ma belle cousine. L'occasion s'étant présentée je ne la perdis pas : je la fis souvenir d'abord que je luy avois parlé autrefois et que si les rencontres de ma vie m'avoient empesché de continuer, je les appelois malheureuses, les estimant plus la cause des maux que j'avois soufferts, dont mon visage étoit le témoin fidèle, que les fatigues de l'armée. J'ajoutay que j'irois rendre mes respects à madame sa mère et que j'espérois qu'ayant l'honneur de luy appartenir, elle me permettroit l'entrée de sa maison qu'elle refusoit à tant d'autres, et qu'en cas qu'elle hésitast là dessus je la conjurois de prendre mon party et de ne m'estre pas contraire, puisque j'entendois de partager chez elle mes soins et ma dévotion, et de l'honorer autant que j'y étois obligé. Elle sourit et se tournant un peu me répliqua assez bas : « Je ne doute point
« que ma mère ne soit très aise d'avoir l'honneur de
« vous voir, et que sa porte ne soit ouverte à des
« gens faits comme vous, mais je ne doute point aussi
« que ceux qui viennent de pays étranger et qui fré-
« quentent les armées n'aient besoin de caution, et
« qu'on ne s'y doive pas fier que sur bon gage. »
Cette réponse fine et d'esprit et qui signifioit tant de

choses, ces paroles qui me reprochoient si agréablement mon oubli ou ma négligence, me touchèrent de telle sorte qu'elles achevèrent de me gagner, et furent comme un trait de feu qui embrasa toute mon âme. L'on nous interrompit là dessus à mon grand regret; il fallut entrer l'un et l'autre dans la conversation, et quelques personnes étant encore survenues, il me fut impossible de renouer ce discours et je me retiray sans m'ouvrir davantage.

Me voilà donc en mesme temps bruslé d'amour et consumé d'ambition, désespéré d'estre pauvre, outré de dépendre d'autruy, dévoré d'un désir insatiable de tout savoir et d'arriver à toutes les connoissances dont l'esprit humain est capable, travaillé enfin de mille passions qui ne me laissoient point en repos. Je vous ay dit, ce me semble, que M. d'Hozier m'avoit découvert qui étoient les bonnes familles du royaume, les anciennes et les nouvelles; que M. Passart m'avoit montré le fin et fait le plan des maisons du Roy et de Monseigneur, mais je ne fus pas content de cela; je cherchay dans l'histoire de Rome et dans celle de France ce qu'il y a de meilleur, et crus devoir juger par moy-mesme si la politique de mon temps avoit rapport avec celle du passé, et si Mécénas et Agrippa[1], Burrhus et Sénèque[2], avoient eu de meilleurs yeux

1. Les deux conseillers d'Auguste, par lui consultés sur la question d'abdication, ce grand fait historique si admirablement mis en scène dans Cinna. (Note de M. Monmerqué.)

2. Les deux gouverneurs de la jeunesse de Néron, Burrhus pour les armes, Sénèque pour les lettres; le premier renommé surtout *militaribus curis et severitate morum*, le second *præceptis eloquentiæ et comitate honesta*. (Voir, dans les *OEuvres de Racine,* la seconde préface de Britannicus.) (Note de M. Monmerqué.)

que M. le Cardinal de Richelieu. Je m'attachay donc alors particulièrement à l'étude de l'histoire; je fis des recueils de ce qui s'y trouve de beau; j'y passay les jours et les nuits, sans faire divorce avec les chères mathématiques et la musique, que j'aimois toujours passionnément; et à dire vray, si je me tourmentay beaucoup, ce fut en partie pour faire diversion et me déprendre de la folle attache que je vous viens de confesser. Le bon M. Passart, mon cher amy, m'avoit bien inculqué dans l'esprit qu'il y avoit deux voies pour entrer dans celuy des grands, de se rendre utile à leurs affaires et capable de les divertir, et que souvent de l'un l'on va à l'autre; c'est à dire que le prince ayant gousté un homme agréable, s'ouvre à luy quelquefois, et, le voyant bien parler des choses sérieuses, luy donne insensiblement sa confiance[1].

En ce temps là, on portoit Monseigneur au plaisir de la chasse, peut-estre à l'instigation de la cour, afin de luy oster la pensée des affaires[2], ou d'affoiblir ceux qui prévaloient dans son cabinet, qui étoient messieurs Le Coigneux et Puylorens, par l'opposition des chasseurs. Son équipage pour le cerf étoit fort beau et très digne d'un si grand prince, et le Roy luy ayant donné Chantilly et les forests des environs pour ses plaisirs, M. de Montmorency, à qui cette terre appartenoit, avoit témoigné plusieurs fois, et par lettres et par la bouche, à M. le comte de Brion, son neveu, que Son Altesse royale luy feroit un très grand

---

1. Tous les détails qui précèdent, personnels à Nicolas Goulas, ne se trouvent que dans le Ms. de Vienne.
2. Et du commandement des armées. Ms. de Vienne.

honneur de se servir de telle de ses maisons qu'il luy plairoit en ce pays là, où il y en avoit plusieurs très belles. Ainsi Son Altesse royale voulant arracher de son âme l'ennuy que luy causoit encore la perte de Madame, alloit souvent à Chantilly et y faisoit de temps en temps un considérable séjour; ce qui m'obligea d'acheter quatre bons chevaux, dans la pensée que j'en aurois besoin en cette rencontre, et que s'il falloit retourner à la Rochelle, comme il en étoit bruit, j'aurois toute preste la meilleure partie de mon équipage[1].

Ce fut en ce beau lieu de Chantilly que je commençay de prendre quelque familiarité avec notre maistre, lequel se communiquoit là plus qu'ailleurs, particulièrement à ses promenades du soir qu'il faisoit quelquefois à pied jusques à deux et trois heures après minuit. Une après souper, se voulant dérober, il nous commanda à cinq ou six de l'aller attendre à la porte du parc qui est au delà d'une grande terrasse carrée, et ne tarda guères à nous y venir trouver, sans estre suivy que d'un seul officier de ses gardes et d'un écuyer. Nous n'eusmes pas marché cent pas dans la grande allée, qu'il prit à main gauche, vers la prairie, et se jeta brusquement dans un cabinet couvert de branches d'arbres plissées[2] à dessein, disant : « Cachons-nous icy et que personne ne branle,
« car Puylorens va venir et ne me voyant pas dans
« l'allée, il me cherchera par tout le parc et ne me

1. La seconde partie de cette dernière phrase ne figure pas dans le Ms. de Vienne.
2. *Plissées*; il faudrait *plessées*, vieux mot d'où sont venus tous les *Plessis* du monde. (Note de M. Monmerqué.)

« trouvera point. » Dès que nous fusmes entrés, il s'assit sur des siéges de bois, et nous commanda de nous asseoir, disant en espagnol : « *Cobri os senores* « *por que os hago grandes todos*[1]. » J'entendois cette langue et la parlois assez aisément, voilà pourquoy voyant qu'il avoit envie de se divertir, je mis mon chapeau et luy répondis : « *Beso los piez a su alteza* « *real por sa grand merced que nos ha hecho*[2]. » M. le baron de Saint-Vrain, enseigne des gardes, qui étoit auprès de moy, me poussoit et me donnoit du coude parceque j'étois couvert, s'imaginant que je faisois là une grande sottise, sans y penser; je luy donnois aussi du coude et le poussois à mon tour; voyant que Monseigneur en rioit, les autres commençoient de se réjouir à mes dépens : enfin Son Altesse royale prit mon party, se moqua d'eux et leur expliquant son espagnol et le mien, leur commanda de se couvrir et de m'imiter. Il est vray que leur faisant répéter mon compliment, ils prononçoient les termes espagnols de sorte qu'il n'étoit pas possible de n'en pas rire. Le lendemain, à son lever, il conta les aventures de la nuit à M. Goulas et luy dit que M. de Puylorens l'avoit cherché plus de deux heures, avoit couru tout le parc sans le rencontrer, et que nous étions dans un tel cabinet, où il ne s'étoit point avisé de venir; que nous avions été une heure ou deux et conta enfin ce que j'avois fait et répondu. La Lande, qui se trouva là et qui, toujours bon courtisan, s'alla imaginer que faisant sa cour il obligeroit M. Goulas, et me rendroit

---

1. Couvrez-vous tous, Messieurs, car je vous fais tous grands.
2. Je baise les pieds de Son Altesse royale pour la grande grâce qu'Elle nous a faite.

de ses amis, en me rendant un bon office, prit la parole et élevant la voix à sa manière, dit à Son Altesse royale : « Comment, Monseigneur, ne connais-« sez-vous point ce garçon? (parlant de moy) sachez « qu'il n'ignore rien et qu'il lit dans le ciel. » Ce propos si surprenant réjouit fort l'assistance et me fit du bien, car Monseigneur redit mille fois l'exclamation plaisante de La Lande, et depuis cela il m'appella dans ces innocents plaisirs, eut agréable que je fusse de ses chasses, me parla souvent et me fit demeurer au petit coucher, où il n'y avoit d'admis que les élus.

Ce séjour de Chantilly m'obligea de visiter madame de Mortefontaine[1], notre tante, qui s'étoit retirée en sa maison à deux lieues de là pour y achever ses jours à l'exemple de M. de Liverdis, son père, lequel voulut mourir à Liverdis. Cette bonne femme eut grande joie de me voir et d'apprendre comment j'étois venu au service de Monseigneur; elle savoit que M. Goulas étoit dans un assez bon poste à sa cour; elle me sut bon gré que je me fusse souvenu d'elle, et se mit à me parler de mon père, de ma mère, de tous mes plus proches, avec grande tendresse pour toute la maison, en un mot il n'y eut sorte de bonne chère dont elle ne s'avisa pour me régaler. Après disner elle commanda à ses petites filles, qui portoient d'assez beaux noms, car elles étoient de Montmorency[2], de me mener par tout son

1. Lucrèce Grangier, veuve de François Hotman, seigneur de Mortefontaine, ambassadeur en Suisse et trésorier de l'épargne. (*Mémoires de N. Goulas*, Ms. de Paris, fol. 6, v°.)

2. La dernière des filles de madame de Mortefontaine avait

jardin et son chasteau, et au retour elle leur dit de m'aimer et de m'estimer comme un de leurs plus proches parents, et un de ses neveux dont elle faisoit cas. Mais je voudrois que vous eussiez vu cette maison, où la bonne femme avoit logé ses affections, maison favorite d'un trésorier de l'épargne, car vous admireriez la modestie de ce siècle là, au prix de l'intempérance et de l'orgueil de celui cy. Ce n'est pas qu'elle ne fut passable et ne valut sept à huit mille livres de rente dans un assez mauvais pays, mais tout y étoit médiocre; je ne manquay pas pourtant à tout louer et à luy payer ainsi l'intérest de sa bonne chère ; et si je louay davantage la beauté de mesdemoiselles de Montmorency, c'est qu'elles étoient fort aimables, et qu'il ne se pouvoit rien de plus civil, de mieux nourry et de meilleur air[1]. Je ne m'ennuyay point là dedans, et si j'en sortis le soir, quoiqu'on me priast fort de coucher, et m'en revins au galop à Chantilly.

M. de Brasseuze étoit d'auprès de là et Monsieur son père[2] demeuroit dans le pays, tellement qu'étant le camarade et le cher amy de son fils, je le visitay et j'en reçus toutes les marques d'estime que je pouvois désirer d'un honneste homme qui fait les choses de bonne grâce.

C'est comme je passay le printemps et l'été de l'année 1628, partie à Paris où j'avois les attaches que

---

épousé en secondes noces M. de Bours, de la maison de Montmorency. (*Mémoires de N. Goulas,* Ms. de Paris, fol. 6, v°.)

1. L'une fut mariée à M. de la Ville-Gomblain, les deux autres furent religieuses à l'abbaye de Jouarre. (*Mémoires de N. Goulas,* Ms. de Paris, fol. 6, v°.)

2. Artus des Friches, chevalier, seigneur de Brasseuzes.

je vous ay dit, et partie à la campagne où je trouvois assez mon compte, comme vous avez vu; si ce n'est que portant partout mes passions, au milieu de mes bonnes heures j'avois de fâcheux moments et des chagrins presque mortels. Que dis-je de fâcheux moments, c'étoient des après disnées entières, car je m'enfonçois souvent dans la forest la plus proche du chasteau de Chantilly, et lorsque toute la cour se divertissoit, les uns au jeu, les autres à la chasse, à la lecture, à la promenade ou à la conversation, je pleurois seul ma mauvaise destinée et comptois pour rien les avantages que j'avois dans la maison de Monseigneur, un de mes plus proches parents s'y trouvant en bonne posture[1], le prince me regardant de bon œil, et la plupart de ses courtisans m'honorant de leur approbation. Mais il arriva une assez plaisante chose durant un petit voyage que Monseigneur fit à Paris, pour rendre ses respects à la Reyne sa mère.

Je vous ay dit que madame de Nogent nous recevoit volontiers chez elle, qu'elle avoit une aimable fille que plusieurs personnes de qualité, tant de l'épée que de la robe, recherchoient, et qu'il y avoit toujours bonne compagnie à son logis. Entre les adorateurs de mademoiselle de Nogent, un jeune conseiller de la cour en étoit tellement piqué qu'il passoit presque tout le jour dans la maison et toute la nuit dans la rue. Il s'appeloit M. de Boissettes, et étoit neveu de M. le garde des sceaux de Caumartin, et fils de M. de Mormant Lefèvre[2]. Il n'épargnoit rien pour acquérir les

1. Léonard Goulas, secrétaire des commandements.
2. Louis le Fèvre de Caumartin, seigneur de Mormant et de Boissettes, mourut le 31 octobre 1657.

bonnes grâces de sa dame. On ne pouvoit pas estre mieux vestu, avoir une plus belle livrée, faire plus de galanteries, donner plus de musiques, collations, bouquets, gants, confitures, régals, et cela sous divers prétextes, et empruntant souvent nos noms de peur de révolter la mère et la parenté. Ajoutez à cela vingt-deux ou vingt-trois ans, le bon air, de l'enjouement, de l'esprit et un visage à toucher les plus sévères. Nous trouvant là souvent avec de semblables intérests, l'amitié fut bientost liée, mais ses fréquentes sérénades, mettant en rumeur tout le quartier, on commença de faire certains contes qui nous donnèrent l'alarme, dans la créance qu'ils pourroient troubler ou rompre notre commerce, et nous sûmes que des demoiselles voisines parloient plus qu'elles ne devoient; on m'assura mesme que j'étois meslé dans leurs railleries, à cause de ma parente, et qu'elles disoient que j'avois eu l'adresse ou le bonheur d'apprivoiser des sauvages. Vous jugez bien que ce propos me toucha sensiblement et que j'avois quelque raison de craindre, tellement que pour fermer la bouche à nos jalouses, nous résolusmes, dans un petit conseil que nous tinsmes, M. de Boissettes, M. de Grassende et moy, de leur donner la musique le lendemain, à minuit, mais une musique qui leur convint, étant vieilles, laides et gueuses. Ainsi mes deux amis ne manquèrent pas de faire trouver, à l'heure dite, sept ou huit vielleux, soutenus de ces ridicules machines à deux cordes bandées sur une vessie de pourceau et attachées des deux bouts à un grand bâton plat, et le tintamare de ce concert fit croire aux gens que le sabbat se tenoit dans la rue, si bien que plusieurs s'armèrent de pots de chambre, mesme de pavés, et de tuiles, et se mirent en devoir de payer les musiciens et leurs conducteurs. Ce fut donc à nous de nous retirer plus vite que le pas et de sortir promptement de là les nourrissons d'Apollon et des Muses, lesquels nous congédiasmes après les avoir contentés à leur mot. Le jour d'après, cette aventure fournit bien matière de parler, non seulement à cette rue, mais à tout Paris et à la cour, et afin de remettre le monde en belle humeur et de rendre à chacun ce qui luy appartient, nous donnasmes les vingt quatre violons par trois nuits consécutives, lesquels, s'ils firent un bruit fort doux, en causèrent bientost après de fort fâcheux, car il fut interprêté à déclaration d'amour par les parents et par les mères qui fondirent sur notre société, et meslèrent beaucoup d'amertume parmi nos plaisirs. Néanmoins, comme les filles nous en firent meilleur visage nous ne fusmes pas sans consolation, et le temps qui ruine toute chose apaisa et dissipa la rumeur[1]. Nous nous divertissions de la sorte pendant que toute la France étoit à la Rochelle et toute l'Europe en attente de ce qui arriveroit d'un si fameux siége.

CHAPITRE XVII.

D'un second voyage de M. de la Mothe Goulas à la Rochelle, et d'un autre en Piémont.

Comme nous étions en peine de détourner l'orage

[1]. Comme toutes les anecdotes ou aventures personnelles à Nicolas Goulas, celle-ci ne se rencontre pas dans le Ms. de Vienne. On trouve en revanche dans ce manuscrit (fol. 136 et suiv.) des

que nous croyions devoir fondre sur nous, la nouvelle vint à Paris que l'armée navale d'Angleterre partoit pour secourir la Rochelle, réduite à l'extrémité, et que messieurs de Soubise, de Laval, et les autres capitaines françois huguenots qui les accompagnoient, étoient résolus de faire un effort et d'y entrer avec des vivres et des munitions de guerre[1]. Monseigneur, qui avoit appris à ses dépens combien M. le cardinal de Richelieu étoit jaloux de la gloire qu'il se promettoit de la prise de cette place, et qu'il n'en vouloit faire part à personne, n'avoit pas demandé ny désiré d'y retourner, mais voyant le péril grand et présent, il fit prier le Roy de trouver bon qu'il luy allast rendre, comme volontaire, le service qu'en cette rencontre il luy devoit et à son Etat. Cela ne se refusoit à personne, si bien que son zèle ayant été agréé[2], il partit en poste et nous le suivismes tous, comme nous pusmes. Le Roy le reçut admirablement et M. le Cardinal le loua beaucoup de sa passion pour la gloire de Sa Majesté et la ruine d'un party si contraire à la monarchie et au bien du royaume. Les

---

détails « sur ce qui se passa à Verdun au commencement de 1628 ».

1. Les Anglais parurent en vue de l'île de Rhé le 28 septembre 1628; « le soir, dit Bassompierre, nous pûmes discerner leurs voiles en la Fosse de l'Oye. »

2. Dès le mois de juin 1628, Monsieur avait été cependant convié, par le roi et par Richelieu, à venir prendre part au siége de la Rochelle : « Je vous y convie de bon cœur, écrivait le roi, tant parce que je désire que vous ayez toujours part à ce qui m'arrivera de contentement, que parce qu'il est bien raisonnable qu'ayant travaillé au commencement vous ayez part à la fin. » (*Lettres et papiers d'État du cardinal de Richelieu*, t. III, p. 121.) — Monsieur ne se hâta guère de répondre à cette invitation; il n'arriva au camp de la Rochelle que le 5 octobre et revint à Paris le 29, la veille du jour où l'armée entra dans la Rochelle.

gens de Son Altesse royale qui arrivoient à la file, se logèrent chez leurs amis qui commandoient dans les troupes et nous fusmes deux ou trois au quartier des gendarmes de Monseigneur, où M. le baron de Boisgeoffroy[1], qui en étoit alors le guidon, nous régala de son mieux. Il étoit logé dans la maison d'un bourgeois de la Rochelle, en un beau bourg dont il étoit seigneur, une maison grande et spacieuse, avec les écuries, étables, hangards, granges, quasi pleines de fourrage, que les valets de sa compagnie avoient amassé durant l'été, et les matinées commençant d'estre froides, il me souvient que nous fismes bon feu de la plus belle charpente du monde destinée pour un pavillon et un grand colombier. J'en riois avec M. de Boisgeoffroy et luy faisois la guerre que le bourgeois ayant refusé la contribution, il se vengeoit et brûloit ses couvertures.

Je puis dire et assurer, et toute l'histoire, je pense, en tombe d'accord, que les Anglois se montrèrent fort lâches en cette occasion et que les François qui les avoient été quérir si loin, ne leur donnèrent pas bon exemple. Ils se présentèrent devant notre estacade, et soit qu'ils désespérassent de la forcer, et craignissent notre canon, ou que le vent leur manquast, ils n'approchèrent pas fort près; ils se contentèrent de nous saluer de leur artillerie, et la nôtre leur rendit le salut plus que civilement[2]. Nous apprismes qu'il y

1. Pierre de Mascarel, baron de Boisgeoffroy et de Couldray, seigneur châtelain de Bailleul et de la Mothe-Neuville, guidon de la compagnie des deux cents hommes d'armes de Monsieur et capitaine de ses chasses, était fils de François de Mascarel, baron de Boisgeoffroy, et de Catherine Barjot de la Palu.
2. Le récit du combat fut aussitôt publié, sous ce titre : *Rela-*

avoit eu du bruit entre les Anglois et les religionnaires françois de leur armée, parce que les premiers voulant que les autres qui les conduisoient eussent la pointe, ceux-cy avoient refusé cette gloire, appréhendant de tomber entre les mains de nos soldats, et puis du bourreau, et que là dessus les Anglois blâmant cette lâcheté, ils s'étoient si fort brouillés que chacun des partis, par dépit, députa vers le Roy, pour parler d'accommodement. Aussitost M. le Cardinal fit savoir cecy aux Rochelois, lesquels voyant que leurs sauveurs ne songeoient plus à les sauver, et qu'ils mangeoient leur dernier morceau de pain, se résolurent d'aller à leur devoir et capitulèrent. Monseigneur s'en retourna incontinent, et nous reprismes de mesme le chemin de Paris en diligence[1]. Cette nouvelle *cagade*[2] de M. de Soubise nous remit en mémoire ce qu'avoit dit si agréablement Son Altesse royale lorsqu'au lieu de se trouver à la descente du duc de Buckingham, en l'isle de Rhé, il étoit allé voir madame de Rohan, sa mère, à la Rochelle, où effectivement elle étoit malade, car Monseigneur, qui entendoit prôner nos braves là dessus, lesquels condamnoient cette action, les interrompit, disant qu'elle étoit d'un bon huguenot, extrêmement attaché à l'Ecriture, laquelle com-

---

tion du grand combat naval faict devant La Rochelle, le troisième octobre 1628, envoyé par le Roy à la Reyne, mère de Sa Majesté. Paris, chez Anthoine Vitray, M. DC. XXVIII.

1. Goulas ne signale pas, comme le fait Bassompierre, la maladie de Monsieur du 12 au 17 octobre, ni son excursion à Niort le 19. « Le dimanche 29e, dit Bassompierre, Monsieur prit congé du roy pour retourner à Paris. »

2. Sic, pour *Cacade*, action ridicule. (Note de M. Monmerqué.)

mande expressement d'honorer père et mère, afin de demeurer longtemps en ce monde.

Enfin le Roy, qui avoit passé presque tout l'été aux environs de la Rochelle, y étant entré si glorieusement, s'en revint en France triomphant, et voulut bien qu'on luy fit une superbe entrée à Paris[1], où il ne demeura point le temps qu'il falloit pour prendre un repos après tant de fatigues, car il avoit nouvelle que Casal[2] étoit pressé, et que les affaires d'Italie demandoient ses armes et sa présence. Mesme l'embarras qui se trouva lors à la cour aida fort à le faire partir, et tout ce qui fut dit pour l'en empescher ne fit que blanchir[3]; la résolution et les mesures étoient prises dès la Rochelle. Cet embarras étoit que la Reyne mère, outrée de ce que le Cardinal avoit décliné juridiction, et ne tenoit plus au Roy par elle, mais par luy mesme, s'étoit si fort refroidie pour luy, qu'elle méditoit de luy oster la surintendance de sa maison. Il tascha de s'éclaircir avec elle et luy témoigna sa douleur et son désespoir d'avoir perdu ses bonnes grâces;

1. Le roi entra le 1er novembre dans la Rochelle qu'il quitta le 18; il fut reçu au château de Limours, le 29, par Monsieur et les reines qui venaient à sa rencontre; le 23 décembre eut lieu l'entrée triomphale du roi dans Paris.

2. Casal, ville forte sur la rive droite du Pô, à 60 kilomètres E.-N.-E. de Turin. — Le duc de Mantoue avait envoyé, en décembre 1628, plusieurs courriers au roi pour l'informer de l'extrémité où était réduite cette place, assiégée depuis quelques mois par les Espagnols. Richelieu, dans un grand conseil tenu à Paris, engagea Louis XIII « à prendre en main la cause de ses voisins et alliés ». (*Le véritable père Joseph*, t. I, 236.) — Le roi partit de Paris le 15 janvier 1629.

3. *Blanchir* est employé ici dans le sens figuré et signifie : ne pas réussir. C'est en ce sens que Molière a dit, dans la *Critique de l'École des femmes* : « Voilà des raisons qui ne valent rien; tout cela ne fait que *blanchir*. »

il se voulut retirer et en parla au Roy, luy demandant son congé, et Sa Majesté le refusa et rajusta les choses Elle-mesme, s'il en faut croire l'historien de la Reyne, l'abbé de Mourgues[1]; mais le rajustement ne fut pas du cœur; les apparences furent gardées et M. le Cardinal sortit de Paris avec plus d'autorité qu'il n'en avoit eu auparavant. Il est à croire que ceux qui l'avoient battu en ruine durant le siège de la Rochelle, ne l'épargnèrent pas dès qu'il fut party, et que s'ils avoient entamé l'esprit de la Reyne pendant sa première absence, ils s'en emparèrent celle cy à sa ruine; le cours des prospérités du Roy, où il avoit tant de part, ne les arresta pas; ils ne se relâchèrent en rien pour l'ouverture du Pas de Suze, le secours de Casal, le chastiement de M. de Savoie, la prise de Privas et sa désolation, la ruine du party huguenot, le rasement des fortifications de toutes leurs places, et de Montauban mesme où il fut faire exécuter cet article de la paix. Au contraire tant d'heureux et glorieux succès allumèrent leur bile parce qu'ils l'affermissoient auprès du Roy, et qu'ils jugeoient les efforts de la Reyne vains et peu capables de l'arracher de sa place après tant de grandes choses.

Au retour de ce fameux et merveilleux voyage, les mauvais offices recommencèrent et les cabales; tout éclata en rupture ouverte, et Monseigneur favorisant le party de la Reyne, sa mère, et l'embrassant

---

[1]. Mathurin de Mourgues ou de Morgues, abbé de Saint-Germain, auteur notamment de la *Très-humble, très-véritable et très-importante remonstrance au Roy*. Créature du cardinal, il se mit par la suite au service de la reine-mère. (Voir plus loin page 115 et comparer avec le récit de Goulas le recueil intitulé : *Diverses pièces pour la défense de la reine-mère*. Anvers, 1637-1643.)

enfin contre le ministre du Roy, acheva de se gaster et donna beau jeu à cet habile homme, lequel prouva par là au Roy, son maistre, que ce qu'il avoit toujours soupçonné étoit véritable, qu'il n'occupoit que la seconde place dans les affections de la Reyne. *Inde iræ*, etc., et le reste dont nous parlerons tantost, ce qui soit dit pour ne pas rompre le fil de la plus notable chose qui soit arrivée de mon temps.

Mais reprenons notre propos du retour à Paris après l'entrée du Roy dans la Rochelle, et la ruine de ses bastions et de ses murailles. Je ne sais si le bruit du canon réveilla mon humeur guerrière, ou de quel génie je fus poussé : il me prit envie d'acheter une compagnie dans un vieux corps, et, arrivant à Paris, j'en fis chercher une et trouvay bientôt marchand. C'étoit M. de Saint-Pierre, frère utérin de feu M. Zamet, mestre de camp de Champagne, lequel étant vieux et incommodé de ses blessures vouloit se retirer et mettre en repos. J'en parlay à Monseigneur qui agréa mon dessein et me le permit, avec quelque répugnance néanmoins, s'imaginant que c'étoit un prétexte honneste de le quitter. Je consultay M. Goulas et il n'y fut point contraire ; j'en demanday l'avis de monsieur votre père, de ma sœur, et de mes autres proches et amis, et tous approuvèrent la résolution que j'avois faite de bien apprendre mon métier. Ainsi je traitay et convins à douze mille francs, me chargeant d'avoir l'agrément du Roy, et en cas qu'il me refusast marché nul. M. Goulas me donna pour patrons à la cour M. le maréchal de Bassompierre et M. Bouthillier[1], qui étoient de ses amis, et d'autant

---

1. Claude Bouthillier, seigneur de Pont-sur-Seine, fils de Denis

que le Roy partit très brusquement de Paris, en plein hiver, pressé du péril que couroit Casal, et qu'il y avoit bien du vacarme à la cour, nous n'eusmes ny le temps, ny l'occasion d'achever la chose, laquelle bien que de peu d'importance en soy, ne laissoit pas d'estre difficile, le Roy prenant grand soin des vieux corps, et n'y souffrant que des gens qu'il connoissoit, et par malheur je n'avois point servy en France, depuis que j'étois sorty du régiment des gardes[1]. Je me vis donc obligé de suivre la cour, qui marchoit en toute diligence, et pour éviter l'inconvénient des logements, je la laissay partir et pris la poste, comme je sus qu'elle approchoit de Lyon; arrivant à cette ville, je rencontray M. le vicomte de Melun[2] avec lequel j'avois fait amitié à l'académie et qui m'avoit offert à Paris de me loger et me donner mesme la moitié de son lit; et comme il étoit fort connu de M. le maréchal de Bassompierre et parent de M. Bouthillier, il me promit ses offices auprès de l'un et de l'autre.

Le Roy alloit vite, nonobstant la saison, car c'étoit au mois de février que les neiges sont plus grandes dans les montagnes; il tiroit droit à Suze et bien que

Bouthillier, avocat au parlement de Paris, et de Claude Macheco, secrétaire d'État le 29 septembre 1628 en remplacement de Potier d'Ocquerre, fut nommé en 1632 surintendant des finances. Il mourut en 1651.

1. Le chapitre VIII des *Mémoires de Goulas* (Ms. de Paris, fol. 17 et suiv.) est intitulé : « Voyage du sieur de la Mothe Goulas à l'armée du Roy qui étoit devant Montauban, et ce qu'il fit *pendant qu'il fut au régiment des gardes.* » — Voir des extraits de ce chapitre dans la notice biographique consacrée à Nicolas Goulas.

2. Guy Arbaleste, vicomte de Melun, fils de Louis Arbaleste, vicomte de Melun, seigneur de la Borde, et de Marie Hennequin. Marié en 1637 à Marie de Montmorency, il fut tué en 1645 à la journée de Mariendal.

M. de Savoie, assisté des forces d'Espagne, luy voulut disputer le passage, il fut forcé et emporté à la françoise[1], et notre armée se répandant dans le Piémont, le prince se vit contraint de consentir que Casal fust secourue et pourvue de munitions de toute sorte pour plusieurs mois. L'avant garde où nous étions s'alla poster à Bussolins, deux lieues au dessous de Suze[2] et y demeura jusqu'à ce que le traité avec M. de Savoie fut exécuté, et que les Espagnols se fussent retirés dans le Milanois ; ce qu'ils firent assez précipitamment, pour la crainte que les grandes forces du Roy, animées de sa présence, ne leur fondissent sur les bras s'ils hésitoient.

Je vis là avec plaisir la réception que le Roy fit à Madame Royale[3], digne certes d'estre mise par écrit; car ce fut en pleine campagne au milieu de l'armée rangée en bataille, au bruit d'une salve de mousquetades, que les échos des montagnes rendoient bien plus belle, mais plus terrible. Elle se jeta aux genoux de Sa Majesté, luy témoignant tout le respect et toute la tendresse d'une personne qui tenoit leur proximité à très grand honneur, et attendoit des grâces de sa clémence. Le Roy s'étoit avancé pour la rencontrer, et avoit mené le prince, son mary, d'escadron en

---

1. Suse est située près du confluent de la Cinise et de la Doire-Ripaire, à 57 kil. O. de Turin. Le Pas de Suse, défilé des Alpes, à l'entrée duquel se trouve la ville de ce nom, fut forcé le 6 mars 1629.

2. Bussolengo est à 10 kil. E. de Suse, sur la Doire.

3. Christine de France, fille de Henri IV, mariée à Victor Amédée, alors prince de Piémont, depuis duc de Savoie. — La réception eut lieu le 21 mars 1629 ; on peut en lire le détail dans le *Mercure François*, t. XV, p. 142-144.

escadron, et de bataillon en bataillon, sous prétexte de bonne amitié, et de le régaler, luy qui étoit brave et se connoissoit en gens de guerre, mais en effet pour luy montrer qu'il falloit céder à un si grand monarque, victorieux et triomphant, lequel avoit de si belles forces dans le cœur de l'Etat du duc, son père. Aussi ce prince habile et rusé, après le rapport de son fils, ne se fit pas beaucoup prier de venir rendre ses respects au Roy, et de ratifier leur traité [1], et Sa Majesté, voyant Casal libre et bien munie et le Montferrat assuré à M. de Mantoue, repassa les monts avec la mesme vitesse, et fondit à l'improviste sur les religionnaires du Languedoc, qui s'étoient soulevés dans la pensée que leur party se pouvoit beaucoup prévaloir de sa sortie du royaume [2].

J'appris à ce Bussolins comment Monseigneur, qui s'avançoit à dessein de rejoindre Sa Majesté, ayant su que la Reyne, sa mère, avoit fait arrêter la princesse Marie, fille de M. de Mantoue [3], à cause qu'il

1. « Monsieur de Savoie est enfin venu trouver le roy, » écrit Richelieu à la reine le 5 avril 1629, « toutes choses se sont fort bien passées à cette entrevue, et j'espère qu'elles iront de mieux en mieux. » — Lire à ce sujet le mémoire pour envoyer à M. de Béthune (*Lettres et papiers d'État du cardinal de Richelieu*, t. III, p. 272).

2. Le roi quitta Suse le 28 avril 1629, arriva le 8 mai à Valence, et fut le 14 devant Privas, où il fit faire de suite une reconnaissance de la place par le marquis d'Uxelles. — On sait que la campagne du Languedoc se termina le 28 juin, après la soumission de toutes les villes et malgré l'habileté, les efforts et les ruses du duc de Rohan. La ville de Montauban seule résista jusqu'au 12 août; mais le roi était de retour à Paris depuis le 15 juillet.

3. Marie-Louise de Gonzague-Clèves, fille de Charles de Gonzague-Clèves, duc de Nevers, devenu duc de Mantoue et de Montferrat. Cette belle Marie de Gonzague porta plus tard la couronne de Pologne.

luy témoignoit depuis quelque temps de la bonne volonté et luy rendoit quelque soin, s'en étoit fort offensé et que son mécontentement alloit jusques à le faire plaindre tout haut de Leurs Majestés, sans rien ménager, parce que le Roy luy avoit écrit qu'encore qu'il n'eust pas su le dessein de la Reyne, sa mère, il approuvoit pourtant ce qu'elle avoit fait. Je fus extrêmement embarrassé à cette nouvelle, craignant une rupture dont les suites seroient fascheuses, et ayant prié M. le vicomte de Melun de me donner conseil, il me dit franchement qu'il falloit quitter Monseigneur, si je voulois estre capitaine de Navarre et m'attacher au Roy, et qu'il n'y avoit point de milieu. Je luy répondis que je ne pouvois abandonner un maistre qui me témoignoit de l'estime et qui m'avoit fait du bien et que je l'allois trouver. J'ajoutay que je partirois mesme la nuit, et que s'il vouloit écrire à son père et à ses amis de Paris, je leur ferois rendre sûrement ses lettres. Je ne pus me séparer de luy que le matin parce que ses lettres ne furent pas prestes auparavant, et l'ayant mille fois remercié de ses bontés et de tant de marques d'amitié que j'en avois reçues, je pris la poste et allay coucher à dix lieues de là sur la route de Grenoble.

Voicy le lieu, ce me semble, où il faut conter ce que j'ay su de l'affaire de la princesse Marie qui donnera lumière à beaucoup de choses que j'ay déjà dites et à plusieurs aussi que j'ay à dire, en ce qui concerne l'histoire du temps.

Après la mort de Madame, la Reyne-mère, pour réparer la perte qu'elle avoit faite, songea à remarier Monseigneur, et nonobstant son affliction luy en toucha quelque chose. La première fois qu'elle en parla, il rejeta fort loin cette pensée, mais depuis Sa Majesté se déclarant davantage et luy nommant les princesses de l'Europe sur lesquelles on pouvoit jeter les yeux, il appuya sur la fille de Florence dont on parloit alors pour M. de Parme[1], à cause, dit-il, qu'elle étoit de sa maison. La Reyne luy en sut bon gré et le remercia, et quelque temps après, l'ayant remis sur ce discours, tira de luy une espèce de consentement, et il trouva bon qu'elle en écrivit au Grand Duc[2]. Sa Majesté, qui le vouloit gagner tout à fait, sachant qu'il desiroit de l'employ et de commander l'armée que le Roy préparoit en Poitou contre les Anglois qui menaçoient d'y descendre, lui fit donner ce commandement, et il partit dès que la nouvelle fut venue qu'ils étoient descendus en Rhé et assiégeoient Saint-Martin. Le Roy étoit malade en ce temps là, et ayant recouvré sa santé, il le suivit, jaloux de la gloire qu'il pouvoit acquérir en cette occasion. Le Roy arrivé devant la Rochelle que Monseigneur avoit en quelque façon assiégée d'un côté, il fallut quitter le poste principal, et M. le cardinal de Richelieu, voulant tout faire, dès que les Anglois eurent été battus en Rhé et chassés de nos costes, Monseigneur revint à Paris mal

1. Marguerite, fille aînée de Cosme II de Médicis, grand-duc de Toscane, et de Marie-Madeleine d'Autriche, et sœur du duc régnant. Cette princesse épousa, en 1628, Odoard Farnèse, duc de Parme.
2. Marie de Médicis envoya Luca Fabroni degl'Asini pour traiter de ce mariage à Florence (septembre 1627). — Le portefeuille 270 de la collection Godefroy, à la bibliothèque de l'Institut, renferme plusieurs lettres écrites en italien par Luca Fabroni à la reine-mère, relatives à la négociation du mariage de Monsieur. M. le marquis de Chantérac en a publié et traduit des extraits dans son édition des *Mémoires de Bassompierre*, t. III, p. 437.

satisfait et de la jalousie du Roy et des entreprises de son ministre qui n'avoit pas trop considéré le lieutenant général[1].

Etant de retour, la Reyne, sa mère, luy parla de son mariage et de ce qu'elle avoit fait négocier à Florence, mais il luy répondit qu'il ne se pouvoit résoudre à se marier, la douleur de sa perte[2] étant toujours la mesme, et n'ayant pu diminuer par le temps. La Reyne, piquée de ce discours et de sa froideur, en chercha la raison et la trouva. Elle connut qu'on l'embarquoit avec la princesse Marie, fille de M. de Mantoue[3] ; si bien que pour rompre ce coup elle écrivit à ce prince d'envoyer quérir sa fille et de la retirer auprès de luy. Il avoit trop besoin de la France pour y manquer et désobliger la mère du Roy. Ainsi il mande qu'on la fasse partir au plus tost et qu'elle prenne le chemin de l'Italie. Monseigneur, averty de cet ordre, dépêche au Roy M. le Coigneux, son chancelier, qui trouva Sa Majesté pressant les travaux devant la Rochelle, car c'étoit, ce me semble, au mois de juillet[4], et il avoit ordre de la conjurer que la princesse ne partit pas de

1. Goulas a déjà parlé de ces faits. (Voir plus haut pages 34 et 35.)
2. La perte de sa première femme.
3. Catherine de Gonzague, douairière de Longueville, sœur du duc de Mantoue, avait fait venir la princesse Marie à Coulommiers, où elle pensait que Monsieur se rendrait pour l'épouser. (Voir une instruction à M. de Guron, *Lettres et papiers d'État du cardinal de Richelieu*, t. III, p. 265.)
4. Le 17 juillet 1628, M. Le Coigneux vint trouver le roi de la part de Monsieur *(Mémoires de Bassompierre)*. — Voir également une lettre du roi pour Monsieur du 27 juillet et une autre du 28, du cardinal à Monseigneur frère unique du roi, relativement à la mission de M. Le Coigneux (*Lettres et papiers d'État du cardinal de Richelieu*, t. III, p. 136 et 128).

son royaume, ce qu'il obtint aisément, à cause que
M. le Cardinal laissa agir le Roy, et ne se mesla point
de cette affaire; ce dont la Reyne luy sut très mauvais
gré. La chose demeura en cet état jusques au
retour du Roy à Paris, à la fin de l'année 1628[1], que
la Reyne voulut faire expliquer Monseigneur, et elle
agit si bien et si efficacement qu'il promit de ne plus
songer à la princesse de Mantoue, et de tourner ses
pensées vers Florence, moyennant que le Roy luy donnast
le commandement de l'armée de Piémont, pour
faire lever le siége de Casal, que Don Gonzales de
Cordova[2] avoit commencé depuis deux mois. Il fut
stipulé que quinze jours après estre arrivé à l'armée,
la princesse partiroit pour aller trouver son père : le
Roy donna mesme cinq cent mille écus qui servirent
à dresser promptement l'équipage du généralissime.

Mais Sa Majesté n'eut pas moins d'inquiétude en
cette rencontre qu'elle en avoit eu quand elle envoya
Monseigneur commander son armée de Poitou contre
les Anglois; les trophées à venir de son frère l'empêchoient
déjà de dormir et il ne pouvoit laisser à un autre
ce beau laurier. Ainsi il fait dessein de prendre luy
mesme la conduite de son armée, offrant la lieutenance
générale à Monseigneur, et sept ou huit jours après il prit

1. Monsieur s'était en effet informé, le 9 octobre, auprès de
Bassompierre, « de ce que le roy sentoit de son mariage avec la
princesse Marie ». Bassompierre répondit à Gaston que « le roy
avoit alors les Anglois en tête, et les Rochelois derrière luy, que
la moindre de ses pensées étoit celle de son mariage ».

2. Gonzales de Cordova, troisième fils d'Antoine-Ferdinand
Falch de Cardona et de Jeanne de Cordova, était gouverneur de
Milan. Il mourut en 1645.

le chemin de Lyon[1]. Son Altesse royale n'avoit garde de refuser la lieutenance ; il se prépare à suivre Sa Majesté, et tout son monde gagne les devants. L'on ne vit jamais tant de bagages et d'équipages de campagne, tous les grands du royaume suivant le Roy en une si glorieuse occasion. Cependant la Reyne, qui étoit dans l'impatience que la princesse Marie fut à Mantoue, l'exhorte à partir et la fait partir, et Monseigneur apprit aussitost cette nouvelle avec tout le chagrin que l'on peut imaginer. Il jette feu et flammes, il s'arreste en Dombes, terre de mademoiselle sa fille[2], et depesche au Roy pour le supplier de luy pardonner s'il ne va pas trouver Sa Majesté, comme il est obligé, ayant reçu un tel déplaisir du départ de la princesse Marie qu'il ne se croit alors capable que de pleurer cette disgrâce. J'étois à la cour en ce temps là, et sans mentir il y fut assez maltraité ; on ne l'y ménagea pas beaucoup et on s'y moqua de ses pleurs et de ses larmes. Il fit faire le mesme compliment et la mesme prière à la Reyne sa mère, et bien qu'elle ne se moquast pas, elle se soucia peu de luy donner satisfaction.

Mais voicy qui acheva de tout gaster : M. de Bellegarde étant à Paris et taschant de ménager quelque

1. Le 15 janvier 1629. — Dans le Ms. de Vienne (format in-folio, p. 147) N. Goulas indique que le « Roy fut trouver le cardinal de Richelieu à Chaillot le 3e janvier (1629), pour luy confesser son mal et trouver avec luy quelque expédient pour le guérir » ; Richelieu aurait répondu au Roy : « Il n'y a qu'un moyen assuré d'oster à Monsieur cette gloire qui vous fait peine, c'est d'aller la recueillir vous mesme ». — Le récit de cette entrevue du roi et du cardinal est absolument conforme à celui des *Mémoires de Bassompierre*.

2. 18 février 1629. — La principauté de Dombes, aujourd'hui comprise en grande partie dans le département de l'Ain, appartenait à la jeune Mademoiselle du chef de sa mère.

chose là dessus auprès de la Reyne, luy alla dire que Monseigneur avoit tant de passion pour la princesse que peut estre il l'enlèveroit et l'épouseroit sans la participation du Roy et d'Elle, ce qui la mit si fort en peine qu'elle se résolut de s'assurer de sa personne, en la faisant mener au bois de Vincennes[1]. Monseigneur informé de cette violence, l'écrit au Roy, le conjure de la faire cesser, se plaint de la Reyne, sa mère, et Sa Majesté répond qu'il ne sait rien de tout cela, qu'il en est fasché, mais qu'il approuve ce qu'a fait la Reyne puisqu'elle l'a cru de son service, tellement que Monseigneur ne put autre chose que ronger son frein et revenir sur ses pas, s'arrestant néanmoins à Montargis, ville de son apanage où il passa la plus grande partie de l'été. Il fit bientost connoistre à la Reyne que les soupçons qu'elle avoit eus étoient sans fondement, et elle remit la princesse en liberté[2]; mais Monseigneur conserva toujours le souvenir de l'injure, qui luy osta enfin l'envie de la contenter sur le mariage de Florence.

Les choses étoient en cet état, lorsque je quittay l'armée du Roy et pris le chemin de Grenoble où je n'arrivay qu'en cinq ou six jours, à cause que les postes étoient ruinées. J'y trouvay le baron du Tour[3], qui étoit de notre cour, lequel se crut obligé de me régaler avec les plus belles dames de la ville, ce qu'il

1. Ce fut le 11 mars 1629 que la duchesse de Longueville et sa nièce furent prises à Coulommiers pour être conduites le même jour au château de Vincennes.

2. Le 4 mai 1629.

3. Charles Cauchon de Maupas, baron du Tour, né en 1566; Tallemant des Réaux dit qu'il était *brave au dernier point* et *se battoit en duel à dépêche-compagnon*.

fit de très bonne grâce et magnifiquement, peut estre par vanité, afin que je prosnasse chez Monseigneur la manière dont il vivoit en ce pays, au parlement duquel il avoit été renvoyé pour une affaire criminelle; car ayant tué en duel un gentilhomme, et les parents de celui cy soutenant qu'il l'avoit mal tué, il prétendoit démontrer, sa grâce à la main, que c'étoit luy qu'on avoit assassiné, et qu'en cette rencontre il n'avoit fait que de se défendre. Il savoit le mécontentement de notre maistre et tout ce qui s'étoit passé aux environs de Paris, et me pria de lui mander quel train prendroit l'affaire, ajoutant que s'il étoit expédient qu'il se rendist auprès de Monseigneur, il quitteroit tout, au hasard de perdre son procès : je le lui promis, et, suivant ma route, je trouvay à Montargis Son Altesse royale qui me traita bien et me sut gré d'avoir abandonné ma prétention[1] pour luy venir rendre ce que je luy devois, et ayant obtenu permission de faire un tour chez moy, et quelque séjour à Paris, je le laissay et m'en allay à la Mothe me reposer de tant de fatigues.

A quelque temps de là Monseigneur passa en Champagne[2] et s'arresta à Saint Dizier; ce fut où nous le joignismes, M. de Brasseuze et moy, et où toute sa cour se rallia auprès de luy, sur le bruit et les apparences qu'il sortiroit bientost du royaume. Il faisoit dessein de se retirer en Lorraine, et il y eut des allées et venues de ses gens et de ceux de M. de Lorraine, ce prince étant obligé de savoir du Roy s'il auroit agréable qu'il le reçut dans ses Etats, et comment

1. *Ma prétention,* c'est-à-dire le projet qu'avait formé Goulas « d'acheter une compagnie dans un vieux corps. » — Voir plus haut, pages 57 et 61.
2. A Joinville, dans une terre de la maison de Guise.

il le recevroit[1]. Enfin toutes choses ajustées et concertées, nous partismes de Saint Dizier et fusmes coucher à Ligny, belle et grande terre de la maison de Luxembourg, de là à Bar et de Bar à Nancy, où il fut fait à Son Altesse royale une réception digne d'un fils et frère de roy de France. Tous les princes vinrent au devant de luy jusqu'à deux ou trois lieues, M. le duc[2], M. le prince-cardinal[3], M. le marquis de Mouy[4], M. le prince de Phaltzbourg[5] et quantité de noblesse. M. de Lorraine étoit malade. Je remarquay que notre maistre garda bien sa gravité et avec raison, car il descendit de carrosse et remit aussitost un pied dans la portière, et se tint en cette posture pendant un assez long entretien qu'il eut avec toutes ces altesses, après quoy les ayant fait monter avec luy, il marcha vers la ville et y entra au bruit de tout le canon et de la mousqueterie des bourgeois. Il descendit au palais, où les princesses se trouvèrent sur le grand escalier[6] :

1. « Monsieur, se trouvant si proche de Nancy, envoya le sieur de Mouy-Mailleraye complimenter le duc de Lorraine, qui lui rendit, quelques jours après, ses civilités par une ambassade magnifique du marquis d'Ermanville, qui l'assura que, s'il daignait l'honorer de sa venue, il serait le maître de la maison. » *Mémoires du duc d'Orléans*, t. I, p. 189.

2. François de Lorraine-Vaudemont, père de Charles IV, s'était fait reconnaitre duc de Lorraine pour céder ses droits à son fils.

3. Nicolas-François de Lorraine, frère puiné de Charles IV; alors cardinal et depuis duc de Lorraine.

4. Henri de Lorraine, second fils d'Henri de Lorraine-Mercœur, marquis de Mouy, comte de Chaligny.

5. Louis de Guise, d'abord appelé baron d'Ancerville, fils naturel de Louis de Lorraine, cardinal de Guise.

6. Le grand escalier, qu'on appelait l'escalier rond, et en haut duquel parvenaient les voitures, était pratiqué dans une tour située à l'un des coins du palais ducal. (Hugo, *Vie manuscrite de Charles IV*.)

l'altesse Madame, qu'ils appeloient, veuve du vieux duc naguère décédé, laquelle étoit de la maison de Mantoue[1], cousine germaine du Roy et de Monseigneur; madame de Lorraine, Nicole; madame Claude, sa sœur, que M. le cardinal a épousée depuis, et madame la princesse de Phaltzbourg; et tous montèrent à l'appartement de M. de Lorraine, qui étoit au lit, où l'on fit conversation assez longtemps et très agréablement pour tous les gentilshommes de Monsieur, car ces princesses étoient accompagnées de plusieurs femmes et filles de qualité de leur Etat, toutes du bon air, et bien mises à la françoise, qui tinrent fort alerte notre jeunesse.

Je ne saurois dire maintenant le particulier de ce voyage; il y a si longtemps que je ne m'en souviens plus, et j'avois en ce temps là mes pensées plus à Paris qu'à Nancy. Je ne vous puis rien dire aussi de ce qui m'étoit arrivé à Paris à mon retour de Piémont, je me remets en mémoire confusément que monsieur votre père et ma sœur m'accommodèrent d'argent dont j'avois grand besoin, et que je vis nos dames aux pieds desquelles je me plaignis de ma mauvaise fortune, qui ne souffroit jamais que je fusse heureux plus d'un moment, et m'arrachoit aussitost d'auprès d'elles; mais dans l'idée confuse que j'ay de ces choses, je vous informeray mieux de ce que nos courtisans débitoient avec grande liberté, se voyant hors de la portée de la couleuvrine de M. le cardinal de Richelieu, qui avoit mené le Roy en Italie, au cœur de l'hiver, plus pour l'éloigner, disoient-ils, de la Reyne, sa mère, que pour l'intérêt de l'Etat et secourir

1. Marguerite de Gonzague, fille du duc de Mantoue et d'une sœur de Marie de Médicis, veuve de Henri, duc de Lorraine, mort le 31 juillet 1624. Elle mourut le 25 février 1632.

M. de Mantoue et Casal ; que si elle avoit commencé de le[1] battre en ruine durant le siége de la Rochelle, elle s'étoit plus déclarée contre luy au retour, et l'avoit depuis réduit à demander son congé qu'il savoit qu'on ne luy donneroit pas ; que luy ayant osté la surintendance de sa maison, elle se laissoit assez entendre qu'elle ne le pourroit voir qu'à regret dans le conseil et avec la direction des affaires ; que le Cardinal par son orgueil et sa tyrannie l'avoit réduite à ce point et que prenant les choses d'une hauteur extrême avec une princesse extrêmement hautaine, il s'étoit brouillé avec elle imprudemment et avoit ainsi hasardé sa fortune ; qu'il luy reprochoit trop souvent les services qu'il luy avoit rendus et à l'Etat, et ajoutoit toujours que nonobstant sa longue fidélité et les dangers qu'il avoit courus pour la rétablir auprès du Roy, son fils, au point qu'on l'y voyoit, elle écoutoit toujours ses ennemis ; qu'il entendoit par *ses ennemis* M. le cardinal de Bérulle et messieurs de Marillac. Ils finissoient d'ordinaire par ces paroles, que toutes les grâces que donnoit le Roy et tous les honneurs du royaume étoient pour ses parents, ou ses esclaves ; qu'il embarrassoit les affaires partout afin de se rendre nécessaire et mille autres choses semblables. Monseigneur pourtant, dans le particulier, ne laissoit pas de confesser qu'il servoit à merveille, et considérant le bonheur de cet homme et que l'intérêt de l'Etat et le sien vouloient qu'il s'accommodast, il écouta et prit une augmentation d'apanage et de l'argent pour luy et pour ses ministres, c'est-à-dire messieurs de Puylorens et Le Coigneux, et le premier

---

1. *Le,* le cardinal de Richelieu.

alors devint grand seigneur et battit en ruine M. Goulas auprès du maistre, quoique le meilleur de ses amis[1].

Mais je veux vous faire un conte du petit La Lande, que vous avez connu, à vous réjouir. La chose se passa à Nancy et en bonne compagnie, comme vous allez voir. M. de Lorraine ne se contraignoit pour personne dans son Etat et se soucioit peu de père, mère, femme, frère, sœurs et parents. Il étoit amoureux d'une fille de madame de Lorraine, et la servoit publiquement, sans avoir égard à ce qu'on en pourroit dire dans le monde, et ses médecins luy faisant plus garder le lit pour des maux de cœur qui luy prenoient souvent, qu'un homme inquiet comme luy ne pouvoit souffrir, il ne savoit à quoy s'amuser. Il n'aimoit point le jeu; les conversations délicates ne se trouvoient pas à sa cour; il ne parloit de ses affaires à personne, pas mesme à son père, ainsi il n'avoit que cette demoiselle pour luy faire passer de bonnes heures. J'ay déjà fait mention de La Lande[2], et afin que vous le connoissiez mieux, vous saurez qu'étant sans bien et en volonté de beaucoup dépendre[3], il ne

1. Les négociations relatives à la réconciliation de Monsieur avec le roi furent conduites d'abord par le maréchal de Marillac (4 novembre 1629), puis par le duc de Bellegarde et M. Bouthillier (18 décembre); elles aboutirent le 2 janvier 1630. (Consulter à ce sujet les instructions et rapports des négociateurs, *Lettres et papiers d'État du cardinal de Richelieu,* t. III, p. 474-495.) Monsieur ne rentra pourtant dans sa ville d'Orléans que le 9 février suivant, après que le roi lui eut accordé le duché de Valois comme supplément d'apanage, et la lieutenance générale en Orléanais.

2. Goulas a en effet déjà parlé de La Lande; voir plus haut, p. 37.

3. *Dépendre,* dans le sens de « dépenser », est un mot aujourd'hui peu usité, et ne se retrouve guère que dans ces deux phrases proverbiales : Ami à vendre et à *dépendre,* ami tout dévoué. —

songeoit qu'à faire de l'argent *in ogni modo*, comme disent les Italiens, et qu'il servoit auprès des dames ceux qui le payoient bien et servoit encore les dames auprès de ceux qui payoient bien. Il approuvoit fort le procédé de M. de Lorraine avec sa maistresse, et qu'il la galantisast aux yeux de sa femme et de sa belle-mère. Une après disnée qu'il[1] gardoit le lit, Monseigneur monta à sa chambre avec cinq ou six, dont La Lande étoit un, et entrant brusquement, trouva toutes les altesses auprès de la cheminée qui s'entretenoient, et se mit à parler avec elles. La Lande ne voyant personne à la ruelle, s'approche doucement, car comme il étoit de bonne compagnie M. de Lorraine se plaisoit à le faire causer, et apercevant enfin mademoiselle de Savigny assise sur le lit de Son Altesse, il se voulut retirer. M. de Lorraine l'arreste et commence à luy conter quelques sornettes; La Lande recule sans dire mot; M. de Lorraine reprend : « Eh quoy? La Lande, n'aurions-nous rien de vous aujourd'huy? » La Lande s'éloignoit toujours en souriant, et comme il passa auprès de Monseigneur et des altesses, il s'écrie : « C'est estre souverain cela! » Monseigneur entendant le mystère de ces paroles, s'emporte de rire; M. de Lorraine, d'aussi fine intelligence que notre maistre, se renverse sur le chevet de son lit, étouffant de rire; les François qui étoient présents étoient prêts à en pasmer, et les altesses de l'un et l'autre sexe demeurèrent dans une froideur qui rendit la chose encore plus plaisante, si bien que Monseigneur, n'y pouvant plus tenir, prit un mau-

Qui bien gagne et bien *dépend* n'a que faire de bourse pour serrer son argent.

1. *Il,* M. de Lorraine.

vais prétexte pour sortir, et nous vint faire le récit de l'aventure à son appartement où La Lande acheva la farce.

Mais il nous faut apprendre maintenant que ce fut le père de Condren[1], confesseur de Son Altesse royale, qui le rajusta avec le Roy et la Reyne, sa mère, et qu'ayant été convenu que Monseigneur, au sortir de Nancy s'en iroit à Orléans, il obéit et là toutes choses apparemment furent composées et terminées.

On étoit aussi tombé d'accord, avant que de quitter la Lorraine, de la récompense de nos ministres, afin qu'ils servissent encore au goust du Cardinal, à la première rencontre.

Je vous veux révéler un secret qui vous fera connoistre par avance quel homme c'étoit que ce père de Condren, duquel je vous feray ensuite un chapitre exprès, ayant eu le bonheur d'estre un de ses plus chers amis. Il fit force allées et venues auprès du Roy et de la Reyne, car Monseigneur attribuoit avec raison au désir que la Reyne avoit de le marier à Florence la violence faite à la princesse Marie. La Reyne pourtant n'en parloit plus ; elle attendoit la conjoncture propre pour arriver à ses fins, se plaignant seulement qu'on voulut marier Monseigneur contre son gré, et sans luy en parler. Le Roy appréhendoit la liaison de Monseigneur et de M. de Lorraine, qu'il savoit n'estre pas dans ses intérêts, témoin son traité avec l'Angleterre, à l'instigation de madame de Chevreuse : enfin il y avoit force ingrédients dans toute

1. Louis Charles de Condren, fils de Thomas Galant, sieur de Condren, naquit près de Soissons, le 15 décembre 1588. En 1629, le père de Condren succéda au cardinal de Bérulle dans les fonctions de général de l'Oratoire. Il mourut à Paris le 7 janvier 1641.

cette négociation qu'il étoit difficille de bien mesler au goust de tout le monde, et notre bon Père en vint à bout, et comme il vit les soupçons levés en partie, les gens en assez bonne humeur, et le temps de l'entrevue résolu, il pria le Roy d'envoyer à Orléans le Père Suffren, qui étoit confesseur de Leurs Majestés, afin qu'il mist la dernière main à l'ouvrage, et qu'il amenast Monseigneur à Troyes, dans la pensée qu'il se pourroit retirer, et que l'autre retireroit tout le mérite d'un accommodement si désiré de toute la France. Le Roy et la Reyne, sa mère, rejetèrent sa proposition, jugèrent à propos qu'il retournast à Orléans et rendit compte à Monseigneur de ce qu'il avoit négocié, sans doute à cause qu'il auroit plus de créance en ce qu'il luy diroit de leur part. Ainsi il nous vint retrouver tout confus, et ayant fait le rapport de sa négociation, il disparut et s'alla cacher dans une des maisons de son ordre, pour rendre grâce à Dieu de ce qu'il avoit béni son travail, rétablissant l'amitié et la confiance entre ces personnes illustres. Voilà ce qui nous mena, en avril 1630, à Troyes où le Roy étoit et où les princesses de Lorraine le vinrent visiter. J'eus l'honneur d'y accompagner Son Altesse royale et j'y reçus une extrême satisfaction, car je rencontray M. de Beauplan[1] que je n'avois point vu depuis que

1. M. de Beauplan tenait une *académie* dans le faubourg Saint-Germain. « Je vous diray pour la vérité, nous apprend Goulas (Ms. de Paris, folio 28 recto), que je ne vis jamais de plus honneste homme et qui eut de meilleures parties, sage, adroit, posé, respectueux, courageux, plein d'honneur, craignant Dieu, parlant bien et donnant le meilleur exemple du monde aux gentilshommes qu'il avoit sous sa conduite. » — M. de Beauplan avait été écuyer d'écurie de la reine-mère, et, en 1627, le cardinal de Richelieu l'avait nommé son capitaine des gardes.

j'étois sorty de son académie, et je le trouvai en aussi bonne posture que je la luy pouvois souhaiter. M. le cardinal de Richelieu, l'ayant fait son capitaine des gardes, n'avoit pu mieux témoigner qu'il avoit en luy la dernière confiance et qu'il l'estimoit au dernier point. On disoit mesme qu'il luy alloit mettre entre les mains une de ses places plus considérables. Je luy fus rendre ce que je luy devois, et il me reçut avec toute la tendresse que j'aurois attendue d'un père. Il me rendit incontinent ma visite, me vint chercher plusieurs fois à mon logis et se réjouit avec moy de ce que Monseigneur me traitoit bien et que j'avois un parent à son service qui pouvoit beaucoup contribuer à ma fortune : enfin il me fit entendre que si je n'eusse pas été engagé il auroit pu me placer ailleurs, ce qui me fit penser qu'ils cherchoient des gens auxquels ils pussent prendre confiance, et il me connoissoit, ou que peut estre il vouloit nouer quelque commerce avec moy chez Monseigneur, et en cela je puis assurer qu'il ne me connoissoit point. M. le cardinal étoit alors en Italie.

CHAPITRE XVIII.

De l'amitié que fit le sieur de la Mothe Goulas avec le père de Condren, et des merveilleuses qualités de cet excellent Père.

Je vous ay promis de vous faire connoistre le père de Condren et de vous apprendre comme je l'avois connu. Quant au premier point, imaginez-vous le plus

bel esprit et l'âme la plus noble de tout le monde; il
possédoit tous les arts et toutes les sciences; il en
avoit les secrets plus cachés, et des mystères de la
nature il n'ignoroit rien de ce qui peut tomber en la
connoissance des hommes; il raisonnoit, comme Salomon depuis le cèdre jusques à l'hyssope; il parloit
aisément et bien, il écrivoit de mesme; sa conversation étoit si douce et si agréable qu'on ne s'en séparoit
point que charmé. Il aimoit à rire durant l'heure de la
récréation, et si ses discours alors ne portoient pas si
droit à Dieu, ils détachoient toujours de la terre;
mais quand il tomboit sur les matières de piété il sembloit avoir été instruit par les anges. Jamais la religion chrétienne ne fut si belle que dans sa bouche;
il luy donnoit des grâces à ravir les plus impies. Il
parloit de ses mystères si hautement qu'il les faisoit
admirer, et si clairement qu'il n'y paraissoit plus rien
d'obscur, et il réduisoit presque ses auditeurs en
l'état heureux où il m'a souvent protesté que Dieu
l'avoit mis, c'est-à-dire à n'avoir pas de foy, voyant
distinctement toutes les merveilles de notre créance.
Son affabilité et sa douceur étoient incomparables;
elles enchantoient tout le monde; son humilité n'avoit
point d'égale; et sa patience étoit si grande que
souvent il écoutoit, depuis sept heures du matin jusques à quatre après midy, des personnes dévotes,
mais indiscrètes, qui venoient chercher consolations
et instructions dans ses divins discours; il n'en
rebuttoit pas une, il s'abandonnoit et se résignoit
sans se souvenir qu'il n'avoit point mangé de tout
le jour : il falloit que le frère, qui avoit soin de
luy, l'allast quérir deux et trois fois, et avertist les

gens qu'il étoit à jeun. On le trouvoit toujours égal et gay, et toujours il donnoit des marques de sa gaité dans l'occasion. Ce frère m'a compté qu'un jour qu'ils alloient à Saint Magloire, ils rencontrèrent dans le faubourg Saint Jacques quantité de ces mulets que l'on mène quérir le blé à la ville, et que le conducteur qui montoit le dernier donnant un grand coup de fouet à un paresseux qui marchoit devant le sien, et à son gré n'avançoit pas assez, et luy criant : « Chemine donc, Martin, » le Père le poussa doucement de son coude et luy dit : « Prenez garde à vous, notre frère, » et la rencontre est assez plaisante de ce que ce frère s'appelloit Martin, et le meunier en le fouettant, donnoit ce nom à son mulet. Il étoit fécond en ces sortes de choses durant la récréation et rien ne sortoit de sa bouche que brillant d'esprit.

Je ne saurois exprimer combien il étoit éloigné de toute vanité, combien le titre de supérieur général luy faisoit de peine, aussi travailla-t-il de toute sa force à se décharger de cet employ, et demeurer particulier dans sa congrégation. Il m'a dit souvent que celuy qui commande dans une communauté est effectivement le serviteur de tous les autres selon la parole de Jésus-Christ Notre Seigneur dans l'Evangile, et que devant répondre à Dieu de leurs âmes et aux hommes de leur conduite, il porte un faix à succomber bientost, et redoutable mesme à un ange.

Un soir à Blois, que nous avions soupé deux ou trois, je le priay de nous faire un discours de piété, et ayant parlé ensuite de la sainteté de Dieu, comme d'une matière excellente et peu battue, je luy témoignay qu'il m'obligeroit beaucoup d'en traiter. Il me l'accorda et il est vray qu'il dit des choses si belles et si élevées, demi-heure durant, que je ne pus m'empescher de me récrier tout transporté : « Ha! mon père, vous avez achevé de me gagner et dorénavant je veux estre votre frère Martin. » Il entendit que je me vouois à son service, et en demeura si confus qu'il en perdit presque la parole. Il me répondit doucement qu'il me serviroit toute sa vie et pour me montrer que c'étoit le sentiment de son âme, il me promettoit de m'obéir et de me considérer toujours comme son directeur; tellement que quand je desirois quelque chose de luy, je luy disois à l'oreille que je la luy commandois et l'exigeois en vertu de sainte obédience.

Il est certain qu'il se voulut démettre de son généralat et que non seulement il conjura ses confrères d'en élire un autre et de l'oster, mais mesme qu'il s'absenta et se cacha en dessein de ne revenir plus. Cependant quoiqu'il fut bien caché ils firent en sorte de le trouver et ils eurent de ses nouvelles par une telle rencontre qui vous réjouira. Il y avoit dans l'Oratoire un homme de qualité, lequel avoit été fort du monde. Il s'appeloit à la cour le baron de Palmore[1], et étoit fils du célèbre M. de Sansy, surintendant des finances. Celuy cy ne pouvoit si bien dépouiller le vieil homme qu'il ne conservast sa belle humeur sous l'habit d'un religieux. Les Pères durant

---

1. Henri, baron de Maule, seigneur de Palemort et de Sancy, mestre de camp d'infanterie, entra à l'Oratoire en 1627 et y mourut en 1667. Tallemant a dit que le surnom de Palemort venait de son juron habituel *Pa-la-mort,* ce qui n'est pas vraisemblable : c'était, à ce qu'il paraît, le titre d'une terre de la maison de Harlay. (Note de M. Monmerqué.)

leur assemblée, ayant reçu une lettre du père de Condren par laquelle il les conjuroit de le décharger du généralat de leur congrégation, pour les raisons qu'il déduisoit, furent assez étonnés de cette nouvelle, et délibérant sur la chose, tous universellement opinèrent à le refuser et à le prier de perdre cette pensée. Ils luy députent à cet effet quelqu'un d'entre eux, et celuy cy demandant où il étoit, personne ne répond; ils interrogent ses particuliers amis, ils n'en apprennent rien : enfin Palmore prit la parole et dit : « Mes pères, vous estes tous en peine avec raison de la résolution de notre Père général, et plus en peine de le trouver; permettez-moy de vous dire ce que j'aurois fait dans le monde, si j'eusse eu besoin d'un homme qui se fust caché; j'aurois pris le complice de son dessein et luy aurois donné les étrivières jusques à ce qu'il m'eust révélé où je le trouverois, et si j'en suis cru vous en userez ainsi avec le père... que voilà, parce qu'assurément il sait où est notre Père général. » Vous croyez bien que les plus sérieux et plus affligés firent effort pour ne pas rire à cette belle proposition, et que s'ils n'eussent été accoutumés aux railleries du père de Sancy, il auroit subi la correction conventuelle. Enfin le père qu'il avoit nommé étant interrogé, pressé, dit sans un seul coup d'étrivière que le père de Condren étoit en tel lieu, et qu'on l'obligeroit beaucoup d'élire un général et de le décharger de son employ. Là dessus les députés partirent et le ramenèrent, et tous l'ayant conjuré avec larmes de continuer à les conduire, il en répandit aussi beaucoup en les remerciant de la bonne opinion qu'ils avoient de sa personne et de la disposition où il les voyoit envers luy, les exhortant à prier Dieu qu'il luy fist la grâce de se bien acquitter de son devoir.

Cet excellent homme dans nos entretiens particuliers me disoit toujours qu'il demandoit instamment deux choses à Jésus-Christ : qu'il luy plut le faire démettre du généralat de l'Oratoire, et le décharger de la conscience de notre maistre, et luy répondant que je voyois où il vouloit venir et que la mauvaise vie que menoit Monseigneur luy pourroit faire tort dans le monde, et pourroit peut estre nuire à son salut, il m'interrompit et me protesta qu'il ne se mettoit point en peine de l'estime des hommes, et ne croyoit pas déplaire à Dieu de demeurer auprès de Son Altesse royale, quelque emporté et débauché qu'il fut, parce que Dieu l'y avoit engagé sans qu'il y songeast et malgré luy, « et puis, ajouta-t-il, quand je le vois si malheureux et si mortifié de toutes parts, n'ai-je pas sujet d'espérer que Notre Seigneur en fera quelque chose et qu'il a dessein de l'avoir par la tribulation? » Mais vous vous allez étonner, cet homme tout céleste m'a assuré toujours que Monseigneur ne s'étoit pu validement marier en Lorraine, et que nonobstant la confirmation de son mariage à Bruxelles, où l'archevesque de Malines, ayant mis les mains de Monseigneur et de Madame l'une dans l'autre, leur donna sa bénédiction en tant que besoin seroit, il n'étoit point marié parce que le contrat civil, qui précède le sacrement, est nécessaire, et comme la matière après quoy il intervient, et c'est la forme, et il n'y avoit pas de contrat civil, mesme il n'y en peut avoir sans le consentement du Roy; « mais Monseigneur est obligé, continua-t-il, de faire tous ses efforts pour l'obtenir et de vaincre par la patience la dureté, l'opposition et toutes les traverses de la cour[1]. » C'est, je pense, ce qu'il luy soutint toujours et luy inspira, et ce qui fut cause en partie que jamais il ne branla là dessus, quelques offres et quelques menaces qu'on luy put faire.

Ce merveilleux génie a été le premier qui ait montré les sciences par le moyen de certaines tables de son invention, où l'on voit d'une suite leurs principes et les conclusions qui s'en tirent, et quatre ou cinq mois avant que la mort nous le ravit, je l'avois fait résoudre à nous apprendre la théologie de cette manière à M. le baron de Renti, à M. de Verderonne et à moy, et sans que M. de Verderonne eut affaire à la campagne, et s'absenta cinq ou six semaines, j'aurois eu cette consolation et profité extrêmement de ses lumières. Il nous disoit qu'en deux mois il nous rendroit théologiens, c'est-à-dire capables d'entendre les livres et de résoudre mesme d'épineuses difficultés.

Son merveilleux désintéressement lui avoit acquis la confiance de Monseigneur, mesme celle du Roy et de M. le cardinal de Richelieu, qui ne se confioit pas aisément, et ce dernier avoit sujet de le croire tout à fait désintéressé, car l'ayant voulu faire archevesque, il n'en reçut que des remerciements concluant à un refus.

Il m'a dit une fois qu'il croyoit d'avoir le grand

---

[1]. Ce passage est cité par extrait et non textuellement dans l'article consacré au Père de Condren par M. Tabaraud, à la suite de son *Histoire du cardinal de Bérulle*. (Paris, Egron, 1817. In-8°, t. II, p. 203.) — Le père Tabaraud, que j'ai connu, a lu les *Mémoires de La Mothe Goulas*. Il cite le manuscrit de la bibliothèque impériale de Vienne comme étant autographe. (Note de M. Monmerqué.)

œuvre, ou le secret de la pierre des philosophes, et que s'il étoit dans la nature, il le trouveroit. Le frère Martin entendit cela et dès qu'ils furent seuls, le convia d'en faire l'épreuve, « car, ajoutoit-il, considérez, mon père, que de bien vous feriez, tirant tous les pauvres de la mendicité et de la misère; » et cet homme apostolique luy répartit : « Vous vous abusez, mon frère, Dieu veut qu'il y ait des pauvres sur la terre pour donner moyen aux riches de racheter leurs péchés par les aumosnes, et aux pauvres par les souffrances. Le secret de faire de l'or n'est bon qu'à deux choses, à prolonger la vie et enrichir; et l'un et l'autre est mauvais aux hommes, car vivant longtemps ils commettent plus de péchés, et vivant plus commodément ils ont plus de pente à en commettre; si bien qu'il vaut mieux que les choses demeurent comme elles sont, qu'il y ait des pauvres et estre du nombre, et qu'on vive peu, puisque la mort met en état de ne plus offenser Dieu. »

Je vous ferois un grand chapitre des faits excellents de l'excellent père de Condren, si je ne craignois de trop grossir ces relations. J'ay à vous dire avant que de finir celuy cy, comment j'en eus la connoissance et j'en acquis l'amitié. Ce fut M. Goulas qui me donna l'un et l'autre; il l'obligea de m'aimer, quand il luy témoigna qu'il m'aimoit comme son proche parent, et qu'il faisoit cas de moy comme d'une personne reconnoissante et sûre qui ne luy manqueroit jamais. Je m'imagine aussi que s'étant informé de mon humeur, et ayant su que je n'étois ny extravagant, ny impie, mesme que Son Altesse royale me faisoit assez bon visage, il n'hésita point à m'honorer de sa bienveillance que mes prières et mes soins changèrent en une amitié parfaite, car le frère Martin eut ordre de me faire parler à luy et de m'introduire dans sa chambre à toute heure, et me mettre du nombre de ceux qu'il estimoit le plus chez Monseigneur. Certes je cultivay de mon mieux cette estime et cette amitié et j'en recueillis d'excellents fruits, de ces fruits qui nourrissent et engraissent pour le ciel et pour l'autre vie, et sans doute j'avois la place que je désirois dans son cœur s'il est vray, s'il est véritable qu'il se souvint de moy dans sa dernière maladie, et presque mourant il s'étonna que je ne l'eusse pas vu comme ses autres amis, et je n'avois garde de luy donner cette consolation, ny de me la donner à moy mesme, non plus que celle de recevoir sa bénédiction avant qu'il allast à Dieu ; j'étois à la Mothe, ignorant son mal et mon malheur que j'appris seulement à mon retour ; et M. l'abbé de la Rivière, soupant chez M. Goulas, me dit la fascheuse nouvelle qu'il y avoit quatre jours qu'il étoit au lit et qu'on le croyoit en danger : c'étoit le soir fort tard et le lendemain dès qu'il fut jour, je m'en allay à l'Oratoire, et demandant à sa chambre le frère Martin, je sus de luy qu'il n'y avoit que peu d'espérance. Je ne me pouvois persuader que Dieu voulut sortir ce saint du monde, où il faisoit tant de bien, à cinquante ans, et néanmoins, adorant les secrets de sa providence, je me retiray très affligé, et m'en allay chez Monseigneur, que je trouvay autant ou plus inquiété du danger où il étoit que pas un de nous. Je mangeay un peu et m'en retournay à l'Oratoire, où montant droit à sa chambre, je m'arrestay à la porte. On me voulut faire entrer parce qu'on luy avoit dit que j'y étois, et je le refusay craignant de l'incommoder : enfin M. de Brienne, survenant et entrant, je le suivis, emporté de ma passion, et je ne pouvois assez admirer que ce saint homme, dans les douleurs de la mort, conservast la mesme égalité qu'il avoit quand nous conversions ensemble auprès du feu. Il me tendit la main et prit la mienne; je n'osois luy rien dire, parce qu'on nous avoit recommandé de ne le pas faire parler; et étant demeurés quelque temps en cet état les médecins s'approchèrent, et nous fusmes obligés de nous retirer et tout ce que je pus faire pour ma satisfaction fut de baiser sa main que je tenois, comme luy disant le dernier adieu [1].

Je me séparay ainsi du bienheureux père de Condren, dont la mémoire m'est très précieuse, comme à tous ceux qui l'ont connu. Mais je vous confesseray une chose que je vous prie et que je conjure ceux qui liront cet écrit de croire très-constante, c'est que j'en ay encore eu plus d'assistance après sa mort que durant sa vie : il a obtenu pour moy de la miséricorde de Jésus-Christ, notre seigneur, de très grandes grâces, et je suis sorty des plus grands dangers par son intercession; j'entends de ceux que l'âme court dans le monde, où tout est plein pour elle de piéges, d'écueils, de précipices, et de cruels ennemis, qui l'attaquent continuellement et s'efforcent de la tuer pour l'éternité.

1. Charles de Condren mourut le 7 janvier 1641; on a recueilli, après sa mort, quelques petits traités de controverse et de morale, sous ce titre : *Discours et Lettres,* en deux parties, imprimés à Paris en 1648. Sa vie, composée par le P. Amelot (*Vie du P. de Condren,* Ms. du Pin, bibliothèque des auteurs ecclésiastiques, xviie siècle), contient un grand nombre de ses pensées, de ses lettres et de ses maximes.

CHAPITRE XIX.

De ce qui s'est passé depuis la réconciliation de Monseigneur avec le Roy et la Reyne, sa mère, qui se fit à Troyes, jusques à la rupture d'éclat de Son Altesse royale avec M. le cardinal de Richelieu (1630).

Il est certain que le Roy avoit fait deux belles choses presque en mesme temps, en prenant la Rochelle et secourant Casal, et que M. le cardinal de Richelieu avoit eu grand' part à ces excellentes actions. Mais la bonne fortune de l'un et de l'autre parut en ce que le traité que le Clausel de Montpellier[1] avoit fait en Espagne pour M. de Rohan et son party n'ayant pas été su à temps par les huguenots, M. de Rohan, se trouvant pressé et embarrassé après la prise d'Aletz, se résolut à la paix et la conclut assez brusquement dans la créance que les Espagnols, affoiblis et misérables, amuseroient son agent et ne luy donneroient que des paroles. D'autre part M. de Savoie[2], qui comptoit pour beaucoup la diversion qui s'alloit faire en France, nous manqua tout franc, et les Espagnols le voyant comme irréconciliable avec le Roy, songèrent à mettre l'Italie aux fers, en s'emparant de la Valteline et de Casal. Ils se préparèrent donc au siége de cette place fameuse; ils amassèrent des troupes de tous costés; ils mandèrent celles de l'Empereur, et

---

1. On peut lire la fin tragique de Du Clausel dans Levassor, *Histoire de Louis XIII*, t. IV, p. 771 et suiv., et dans les *Lettres et papiers d'Etat du cardinal de Richelieu*, t. V, p. 321 et suiv.

2. Charles-Emmanuel Ier, duc de Savoie, mourut le 26 juillet 1630.

donnèrent pour commander l'armée leur conquérant, le marquis de Spinola[1], lequel pourtant n'attaqua Casal que l'année d'après, savoir au mois de may 1630. Certes il y avoit bien là de quoy piquer la bravoure et la générosité du Roy, mesme échauffer le flegme de M. le Cardinal, lequel s'étant persuadé à la Rochelle qu'il n'étoit pas moins grand capitaine que grand homme d'Etat, il voulut conduire l'armée d'Italie qui se devoit opposer aux vastes et ambitieux desseins de la maison d'Autriche, et convaincre les Italiens que si elle ne les avoit pas dévorés, jusque là, ç'avoit plutost été par impuissance que par scrupule.

M. le cardinal de Richelieu, tout affamé de gloire, partit donc de Paris, le 29 décembre 1629[2], ayant pris ses précautions dans l'esprit du Roy, et dressé la batterie dans le cabinet contre la Reyne mère, et le Roy se mit aussi en chemin vers la Bourgogne, à cause qu'il voulut apaiser, par sa présence, les mouvements qui s'étoient faits à Dijon, en conséquence de certains édits que le Parlement de la province avoit vérifiés. Aussitost Son Altesse royale qui étoit à Orléans,

---

1. Ambroise Spinola, né en 1571, d'une des plus anciennes familles de la république de Gênes, est compté parmi les généraux les plus illustres de son temps. Il se signala surtout dans la lutte des Espagnols contre les Pays-Bas ; son dernier exploit fut le siége de Casal que Toiras remit entre ses mains le 4 septembre 1630 ; il mourut le 25, sans avoir pu emporter la citadelle.

2. Le cardinal était accompagné du cardinal de la Valette, du duc de Montmorency et du maréchal de Schomberg. Le 1er janvier 1630, Richelieu dit la messe à Fontainebleau ; le 2, il était à Nemours ; le 3, à la Bussière près de Gien ; le 27, ses lettres sont datées de Lyon ; le 5 février, de Grenoble ; le lundi 4 mars, M. le prince de Piémont et M. le cardinal eurent une entrevue à Brezoles, au nord de Suze ; dès le 22 mars, Richelieu était au camp de Pignerol.

vint en poste à Paris rendre ses devoirs à la Reyne sa mère, et après avoir fait son compliment, passa à l'hostel de Saint-Paul, où étoit la princesse Marie. Cecy n'étoit que pour parer le théâtre, car il avoit donné les mains et promis de ne plus penser à ce mariage, et il croyoit que pour son honneur il falloit montrer qu'il persévéreroit et ne changeroit jamais, s'il n'étoit violenté par Sa Majesté. Aussi à quelques jours de là il alla à Troyes voir le Roy, qui le reçut bien, et nos escapades furent oubliées, moyennant d'amples promesses de nous mieux conduire à l'avenir. Il est vray que nos ministres pour leurs bons et agréables services touchèrent force argent comptant et M. Le Coigneux eut permission de récompenser une charge de président au mortier.

Mais le voyage du Roy devant estre long, les Reynes suivirent et nous retournasmes à Orléans et puis à Paris, avec le pouvoir en l'absence de Sa Majesté. Je ne parleray point icy de ce que M. le Cardinal fit de beau de là les monts; je n'y étois pas et les relations qui en venoient me sembloient un peu partiales. Je ne dirai rien non plus de la conqueste de la Savoie que le Roy fit, je le laisse à notre histoire[1]. J'appuierai seulement sur ce qu'on débita alors dans notre cour que le Cardinal pensa perdre l'armée faute de pain[2] et que son or ouvrit la porte de Pignerol.

1. *Je le laisse à notre histoire.* Goulas nous paraît indiquer par cette phrase qu'il engage le lecteur des *Mémoires* à se reporter à l'*Histoire de Louis XIII*, qu'il avait sans doute déjà écrite pour le prince de Savoie. Les *Mémoires de N. Goulas,* c'est le manuscrit de Paris que nous publions; l'*Histoire de Louis XIII* par N. Goulas, ce sont les manuscrits de Vienne. L'on trouve en effet dans ceux-ci (fol. 147 à 164) des détails sur la conquête de la Savoie.

2. Dans les archives des affaires étrangères de Turin (t. XII,

Néanmoins l'événement montra que le grand appareil des François et la créance qu'il causa que le Roy affectionnoit beaucoup les affaires d'Italie, avoit donné cœur à ses partisans en ce pays là et ailleurs et relevé leurs espérances, car il est certain que tous les potentats de l'Europe étoient dans la dernière consternation, voyant l'Empereur presque absolu en Allemagne, les Espagnols maistres des passages des Grisons et les choses en disposition que le Montferrat ne leur pouvoit échapper sans miracle, et que quand ils surent le premier ministre du Roy à la teste de ses troupes, ils jugèrent que c'étoit tout de bon et qu'ils se pouvoient déclarer, et certes ses heureux succès et ses pratiques et tant de machines pour conserver nos anciens alliés et en faire de nouveaux sont incroyables. Ce fut un merveilleux coup d'Etat que de mettre sur les bras de l'Empereur un conquérant de la réputation et du mérite du roy de Suède, afin de faire une grande diversion en Allemagne, et capable d'arracher ses armes de l'Italie; ce fut un grand coup d'Etat de lui débaucher le plus accrédité de ses généraux d'armée et gagner le seul homme qu'il croyoit pouvoir empescher sa ruine; ce fut un grand coup d'Etat que de secourir Casal en 1629; ce fut un autre grand coup d'Etat, en mesme temps, que de venir donner la paix à la France et désarmer pour toujours l'hérésie; enfin ce fut un grand coup d'Etat, en 1630, que d'ouvrir l'Italie aux François par la conqueste de Pignerol et réduire M. de Savoie à embras-

fol. 453, 506 et 512), on peut lire plusieurs lettres du marquis d'Effiat et de Du Fargis qui se plaignent en effet, au cardinal, de manquer de pain.

ser l'intérêt commun de sa nation et demeurer ferme en notre alliance[1].

J'ay ouy conter que cet habile prince fut tellement touché et surpris de la surprise de Mantoue qu'il dit à son fils quand il en eut la nouvelle : « *Amedeo, siamo persi,* » qu'ils étoient perdus, car sachant combien les Espagnols désiroient se saisir du Montferrat et du Mantouan, et les voyant dans Mantoue, il ne croyoit point qu'ils se pussent jamais résoudre à la rendre, et il ne doutoit point aussi que les François pour la leur faire quitter par un accommodement ne s'emparassent de son Etat qu'ils garderoient autant de temps que les autres leur conqueste, c'est à dire toujours.

Mais au milieu de nos grands succès le Roy tomba malade à Lyon[2] et fut en très grand péril, tellement que la fortune de M. le Cardinal fut jusques sur le bord du précipice, et il ne se faut pas étonner si nous la crusmes en danger, puisqu'il en fut persuadé luy mesme[3]. Quelques-uns ont dit qu'il avoit résolu

1. Le traité entre Louis XIII et l'empereur Ferdinand II, touchant la succession de Mantoue et du Montferrat, fut signé à Ratisbonne, le 13 octobre 1630 ; mais ce traité, déclaré inacceptable par Richelieu, ne fut définitivement ratifié, avec les modifications apportées par le cardinal, que le 27 octobre.

2. A la fin de septembre 1630.

3. A la date du 30 septembre, Richelieu écrit à M. de Schomberg : « Je commenceray cette lettre par vous dire que je ne sais si je suis mort ou vif, tant je suis encore hors de moy, pour avoir vu ce matin le plus grand et le plus vertueux des rois, et le meilleur maistre du monde, en tel état que je n'espérois pas le voir vivant le soir. » — Le 1er octobre, le cardinal écrit au marquis d'Effiat : « Par la grâce de Dieu le roy est hors de danger, et à vous dire le vray, je ne sais encore ce que je suis. » (*Lettres et papiers d'État du cardinal de Richelieu*, t. III, p. 912 et 917.)

de se sauver, le Roy étant à l'extrémité, et qu'il tint à peu qu'il ne partist, mais que M. de Montmorency le rassura, s'offrant de le conduire en Languedoc, par le Rhône, en toute sûreté ; que dans l'incertitude où l'on étoit de la vie du Roy, ses ennemis s'assemblèrent pour consulter comment ils le traiteroient en cas de mort[1]; que les uns conclurent à luy oster ses établissements et le chasser du royaume, les autres à le tuer, d'autres à l'arrester et le mettre entre quatre murailles[2]; et que depuis il les chastia tous en la mesme manière qu'ils avoient opiné contre luy[3]; que la Reyne mère luy avoit donné d'étranges coups devant la maladie du Roy et après, et que le Cardinal, se voyant soutenu de son maistre, avoit espéré de la regagner ; qu'ainsi la cour retournant à Paris il l'avoit fait supplier qu'il la put accompagner, et que durant tout le chemin il n'y eut sorte de soins, de complaisances, de flatteries, qu'il n'employast pour rentrer en

1. Madame de Motteville, après avoir dit que « toute la cabale avait tenu certains conseils contre le cardinal de Richelieu, où chacun avait dit son avis, » a écrit en marge du manuscrit de ses mémoires : « J'ai su depuis, par des personnes fort bien informées de la vérité, que ce conseil concerté est une chose fabuleuse. » — Voir cependant les deux notes suivantes.
2. « La Reine-mère, dit La Rochefoucauld, résolut de le (le cardinal) faire arrêter prisonnier au moment de la mort du roi, et de le mettre à Pierre-Encise, sous la garde de M. d'Alincourt. » — Pierre-Encise était une prison d'Etat, située sur la rive droite de la Saône, à l'entrée de Lyon.
3. La Rochefoucauld confirme encore ici le récit de Goulas : « On a dit que le cardinal avoit su depuis, par le duc de Montmorency, le nom et les divers avis de tous ceux qui avoient assisté au conseil que la Reine avoit tenu contre lui, et que, dans la suite, il les avoit punis des mêmes peines qu'ils lui vouloient faire souffrir. »

ses bonnes grâces; que la Reyne avoit fait ce qu'elle avoit pu pour le tromper, et qu'en effet il fut trompé, mais que madame de Combalet[1], sa nièce, luy tira le rideau, et le convainquit enfin qu'il n'étoit point raccommodé comme il croyoit; que ses bassesses furent telles que ceux qui le cognoissoient les voyant ne les croyoient pas; qu'elles passèrent jusques au point que la Reyne s'étant faschée contre un fol qu'elle avoit, qui s'étoit émancipé en sa présence, il l'appela et luy dit d'un ton sérieux et grave devant tout le monde : « A quoy pensez-vous, Manugnet (c'est ainsi qu'il se nommoit), de fascher la Reyne, ignorez-vous qu'elle est si grande princesse et si puissante, qu'elle peut faire du cardinal de Richelieu un Manugnet et de Manugnet un cardinal de Richelieu? » Il se persuadoit qu'une âme altière comme la sienne reviendroit à ses flatteries et pourroit enfin changer. Mais la Reyne ayant été descendre à Paris aux Carmélites, où elle trouva le garde des sceaux de Marillac qui l'y attendoit, il conçut de nouvelles défiances, ou ressuscita les vieilles, et les conjectures de madame de Combalet intervenant là-dessus, il se le tint pour dit et il mit en œuvre toutes ses machines et les batteries du cabinet pour se parer et se maintenir dans son poste.

Pendant le voyage, nous étions à Paris avec pouvoir; Monseigneur avoit un conseil et un secrétaire d'Etat pour signer les ordres nécessaires; et la nou-

---

[1]. Marie-Madeleine de Vignerot, fille de René de Vignerot, seigneur de Pont-Courlay, et de Françoise du Plessis, sœur de Richelieu, avait épousé Antoine de Grimoard de Beauvoir du Roure, seigneur de Combalet, qui fut tué en 1622, au siége de Montpellier.

velle arrivant de l'extrémité de la maladie du Roy, il est certain qu'il se comporta à merveille, et je pense qu'effectivement il étoit touché de déplaisir du danger que couroit le Roy, son frère, et de joie de la fortune qu'il couroit luy mesme. Il y eut bien du chuchetis, des conseils, des cabales, dans la maison et ailleurs; il y eut bien des prétentions, des espérances, des demandeurs qui se promettoient une très grande élévation de la très-grande de notre maistre. J'ay appris que M. Le Coigneux avoit parole des sceaux de France, M. de Puylorens d'estre fait grand écuyer en la place de M. de Bellegarde, lequel moyennant la démission de cette belle charge devoit estre honoré de celle de connétable. Quant à M. Goulas[1] que nos ministres n'avoient pu encore entamer, et que Monseigneur considéroit beaucoup, il espéroit d'estre secrétaire d'Etat, et je luy ay ouy dire plusieurs fois depuis qu'il auroit fait en cette rencontre comme M. le maréchal de Tavannes[2] quand le Roy l'honora du baston de maréchal de France, lorsqu'il n'y en avoit que quatre. Il mit autour de ses armes : *le premier cinquiesme*, ce qui embarrassa d'abord les beaux esprits et les gens de la cour, mais s'étant expliqué, l'on trouva beau ce galimatias et l'on souffrit qu'il eust ainsi canonisé son mérite.

Un matin que j'étois entré dans la chambre de

1. Léonard Goulas, secrétaire des commandements de Gaston.
2. Gaspard de Saulx, seigneur de Tavannes, né à Dijon en 1509, d'une des plus anciennes familles de Bourgogne, mourut en 1573. Son fils Jean de Saulx, vicomte de Tavannes et de Lugny, a rédigé les *Mémoires du maréchal Gaspard de Saulx-Tavannes*, qui parurent à Lyon en 1657.

M. de Bellegarde pour l'accompagner de suite chez Monseigneur, il me sembla qu'il me traitoit mieux que de coutume et j'en auguray bien pour M. Goulas. Quelques moments après ayant su que Son Altesse royale étoit éveillée, il sortit et nous le suivismes. Il monta l'escalier, et entrant dans la salle haute un valet de chambre, fendant la presse, l'aborde pour luy dire que Monseigneur le demandoit. Il me tenoit par le bras, comme s'il eut voulu s'appuyer, et se tournant un peu de mon côté il me dit : « Que me veut Sa Majesté? » Je m'arrestay un peu croyant qu'il eust eu nouvelle que le Roy étoit mort, et le regarday fixement, ce qui le fit apercevoir de sa méprise et il reprit en souriant : « J'entends de Naples, il ne faut pas aller si viste. » Je jugeay ainsi que la santé du Roy étoit déplorée et jugeay bien, car leurs dernières lettres portoient qu'il n'y avoit plus d'espérance : mais les beaux projets de ces messieurs s'en allèrent bientost en fumée, car le Roy ayant vidé heureusement un abcès, qui causoit sa fièvre, revint en santé, recouvra ses forces en peu de temps et ne songea plus qu'à s'approcher de Paris afin de respirer l'air natal. Ainsi toute la cour partit de Lyon, et prit ce chemin, et ce fut durant la marche que M. le cardinal de Richelieu employa subtilement toute son habileté, son adresse et ses complaisances pour regagner les bonnes grâces de la Reyne : elle a confessé à Bruxelles qu'il n'oublia rien de ce qu'un raffiné, délié et habile courtisan peut inventer et pratiquer en de semblables rencontres.

L'on n'a point écrit, que je sache, la cause de cette invincible aversion de la Reyne, j'entends la véritable, n'ignorant pas que l'on en ait allégué plusieurs. Celle sur laquelle j'ay plus appuyé[1] est qu'il avoit décliné juridiction et voulu tenir au Roy par soy mesme, ou pour mieux dire tenir le Roy au préjudice de la Reyne, sa mère; peut estre aussi fut-elle gagnée par la dévotion de la cour, que souffloit la cabale d'Espagne et qui luy représentoit continuellement qu'elle avoit mis l'autorité entre les mains d'un homme qui en abusoit et ne songeoit qu'à sa gloire et à ses vengeances, un homme qui suscitoit au Roy mille embarras partout pour se rendre nécessaire, qui remplissoit toute l'Europe de sang et de carnage, qui entretenant la guerre de dessein, ruinoit mille et mille familles toutes les années, et que le moyen de faire à Dieu un sacrifice agréable étoit de le sortir de la place où elle l'avoit mis. Il est venu certains bruits jusques à moy là dessus que je réserve à une autre fois.

Je passe à la journée des dupes[2], c'est à dire ce jour que toute la cour fut dupée et trompée, les éclairés et les idiots, les gens du cabinet et de la salle des gardes, les amis du Cardinal et ses ennemis. Car la Reyne luy ayant fait savoir, mesme par écrit, qu'il n'eut plus à se mêler de ses affaires, et ayant chassé de sa maison tous ses parents, il fit en cette rencontre un tour de maistre et d'habile courtisan.

Le Roy devoit voir la Reyne, sa mère, chez elle, la veille de la saint Martin, et ne faillit pas de s'y trouver à l'heure donnée[3]. Ils avoient commandé que per-

---

1. *Histoire de Louis XIII.* Ms. de Vienne, fol. 160 recto.
2. Veille de saint Martin 1630 (note de Goulas). — Ce fut le 10 novembre.
3. Goulas ajoute (Ms. de Vienne, fol. 160) : « Le Roy vint de Versailles le 9 novembre et se logea au faubourg Saint Germain

sonne n'entrast lorsqu'ils seroient seuls et très expressément; la Reyne voulant du temps, afin de gagner l'esprit du Roy, son fils, et emporter par ses larmes et sa tendresse ce qu'elle se défioit de faire par ses raisons. Mais il y avoit près d'elle une femme de chambre, qui étoit à M. le cardinal, laquelle avoit la clef d'une certaine porte, si bien qu'ayant donné avis qu'elle étoit ouverte[1] (c'étoit par où on passoit du cabinet dans la chapelle) et que Leurs Majestés venoient de s'enfermer, le cardinal les surprend, entre plein d'audace et d'un visage riant et ouvert, dit : « Je gagerois que Leurs Majestés parlent de moy. » La Reyne, outrée de sa hardiesse, d'un discours si peu respectueux, et à son malheur se déconcerte et s'emporte; il se défend avec les termes les plus humbles que son bon esprit luy put suggérer; il pleure, il se désespère, il demande pardon, congé, etc., et après plusieurs plaintes, reproches, répliques, dupliques, le Roy ennuyé se retira, et s'en alla de ce pas à Versailles[2] où

à l'hôtel des Ambassadeurs extraordinaires pour se trouver plus près d'elle. » — La reine-mère logeait alors au Luxembourg.

1. La femme de chambre, nommée Zuccole, qui aurait ainsi ouvert la porte à Richelieu, nous semble un personnage douteux. Richelieu, dans une lettre écrite le 25 mai 1642, à M. de Noyers, dit en rappelant la journée des dupes : « Dieu s'est servi de l'occasion d'une porte non barrée qui me donna lieu de me défendre lorsqu'on tâchoit de faire conclure l'exécution de ma ruine. » Et l'on rapporte d'autre part que la reine-mère avait coutume de dire « que si elle n'avait pas négligé de fermer un verrou, le cardinal était perdu. » L'intervention de la femme de chambre nous paraît dès lors très-problématique.

2. A cette époque, Louis XIII avait déjà fait construire à Versailles (1624) un petit pavillon qui servait de rendez-vous de chasse, ainsi qu'un petit château en briques, « de la construc-

M. le cardinal de la Valette[1], M. de Saint-Simon et les autres dévoués à l'Éminence, ne manquèrent pas de le servir à souhait, et personne ne parlant pour la Reyne, elle perdit sa cause et succomba. M. de Saint-Simon en a été fait duc et pair de France et gouverneur de Blaye, et il est constant qu'ayant bien joué son personnage et suivi ses mémoires[2], il raffermit le colosse ébranlé qui tomboit en ruine, et la Reyne en cette rencontre fit une faute irréparable que Catherine de Médicis, sa parente, n'eust pas faite; car au lieu de suivre le Roy à Versailles[3] et partout, et de continuer sa batterie, elle s'arresta à son palais de Luxembourg à recevoir l'encens que les gens de la cour luy donnèrent le soir, à son cercle[4], et l'on fut

tion duquel, dit Bassompierre, un simple gentilhomme n'en voudroit pas prendre vanité. » La construction du château de Versailles tel que nous le connaissons aujourd'hui ne date que de 1661.

1. Louis de Nogaret, cardinal de la Valette, troisième fils de Jean-Louis de Nogaret de la Valette, duc d'Épernon, et de Marguerite de Foix, comtesse de Candale. Cardinal depuis le 11 janvier 1621, Louis de Nogaret mourut le 28 septembre 1639.

2. Sic, pour *ses instructions*. (Note de M. Monmerqué.)

3. Madame de Motteville dit : « La reine Marie de Médicis étant demeurée en sa maison de Luxembourg et ne suivant point le roi, gâta ses affaires entièrement. » — La Rochefoucauld ajoute que c'est la crainte de s'ennuyer à Versailles et d'y être mal logée qui empêcha la reine-mère de suivre le roi.

4. Goulas, dans le Ms. de Vienne, fol. 161, ajoute : « Le soir, à Paris, tout le beau monde qui avoit été aux écoutes à l'arrivée et au départ du Roy, se présenta chez la Reyne, se pressa, se produisit avec gaieté, présumant que la faveur et l'autorité y alloient tomber et sortoient des mains du cardinal; elle étoit toute triomphante à son cercle, au milieu des princesses en grand nombre, et toute la France y venoit à l'adoration... La détention du garde des sceaux tira bientost le rideau, et tel qui

bien étonné le lendemain d'apprendre la disgrâce du garde des sceaux et d'autres nouveautés qui montroient que le cardinal avoit prévalu dans l'esprit du Roy, et que la Reyne étoit ruinée. On dit que le cardinal fut tout prest à déloger, craignant d'estre arresté, et que M. de Châteauneuf[1], à qui il avoit promis les sceaux, le retint, luy remontrant combien il luy seroit honteux et périlleux de quitter ainsi la partie et d'abandonner ses amis, lorsqu'ils hasardoient tout pour le soutenir.

On travailla aussitost à plâtrer un accommodement et s'il fut fait avec peine il ne dura guère, car M. le Cardinal, sentant ses forces, voulut faire parade de son crédit, et obliger la Reyne de reprendre ses parents qu'elle avoit chassés ; mais elle le refusa constamment, quelque machine qu'on employast pour la vaincre. Mesme le premier président[2] osa luy dire que sa dureté la pourroit bientost faire aller à quelqu'une

---

avoit fort paru au cercle se repentit de son zèle et accusa son bonheur. »

1. Charles de l'Aubespine, marquis de Châteauneuf, né en 1580, avait été dans sa jeunesse page du connétable de Montmorency ; il fut plus tard conseiller d'État et abbé de Preaux. Le cardinal de Richelieu, qui l'avait employé dans diverses négociations délicates, le choisit pour succéder à Michel Marillac dans la charge de garde des sceaux. Compromis par la suite dans les machinations des ennemis de Richelieu, M. de Châteauneuf perdit les sceaux, fut enfermé dans le château d'Angoulême depuis 1633 jusqu'à la mort du cardinal, et mourut en 1653, après avoir éprouvé, sous la régence d'Anne d'Autriche, des alternatives de faveur et de revers.

2. Nicolas le Jay, baron de Tilly, président en la grand'chambre, venait d'être nommé premier président (14 novembre 1630). Il mourut en 1640.

de ses maisons, et parce qu'ils auroient obtenu cecy difficilement du Roy, qui conservoit toujours beaucoup de respect pour sa mère, le malheur de cette princesse fut tel qu'en cette conjoncture si délicate, Monseigneur sortit de la cour mécontent et se retira à Orléans, sans prendre congé du Roy, ce qui affermit tout à fait M. le Cardinal, car il luy fut aisé de persuader à Sa Majesté mesme, après le compliment que Son Altesse royale lui alla faire chez luy, que la Reyne, sa mère, et son frère s'entendoient à son préjudice, et que toute la tendresse de la Reyne alloit de ce côté.

Certes, les habiles ne pouvoient comprendre qu'un fils de France, présomptif héritier de la couronne, appuyé d'une Reyne qui avoit été régente, et de tous les grands du royaume, éclatast si hautement contre un serviteur du Roy son frère, sans le jeter par les fenêtres, et que d'aller chez luy et demeurer dans les termes de paroles aigres, sans passer aux effets, étoit une bassesse à le déshonorer; et M. Goulas ne se pouvoit ôter de l'esprit qu'il n'y eust là du mystère, cette action s'étant faite en un temps que le Cardinal en avoit tant de besoin; tellement qu'il croyoit que M. Le Coigneux et M. de Puylorens l'avoient conseillée, de concert avec l'Éminence, parce qu'elle devoit achever de luy gagner le Roy, lequel ne sachant sur qui s'appuyer, s'il se défaisoit du Cardinal, très capable de dissiper tous ces nuages et de porter le faix des affaires étrangères, le maintint et se résolut de le garder. Et la Reyne dit une parole qui confirme le soupçon de M. Goulas, car, comme elle apprit la nouvelle du mécontentement de Monseigneur et de sa retraite, elle se récria par un grand *oime*¹ qu'on l'accuseroit de le luy avoir conseillé. En effet le Roy le dit en ce temps là, et l'a dit depuis comme le croyant ; mais d'autres estiment que dans la défiance où étoit M. Le Coigneux de ce que le garde des sceaux de Châteauneuf tâchoit de désunir Puylorens d'avec luy, et que nonobstant la charge de président au mortier que le Roy luy avoit donnée pour bien servir, il avoit sujet de craindre les machines du Cardinal qui leurroit Puylorens de la duché et l'alloit gagner à son préjudice², il avoit fait peur à Monseigneur et à son favory, et engagé l'un et l'autre à la belle équipée d'aller éclater contre le Cardinal, chez luy, et puis de se retirer à Orléans, s'imaginant que le moyen de s'affermir alors étoit de brouiller son maistre et le premier ministre, et s'éloigner de la cour ; et il y a beaucoup d'apparence à cecy puisque M. le cardinal de la Valette, qui vint de la part du Roy à Orléans³ convier Monseigneur de retourner à Paris, insista pour qu'il chassast Le Coigneux déclamant contre luy, sans parler de Puylorens, comme

1. Mot italien : un grand hélas. (Note de M. Monmerqué.)
2. Pour prix de leur concours dans la négociation qui avait abouti à la réconciliation du roi avec Monsieur (2 janvier 1631), Le Coigneux avait été installé président à mortier sur le siège devenu vacant par la promotion du président Le Jay, et le chapeau de cardinal lui fut promis ; quant à Puylaurens, qui avait reçu d'abord 50,000 écus comptant, il fut autorisé à conclure un marché avec le duc de Montmorency pour l'achat du duché de Damville (Voir *Lettres et papiers d'État du cardinal de Richelieu*, t. IV, p. 37, « l'accord de Monsieur avec le Roy après la boutade de la Reyne »).
3. « L'instruction pour M. le cardinal de la Valette envoyé par le Roy vers Monsieur sur le sujet de son second éloignement de la cour, » porte la date du 26 février 1631 (*Lettres et papiers d'État du cardinal de Richelieu*, t. IV, p. 96).

si le Roy eut été aussi satisfait de lui qu'il étoit offensé contre l'autre[1].

Tout cecy arriva au mois de février et mars, ce me semble; or il faut savoir à cette heure, puisque j'écris ce que j'ay vu dans notre petite cour et ce quy m'y est arrivé, que deux ou trois jours avant ce vacarme et le partement de Monseigneur, M. Goulas luy avoit donné une feste la plus belle, la plus magnifique et la mieux ordonnée qui fut jamais. Il demeuroit alors auprès de l'hostel de Guise, dans une grande maison que M. le président de Bailleul a longtemps occupée depuis[2]; il y a plusieurs *stances*[3], c'est à dire salles, chambres, cabinets, et toutes servirent aux plaisirs et divertissements préparés à la compagnie. La musique commença dans une des médiocres, en attendant que les gens arrivassent; après l'on passa à la salle de la comédie, laquelle achevée avec la satisfaction de tout le monde, on monta à la salle haute, où la collation fut servie, moitié de viandes et moitié de fruits. Au sortir de là on trouva le bal dans la salle de la comédie, mieux éclairée encore que la première fois; et quand on fut las de danser, la nuit étant fort

1. Comme dernière conséquence de la journée des dupes, Goulas, dans le Ms. de Vienne, fol. 162, signale le renvoi d'auprès du Roi de quelques serviteurs trop attachés à Sa Majesté, notamment Beringhen, premier valet de chambre, et Jaquinot, premier valet de garde-robe, qui reçurent du cardinal ordre de se retirer en Piémont.

2. Tallemant des Réaux, dans son *Historiette* sur M. de Laval, dit que la maison de Goulas était dans la rue Barbette, et devint plus tard l'hôtel d'Estrées.

3. De l'italien *stanza*, chambre, appartement. (Note de M. Monmerqué.)

avancée, une grande porte s'ouvrit à un bout, et il en sortit un éclat à éblouir tous les yeux, car c'étoient mille flambeaux à des lustres de cristal, et à des plaques et bras de vermeil doré, le buffet de vermeil doré, enfin tout y étoit d'or ou de la couleur de ce précieux métal, y ayant force confitures qui en approchoient extrêmement. Ne diriez-vous pas après cela que M. Goulas étoit alors un homme de la dernière considération, qu'il gouvernoit son maistre, qu'il étoit du conseil d'aller *pouiller*[1] M. le cardinal de Richelieu dans son palais? Vous estes trompés si vous le croyez; bien loin de là, Monseigneur le fuit et partit sans luy en rien dire et sans qu'il le soupçonnast, et le lendemain il eut ordre de se défaire de la moitié de sa charge, entre les mains de M. de Monsigot, maistre des comptes, pour un certain prix assez modique. Jamais homme ne fut si surpris, n'eut tant de sujet de détester l'ingratitude d'un ami, de s'emporter, de pester, et jamais homme ne fut si sage. Il prit doucement ce qu'on luy voulut donner, il s'arma de patience, et, ayant mis ordre à ses affaires, il partit pour Orléans et suivit comme tous les autres serviteurs de Son Altesse royale. J'avoue que je fus fort étourdy de ce coup, et que ne connoissant pas encore la cour et la fortune, je ne me pouvois lasser d'admirer leurs revers et leur inconstance. Je pris la part que je devois au malheur de mon parent et de mon amy; je luy rendis plus d'assiduité qu'auparavant, je luy donnay plus de marques d'amitié, secondé que j'étois de deux ou trois personnes de

---

1. Dans le sens de réprimander, dire des injures. — Tallemant des Réaux emploie dans le même sens la locution *chanter pouilles*, d'où dérive le verbe *pouiller* : « Un jour je ne sais quelle femme l'attendit à sa porte et lui *chanta pouilles*. »

condition qui ne l'abandonnèrent point comme plusieurs, ou pour mieux dire la plupart. M. de Puylorens se fonda en belles paroles avec luy et il les fallut prendre pour argent comptant, mais il ne vint plus manger chez luy. M. de Patrix fut toujours constant, et nous admirions ensemble la conduite d'un des principaux de la maison qui luy avoit les dernières obligations; il n'osoit le renier, il se fut déshonoré, et pour éloigner la contagion de sa mauvaise fortune, il luy conseilloit de vendre l'autre moitié de sa charge, afin que, sortant du service de Monseigneur, il put honnestement prendre party. C'étoit le goust de M. Goulas de se retirer; il en mouroit d'envie; il ne pouvoit supporter la trahison de Puylorens, ny une telle niche de son maistre, mais tous ses amis s'opposèrent à ce dessein; j'entends ceux de Paris, car il luy en demeura peu de notre cour, et M. de Patrix et moy le fismes résoudre à tout dissimuler et à patienter, sur ce que la liaison de M. Le Coigneux et de M. de Puylorens ne pouvoit estre de durée, et ce dernier demeurant seul, il se rapprocheroit de luy sans doute et le remettroit en autorité, puisque Monsigot étoit la créature du chancelier. Nonobstant cela, cet esprit de retraite ne le quittoit point, il se vouloit faire conseiller de la cour; mesme il composa une harangue en latin qu'il devoit prononcer devant messieurs du Parlement, le jour de sa réception, laquelle, à mon sens, auroit été trouvée fort belle.

Or, comme nous arrivasmes à Orléans[1], nous fusmes

1. Le 2 février 1631, à la suite de la rupture qui eut lieu, le 30 janvier au soir, entre Monsieur et le Cardinal, au milieu d'une

assez étonnés de voir nos ministres dans un calme que ceux qui étoient aux mauvaises grâces du Roy et avoient le cardinal de Richelieu sur les bras ne devoient pas avoir : ils ne songeoient qu'à leurs plaisirs; ils ne perdoient pas un moment de divertissement; ils jouoient à *première*[1] tout le jour ; ils avoient leurs maistresses, ils faisoient bonne chère, il ne se parloit ny de défiance, ny de crainte; ainsi M. Goulas persista dans la créance que les ministres du Roy et les nostres étoient amis, et vouloient rendre leurs maistres ennemis, à cause que la rupture avec la Reyne se pouvoit rajuster, et ce n'étoit pas le compte de son Éminence ; il falloit qu'il parust une grande cabale et que la guerre civile fust à craindre.

Le Roy envoya à Orléans M. le cardinal de La Valette pour persuader Monseigneur de retourner auprès de luy, de songer à se remarier, et perdre le soupçon qu'il eut eu dessein sur sa liberté[2], mais nous devions prendre bientost un chemin contraire. Il témoigna que toute l'aigreur de la cour alloit à M. Le Coigneux, lequel menant la barque de Son Altesse royale, consideroit toujours ses intérêts et jamais ceux de son maistre et de l'Etat. Vous pouvez croire qu'il prit l'alarme à ce propos, ou fei-

---

scène d'apparat dont le récit se trouve dans les *Mémoires du duc d'Orléans,* t. I, p. 97.

1. C'est peut-être le jeu de la prime.

2. L'instruction du 26 février 1631, donnée au cardinal de la Valette, contient ce passage : « Le cardinal de la Valette conviera de rechef Monsieur de revenir avec Sa Majesté, luy donnant toute sorte d'assurance de son affection cordiale et sincère, et de son soin véritablement plus que paternel, ayant pour luy les mesmes sentiments qu'il a eus en tout temps, et désirant tous les jours le voir marié; à quoy il le conjure de penser sérieusement. »

gnit de la prendre : il demande à se retirer, il témoigne d'avoir grand peur, et Monseigneur le retient et le rassure ; enfin M. le cardinal de la Vallette, ayant entendu force plaintes de Son Altesse royale des mauvais desseins que le cardinal de Richelieu avoit contre sa personne, des mauvais offices qu'il rendoit à la Reyne sa mère, et à luy auprès du Roy, au mauvais traitement qu'il leur faisoit, et ne voyant pas jour à rien négocier, s'en retourna aussi savant qu'il étoit venu ; hormis qu'il connut que nous allions sortir du royaume et que nous prendrions la route de Bourgogne. Et certes nos ministres n'eurent point de peine d'y faire résoudre Monseigneur, car appréhendant que M. le cardinal de Richelieu ne luy voulust faire épouser sa nièce, madame de Combalet, et ne le persécutast sans relâche jusques à ce qu'il eust consenti ce mariage, il mouroit d'envie de déloger, et ce fut, à mon sens, ce qui lui fit faire son mariage de Lorraine.

Cependant le dessein étoit pris d'y aller, et M. de Bellegarde, qui étoit dans son gouvernement avoit mandé au Roy par un gentilhomme exprès[1] que Monseigneur s'y rendroit bientost et le luy avoit écrit. Ce vieux seigneur, premier domestique de Son Altesse royale, se trouvoit alors dans un étrange accessoire, car il avoit été de la cabale contre le Cardinal ; mesme le bruit étoit qu'il avoit porté longtemps sur lui un papier que plusieurs grands avoient signé pour sa ruine. Il espéroit toujours que la Reyne se maintiendroit et qu'on trouveroit jour d'accommoder Monsieur avec

1. Le sieur de Boucaré. — (Voir une lettre du roi à M. de Bellegarde du 9 mars 1631 ; *Lettres et papiers d'État du cardinal de Richelieu*, t. IV, p. 105.)

le Roy, si bien qu'y contribuant, son péché de lèse-eminence luy seroit pardonné.

Mais revenons à Orléans, où quelque noblesse des environs et de Limousin s'étant rendue, M. d'Elbeuf[1], M. de Rohannez[2] et plusieurs autres personnes de qualité, tout cela donna beau jeu à M. le cardinal de Richelieu pour faire naître de grands ombrages de la Reyne mère, et croire que de longue main l'on avoit creusé et chargé une mine qui joueroit incontinent contre la France. C'étoit le but du premier ministre, qui craignoit toujours de succomber, si la Reyne ne paroissoit liée intrinsèquement avec Monseigneur, et leur liaison cimentée par la Lorraine et par l'Espagne.

Nous nous préparions et songions sérieusement à partir, et nous avions bien cinq cents bons chevaux ensemble, compris les gardes et les domestiques de Son Altesse royale, comme la nouvelle arrive que le Roy a fait avancer de la cavalerie et de l'infanterie vers Etampes et doit prendre le chemin d'Orléans avec ses gardes françoise et suisse[3]. Monseigneur ne se fioit pas trop de son peuple d'Orléans, et avoit jugé à propos de mettre des gardes aux portes, de faire faire la patrouille, la nuit, par ses gentilshommes, mesme d'envoyer des batteurs d'estrade[4] à la campagne de

---

1. Charles II de Lorraine, duc d'Elbeuf, arrière-petit-fils de Claude, duc de Guise. Né en 1596, il avait épousé une fille de Henri IV et de Gabrielle d'Estrées. Il mourut en 1657.

2. Louis Gouffier, duc de Roannois, fils de Gilbert Gouffier, duc de Roannois, et de Jeanne de Cossé, dame de Gonnor, avait épousé une sœur du duc d'Elbeuf. Il mourut le 16 décembre 1642.

3. Le 11 mars 1631.

4. C'est ce que nous appellerions aujourd'hui des éclaireurs.

peur de surprise, dont quelques uns murmuroient, ne goustant point qu'on les tint ainsi sur pied inutilement toutes les nuits, et qu'on les fatiguast sans raison, puisque si cette ville si peuplée l'avoit entrepris, douze mille bourgeois armés fussent aisément venus à bout de cinq cents chevaux au plus que Son Altesse royale avoit dedans et aux environs. Il me souvient qu'un soir qu'il nous avoit retenu trois ou quatre à causer avec luy, comme il fut fort tard, il nous dit : « Allons chercher tels et tels à qui j'ay commandé de faire la patrouille. » Il en nomma un entre autres lequel étoit un grand amateur de ses commodités, et qui ne croyant pas la patrouille fort nécessaire, s'étoit allé mettre au lit. Monseigneur s'étant bien promené, sans trouver personne de ses gens, se fascha, nous disant : « Où est donc un tel à qui j'ay commandé de me rendre compte de ce qui se passeroit cette nuit? » Je luy répondis : « Où il est, Monseigneur, il est entre deux draps et dort d'un bon sommeil. » Il demande où il loge et va à son logis. Il est vray qu'il le trouva ronflant et sans aucune inquiétude de l'approche du Roy et de ses troupes, de la mauvaise volonté des bourgeois et de la rumeur de la ville. On le voulut railler de sa paresse, Monseigneur le traitant toujours de paresseux, mais Son Altesse royale parla fort sérieusement et ne prit point plaisir que l'on eust violé ses ordres en une rencontre qu'il estimoit très délicate, et sans qu'il étoit homme de qualité et des premiers de sa maison, et que le temps lui conseilloit de ménager tout le monde, il n'en eust pas été quitte pour une réprimande.

CHAPITRE XX.

Du second voyage de Lorraine et de ce qui se passa à la cour de Monseigneur en sortant de France et durant son séjour à Nancy et Epinal, jusques à la disgrâce et à l'éloignement de M. Goulas.

Je vous ay dit que le Roy s'étoit mis en chemin et avoit pris la route d'Orléans, et Monseigneur, pour luy faire croire qu'il le poussoit et l'obligeoit de partir, luy dépêcha M. de Chaudebonne[1] qu'il chargea d'une lettre par laquelle il le conjuroit de ne point avancer davantage, vu la défiance où il étoit, et les sujets qu'il avoit de se défier, dont il avoit informé M. le cardinal de la Valette. Le Roy luy récrivit d'éloigner les gens qui mettoient la division entr'eux et des ombrages dans son esprit[2], et ce n'étoit pas le compte de nos ministres, tellement que nous voilà résolus à sortir d'Orléans et bien viste, ce que nous exécutasmes avec assez d'ordre; Monseigneur avoit fait armer de carabines toute sa noblesse, et en avoit fait trois compagnies, dont l'une étoit commandée

1. Claude d'Eure du Puy-Saint-Martin, seigneur de Chaudebonne, était fils puîné d'Antoine d'Eurre, seigneur du Puy-Saint-Martin, et de Baptistine de Simiane. M. de Chaudebonne fut chevalier d'honneur de la duchesse d'Orléans; il mourut en 1644.
2. Le roi écrivit plusieurs fois au duc d'Orléans à ce sujet; à Étampes, c'est à M. de Chaudebonne que Sa Majesté remit ses lettres pour Monsieur; à Auxerre, le 22 mars 1631, ce fut à M. d'Amanzé; enfin, le 26 mars, ce fut à M. de Briançon (voir une lettre du roi à Monsieur dans les *Lettres et papiers d'État du cardinal de Richelieu*, t. IV, p. 106).

par M. le comte de Moret, et marchoit la première; l'autre par Son Altesse royale, étoit composée de vieux cavaliers de sa maison, de personnes de grande qualité et de ses gardes, et M. de Rohannez avec quelques uns de ses amis étoit à la teste de la troisième, où Monseigneur avoit mis les gentilshommes de Beauce que M. de l'Estourville avoit amenés. Outre cela il y avoit bien sur les ailes cent cinquante chevaux, tant de la compagnie de gendarmes et de celle des chevaux légers que des amis de M. de la Feuillade[1] qui arrivoit de Limousin.

En ce temps là je n'avois plus pour camarade M. de Brasseuze; un de ses oncles, qui avoit longtemps commandé la galère de la Reyne, étant mort, elle la luy donna à la recommandation de Monseigneur, lequel trouva bon qu'il tirast récompense de sa charge d'ordinaire. L'ayant ainsi perdu, ma bonne fortune fit que M. de Manneville[2] désira que nous logeassions ensemble : il m'en fit parler et m'en pria luy mesme, par inclination et par estime pour ma personne et non pas en vue de ma faveur ou de celle de M. Goulas, qui étoit tout à fait décrédité. Vous pouvez croire que je reçus sa proposition à beaucoup d'honneur, car M. de Manneville étoit homme de qualité, des meilleures maisons de Normandie, riche, bien fait, de grand cœur, et avec toutes les conditions qui se peuvent désirer en un gentilhomme. Il avoit cinq chevaux et moy quatre, et

1. François d'Aubusson, comte de La Feuillade, seigneur de la Grangebleneau, premier chambellan d'affaires de Monsieur, était fils de Georges d'Aubusson, comte de la Feuillade, et de Jacqueline de Lignières.
2. N. de Calais, seigneur et patron de Manneville.

comme nous eusmes joint nos équipages nous jugeasmes que nous ferions le voyage assez commodément. Il avoit acquis l'estime de Monseigneur et de toute sa cour par un beau combat qu'il fit en y entrant contre M. de Fontaines-Durefeu, normand comme luy, et ils s'étoient d'abord et sans marchander dagués et percés, en sorte que leurs blessures profondes les avoient mis en grand danger de mourir. Cette action avoit passé pour une rencontre et fut trouvée si nette par les raffineurs que ceux mesme qui ne les connoissoient point contribuèrent à luy oster l'apparence de duel. M. de Manneville n'avoit qu'une légère imperfection, c'est qu'il parloit son normand à merveille, et ne s'en pouvoit corriger : le bon homme M. de Malherbe se vantoit d'avoir *dégasconné* la cour[1], mais il ne fut pas possible à la cour de Son Altesse royale de *denormanner* M. de Manneville. Nous fusmes mis dans la troupe où étoit Son Altesse royale et sans vanité nous n'en usasmes pas comme beaucoup de nos camarades, lesquels, se voyant carabins à carabine, en prirent l'humeur et se soucièrent peu de contenter leurs hostes et de faire caresme par le chemin.

Il ne me souvient pas bien de notre marche, ny du détail de ce qui s'y passa, j'ay seulement quelque idée qu'une fois M. Le Coigneux eut grand peur ou feignit de l'avoir, et que nous craignions fort d'estre arrestés aux passages des rivières; enfin sur l'avis que le Roy nous suivoit, nous doublasmes le pas, et ne fismes halte que pour rétablir les équipages et ferrer les

---

1. C'est Balzac qui a dit : « Le poète Malherbe contribua beaucoup à *dégasconner* la cour. »

chevaux; enfin nous gagnasmes Seurre[1], où nous nous vismes en sûreté tout à fait. C'est une place de frontière fort bonne, où M. de Bellegarde attendoit Monseigneur, laquelle étoit à luy en propre, et se pouvoit dire ainsy sa maison.

Dès qu'il nous sut auprès, il dépêcha au Roy M. d'Amanzé, gentilhomme de marque du pays, pour luy donner avis que Monseigneur arrivoit à Seurre et qu'il ne croyoit point blesser le service qu'il devoit à Sa Majesté de l'y recevoir; qu'il l'avoit surpris, n'ayant rien su de sa marche dans son gouvernement. Le Roy dit à M. d'Amanzé que M. de Bellegarde ne pouvoit estre surpris, puisqu'il luy avoit mandé par un gentilhomme que son frère devoit aller en Bourgogne, huit jours avant qu'il partist d'Orléans. Amanzé réplique que le gentilhomme n'avoit point eu charge de son maistre de dire cela, qu'il ne savoit rien de la marche de Monseigneur, et le Roy interrompit M. d'Amanzé et dit que M. de Bellegarde savoit qu'il ne vouloit pas que son frère fust reçu dans aucune ville de Bourgogne, et qu'ainsi il l'avoit offensé de luy ouvrir les portes de Seurre, dont d'Amanzé tomba d'accord, conjurant le Roi de pardonner une offense laquelle partoit d'un bon principe, puisque M. de Bellegarde se croyoit en état de servir utilement Sa Majesté, ramenant Monseigneur auprès d'Elle, et que pour pouvoir traiter son raccommodement si nécessaire à la France et si désiré des bons François, il la supplioit de ne pas avancer davantage. Le Roy dit qu'il seroit ravi que

---

1. Seurre, aujourd'hui chef-lieu de canton de la Côte-d'Or, est située à 30 kil. E. de Beaune, sur la rive gauche de la Saône.

Monsieur se mist en son devoir, et le vint trouver, qu'il y auroit toute sûreté pour sa personne, mais qu'il entendoit que ceux qui lui avoient inspiré ses défiances fussent éloignés ; quant à M. de Bellegarde qu'il connoistroit ses bonnes intentions par le service qu'il lui rendroit, portant son frère à luy donner satisfaction.

M. d'Amanzé nous vint trouver à Seurre, avec cette réponse qui fut un coup de tonnerre pour nos ministres, et le lendemain ils en entendirent un second que le Roy avançoit à grandes journées, en dessein de nous pousser tout à fait, tellement que nous partismes en grande haste de Seurre et entrasmes dans la Franche-Comté, et de peur qu'on ne nous imputast à crime une retraite parmi les sujets du Roy d'Espagne, ou que le Roy n'en fist un crime aux Comtois, qui ne luy vouloient pas déplaire, l'on jugea à propos d'aller à Besançon, ville impériale, où nous ne fusmes pas vus de trop bon œil, et nous ouïsmes un troisième coup de tonnerre, c'est à dire que nous y eusmes la nouvelle d'une déclaration du Roy, vérifiée au Parlement de Dijon[1], par laquelle MM. de Moret, d'Elbeuf, de Bellegarde, de Rohannez, Puylorens, Le Coigneux et Monsigot[2] étoient déclarés criminels de lèse-majesté et ceux qui avoient levé des gens de guerre pour Monseigneur et l'avoient accompagné hors du royaume ; et dès que nous fusmes hors de Seurre le régiment de La Grange s'y présenta, et les portes luy ayant été ouvertes, il commença par chasser les gens de M. de Bel-

1. L'enregistrement de l'édit est du 30 mars 1631.
2. Goulas oublie de mentionner ici le P. Chanteloube qui était également compris dans la déclaration du roi.

legarde, mesme les bourgeois que l'on crut avoir quelque affection pour luy.

Monseigneur arrivant à Besançon écrivit au Roy et fit porteur de sa lettre[1] M. de Briançon[2], un troisième fils de feu M. le comte du Lude, qui avoit été son gouverneur. Ce gentilhomme sachant qu'elle étoit forte et que le porteur en porteroit la peine, ne laissa pas de se dévouer, parce qu'il étoit extrêmement attaché à la personne de Son Altesse royale et ne délibéroit jamais quand il étoit question de lui obéir. L'on dit dans la cour que M. de Puylorens le proposa de dessein, parce qu'étant son ennemi, et Monseigneur s'y confiant en quelque façon, il craignoit qu'il ne parlast trop et n'entamast les plus délicates matières, mesme sa fortune. Ce qu'il avoit prévu arriva; le Roy le fit arrester aussitost et mener au chasteau de Dijon. La lettre étoit pleine de reproches du traitement fait à la Reyne mère, de la rigueur tenue à Son Altesse royale que l'on avoit poussé hors du royaume pour avoir occasion de le déclarer criminel de lèse-majesté, de persécuter ses serviteurs et de les poursuivre à outrance, enfin de les réduire au désespoir lorsqu'ils ne respiroient que le service du Roy et le bien de l'Etat, et certes M. le cardinal de Richelieu trouva tout à fait son compte en cette occasion, car notre conduite et celle de la Reyne mère, laquelle sortit de Compiègne bientost

---

1. Datée du 1ᵉʳ avril 1631 (note de Goulas). — On lit un extrait de cette lettre dans Levassor, t. III, p. 626, éd. in-4º de 1757.

2. Érasme de Daillon, comte de Briançon, fils puîné de François de Daillon, comte du Lude, gouverneur de Monsieur, et de Françoise de Schomberg, né en 1605, mort en 1637.

après¹ et se retira en Flandres, avoient toutes les apparences d'une conspiration, et étant très raffiné courtisan, il leur donna le coloris qu'il falloit pour en persuader le Roy et le convaincre que Monsieur avoit la première place dans le cœur de la Reyne, sa mère. Ainsi il n'avoit garde de nous laisser à Seurre, ni de laisser la Reyne à Compiègne, laquelle connoissoit bien qu'elle le rendroit maistre de la campagne, si elle se mettoit entre les mains des Espagnols. Voilà pourquoy elle avoit fait ménager M. le marquis de Vardes², afin qu'il la reçust dans la Capelle³, et il fut gagné de la main par son père, qui le prévint et l'en chassa, si bien que la Reyne, apprenant cette mauvaise nouvelle, au sortir de Compiègne, passa outre malgré qu'elle en eust, et ne put faire autre chose que de se retirer dans la première ville de la domination d'Espagne. Mais je ne m'arrête pas à cecy dans l'espérance d'avoir occasion d'en parler cy après.

Je reviens à Besançon, et dis que c'est une belle et grande ville impériale sur la rivière du Doubs, jadis capitale des deux Bourgognes, connue de César qui l'appelle cité des Séquanois. Elle a plusieurs monuments illustres et de belles marques de son ancienneté, mais ce qu'il y a de plus remarquable aujourd'huy est le magnifique palais de cet Antoine Perrenot, évêque d'Arras, qui eut tant de crédit auprès de l'empereur

---

1. Le 19 juillet (Note de Goulas).
2. René du Bec, marquis de Vardes, fils de René du Bec, marquis de Vardes, et d'Hélène d'O, avoit épousé la comtesse de Moret.
3. La Capelle est aujourd'hui un chef-lieu de canton du département de l'Aisne. Cette ville est située à 16 kil. N. de Vervins.

Charles cinquième et qui fut enfin élevé au cardinalat[1].

Les Besançonnois nous reçurent après quelques difficultés, et se comportèrent si mal avec nous tous que jamais je n'ay tant vu pester une ville que celle là, ni tant désirer d'en sortir[2]; néanmoins nous y demeurasmes près d'un mois, ce me semble[3], attendant des nouvelles de M. de Lorraine, lequel, je pense, prenoit ses précautions avant que de nous recevoir chez luy. L'on avoit depêché vers luy aussitost après notre sortie de France[4], et ce qui embarrassa la chose fut nos gens de guerre et notre noblesse, en petit nombre néanmoins; car la plupart s'étoient esconcés[5], quand ils nous avoient vus sur le point d'entrer dans le comté. Les fourriers de Monseigneur marquèrent une petite hôtellerie, assez éloignée du logis de Son Altesse royale pour M. de Manneville et pour moy; je les en avois priés, afin d'avoir notre train avec nous, et que nous pussions rétablir notre équipage, avant que de partir de Besançon où nous n'étions pas pour demeurer longtemps.

Deux ou trois jours après notre arrivée, l'hoste nous vint demander fort tard si nous aurions agréable

---

1. Le cardinal de Granvelle. (Note de M. Monmerqué.)

2. Les bourgeois de Besançon tinrent rigueur à toute la cour de Monsieur, tant pour les logements que pour les vivres qu'ils mirent à un prix excessif (*Mémoires du duc d'Orléans,* t. I, p. 111).

3. Quinze jours tout au plus, dit Jean Boivin dans son *Siége de Dôle* (Anvers, 1638, in-4°, p. 16).

4. Voir à la fin du volume (Appendice II), une lettre de Gaston à M. de Lorraine, datée de Besançon, 30 mars 1631.

5. Cachés, dissimulés, d'*abscondere*; très-vieux. (Note de M. Monmerqué.)

que deux personnes de condition, qui descendoient de cheval, soupassent avec nous. M. de Manneville luy dit que ouy, pourvu qu'ils ne se fissent pas attendre, parce qu'il vouloit retourner chez Monseigneur; le soupé servy incontinent après, ces messieurs comparurent et se comportèrent très-civilement, et en gens de qualité, parlant très à propos, et s'enquérant adroitement de ce qui se passoit à notre cour; il est vray que les voyant si curieux et si adroits, je me retins et crus que je me devois tenir clos et couvert. Le repas fini, M. de Manneville s'en alla et je me retiray dans notre chambre sous prétexte qu'ils étoient las et seroient bien aises de se reposer. Le lendemain, je fus curieux à mon tour : je m'enquis de l'hoste d'où venoient ces messieurs qui avoient soupé avec nous, et qui vouloient encore y souper ce jour là (car nous allions disner chez nos amis), où ils alloient, d'où ils venoient, qui ils étoient ; et il me répondit qu'il avoit fait ces mesmes questions à leurs gens et qu'ils ne répondoient point, qu'apparemment ils venoient de loin et avoient marché fort viste, parce que leurs chevaux étoient sur les dents et au plus mauvais état du monde. Je les considéray donc davantage le soir, pendant le soupé, et les questionnay à mon tour, et, les voyant extrêmement circonspects, je ne les pressay pas davantage. Je donnay avis à M. de Puylorens de leur arrivée, de mes soupçons et de ce que m'avoit dit notre hoste, et ayant fait faire la perquisition qu'il convenoit, il trouva que c'étoit l'abbé de Saint Germain[1], que M. le cardinal de Richelieu avoit voulu

---

1. Mathieu de Morgues (voir la note de la page 56).

faire arrester, et qui s'étoit sauvé à grand peine, accompagné seulement de son frère, brave et galant homme qui l'avoit suivy pour escorte. Ils ne demeurèrent à notre cour qu'autant de temps qu'il leur en falloit pour se refaire de leurs fatigues et avoir nouvelle de la Reyne, et ayant appris qu'elle étoit toujours gardée à Compiègne, ils saluèrent Monseigneur et ses ministres et tirèrent vers la Lorraine et le Luxembourg.

Nous prismes aussi cette route de Lorraine bientost après, je veux dire à la fin d'avril, et M. de Lorraine n'hésita pas à nous recevoir. Dès que Monseigneur fut à Nancy, il apprit que la déclaration du Roy contre luy et les siens, vérifiée au Parlement de Dijon, ayant été envoyée à celui de Paris, il y avoit trouvé à dire et en avoit sursis l'enregistrement, dont le Roy s'étoit fort offensé[1]; tellement que Sa Majesté étant partie de Fontainebleau, où le Roy s'étoit arresté à son retour de Bourgogne, il s'en étoit venu à Paris, avoit mandé le parlement au Louvre, où M. le garde des sceaux l'avoit rudement vesperisé[2], mesme avoit voulu prouver, par raisons et autorités puisées dans

---

1. Le parlement de Paris, ayant délibéré le 25 avril 1631, demeura partagé, et il n'y eut pas d'arrêt. Le roi annula, le 12 mai, cette délibération, et convoqua le parlement au Louvre pour le lendemain. Le 13 mai, en effet, dit le *Mercure françois*, « après que le Parlement eut fait les profondes révérences et humiliations accoutumées en pareilles cérémonies, l'arrêt du conseil qui cassoit la délibération du 25 avril fut substitué sur le registre à ladite déclaration cancellée. »

2. Repris. Expression familière dérivée de *vesperie*, le dernier acte qu'on soutenait le soir en théologie. (Note de M. Monmerqué.)

l'histoire, que le parlement ne doit point connoistre des affaires d'État, et que sa seule fonction est de juger des différends entre les particuliers, et que les déclarations du Roy ne luy sont envoyées que pour les faire registrer et observer. Après quoy le registre, ayant été représenté, l'arrest du 25 d'avril[1] en fut tiré et celuy du conseil mis à la place, et d'autant que le procureur général de Monsieur avoit présenté requeste contre M. le cardinal de Richelieu[2], il y eut arrest au conseil sur cette requeste, lequel la déclara calomnieuse et défendit expressément de la plus présenter au parlement de Paris, ni aux autres. On fit ensuite une déclaration en faveur du mesme cardinal toute pleine d'éloges et son véritable panégyrique, qu'il s'étoit fait à luy mesme, qui nous appresta fort à rire à Nancy et à beaucoup de gens dans Paris et à la cour. Notre requeste, quoique mal menée, fut suivie d'un grand discours en forme de lettre adressée à MM. du parlement, qui leur fut portée et présentée dans un gros paquet par M. de Sannes, gentilhomme provençal, lequel s'étoit donné depuis peu à Son Altesse royale, et il s'acquitta bien de la commission, car il entra hardiment dans la grand'chambre, à neuf heures du matin, parla à M. le premier président, et présenta son paquet à la compagnie : ces messieurs, qui venoient de

1. C'était un arrêt de partage (*Histoire de Louis XIII,* par Levassor, t. III, p. 631).
2. Le procureur général de Monsieur s'appelait Roger; la requête était signée de la main de Gaston. Le prince se portait partie contre Richelieu et demandait que son procès lui fût fait. (Note de M. Monmerqué.) — Voir à la fin du volume (Appendice III et IV) deux lettres de Gaston qui se rapportent à cette affaire.

recevoir la correction, ne s'en voulurent point attirer une nouvelle; ils députèrent au Roy et luy envoyèrent le paquet tout fermé; mais le porteur fut arresté et mis à la Bastille; on y fit répondre le Roy mesme par une lettre qu'il écrivit à Monseigneur, où nos ministres furent étrillés d'importance, et M. le Cardinal paranymphé[1]. Là-dessus M. de Lorraine dépesche à la cour, et s'excuse de ce qu'il a reçu Monseigneur, et fait quelques levées dans ses États, et d'autant que l'on témoigna que son procédé déplaisoit et que ses troupes donnoient de l'ombrage, il publia que c'étoit pour M. de Bavière et la ligue catholique d'Allemagne: en effet, le comte de Tilly[2] ayant perdu son armée à Leipsick, elles les allèrent servir.

Or il faut savoir maintenant que M. de Lorraine avoit deux sœurs; que l'aînée avoit épousé le prince de Phaltzbourg[3], et la cadette étoit la princesse Marguerite, depuis Madame[4]. Si Monseigneur fut épris des beautés de cette jeune princesse, M. de Puylorens, son favory, se laissa prendre à celles de la princesse de Phaltzbourg[5], et se mit à la galantiser

---

1. Loué outre mesure. Expression contraire à *vesperisé*, tirée aussi de l'usage des licenciés en théologie qui, dans le discours de paranymphe, faisaient l'éloge des professeurs. (Note de M. Monmerqué.) — La lettre du roi du 14 juillet 1631 est imprimée dans le *Mercure françois*, t. XVII, p. 260.
2. Jean Tserclas, comte de Tilly, général de la guerre de Trente ans, fut tué le 30 avril 1632. Il était fils puîné de Martin, seigneur de Tilly, et de Dorothée de Schierstædt.
3. Louis de Guise, baron d'Ancerville, fils bâtard du cardinal de Guise.
4. Marguerite de Lorraine-Vaudemont était née en 1613.
5. Henriette de Lorraine-Vaudemont.

sans garder bienséance, ni mesure. Cette dame, qui en crut posséder le cœur, et par son moyen celui de son maistre, commença de bâtir là-dessus, et s'imagina que Monseigneur étant présomptif héritier de la couronne, et le Roy fort infirme, si le prince épousoit sa sœur et elle le favory, ils gouverneroient le royaume et se combleroient de biens et de grandeurs. Elle n'avoit nul égard à ce qu'elle étoit mariée, chacun sachant la violence qui luy avoit été faite, et elle se promettoit d'obtenir aisément de Rome la dissolution de son mariage. Ainsi elle agréa les soins de M. de Puylorens, et luy proposa incontinent de marier Son Altesse royale avec la princesse Marguerite. Il lui témoigne qu'il sera ravi de la contenter, qu'il n'a de volonté que la sienne, mais qu'il a sujet d'appréhender les suites de cette action, car Monseigneur se rendant par là irréconciliable avec le Roy, toute sa maison conjureroit sa perte, et que si le temps lui présentoit une conjoncture favorable, il lui donneroit des marques de sa résignation à ses désirs et lui sacrifieroit sa fortune. Et, pour sonder le gué, ils font courir le bruit de ce dessein et chacun en parle selon son sentiment. On dit que M. Le Coigneux le désapprouva et le blasma, craignant de trop irriter le Roy, et la princesse lui en fait un crime et travaille à le désunir d'avec M. de Puylorens, ce qui lui réussit.

M. de la Rivière avoit alors quelque part auprès de Monseigneur, c'est-à-dire que Son Altesse royale se plaisoit avec lui, le faisoit causer, lui parloit de beaucoup de choses et le traitoit à merveilles. Il étoit lié d'amitié avec M. Goulas, et ils ne partoient point d'ensemble : il n'avoit de table que la sienne, de carrosse que le sien, et quand il se trouvoit mal logé, ou trop éloigné du logis de Monseigneur, il faisoit porter son lit chez M. Goulas, si bien qu'il paroissoit entre eux une communion d'intérêt et une dernière liaison. Tout ce qu'il y avoit d'honnestes gens à notre cour les voyoient, les estimoient, les recherchoient, et le réduit[1] étoit chez M. Goulas, non sans jalousie du ministre, qui l'avoit sensiblement blessé, comme vous avez vu cy dessus. Après le disné et le soupé, ceux qui ne jouoient point s'entretenoient et parloient avec quelque liberté, et l'on tomboit souvent sur les maux qui menaçoient Monseigneur, en cas d'un mariage sans la participation du Roy, ce qui étant rapporté à la princesse de Phaltzbourg, il lui prit envie de se défaire de MM. Goulas et la Rivière, et de les éloigner parce qu'ils luy paroissoient contraires à son dessein, tolérant ces discours et étant tous propres à le ruiner; puisque, aimant la personne de Monseigneur, ils ne souffriroient que malaisément qu'on le mist en état d'avoir recours à l'Espagne pour maintenir une chose que le Roy sans doute condamneroit. Elle se plaint d'abord que l'on parle dans la maison, que les gens y prennent la liberté de tout censurer; que le logis de M. Goulas est le rendez-vous des prôneurs; que l'on y taille en pièces le genre humain; que l'on y fait des raisonnements d'État; que les admirateurs de M. de la Rivière y vont entendre ses contes et qu'il n'épargne personne. Elle tient ce propos à Monseigneur mesme,

1. Un *réduit* est un lieu où s'assemblent plusieurs personnes pour se divertir et causer ensemble. (Note de M. Monmerqué.) — C'était chez Goulas que se réunissaient, dans l'intimité, quelques-uns des courtisans de Monsieur, « le parti des prôneurs ».

lequel voyant où cela alloit, eut la bonté d'en avertir M. de la Rivière, ce qui lui attira la jalousie du favori et le rendit plus suspect à la princesse ; mais les plombs étoient jetés, il n'y eut pas moyen de la changer, quelque soin qu'il prist de l'adoucir ; et elle tourmenta tant M. de Puylorens, qu'il donna les mains et fit résoudre Monseigneur à les éloigner, M. Goulas et lui, si bien qu'ils reçurent le commandement d'aller en France attendre ce qu'il plairoit à Son Altesse royale d'ordonner d'eux. Néanmoins l'affaire passa avec assez de douceur et je disois à M. de la Rivière qu'on les avoit étranglés et enterrés très honorablement, car il leur fut permis de prendre congé de Son Altesse royale, de toute la cour de Lorraine et de leurs amis, qui les plaignirent extrêmement et se mirent en devoir de les consoler.

Vous croyez bien que je fus au désespoir de l'injustice qui leur fut faite en cette rencontre. Je parlai à Monseigneur, je lui représentai que l'innocence de mon parent et son infortune étoient telles qu'il ignoroit son crime, ou celui dont il étoit accusé, et il me répondit avec sa bonté accoutumée que cela n'étoit rien et que j'en pouvois assurer mes amis. M. de Puylorens me laissa entendre que c'étoit un embarras de cour qu'il démesleroit, et ajouta que je ne m'en devois pas mettre en peine, puisque s'il avoit cédé en cette rencontre, il étoit en pouvoir de rétablir ses amis et qu'il le feroit. Je sais qu'il lui fascha fort que toute la maison eust pris si grand' part à la disgrâce de ces messieurs, et condamnast sa méconnoissance et sa foiblesse.

Madame la princesse de Phaltzbourg, victorieuse de

ce côté, s'acharna sur M. Le Coigneux, et ne mit guère à le détruire, et luy qui savoit l'opposition qu'il avoit toujours eue au mariage, que la maison de Lorraine en étoit bien informée, que l'on ne vouloit point d'accommodement avec le Roy, que l'on alloit par conséquent lier Monseigneur à l'Espagne, jugea qu'il ne la feroit pas longue et qu'on luy donneroit bientost congé comme aux autres ; ainsi il se tire à quartier, comme pour faire comprendre qu'il n'a plus de part auprès de son maistre, et que les conseils qu'il embrasseroit dorénavant ne luy pourroient estre imputés. Monseigneur et M. de Puylorens, pour satisfaire la maison de Lorraine, ne luy parlèrent aussy presque plus, et il parut en quelque façon disgracié.

Il arriva une chose assez plaisante : lorsque MM. Goulas et de la Rivière eurent ordre de se retirer, on avoit peine à comprendre que Monseigneur se défit de deux personnes qu'il traitoit à merveilles et qui luy étoient très agréables, sans en dire le sujet, et le soir, après soupé, nous en cherchions la raison, sept ou huit de leurs amis que nous étions avec eux, Mrs de Chaudebonne, de Wailly, de Jouy, Sardini, Patrix, l'abbé d'Obazine et quelque autre ; le dernier, qui avoit une horrible aversion pour M. le cardinal de Richelieu, et auroit mieux aimé estre tiré à quatre chevaux que l'on ne se fust accommodé avec lui, croyant l'avoir trouvée, dit : « C'est sans doute que vous avez parlé d'accommodement », ce qu'il prononça d'un ton à faire croire qu'étant coupables d'un tel crime, Monseigneur leur faisoit grâce de les éloigner simplement de sa cour, dignes qu'ils étoient de tous les plus cruels supplices. Nous étions tous abattus de chagrin, et M. Goulas, toujours ferme en sa mauvaise fortune, éclatant de rire, tous le suivirent, et l'abbé, sans se déferrer, soutint toujours qu'ils étoient trop gens de bien pour avoir eu cette abominable pensée.

Environ ce temps là nous eusmes nouvelle que la Reyne-mère étoit en Flandre, et le père Chanteloube, qui nous avoit suivis depuis Orléans, partit aussitost pour se rendre auprès de Sa Majesté. Il eut auparavant quelques conférences avec M. de Puylorens et M. Le Coigneux, et l'on disoit dans la maison que Monseigneur avoit peu gousté les propositions qu'il leur avoit faites : elles ne vinrent pas jusques à moy qui étois mal averti depuis le départ de mes amis.

Monseigneur néanmoins me traitoit à l'ordinaire et prenoit plaisir à me conter en particulier tout ce qu'on luy débitoit et ce qu'il voyoit de ridicule en ce lieu d'Épinal, avec cette narrative admirable et pleine de charme que vous luy avez vue. Voicy deux choses dont il me souvient, que vous trouverez assez plaisantes. Percheron, que vous connoissez maintenant aumosnier du conseil, étoit alors auprès de M. Le Coigneux, en qualité d'homme de lettres et de bonne compagnie. Il avoit du talent pour la prédication et ses amis lui conseilloient de se faire valoir et le cultiver souvent ; le parler en public étant un métier à la perfection duquel on arrive par la pratique. Il y avoit à Épinal une petite religion de filles, établie depuis peu, laquelle n'étant pas assez riche pour bastir son église, disoit l'office dans une salle basse, et le prédicateur y preschoit à la grille en chaire à bras. Je ne sais par quelle aventure madame la princesse de

Phaltzbourg se rencontra à vespres chez ces filles, mais elle y étoit accompagnée de toutes les dames de Lorraine et des plus belles chanoinesses de la ville, tellement que nos galants se trouvèrent là au service et y firent beau bruit. M. Percheron, qui n'attendoit point ce célèbre auditoire, fut fort surpris, et M. de Moret et M. de Puylorens, qui étoient près de lui, causant, il s'embarrassa à tel point qu'il demeura court : ces messieurs rirent d'abord assez bas, les dames en firent de mesme, et le reste de l'auditoire avoit peine à se contenir, quand M. de Chaudebonne, d'un visage sévère et d'un ton grave, éleva la voix et dit beaucoup plus haut que n'avoit parlé le prédicateur : « Ne vous étonnez point ; prenez votre papier et lisez. » Percheron met la main à sa poche, cherche son papier et, ne le trouvant point où il le cherchoit, passe à l'autre partie. Cependant le rire augmente, enfin tout éclata et le prédicateur disparut et s'enfuit.

L'autre chose que Monseigneur me conta, dont toute la cour et toute la ville avoient été les témoins, fut le propos d'un bon père augustin, lequel entreprit de louer M. de Lorraine dans son sermon. Il le disoit un des plus grands princes de l'Europe ; il lui donnoit toutes les vertus guerrières et politiques, et le mettoit en parallèle avec les grands rois pour l'étendue de ses états, s'écriant : « Oui, l'on est abusé de croire que le pays de Vange[1], par exemple, soit petit ; car, voyez mon mouchoir, si, le prenant par le milieu, j'en fais comme une montagne, il ne vous paroit pas grand ; si je le déplie et l'étends, vous

1. Pays de Lorraine.

le voyez long et large et d'une considérable grandeur : il en est de mesme de la Vange et des autres pays de Son Altesse, lesquels étant montueux, si vous les considérez en forme de plaine, ils seront égaux à des royaumes, et tous ensemble iront de pair avec la France et avec l'Espagne. » Monseigneur et M. de Lorraine eurent matière de se bien réjouir du panégyrique de ce bon père, comme vous pouvez penser, et Son Altesse royale me fit l'honneur de m'en régaler le soir, et j'en ris comme luy, quoique je n'eusse pas trop envie de rire, à cause de l'éloignement de mes amis. D'ailleurs cette espèce de confiance, qui n'étoit que de bagatelles, commençoit à m'ennuyer, et m'en plaignant à un vieux courtisan, mon intime, quelques jours après, il me dit très habilement et très véritablement que j'avois tort, et que je connoissois peu mon maistre, car tous ceux qui ont eu part auprès de luy jusques ici, ajouta-t-il, sont entrés de la sorte dans son esprit, et des choses de néant ont passé aux sérieuses.

CHAPITRE XXI.

Des aventures de MM. Goulas et de la Rivière pendant leur disgrâce, et de ce qui arriva à M. de la Mothe-Goulas en Lorraine, jusques au partement de Monseigneur pour Bruxelles.

Mais vous désirez sans doute savoir ce que devint M. Goulas au partir d'Épinal, et comment il fut raccommodé avec Monseigneur par la mesme main qui l'en avoit éloigné, je veux dire madame la princesse de Phaltzbourg. Il avoit eu commandement d'aller à Paris, ou en tout autre lieu de France, si on ne l'y laissoit pas, et il en avoit pris le chemin, comme voilà que sur la frontière un prévost l'arreste et s'en saisit *de par le Roy*. Cet homme, accoutumé à conduire des voleurs, le traita avec assez de rigueur, et ne parla que de prisons, bastilles, enfermer entre quatre murailles, gênes, supplices, tortures pour les ennemis du Roy et de l'État. M. de la Rivière, naturellement timide, s'étonna fort de ces propos, et M. Goulas, s'en moquant, le rassura; néanmoins ils eurent grand'peine d'obtenir permission du prévost d'écrire à leurs amis de la cour, remontrant au cerbère qu'encore que le Roy eust fait une déclaration par laquelle il défendoit aux domestiques de Monseigneur qui étoient près de sa personne de rentrer dans son royaume, ils ne croyoient point l'avoir violée, puisque c'étoit malgré eux qu'ils y revenoient et pour obéir à leur maistre; que leur disgrâce prouvant le peu de part qu'ils avoient à tout ce qui avoit déplu à Sa Majesté, on ne les pouvoit soupçonner justement de venir machiner contre son service. Toute la rhétorique de M. de la Rivière ne persuada pas le prévost; plusieurs journées de raisons ne l'amollirent point, il n'y eut que la suscription des lettres de M. Goulas qui le rendit traitable, car étant adressées à M. Bouthillier, secrétaire d'État, et à M. Fouquet, l'un des premiers du conseil, il fila doux, et, ayant lu les lettres, il souffrit qu'elles partissent et qu'on les portast à Paris. Comme ils approchoient de Nangis, leur envoyé retournant les rencontra, et leur ayant présenté les réponses, le prévost voulut les voir et les lut. S'étant retiré quelque temps après[1], cet homme dit à M. Goulas que M. Fouquet le prioit de faire en sorte de ne point arriver à Paris de deux jours, parce que le prévost, ayant ordre de le mener à la Bastille, il espéroit d'obtenir pour luy de M. le Cardinal un moins rude traitement, s'il luy pouvoit parler le lendemain. En effet, deux jours après, ils le trouvèrent à Villeneuve-Saint-Georges, qui étoit venu au devant d'eux pour les interroger, et l'ayant fait, ayant rendu compte ensuite de l'interrogatoire, et dit : *Nullam in eis invenio causam*, le prévost eut un nouvel ordre de les remener où il les avoit pris, et de leur défendre là de rentrer dans les terres de l'obéissance du Roy. Peut estre que ce bon homme de M. Fouquet, tout chrétien et vertueux, se souvint de l'espèce d'alliance que nous avions avec luy, M. de Bugnons, notre cousin germain, étant son beau-frère, et ses enfants par conséquent cousins germains de nos plus proches; et faisant profession de suivre l'Evangile, il ne goustoit point sans doute que l'on emprisonnast des innocents, ceux qui ne trempoient point dans les fadaises de nos ministres, et qui, bien loin de là, étoient au désespoir que leur maistre fust alors empaumé par la maison de Lorraine, si suspecte à Sa Majesté.

M. Goulas m'a assuré plusieurs fois que la raison de cour qui leur sauva la Bastille, fut que Monseigneur se pouvant lasser de ses ministres et s'en défaire, il falloit que luy et M. de la Rivière se trouvassent en lieu pour travailler à se rétablir, et étant rentrés en grâce

---

1. C'est-à-dire : Le prévôt s'étant retiré.

on croyoit qu'ils dussent servir à faire rentrer Son Altesse royale dans le devoir, et le ramener au Roy, son frère. Mais M. de la Rivière étoit admirable quand il nous contoit les prises qu'avoit eues M. Goulas avec le prévost Milly (c'est ainsi que s'appeloit le galant homme), et entre autres choses ce que fit M. Goulas quand il fallut gagner les deux jours qu'avoit demandez M. Fouquet; il disoit que ne s'étant pas contenté de faire plaindre son cocher qu'un de ses chevaux étoit boiteux, il feignit de se trouver mal, et que le prévost, soupçonnant ce qui étoit, le voulut obliger de partir; que M. Goulas, ne le pouvant vaincre par civilité et par prière, prit la voie opposée et se mit sur les rodomontades; que pour mieux jouer il fit tirer de ses coffres une robe de chambre de velours, doublée de panne et chamarrée d'or, et que l'ayant vestue, et s'étant assis dans un fauteuil, il avoit fait appeler le prévost et luy avoit dit qu'étant conseiller d'État et secrétaire d'un fils de France, il luy devoit tout respect, qu'il en usoit mal avec luy, qu'il l'en feroit repentir, et que les choses changeant, et Monseigneur rentrant dans les bonnes grâces du Roy, comme il y avoit lieu de l'espérer, il connoistroit qu'il s'est mépris et qu'on n'offense point impunément des personnes de considération. Mais le prévost, au lieu de devenir souple à ces paroles, le prit d'un ton beaucoup plus haut, et sans tirer le chapeau, s'approche d'un autre fauteuil et s'y asseoit, disant que sans doute M. Goulas étoit conseiller d'État au conseil, et secrétaire d'un fils de France chez Monseigneur, et prisonnier entre les mains du prévost Milly, lequel feroit toujours son devoir et exécuteroit ponctuellement ses ordres;

qu'il le devoit mener à la Bastille et qu'il l'y rendroit au plus tost; qu'étant indisposé, il luy vouloit bien donner un jour après lequel il falloit marcher et ne rien espérer davantage.

Cette sentence prononcée avec gravité, le prévost se lève et sort et nos messieurs se réjouissent de la farce et s'en divertissent toute la journée. Ils firent pourtant en sorte le lendemain qu'ils eurent encore vingt quatre heures, et donnèrent ainsi à M. Fouquet le temps de les servir. M. de la Rivière ajoutoit qu'ayant été conduits de Villeneuve-Saint-Georges à Meaux, le Roy y passa fortuitement, comme ils se mettoient à table pour disner; que M. de Milly voulut à toute force que M. Goulas regardast par la fenestre et criast : *Vive le Roy*, avec le peuple, et que pour le satisfaire il s'en acquitta dignement et jusques à s'en enrouer et enrhumer, si bien que, voyant son zèle, et le connoissant si bon françois, il leur avoit été depuis plus doux, c'est-à-dire jusques sur la frontière, car alors leur ayant demandé et fait payer six vingt pistoles pour sa peine de les avoir maltraités (il étoit dit qu'ils le payeroient), il commanda au conseiller d'État de prendre sa robe de chambre chamarrée d'or, de se mettre à genoux et d'entendre lire patiemment la défense qui luy étoit faite par le Roy de rentrer dans son État. C'étoient les pièces que faisoit M. l'abbé de la Rivière après leurs malheurs, et il les faisoit avec tous les charmes et toutes les grâces de son incomparable narrative. Mais ces messieurs ne furent pas plus tost en liberté qu'ils nous écrivirent cette histoire, nous priant de savoir de Monseigneur ce qu'il vouloit ordonner d'eux.

La princesse de Phaltzbourg, qui ne pouvoit consentir leur retour et leur rétablissement que le mariage ne fust achevé, fit en sorte que Son Altesse royale leur commanda d'aller en Allemagne, ou en Italie, à leur choix. M. de la Rivière aussitost prend le party de l'Allemagne, parce, disoit-il, qu'ils y pourroient estre à vingt lieues de Nancy, ou de notre cour, dont ils auroient tous les jours des nouvelles. M. Goulas se soucioit peu de ce raffinement, il soupiroit pour l'Italie et avoit toujours en teste de se faire conseiller au parlement de Paris et de se retirer dès que la tempeste passeroit; mais M. de la Rivière l'emporta et ils se confinèrent à un petit village de la principauté de Salm, appelé Cell, le mieux situé du monde, et à dire vray le plus agréable désert que je vis jamais.

Il étoit voisin d'une villotte où il y a une chartreuse dont ils visitoient quelquefois les religieux. Ils me contèrent qu'ils avoient trouvé parmi eux un François si saint et si dépouillé de toute chose qu'il sembloit n'avoir jamais eu d'attache à son pays, à ses parents et à luy mesme. Celui-cy, causant avec M. Goulas, luy demanda qui gouvernoit en France et si le président Jehannin étoit encore dans les affaires. M. Goulas luy répondit qu'il étoit mort il y avoit quelques années, et qu'il s'étoit retiré avant que de mourir. Le bon père luy répliqua : « Est-il bien vray, Monsieur, et comment la Reyne a-t-elle souffert qu'un si homme de bien sortist du conseil? » Il croyoit la Reyne mère encore régente et n'avoit pas ouy parler du cardinal de Richelieu, ce que M. de la Rivière ne se pouvoit lasser d'admirer.

Les ayant été voir bientost après j'appris de luy

cette merveille, me confessant qu'il étoit encore assez éloigné de cette perfection religieuse, et qu'il n'avoit pas renoncé aux nouvelles ; ainsi je luy en dis de notre cour et de toute sorte, mais je n'avois pas la bonne, son retour ; néanmoins la décadence de M. Le Coigneux luy fut très agréable, et ce qui suit ne le fut pas moins, que, revenant de Flandre, il avoit trouvé M. de Puylorens tout de glace ; que les princes lorrains lui donnoient à dos parce qu'il ne parloit pas la langue du pays ; que madame de Phaltzbourg s'étoit beaucoup adoucie pour luy[1] et pour M. Goulas ; que Monseigneur commençoit à les nommer et m'avoit parlé d'eux trois ou quatre fois, disant estre satisfait de leur conduite ; que M. de Puylorens m'avoit promis positivement de les servir en temps et lieu ; que toute la maison les louoit d'avoir été en Allemagne, à dix-huit lieues de Nancy, d'où ils pouvoient écrire souvent à leurs amis et avoir réponse. Ainsi, ayant déjà su, et le leur ayant confirmé, que leurs lettres seroient vues de bon œil, ils se mirent à écrire et me firent porteur d'un gros paquet, dont je me chargeay volontiers.

Ils écrivirent à M. de Puylorens et à madame de Phaltzbourg, et à dire vray M. de la Rivière la cageolla si agréablement, la loua avec tant d'esprit, luy témoigna tant de zèle pour ses intérêts et d'attache à sa personne, qu'elle se rendit et s'engagea de les remettre en leurs places et de contribuer à leur fortune ; et, admirez je vous prie les rencontres des choses du monde, et comment la providence de Dieu emploie

1. *Lui,* l'abbé de la Rivière.

certains accidents pour arriver à ses fins et à ce qu'il a ordonné des hommes : M. Goulas, chagrin et ennuyé de sa disgrâce si injuste, et de son exil si cruel, et croyant perdre son encre et son papier de ce qu'il ne voyoit aucune suite de tant de bonnes et belles paroles, voulut ménager les siennes, et n'écrivit plus qu'à ses chers amis, M. de Chaudebonne, M. de Patrix et moy. Vous jugez bien que M. de la Rivière n'approuva pas ce dessein, mais quelque rhétorique qu'il employast, il le laissa prosner et n'en fit pas davantage. Enfin M. de la Rivière luy remontrant que s'il ne vouloit point parler, il pouvoit trouver bon qu'il parlast pour tous deux, il le trouva bon et le laissa faire,

A quelques jours de là, M. de la Rivière, impatient d'apprendre ce qui se passoit à la cour, envoie son valet de chambre, chargé de lettres, à Plombières, où elle étoit; cet étourdi, entrant dans la ville, laisse tomber son paquet et le perd, et comme il étoit adressé à M. de Chaudebonne, ceux qui le trouvèrent ne connoissant pas ce nom là, l'ouvrirent et déchirèrent la plupart des lettres. Le valet chercha son paquet, en demanda des nouvelles à force gens, témoigna d'en estre extrêmement en peine, et sa perquisition exacte, accompagnée de crainte et d'embarras, fit soupçonner qu'il y avoit dedans quelque chose d'étrange, si bien que chacun en parla selon sa passion, et quelques-uns donnant déjà sur nos messieurs, voilà que l'on apporte une lettre toute crottée et moitié déchirée, et les fragments mis ensemble, l'on y lut le panégyrique de madame de Phaltzbourg, du style et de l'écriture de M. de la Rivière. Vous ne doutez pas que ses ennemis, qui avoient déjà dit qu'il cabaloit, et que lui et M. Goulas avoient des intelligences et correspondances pour divertir Monseigneur du mariage, faisoient rendre de mauvais offices à M. de Puylorens, et avoient été renvoyés de France pour mettre tout en combustion chez Monseigneur, demeurèrent étrangement confus, et que le ministre fut détrompé, et perdit la mauvaise opinion que peut estre il avoit conçue; et certes la rencontre fut étrangement heureuse pour M. Goulas, lequel tenoit son cœur et n'avoit point voulu écrire, car si la princesse de Phaltzbourg eut vu ou soupçonné en luy ce mépris de sa personne ou de son crédit, elle ne luy auroit jamais pardonné, et il ne se seroit point raccommodé durant que Monseigneur auroit été hors du royaume, et peut estre jamais. Elle crut qu'il n'avoit pas été moins éloquent et moins flatteur que son compagnon, et qu'il luy avoit donné d'aussi fin encens. Depuis ce temps elle perdit une partie des mauvaises impressions qu'elle avoit conçues d'eux, et se voyant assurée du mariage, elle permit qu'ils s'approchassent. Elle demanda qu'ils vinssent à Nancy, lorsque Monsieur en partit pour passer en Flandre, enfin elle les rétablit au temps que je diray tantost.

Or, nous étions logés à Nancy, M. de Manneville et moy, dans la nouvelle ville, chez un secrétaire de M. le duc, lequel avoit une belle fille, une belle maison toute neuve et un beau jardin; mais mon camarade arrivant, avoit été empaumé par une vieille du palais, qui l'avoit trouvé à son gré d'abord, et n'avoit pas manqué de le lui bien faire entendre. Du commencement, il me cacha cette bonne ou mauvaise fortune dont j'étois averty, et je ne luy en parlois point de peur de le fascher et de blesser notre amitié, voulant qu'il s'en ouvrist. Néanmoins, un matin qu'il s'ajustoit avec grand soin, et prenoit un habit tout neuf avec un pourpoint de toile d'argent à fleurs d'or, je souris deux ou trois fois et le fis ainsi donner dans ma pensée, car il me dit que je le prenois sans doute pour un amant : « Non, luy répondis-je, mais pour un aimé, lequel ne laisse pas de vouloir plaire. » Il connut par là que je savois tout et il me déclara l'affaire. Nous nous réjouismes un petit aux dépens de la vieille, et la conversation finit que l'habit ne s'étoit point fait à ses dépens, dont j'étois au désespoir. La fée néanmoins ne posséda pas longtemps son cœur, car Son Altesse royale ayant délivré des commissions, et donné de l'argent pour lever quelque cavalerie et la joindre à ses compagnies de gendarmes et de chevau-légers, à peine avions-nous quatre cents chevaux ensemble que la nouvelle arrive que les troupes du Roy s'en approchent et les vont charger.

M. de Manneville étoit beau-frère de M. de Boisgeoffroy, enseigne des gendarmes, lequel s'étant rendu à sa troupe, son beau-frère plante la vieille là et le suit. Je demanday congé à Monseigneur et le priay de trouver bon que je fusse de la partie. L'ayant eu agréable, nous nous en allasmes au quartier des gendarmes, un grand village bien pourvu de toute chose, appelé Saint Loup[1], où nous demeurasmes trois semaines ou un mois, à faire bonne chère, sans voir

---

1. Chef-lieu de canton de l'arrondissement de Lure, département de la Haute-Saône.

d'ennemis. Peut estre qu'ayant appris la résolution où nous étions de nous bien défendre, perdirent-ils l'envie de nous attaquer, ou peut estre que M. le cardinal de Richelieu pouvoit tirer avantage que Monseigneur levoit des gens de guerre pour entrer en France, et que le publiant avec vérité, il justifioit les procédures que l'on faisoit contre luy et la rigueur que l'on exerçoit envers les siens.

Et il vous faut faire rire à propos de nos levées et de nos troupes : un nommé Dufour, de Toulouse, qui retournoit d'Allemagne, brave et galant homme, ayant pris commission de Monseigneur, pour faire trois cents chevaux, les mit ensemble et fit voir à Son Altesse royale son escadron où tous les officiers et les cavaliers du premier rang étoient sans nez et cela parce qu'il avoit perdu le sien en une occasion où Vénus, la vilaine, avoit eu plus de part que le brave Mars.

Ce fut environ ce temps là que M. des Landes Payen, de votre parlement, parut à Nancy en collet de buffle, et y offrit son service à Monseigneur. Il retournoit d'Allemagne et l'on nous le donna d'abord pour le colonel *Peter*, parce qu'il s'appeloit Pierre; mesme l'on nous apprit qu'il s'étoit dignement acquitté des emplois qu'il y avoit eus. Je ne me souviens point si ce fut le père Chantelouve qui nous l'osta, mais il disparut bien viste et s'en alla à Bruxelles, où la Reyne-mère le fit secrétaire de ses commandements, et il est vray que sans couper sa moustache, il ne se trouva pas moins bon secrétaire qu'il avoit été bon colonel.

A notre retour de Saint Loup, nous trouvant près d'une bonne feste, Dieu nous inspira, M. de Manneville et moy, de nous confesser et communier, et nous résolusmes d'aller aux Carmes déchaussés, qui étoient nos voisins, dans la nouvelle ville de Nancy. J'ay dit que Dieu nous inspira, car sans doute ce fut une inspiration d'en haut, et un effet de sa miséricorde infinie sur nous, que ce dessein. M. de Manneville rencontra un père, qui étoit prince de la maison de Nassau, si humble, si fervent, si rempli de charité, si dévoué aux pauvres, qu'apprenant qu'on l'envoyoit confesser un gentilhomme françois de qualité, il fallut un ordre exprès du supérieur, avant qu'il se pust résoudre. J'eus un père, qui étoit de Champagne, et aussi parfait religieux que je connus jamais, et sans doute ces deux saints obtinrent par leurs prières notre conversion, car M. de Manneville changea tout à fait, rompit avec le monde, et étant tombé malade bientost après, résolut de le quitter et d'entrer dans une maison de pénitence, si Dieu luy rendoit la santé, et moy je fis dessein de mieux vivre et de m'abandonner à la conduite de Dieu, sans me proposer d'autre genre de vie que celuy où il m'avoit engagé. Depuis ce temps là nous visitasmes souvent nos conducteurs, et leurs excellents discours nous servirent extrêmement; aussi fusmes nous plus constants à faire le bien que par le passé, et ne fismes pas si bien pourtant que nous devions. Je demanday à mon père, quand Monseigneur partit pour aller en Flandre, un confesseur de son ordre en ce pays là, et il m'adressa à un supérieur de la maison de Bruxelles que je quittay bien viste parce qu'il avoit trop d'affaires, et Dieu m'en présenta un dans le mesme couvent. L'ayant connu il ne me prit pas envie de le changer, car c'étoit un excellent religieux, habile théologien, bon philosophe, zélé du salut des âmes et si plein de charité pour moy que je l'admirois; ainsi je demeuray entre ses mains, tant que nous demeurasmes parmy les Espagnols. Lorsque nous passasmes en Flandre, M. de Manneville, qui n'étoit pas bien guéry, fut conseillé par les médecins d'aller respirer l'air natal, et il s'en alla en Normandie, chez M. de Manneville, son frère, père de celuy que vous connoissez, à qui M. d'Aligre a donné sa fille; et ne recouvrant point ses forces en ce pays là, comme il l'avoit espéré, madame de Manneville, sa mère, qui étoit de Poitou et avoit beaucoup de bien en cette province, le manda et voulut absolument qu'il se rendist près d'elle; il le fit volontiers et luy donna ce contentement, mais son mal l'ayant attaqué de nouveau, et miné peu à peu, il mourut enfin avec une grande contrition de ses péchés, protestant toujours que si Dieu lui rendoit la vie, il ne songeroit jamais qu'à le servir. J'ay cru devoir cette digression à la mémoire de mon ami, sur lequel j'ai vu clairement des marques de la prédestination gratuite de Dieu et du mérite du sang adorable de son fils.

Je reviens à mon propos, et dis que la retraite de la Reyne mère en Flandre, les voyages que M. Le Coigneux et M. de Puylorens y firent l'un après l'autre, les levées de Monseigneur, les déportements de M. de Lorraine, l'attache qu'il montra d'avoir à la maison d'Autriche, la ruine de ses troupes, les victoires des Suédois et leur approche de la Lorraine, tout cela, dis-je, obligea le Roy de s'en approcher aussy, accompagné d'une bonne armée, à dessein de nous avoir, ou de nous en chasser, de faire parler et déclarer notre protecteur, de profiter de ses fautes et des nostres, et ce fut alors que notre cavalerie courut grand'fortune, et Monseigneur la fit oster de la juste portée de celle du Roy, qui ne demandoit qu'à la charger et dissiper, et on la crut en si grand péril, quand nous fusmes prests à partir de Nancy, que de braves gens refusèrent de l'aller commander; il n'y eut que M. du Fargis, qui se présenta et promit de la passer en Luxembourg, ce qu'il exécuta heureusement.

Le Roy étant arrivé à Metz, vers le milieu du mois de décembre[1], M. de Lorraine n'osa manquer à luy rendre ses devoirs, et parce qu'il luy avoit donné d'étranges jalousies et qu'on le savoit fort bas, on luy parla fort haut; on luy fit comprendre que sa conduite étoit mauvaise, qu'il en falloit changer, qu'il se falloit lier avec la France, comme la plupart des princes allemands; car le Roy avoit pris en sa protection les électeurs catholiques, avoit un traité particulier avec M. de Bavière et une bonne armée près du Rhin.

M. de Lorraine, voyant les choses en ces termes, songe à s'accommoder, ou montre qu'il y veut songer : on luy demande s'il prendra la protection du Roy, il y consent; on luy prescrit de renoncer à toutes ligues, associations et liaisons, principalement avec la maison d'Autriche, et il a peine de se résoudre; l'on désire une place pour sûreté de sa parole, Stenay ou Marsal, et il le refuse absolument; enfin il offre Clermont[2], et de suivre le Roy partout, et cela ne satisfait

1. Louis XIII s'était établi à Château-Thierry le 18 octobre 1631, mais il ne vint à Metz que le 21 décembre.
2. Clermont-en-Argonne, département de la Meuse.

point M. le cardinal de Richelieu, lequel fit enfin souffler par ses émissaires, que les Suédois offensés étant ses voisins, il étoit à craindre qu'ils ne lui fissent un mauvais party et que ne contentant pas le Roy, il ne se trouvast, désarmé comme il étoit, entre ces deux formidables puissances, sans espoir de secours, tellement que, pressé au dernier point, il accorda ce qu'on voulut et plus qu'on ne voulut; car il donna Marsal pour trois ans, se mit en la protection du Roy, renonça à toute autre alliance, et s'obligea de chasser Monseigneur de ses états, et de ne l'y jamais retirer[1].

Vous croyez bien que les conditions de cet accommodement étant venues à la connoissance de Son Altesse royale, il fut assez surpris et embarrassé, et que ses ministres le furent beaucoup davantage. Néanmoins ayant pris leurs mesures avec l'Espagne, l'on n'eut pas de peine à se résoudre d'aller en Flandre, où apparemment M. le cardinal de Richelieu nous aimoit mieux qu'ailleurs; mais les princes lorrains, espérant voir un jour la couronne de France sur la teste de Monseigneur, le Roy n'ayant point d'enfants, n'eurent pas de cesse que son mariage ne fust fait avec madame la princesse Marguerite, et il fut achevé et consommé avant qu'il partist pour Bruxelles, et immédiatement après que M. de Lorraine eut signé son traité avec le Roy[2], action extrêmement hardie à ce prince, car

1. Commencées dans la dernière quinzaine du mois de décembre 1631, les négociations entre le duc de Lorraine et le roi de France aboutirent au traité de Vic qui fut définitivement signé le 6 janvier 1632. L'une des conditions de ce traité était le dépôt de la ville de Marsal entre les mains du roi, pour trois ans. Cette ville fut remise le 13 janvier.

2. Bien que le traité avec le roi ait été signé le 6 janvier, nous

si le Roy en eut eu le moindre vent, il étoit perdu et nous aussy, et nous n'eussions pas trouvé un si ample et large passage. Quelques-uns ont dit et écrit que notre marche fut pleine d'effroy, et extrêmement précipitée, et je puis assurer, comme témoin de vue, que cela est faux, et que nous ne craignions ni d'estre suivis, ni d'estre chargés.

1632. — Nous partismes huit ou dix jours après le traité, et fismes deux ou trois gistes avant que de nous voir à Luxembourg, et il nous arriva une aventure qui nous causa beaucoup de peine et ne porta guère de profit. Monseigneur eut avis auprès de Mars la Tour[1] qu'une voiture d'argent de cinq cent mille francs passoit à demi-lieue de luy et qu'on la menoit à Metz pour payer l'armée du Roy ; il trouva bon à cette nouvelle que dix-huit ou vingt de ceux qui se trouvoient près de sa personne, se missent en queste de cette proye, et je fus nommé parce que j'étois bien monté. Ayant marché une heure ou environ, nous apprismes que les charrettes n'étoient pas loin et nous les joignismes aussitost, mais comme nous étions maistres du trésor, et nous nous mettions en devoir de le conduire au quartier de Son Altesse royale, un ordre arriva

---

pensons que le mariage a été célébré le 3 janvier 1632. Cette date, sur laquelle les anciens auteurs ne sont pas d'accord, est celle que le P. Griffet dit avoir empruntée aux *Mémoires d'Omer Talon* et qui a été adoptée par M. Bazin dans son *Histoire de Louis XIII*. La dispense de bans, donnée pour le mariage de Gaston par le cardinal de Lorraine, et publiée aux pièces justificatives des *Mémoires d'Omer Talon* (éd. de La Haye de 1732), porte : « Nancy, tertio januario anno Domini 1632. »

1. Goulas écrit : *Malatour*. — Mars-la-Tour, village aujourd'hui célèbre, situé à cinq lieues ouest de Metz.

de sa part de le lascher et promptement, et l'on obligea ceux qui avoient déjà garni leurs poches de restituer jusques au dernier quatrain[1]. Nous marchions comme des bandits et devions estre en Flandre le jour d'après, et il fallut agir en capucins et renoncer à tout intérêt. Certes, je vis incontinent la raison de la modération de Monseigneur et de son conseil, et je dis à nos gens qui se réjouissoient de la prise belle et riche qu'ils ne la garderoient pas longtemps, parce que le Roy étoit en état de l'envoyer répéter dans Bruxelles.

Je me souviens que plusieurs de nos courtisans murmuroient contre M. de Lorraine, et bien que je ne fusse pas son serviteur, à cause du tour que les princes lorrains avoient fait à M. Goulas, néanmoins je ne passay pas jusques à le pester, dans la créance que le Roy nous vengeroit de luy dans peu et que Monseigneur aimant la princesse Marguerite, laquelle sans mentir étoit une belle personne, la Reyne, sa mère, la luy feroit épouser. Je ne soupçonnois point que ce mariage se fust fait à Nancy, et ne pouvois comprendre que M. de Puylorens le hazardast, tellement que je n'étois pas du nombre de ceux dont M. de Saint Rémy disoit à Madame, à Blois : « Nous savions bien que Monseigneur couchoit avec vous, mais nous ne savions pas que vous fussiez mariée. »

M. de Chaudebonne fit un pronostic à la princesse de Phaltzbourg, deux jours avant que partir, aussi hardy que véritable, car comme elle triomphoit et se promettoit mille avantages de ce que Monseigneur se

---

[1]. C'est l'expression italienne *fino ad uno quattrino,* jusqu'à la dernière obole. (Note de M. Monmerqué.)

mettoit entre les mains des Espagnols, il lui dit à sa mode, toute liberté lui étant donnée : « Mignonne, vous estes une folle de laisser aller Puylorens en Flandre, il n'y sera pas vingt-quatre heures que vous le perdrez pour jamais. » Et elle le perdit en effet dès le premier jour, mais elle prétendoit le tenir par l'amour et par la vanité tout ensemble, sachant le mariage de Monseigneur et de sa sœur, et croyant qu'il voudroit toujours estre le beau frère de son maistre, et entrer par alliance dans une des premières maisons de l'Europe. Au reste je logeai encore durant ce voyage avec M. de Manneville, et nous ressentions moins notre infortune, parce que nous étions plus résignés à la volonté de Dieu, et Mrs Goulas et de la Rivière eurent moins d'impatience d'estre rétablis, quand je leur eus mandé le traité de M. de Lorraine avec le Roy et qu'il nous avoit abandonnés, reniés et chassés, car ils jugèrent comme tous les gens d'entendement que Monsieur périroit sans une protection particulière du ciel. L'on en fit le mesme jugement à Paris et l'on nous y tint pour perdus. Il y en eut qui songèrent à se revestir de nos plumes, comme vous pourriez dire M. Cottereau, mary de notre cousine de Bragelonne, et, s'il en eut été cru, vous ne seriez pas aujourd'hui seigneur de la Mothe, puisqu'il demanda ma terre au Roy et l'obtint. L'on vous a dit peut estre qu'il vint assurer monsieur votre père qu'il n'avoit pensé à ce don que pour me servir; cependant il garda le brevet, et nous voyant de retour bien savonnés et reblanchis, il le supprima ; néanmoins personne ne s'est présenté en Brie pour inquiéter les fermiers.

CHAPITRE XXII.

De l'état de la Lorraine lorsque Monseigneur se retira et des véritables causes de la ruine du duc Charles.

Il faut que je vous donne un chapitre de la ruine du duc Charles et de la désolation du plus beau pays et du peuple le plus heureux de tout le monde. Imaginez vous de grands bourgs, pleins d'habitants, arrosés de belles rivières, dont les bords étoient couverts de bestiaux de toute sorte; des collines plantées, partie de vignes et partie de bois; des plaines si fertiles qu'à peine l'on peut serrer les blés et les menus grains qu'elles produisent; des paysans avec des vitres à leurs fenestres, et chacun le grand gobelet d'argent au coffre, et vous n'aurez qu'une idée grossière de l'état de cette fortunée province, avant la guerre. Je ne vis jamais l'image de l'abondance si bien peinte, ni de tableau qui représentast mieux la félicité de cette vie. Cependant le malheur ou la mauvaise conduite du duc Charles, et peut estre l'un et l'autre, a réduit toute cette magnificence de la nature et de l'art en un désert horrible, et il n'y a presque plus personne qui ait été témoin de son bonheur et de celuy de ses sujets. Les Italiens disent plaisamment : *Infelicità accompagnata di mal governo*, ce qui signifie en françois que les malhabiles gastent leurs affaires.

Il[1] étoit fils du comte de Vaudemont, second fils de Charles, duc de Lorraine, qui avoit épousé ma-

1. Charles, fils de François, comte de Vaudemont, et neveu de Henri II, duc de Lorraine, était né le 5 avril 1604. Il succéda à

dame Claude de France, fille de Henry second et de Catherine de Médicis, et partant petit fils de France, de par sa mère; et son frère aîné[1], Henry, duc de Lorraine, ayant épousé madame la princesse de Navarre, sœur de Henri IVe, roy de France, et n'en ayant pas eu d'enfant, prit une seconde femme de la maison de Mantoue, incontinent après sa mort[2], dont il n'eut que deux filles, madame Nicole et madame Claude de Lorraine[3]. Ce duc Henry avoit eu un confident[4], bastard d'un prince de la maison, brave et galant homme, bien fait et bien faisant, de bonnes mœurs, de belle présence, mais de médiocre esprit; il s'empara pourtant de celuy du duc et à tel point qu'il[5] voulut lui faire épouser sa fille aînée et le mettre en possession de son Etat, mais, comme il appréhendoit de n'estre jamais paisible, M. de Vaudemont et ses enfants disant la Lorraine un fief masculin, soutenant que les femmes et leurs enfants n'y avoient rien, et par conséquent que le duc Henry n'en pouvoit disposer à leur préjudice, il porta son maistre à faire le mariage du fils aîné de M. de Vaudemont avec sa fille aînée[6] et

son père sous le nom de Charles IV, en 1624. Son portrait a été habilement tracé par M. d'Haussonville dans l'*Histoire de la réunion de la Lorraine à la France*.

1. Le frère aîné du comte de Vaudemont.
2. Henri, duc de Lorraine, qui avait épousé la sœur de Henri IV, la perdit le 13 février 1604, et il se remaria à Marguerite de Gonzague le 26 avril 1606. Ainsi il y eut près de deux années d'intervalle.
3. Claude de Lorraine, seconde fille du duc Henri II et de Marguerite de Gonzague, sa seconde femme, épousa en 1634 le duc Nicolas-François, son cousin, et mourut à Vienne en 1645.
4. Le prince de Phaltzbourg.
5. *Il*, le duc.
6. Avec Nicole, fille aînée du duc de Lorraine.

le pria de demander pour luy celle de M. de Vaudemont : elle luy fut accordée fort volontiers, quoy qu'elle y résistast et ne voulust point du bastard d'un cadet de sa maison. Ainsi l'état de Lorraine passa au duc Charles après la mort de son beau père, qui étoit aussi son oncle, le duc Henry ; et vous saurez qu'afin d'établir la loy salique, M. de Vaudemont se porta pour duc un jour, et le lendemain devint particulier, retenant seulement le titre de duc, et se faisant appeler : M. le duc, dans cette petite cour et dans le pays. C'étoit un prince de peu de mine, de petits talents, de petite stature, vouté, ou pour mieux dire bossu, mais craignant Dieu et vivant en bon chrétien, à ce qui me parut durant le peu de temps que je le vis.

Je ne saurois passer outre sans vous conter une chose de M. de Vaudemont et de madame sa belle sœur, qui vous semblera assez étrange. Elle fit un songe environ six mois avant la mort de l'un et de l'autre qui la leur présagea clairement ; il luy sembloit qu'ils tenoient un grand poile chacun par un bout et que l'ayant tiré de toute leur force et déchiré, il fut partagé en deux et chacun emporta sa moitié avec soy. Ils moururent bientost après et M. le duc étant délogé le premier, l'altesse Madame se le tint pour dit et ne pensa plus qu'à le suivre.

Le duc Charles donc se voyant souverain se persuada bien qu'il l'étoit ; il ne suivit pas la route de son oncle, ni les conseils de monsieur son père, qui étoient ceux de tous les ducs ses prédécesseurs. En 1626, que madame de Chevreuse[1] sortit du royaume,

1. Marie de Rohan, fille du duc de Montbazon, devenue veuve

il la reçut avec joie, l'arresta, la régala, et parce qu'elle étoit belle et pleine d'esprit, qu'elle étoit très informée des intrigues de la cour, qu'elle avoit l'air galant et un entretien tout autre que celuy du pays, où le voisinage d'Allemagne rend le procédé des gens lourd et grossier, elle fut admirée de tous et fort goustée du souverain, lequel ne pouvant perdre la mémoire de la nourriture qu'il avoit prise en France, se plaisoit beaucoup avec une personne qui en avoit porté toute la politesse dans son palais. Durant le siége de la Rochelle, milord Montaigu[1] fut pris sur la frontière de Lorraine par M. de Bourbonne[2] (il en fut chevalier du Saint Esprit) et amené à la Bastille[3], ses papiers ayant fait connoistre qu'il ne s'étoit pas acheminé en France pour voir le pays, et ayant confessé qu'il alloit conclure le traité d'entre le roy d'Angleterre, le duc de Savoye et celuy de Lorraine; M. le cardinal de Richelieu ne douta point que madame de Chevreuse n'eust embarqué M. de Lorraine avec les ennemis de l'État, et ravy ce prince à la France dont ses pères ne s'étoient jamais séparés. Bientost après Monseigneur se retire mal content en Lorraine, ce qui donna de nouveaux ombrages du duc, quoy qu'il eut fait ce qu'un faible

---

du connétable de Luynes, épousa Claude de Lorraine, duc de Chevreuse.

1. Walter Montagu, fils de Henri Montagu, lord Montagu, et de Catherine Spencer, devint plus tard abbé de Saint-Martin de Pontoise. Il mourut en 1670.

2. Charles de Livron, marquis de Bourbonne, fils d'Érard de Livron, baron de Bourbonne, et de Gabrielle de Bassompierre, cousine germaine du maréchal.

3. Voir les *Mémoires du cardinal de Richelieu,* collection Petitot, 2⁰ série, t. XXIII, pages 422 et suivantes.

voisin doit faire, quand il craint de fascher un puissant voisin.

Ces choses ayant été rajustées ou replastrées à Troyes, il arrive un incident qui renflamma les défiances. M. de Tilly fut défait par le roy de Suède à Leipzig[1] et l'Empereur, extrêmement embarrassé de cette disgrâce, fait parler à M. de Lorraine, et l'empaume sous l'espérance d'un bonnet électoral, et de quelques terres qui lui conviennent. Il lève des troupes et dit qu'étant prince allemand et catholique, il veut soutenir la ligue catholique d'Allemagne, fort affaiblie par la défaite de son armée. En effet il met dix ou douze mille hommes ensemble, les fait passer en Souabe sous la conduite du prince de Phaltzbourg, et les suit accompagné de son frère, le cardinal, et des plus honnestes gens de son état; mais les Suédois les ayant battus d'abord, tout se débande, et le prince de Phaltzbourg meurt de regret à la fin de l'année. Peut estre que le mauvais traitement qu'il recevoit de M. de Lorraine, et le mépris de sa femme contribuèrent plus à sa mort que la ruine de ses troupes. Le chevalier de Lorraine, bastard du feu duc, et les chefs principaux perdirent la vie des fatigues et des mésaises qu'ils endurèrent avant et après leur disgrâce.

Le Roy, voyant la maison d'Autriche mortifiée par la perte d'un si grand combat que celuy de Leipzig, les Suédois, ses alliés, répandus par toute la Souabe et la Franconie, fort proche des terres de M. de Lorraine, luy sans troupes et sans appuy, s'en vient à Metz et

1. La bataille de Leipzig fut livrée le 7 septembre 1631 (28 août, vieux style).

commande aux maréchaux de la Force[1] et de Schomberg[2] d'entrer en Lorraine avec son armée. Nous étions à Nancy, fort empeschés parce qu'il falloit tomber entre les mains du Roy, ou passer en Flandre, M. de Lorraine n'ayant pas de quoy nous garantir de l'orage, et se trouvant entre deux gouffres, comme l'on dit, le Roy d'un costé, et les Suédois de l'autre. Là dessus il prend le party d'aller à Metz, et de promettre et donner tout pour conjurer la tempeste et la détourner. Il avoit affaire à des gens qui vouloient profiter de son désordre, aussi luy dirent-ils d'abord que Clermont qu'il possédoit étoit de l'évesché de Verdun, et par conséquent appartenoit au Roy; qu'il tenoit des terres de l'évesché de Metz et que le Roy veut tout retirer; qu'il arme en faveur de la maison d'Autriche; qu'il fait la guerre aux alliés de la France; qu'il donne retraite à ses ennemis; qu'il est près de les assister et de se joindre avec eux, dès qu'ils porteront la guerre dans le royaume; qu'il se faut déclarer, et embrasser le party du Roy en renonçant à toute autre alliance. Et voilà M. de Lorraine très empesché : il ne veut point renoncer à l'alliance de l'Empereur, mais il accepte la protection du Roy; on luy demande pour sûreté Stenay ou Marsal, il offre Clermont et de demeurer à la cour; on le presse, on le tourmente, on luy fait peur des Suédois; enfin, au mois de janvier 1632, je pense que ce fut le quatre ou cinq mesme, il convient avec M. le cardinal de Richelieu de renoncer à toute alliance quelle

1. Jacques-Nompar de Caumont, duc de la Force, maréchal de France en 1622.
2. Henri de Schomberg, comte de Nanteuil, avait été fait maréchal de France en 1625.

qu'elle soit, particulièrement de l'Empereur et du Roy d'Espagne, en tant qu'elle puisse préjudicier au service de Sa Majesté et de ses alliés; qu'à l'avenir il n'en fera aucune sans la participation et l'agrément du Roy; qu'il chassera tous ses sujets, retirés en Lorraine, mesme Monseigneur et ceux de sa suite, et qu'en cas qu'ils retournent dans ses états, il les livrera au Roy pour les faire punir; qu'il n'assistera point ses ennemis, particulièrement Monsieur et la Reyne mère, et que pour sûreté de ce que dessus il remettra Marsal entre les mains de Sa Majesté, laquelle la lui rendra dans trois ans, et qu'enfin il donnera quatre mille hommes de pied et deux mille chevaux pour la servir dans son armée, moyennant quoy Elle le prend en sa protection, et promet de ne faire aucun traité de paix, de trève, ou d'alliance, sans l'y comprendre[1].

Si nous fusmes étonnés et désespérés de ces conditions, je vous le laisse à penser, car il fallut prendre le party de passer en Flandre, et mettre la personne de Monseigneur, présomptif héritier de la couronne, entre les mains des Espagnols, ou se rendre la corde au cou, ce que ne vouloient pas nos ministres, parce qu'on la leur eust trop serrée. M. Goulas étoit en exil, M^{rs} Le Coigneux et Monsigot n'étoient plus bien, et M. de Puylorens, aidé par M. de Lorraine et la princesse de Phaltzbourg, les avoit ruinés auprès de son maistre. D'aller en Savoie, le Roy y avoit trop d'autorité; d'aller à Venise, c'étoit s'enterrer et pour mourir de faim; l'Espagne nous tendoit les bras, la Reyne étoit à Bruxelles, et à dire vray, le dessein étoit fait depuis longtemps, quoy que ce fut donner

---

1. Goulas a déjà relaté ces faits plus haut. (Voir pages 138 à 140.)

beau jeu à M. le cardinal de Richelieu, lequel avoit toujours soutenu que la Reyne et Monsieur agissoient de concert, et s'entendoient avec les ennemis de l'État, au préjudice du Roy et du royaume.

Nous partismes donc brusquement et tirasmes droit à Luxembourg, et d'autant que les princes lorrains, enragés de ce que le Roy les plumoit, voulurent rendre Monseigneur irréconciliable, ils luy firent épouser la princesse Marguerite, sortant de Nancy, cadette de la princesse de Phaltzbourg, laquelle étant veuve depuis peu, flatta M. de Puylorens de l'espérance de l'épouser. Ce mariage fut fait par un moine bénédictin, dans la maison des dames de Remiremont à Nancy, en présence de M. de Lorraine, de M. le duc, son père, de M. le prince cardinal, de madame de Phaltzbourg, de M. de Puylorens; quelques uns disent M. d'Elbeuf, ce que je n'ay pas peine à croire, étant de la maison[1]. M. le cardinal de Lorraine, comme évesque de Toul, accorda la dispense des bans et des autres formes à observer[2]; mais avouons le vray, jamais grand roy ne fut si cruellement offensé par un petit souverain que le nostre le fut en cette rencontre, car dans le temps que ce duc luy protestoit à Metz qu'il ne feroit point ce mariage, ni rien qui luy put déplaire, il le traitoit et l'avoit résolu, et il l'acheva, dès qu'il eut promis et juré de ne le jamais consentir. Il n'y a donc pas sujet de s'étonner si le Roy depuis tint si ferme et fut si dur là dessus, et s'il traita ce petit duc avec la rigueur et la sévérité que l'on condamna mesme en France.

1. Le mariage fut célébré par le frère Albin Tellier, religieux de l'ordre de Saint-Benoît, le 3 janvier 1632, vers le soir (voir page 139, note 2), dans une chapelle intérieure du prieuré de Saint-Romain.
2. Cette dispense est datée du 3 janvier (voir page 139, note 2).

Cependant, pour reprendre et continuer l'histoire de Lorraine jusques à la réduction de Nancy en l'obéissance du Roy, et au voyage, ou, pour mieux parler, la fuite de Madame en Flandre, je dis premièrement que M. de Lorraine, ayant apparemment exécuté son traité quant à l'intelligence avec nous, en nous faisant sortir de ses États, la maintint toujours en son entier et se lia davantage avec l'Espagne, à dessein de jeter la guerre en France, car sachant que M. de Montmorency étoit embarqué avec la Reyne, ou s'embarqueroit bientost, que M. d'Espernon branloit, et pourroit faire joindre la Guyenne au Languedoc[1], il crut la partie si forte que c'étoit un marché sans peur que d'y entrer. Or outre son inconstance et ses déportements qui donnoient toujours de l'ombrage, M. de Guron[2], que le Roy envoya à Nancy dès que nous en fusmes partis, découvrit, je ne sais comment, tout le mystère, et manda à la cour qu'assurément M. de Lorraine avoit une liaison secrète avec la Reyne, Monseigneur, et l'Espagne; que Monseigneur entreroit en France au printemps et seroit reçu par les plus grands du royaume.

1. Le duc d'Épernon était gouverneur de Guyenne.
2. Jean de Rechignevoisin, seigneur de Guron, fils de Gabriel de Rechignevoisin, seigneur de Guron, et de Catherine Frotier, sa seconde femme, mourut en 1635. — « Le roi dépescha le sr de Guron au duc de Lorraine le 1er avril, disent les *Mémoires de Richelieu* (coll. Petitot, t. VII, p. 69), avec charge de se plaindre civilement de tous les mécontentemens que le roi avoit de lui, et lui représenter les manquemens de foi et ce qu'il avoit promis par le traité fait avec Sa Majesté. » — Guron ne semble pas s'être rendu immédiatement près du duc de Lorraine, car nous voyons dans le *Journal de Guron* qu'il n'arriva à Nancy que le 10 avril. Ce même journal nous apprend que Guron quitta la Lorraine le 25 mai 1632.

A cette nouvelle, la cour prend l'alarme avec raison, et s'inquiète davantage par l'avis qu'on lève au Liége[1] et ailleurs; l'on assure qu'il y a déjà quelque cavalerie sur la frontière de Luxembourg et que M. de Lorraine arme en diligence. M. le cardinal de Richelieu bien averty de la passion que madame de Montmorency conserve pour la Reyne mère, dont elle est parente, soupçonne son mary, quoiqu'il ne cesse d'écrire et promettre qu'il sera fidèle; mais il croit qu'il faut s'assurer premièrement de M. de Lorraine pour, en cas que le Roy fut nécessité d'aller en Languedoc, ne rien laisser derrière d'ennemy. On luy fait parler, on négocie, on se plaint de ses levées, et il proteste qu'il est serviteur du Roy et que s'il lève des troupes, c'est en conséquence de son traité par lequel il doit fournir six mille hommes. Là dessus il presse Monseigneur de partir de Bruxelles et de s'avancer, dans la pensée qu'étant entré en France, le Roy le suivroit et le laisseroit en repos, ou bien, étant averty qu'on alloit à luy, il craignit qu'il ne pust passer, trouvant le Roy en teste avec de bonnes troupes.

Or vous saurez que cecy fut la cause de nos maux, car M. de Montmorency n'étoit pas prest, n'étoit pas assuré de ses amis, n'avoit point d'argent, ne s'étoit engagé avec la Reyne et avec Monseigneur qu'à condition qu'on luy donneroit du temps, et Monseigneur le faisoit représenter à M. de Lorraine, et luy écrivit que manquant à M. de Montmorency, il nous manqueroit; mais il ne laisse pas de presser, il promet d'arrester le Roy et demande instamment que Son Altesse

1. *Au Liège,* pour : dans le pays de Liège. — Cette expression abrégée se rencontre fréquemment dans les mémoires de N. Goulas.

royale parte; enfin faisant intervenir les Espagnols, il se fallut mettre en campagne avec deux mille cinq cents chevaux, partie de ceux que Monsieur avoit levés en Lorraine et au Liége, et partie des troupes d'Espagne licenciées ou données sous quelque prétexte.

Il [Monsieur] s'en alla si brusquement, que les équipages n'étant pas prests, nous nous vismes obligés, cinq ou six à demeurer derrière, et nous ne le pusmes joindre qu'en Bourgogne, auprès de Dijon. Mais remarquez que Monseigneur fut reçu à Nancy, qu'il y coucha deux ou trois nuits, qu'il y vit les princes et les princesses, qu'il y fut régalé à merveille, et que la princesse de Phaltzbourg triomphant, y raccommoda M. Goulas et M. de la Rivière, lesquels eurent commandement de suivre.

Le Roy apprenant que Monsieur avoit été reçu à Nancy et voyant une si manifeste infraction de son traité, ne manqua pas de prendre le chemin de Lorraine, et d'y donner le rendez-vous à ses troupes[1]. Il y avoit là de quoy embarrasser le duc, aussy le fut-il beaucoup, et il dépescha un gentilhomme à la cour, pour s'excuser et faire de nouvelles protestations de sa fidélité; mais il parle aux rochers; M. le cardinal de Richelieu ne se paye pas de paroles; il demande que M. de Lorraine donne ses troupes et qu'attendu qu'il a violé le traité et mis le Roy en de nouveaux ombrages, il est juste qu'il les lève par de nouvelles assurances en remettant Clermont et Stenay entre les mains de Sa Majesté. M. de Lorraine, au lieu de répondre catégoriquement, offre de désarmer et refuse

---

[1]. Le roi, qui envoya d'abord les maréchaux de la Force et d'Effiat, partit lui-même de Sainte-Menehould le 18 juin 1632 pour entrer en Lorraine.

de donner ses places. Ainsi le Roy se résout d'entrer armé en Lorraine et d'agir en ennemy. Le duc averty de sa marche et de son dessein luy envoya offrir Clermont, et il[1] répondit que luy ayant donné la peine de venir, il entendoit qu'il la luy payast et qu'avec Clermont et Stenay il vouloit encore Jametz. Jugez quelle nouvelle à un prince faible et sans ressource que la diversion que nous devions faire, laquelle étoit assez incertaine, puisqu'on avoit manqué en tout à M. de Montmorency, et qu'il n'étoit point déclaré. Ainsi désespérant de ses affaires et des nostres, il traite de nouveau, à la fin de juin, et met entre les mains du Roy Stenay et Jametz, et luy vend Clermont ; il s'oblige d'estre amy de ses amis et ennemy de ses ennemis, et de ne point consentir le mariage de sa sœur avec Monseigneur que le Roy ne l'eust agréé. Ce traité fut dit de Liverdun parce qu'il y fut signé[2]. Les places livrées[3], le Roy le laisse et nous suit brusquement. Je vous conteray tantost nos avantures ; continuons l'histoire de Lorraine que je pense savoir mieux que les historiens qui l'ont écrite et donnée au public.

Le dessein de M. de Montmorency étoit, recevant Monseigneur et hazardant, pour les intérests de la Reyne et les siens, sa grande fortune, de le raccommoder avec le Roy et de luy faire épouser mademoiselle

---

1. *Il,* le roi.
2. 26 juin 1632. Le texte de ce traité est conservé dans les *Manuscrits de Conrart* à la bibliothèque de l'Arsenal.
3. Les deux villes, châteaux et citadelles de Stenay et de Jametz, ainsi que la ville et forteresse de Clermont. — Stenay, sur la Meuse, est aujourd'hui chef-lieu de canton de l'arrondissement de Montmédy. Jametz est situé dans le canton de Montmédy, et Clermont-en-Argonne est un chef-lieu de canton de l'arrondissement de Verdun.

de Bourbon, sa nièce ; mais comme il le sut marié, il demeura le plus confus de tous les hommes. Durant sa prison cette nouvelle fut dite à la cour et l'on ne la pouvoit croire, quoy qu'on la débitast pour chose assurée ; mais après sa mort, Monseigneur étant passé en Flandre, le Roy qui n'en pouvoit pas douter, se voyant au dessus de ses affaires, paisible dans son état, craint et redouté de ses voisins, se résolut de chastier le petit duc qui luy avoit fait cette frasque contre ses promesses.

M. de Lorraine, alarmé, crut que, pour conjurer la tempeste, le plus assuré moyen et le plus court, étoit de faire proposer le mariage de M. le cardinal, son frère, et de madame de Combalet. On le proposa, et M. le cardinal de Richelieu, qui vouloit un meilleur party pour sa nièce, et songeoit à Monseigneur ou à M. le Comte, ne répondit pas ; sans doute il avoit jeté ses plombs[1] dans la ruine de ces princes[2] ; il étoit d'accord avec le Roy là dessus, et difficilement pouvoit-il prendre le contre pied, sans se faire tort et blesser son maistre. Et certes l'occasion étoit belle : l'Empereur faible au dernier point, le roy d'Espagne embarrassé par les Hollandois, le duc de Bavière, allié du Roy et pressé par le roy de Suède, et toute l'Allemagne à feu et à sang. Ainsi l'on demande au duc l'hommage de la duché de Bar ; mais, comme procureur de la duchesse, sa femme, il s'excuse, alléguant la loy salique ; mais le parlement n'en tombant pas d'accord, et ne l'admettant pas en cette rencontre,

---

1. *Jeter son plomb* sur une chose, former un dessein ayant cette chose pour objet.
2. Des princes de Lorraine.

procède contre luy par les voies accoutumées et ordonne que le duché, etc.[1]. En mesme temps les Suédois attaquent ce prince, et les gens disoient, par ordre de la cour, si bien qu'étant brave, courageux et piqué de tant de disgrâces, il s'en alla au devant d'eux, et les combattit si malheureusement qu'il y perdit ses meilleures troupes, et quoy qu'il eust donné mille marques de son grand cœur et de sa suffisance à la guerre, il fallut revenir sur ses pas et confesser qu'il étoit vaincu. Le Roy averty de ce mauvais succès, et le meilleur que Sa Majesté eust pu souhaiter, ne manqua pas de prendre ses avantages et de s'approcher de la Lorraine.

Étant à Chalons, l'abbé d'Elbène, depuis évesque d'Agen, qui négocioit pour Monseigneur, s'ouvrit tout à fait de son mariage, et dit que les choses étoient en tel état, qu'à l'opinion du Père Suffren, Son Altesse royale ne s'en pouvoit dédire en conscience. Il avoua au nonce qu'il étoit fait et consommé, et que pendant que M. de Lorraine traitoit à Metz, on le résolvoit à Nancy et qu'il fut achevé à son retour, luy présent. Si la circonstance mit le Roy en mauvaise humeur, vous le pouvez penser; aussi quand il luy fut représenté que Monseigneur passeroit tout pourvu qu'il y donnast son consentement, il répondit qu'il ne le feroit jamais et perdroit plustost sa couronne.

---

[1]. « Le 5 septembre, dit M. d'Haussonville (*Histoire de la réunion de la Lorraine à la France*, t. II, p. 26-27), le parlement de Paris, pour punir le prétendu rapt commis sur la personne de M. le duc d'Orléans, prononçait solennellement la déchéance des duchés de Lorraine et de Bar, et les attribuait au roi Louis XIII, à titre de dédommagement, et pour cause de felonie du vassal envers son seigneur. »

En ce temps là[1], M. le cardinal de Lorraine étoit à la cour, ayant été envoyé par le duc, son frère, pour le justifier et dissiper les nouveaux soupçons que l'on avoit pris de sa conduite ; il avoua à ceux qui luy parlèrent du mariage qu'il étoit fait, mais non pas consommé, ajoutant qu'ils attendoient l'agrément du Roy ; et le ministère dit là dessus qu'il falloit travailler à le défaire et que la maison de Lorraine en cherchast les moyens où elle seroit moins intéressée, mais que le duc ayant si souvent manqué au Roy et violé de si solennels traités donneroit de nouveaux gages de ses promesses. Il n'en tira autre chose quand il entra en matière là dessus avec M. le cardinal de Richelieu ; ainsi il retourne vers le duc, et le Roy le suit ; mais sur l'avis de la marche de Sa Majesté, M. de Lorraine le renvoie avec le contrat de mariage et ordre de protester que le Roy est le maistre de la chose, et qu'ils sont prest d'en passer par où il ordonnera, et ils se laissèrent entendre qu'ils remettroient la princesse, leur sœur, entre ses mains. A dire vray, c'étoit tout ce qui se pouvoit raisonnablement désirer, mais ces offres et ces belles paroles servirent de peu, car comme l'offense étoit grande, le Roy demanda une grande réparation et dit qu'il vouloit Nancy, afin de s'assurer tout à fait de celuy auquel il ne se pouvoit plus fier, après un tel mépris de sa personne et de sa puissance.

Là dessus M. le cardinal de Lorraine promet que son frère viendra à la cour si l'on veut et y demeurera, et ajoute que l'ayant mis en possession de Nancy,

---

[1]. Août 1633. (Voir sur l'entrevue de Louis XIII et du cardinal de Lorraine, Levassor, *Histoire de Louis XIII*, t. IV, p. 339.)

il la donne au Roy en dépost. On refuse tout, hors de consigner la place purement et simplement : il part et va trouver le duc, et revient cinq ou six jours après duc de Lorraine (il [son frère] luy avoit fait la cession du duché, véritable ou simulée)[1]. Il proteste d'abord que le duc Charles n'entrera plus dans Nancy; qu'il n'y a plus que faire, qu'on ne l'y reconnoistra pas pour souverain, ni dans tout l'état, et que pour assurance de cette parole, il supplie le Roy de recevoir Saverne et La Mothe[2], et d'agréer qu'il consigne Nancy à Sa Sainteté; mais que désirant de s'unir entièrement avec la France, il est prest d'épouser la nièce de M. le cardinal de Richelieu et de la faire duchesse de Lorraine.

Ces propositions luy firent avoir une assez favorable audience, mais l'on s'approcha toujours de Nancy, et le Roy ne changea pas sa prétention, quoy que le nonce intervint et remontrast qu'il étoit rude de sortir ainsi le prince de la capitale de son état, lorsqu'il présentoit de raisonnables conditions.

Mais je vous vais dire une chose qui n'a été sue [que] de peu de gens : M. le cardinal de Richelieu ayant déclaré à M. le cardinal de Lorraine que le Roy vouloit que le mariage fut rompu, et qu'il luy laissoit le choix des moyens, ajouta : « Il me semble, Monsieur, que je vois un enfant de bonne maison, débauché, lequel ayant mangé son fait et emprunté à son hoste, épouse la fille du logis pour le satisfaire et s'acquitter avec sa noce. » M. le cardinal de Lorraine, petit fils d'une

1. Cette cession s'accomplit seulement au commencement de l'année 1634.
2. La Mothe, ville aujourd'hui ruinée, dans l'arrondissement de Chaumont (Haute-Marne); autrefois place célèbre par les sièges qu'elle soutint en 1634 et en 1645 contre les troupes royales.

fille de France, piqué au vif, rougit depuis la teste jusques aux pieds de ce propos; néanmoins n'étant pas le plus fort, il se contenta de répondre : « Monsieur, je vous prie, laissons les comparaisons, car celle cy est des odieuses[1]. »

Le Roy, après le refus de tant d'offres, n'avoit point d'autre party à prendre que d'investir Nancy et commander la circonvallation, ce qu'il fit promptement, mandant toutes ses troupes, mesme délivrant des commissions, et conviant les officiers d'user de la dernière diligence. Ce procédé jeta l'épouvante et le désespoir dans l'âme des princes de Lorraine, tellement que le mesme cardinal revint encore le troisième septembre et offrit au Roy de luy remettre la nouvelle ville de Nancy, moyennant que la vieille luy demeurast. On luy demanda les deux bastions de celle là qui commandoient à la nouvelle, avec quelques autres conditions qu'il dit ne pouvoir passer sans en conférer avec son frère sur quoy, l'ayant été voir, il revint le sixième du mois et rapporta une assez surprenante nouvelle, que la princesse Marguerite ayant eu peur des Suédois, qui faisoient des courses jusques auprès du lieu où elle étoit, ne sachant que devenir, s'étoit retirée à Thionville, et qu'ainsi il ne la pouvoit plus ramener à Nancy dans la ville nouvelle, suivant ce qui étoit convenu avec le Roy[2]. Ce propos piqua tout à fait Sa Majesté; néanmoins, étant en si

1. Août 1633. — Consulter les *Mémoires de Richelieu*, t. VII, p. 400 et suiv., sur l'entrevue et les tentatives de négociations des deux cardinaux.
2. La princesse Marguerite était sortie, déguisée, de Nancy, le 4 septembre, et s'était aussitôt rendue à Thionville où Monsieur lui envoya avec Puylorens ses carrosses et officiers pour la mener à Bruxelles.

beau chemin, et voulant avoir la place, il dissimula et passa outre, et il fut inséré dans le traité un article de cette teneur : que M. le cardinal de Lorraine et le duc Charles, son frère, ne seroient pas sensés d'y avoir contrevenus, quand ils ne mettroient pas la princesse Marguerite dans la ville nouvelle de Nancy, pourvu qu'ils y fissent ce qu'ils pourroient. Ce fut le tempérament qu'on y apporta, et M. le cardinal de Lorraine partit un instant après avoir signé pour faire ratifier son frère, le duc Charles. Mais le dépit du Roy fut grand quand il sut que la princesse étoit passée de Thionville à Bruxelles, et qu'on l'y traitoit de sa belle sœur.

Le 20me septembre, M. le cardinal de Lorraine, étant retourné avec la ratification et l'ayant présentée à Sa Majesté, entra dans Nancy afin de faire ouvrir les portes ; mais le lendemain, les maréchaux des logis, s'y étant présentés, les trouvèrent fermées ; ils reviennent au quartier du Roy, suivis des envoyés de M. le cardinal, avec une lettre pour Sa Majesté de cette teneur, qu'il n'avoit pu estre obéi, qu'on ne le connoissoit plus dans la place et qu'il la supplioit de luy donner jusques au 16me du mois, pour disposer le duc Charles à exécuter ce qu'il avoit promis et signé.

Certes, le Roy et son conseil se trouvèrent alors assez empeschés, car, à dire vray, ils n'avoient pas de quoy forcer Nancy avant l'hiver ; ils n'avoient pas de temps pour lever des troupes, et il leur étoit venu avis que le duc de Feria[1] passoit les monts, et que son avant-

1. Gomez de Figueroa et Cordova, troisième duc de Feria, fils de Laurent, deuxième duc de Feria, et d'Isabelle de Cardenas, gouverneur du Milanais en 1618, mourut en 1634. — Nicolas

garde avoit paru dans le Tyrol. M. le cardinal de Richelieu crut donc que le duc Charles fondoit là dessus ses espérances, et faisant toujours bonne mine, il conseilla au Roy de faire travailler plus assiduement à la circonvallation. L'on n'y perd pas un moment, les soldats s'encouragent les uns les autres, l'on n'y plaint point l'argent, les officiers pressent l'ouvrage, et comme l'on croyoit tout rompu, M. le cardinal de Lorraine, qui n'avoit bougé de Nancy, envoya au Roy le gentilhomme qu'il avoit dépesché au duc Charles, et qui étoit de retour avec des excuses ; le duc rejetant la chose sur une bévue de son secrétaire, et disant qu'il désiroit que certain article fust réformé, et qu'il supplioit Sa Majesté de trouver bon qu'il conférast dessus avec M. le cardinal de Richelieu, et qu'on luy donnast un sauf-conduit. Sa prière ne fut pas rejetée, ni le sauf-conduit refusé ; il fut expédié et envoyé aussitost, et pour quinze de ses gentilshommes. Le duc Charles l'ayant reçu se rendit à Charmes[1], où il trouva M. le Cardinal, et cet habile homme, qui reconnut d'abord son aversion pour son frère, et le repentir qui le rongeoit de luy avoir cédé son état, le prit par là, et luy dit que ce n'étoit point l'intention du Roy de le dépouiller, qu'il estimoit trop sa personne, qu'il le vouloit pour amy, et qu'il ne tiendroit point pour bonne et valable sa renonciation en faveur de son frère, mais qu'il ne pouvoit trouver étrange, si après tant de

---

Goulas, signalant sa mort, lui consacre quelques lignes d'éloge (Ms. de Vienne, fol. 204 r°).

1. Le 20 septembre. — Charmes, chef-lieu de canton, sur la Moselle, à 15 kil. N.-E. de Mirecourt.

manquements, il désiroit s'assurer et tenir des gages qui empeschassent les récidives.

Ainsi ce pauvre prince se laissa charmer à Charmes par les charmes de la parole de M. le cardinal de Richelieu qui en avoit bien enchanté d'autres, et signa tout ce qu'il voulut[1]. Les principaux articles de leur traité furent que le duc ratifieroit ceux de Moyenvic[2] et de Liverdun[3], remettroit au Roy dans trois jours la ville nouvelle de Nancy, et cela pour quatre ans seulement, avec les deux bastions de la vieille qui la commandent et deux portes, afin que la garnison y entre et en sorte quand elle voudra; qu'il n'aura dedans que deux cents hommes pour la garde de sa personne; qu'il consent la dissolution du mariage de Monseigneur et de madame la princesse Marguerite; que le Roy luy rendant Nancy la pourra démanteler; qu'il le prend en sa protection et ses états. Enfin, ces articles et quelques autres étant signés, M. de Lorraine vint trouver le Roy, et les gens commis pour l'observer ayant rapporté qu'il hésitoit et commençoit

1. Le traité de Charmes est du 20 septembre 1633. Le texte de ce traité se trouve dans les *Manuscrits de Conrart* à la bibliothèque de l'Arsenal; il a été publié, parmi les pièces justificatives, dans le tome Ier de l'*Histoire de la réunion de la Lorraine à la France*, par M. d'Haussonville.

2. Moyenvic, ville forte, à 2 lieues S.-E. de Château-Salins, avait capitulé le 21 décembre 1631. — Le traité de Vic, par lequel le duc de Lorraine remettait la ville forte de Marsal aux mains du roi de France pour sûreté de ses engagements, porte la date du 6 janvier 1632 (voir plus haut, page 139).

3. Liverdun, autrefois place forte et résidence des évêques de Toul, est aujourd'hui une petite ville située à 20 kil. N. de Toul. — Le traité de Liverdun est du 26 juin 1632.

de se repentir, on luy donna des gardes, et il fallut que M. le cardinal, son frère, ouvrit la porte de Nancy fort grande, afin que le Roy entrast à son aise, avec toute la cour et une partie de l'armée[1].

Vous imaginez bien que la consternation fut grande en Flandre quand la nouvelle de la reddition de Nancy arriva. Les Espagnols ne la pouvoient croire, nous la soutenions fausse et supposée, et quand un second courrier la confirma, chacun en discourut selon sa passion; les uns blasmoient le duc, les autres le pouilloient, les autres s'en moquoient et tous au fond eurent pitié de son infortune. Mais vous allez rire de ce que dit un fat de ministre que nous avions, auquel M. de Puylaurens se confioit : « Bon! s'écria-t-il, il faut huit mille hommes pour garder Nancy, et le Roy ayant peu d'infanterie, s'il y en met seulement la moitié, nous aurons bon marché du reste. » Monseigneur ne tasta pas de ce beau raisonnement, au contraire il conjectura de là et d'autres succès qui arrivèrent que les couronnes n'arresteroient guères à rompre et qu'il falloit songer à s'accommoder. Vous pouvez lire la fin de l'histoire des princes lorrains dans les livres de leurs aventures : je dis sculement icy que si leur déplorable conduite leur attira tant de maux, leur grand cœur les en eut tirés, sans la fatalité attachée à la haine de M. le cardinal de Richelieu, laquelle a toujours ruiné et exterminé tout ce qu'elle a eu en objet.

1. Les portes de la ville de Nancy s'ouvrirent devant l'armée royale le 24 septembre 1633. Le roi y fit son entrée le 25, et en repartit le 1er octobre.

CHAPITRE XXIII.

Du voyage de Nancy à Bruxelles et de la marche de Monseigneur vers Nancy pour passer en Languedoc, avec tout ce qui luy arriva jusques à son entrée dans la province.

Mais revenons à notre départ prompt et précipité de Nancy, du 13ᵐᵉ janvier 1632, et disons encore une fois qu'en trois ou quatre logements nous arrivasmes à Luxembourg, ville très agréable et assez peuplée, où le comte d'Embden, gouverneur du pays, reçut Monseigneur, comme le beau frère du roy, son maistre, c'est à dire avec tous les honneurs dont il se put aviser[1]. Je vis là une chose qui me surprit assez, car ce prince se comporta très incivilement avec M. le duc d'Elbeuf, prince du sang de Lorraine; ils se trouvèrent à une porte, dans le palais du roy, où logeoit le comte, et il passa sans luy rien dire, et sans presque le regarder : je pense que si nous eussions été en lieu tiers, l'autre n'en fut pas demeuré là, et n'auroit pas souffert la niche chrétiennement. Au reste ce comte d'Embden donna à Monseigneur et à sa cour le plus plaisant souper qui fut jamais, un vray repas à l'allemande, sans politesse, sans délicatesse, sans propreté

---

1. Le duc d'Orléans ne fit son entrée à Luxembourg que le 19 janvier 1632, à quatre heures du soir. Parti de Nancy le 13 janvier, Gaston s'étoit arrêté le 16 à Longwy où il reçut, des mains de Jeannin, un des secrétaires du duc Charles de Lorraine, un plan d'accommodement avec le roi.

aucune. L'on y voyoit les coqs d'Inde sur des rosties au vin et au sucre, quantité de grosses viandes mal apprestées, un vilain rosti, point d'entremets; enfin nos gens ne manquèrent pas de matière à se réjouir, et M. d'Elbeuf, plein d'esprit et de dépit, se vengea à son goust de la rusticité et incivilité de l'hoste. Monseigneur pourtant le caressa fort et luy fit grand plaisir de luy parler de l'ancienneté de sa maison et du mérite de ses ancêtres.

Nous demeurasmes un jour ou deux à Luxembourg[1], attendant des nouvelles de Bruxelles, et Monseigneur, pour lever tout ombrage aux Espagnols, éloigna M^{rs} Le Coigneux et Monsigot[2] que l'on croyoit avoir été plus contraires au dessein de passer en Flandre. Je leur vis donner le coup mortel avec quelque plaisir, à la vérité, à cause du mal qu'ils avoient fait à M. Goulas, ce qui arriva comme je le vous vais dire. M. Le Coigneux, ayant su que Monseigneur ne le méneroit point à Bruxelles, se trouva empesché au dernier point. Le matin que nous devions partir de cette ville [Luxembourg], m'étant levé de bonne heure je m'en allay pour faire ma cour, et voir si j'apprendrois quelque chose de nouveau. Il y avoit une grande salle joignant la chambre de Monseigneur où je me promenois seul, attendant qu'il fust éveillé, et j'y vis aussitost entrer

---

1. Monsieur partit le 22 janvier pour Namur.
2. Monsigot avait été mis chez Monsieur par le président Le Coigneux en qualité de second secrétaire des commandements : Léonard Goulas était le premier. Par suite de la disgrâce de Léonard Goulas, qui précéda celle de Monsigot, Monsieur se trouva sans secrétaire; « il est vray, dit Nicolas Goulas, qu'il s'en pouvoit alors passer aisément. » (Ms. de Vienne, fol. 174 v°.)

M^rs Le Coigneux et Monsigot, avec des visages où leur inquiétude étoit peinte; je les saluay à mon ordinaire fort froidement et continuay de me promener. S'étant rangés contre une fenestre assez près de la porte de la chambre de Son Altesse royale, ils n'y furent pas demi quart d'heure qu'on ouvrit, et il en sortit un garçon de la chambre. M. Le Coigneux s'avance et demande si Monseigneur est éveillé; on luy dit que ouy; il se présente pour entrer, et celuy qui avoit ouvert la porte la luy poussa sur le nez et la ferma. Il gratte et fait du bruit, et le valet de chambre luy vint dire qu'il allast à son logis et que Monseigneur luy enverroit ses ordres incontinent : je n'entendis pas ces paroles parce que je ne m'étois point approché, mais le refus de le laisser entrer et sa prompte retraite, et son visage plus défait et plus embarrassé que devant, me fit conclure que c'étoit ce qui s'appelle disgrâce à la cour. Une heure après on luy alla défendre de passer outre, et commander d'attendre en ce lieu les ordres de Monseigneur.

Dès devant que nous fussions à Bruxelles, l'on parloit parmy nous de porter la guerre en France; mesme M. d'Elbeuf avoit été dépesché vers M. de Montmorency, ce qui fait voir que le projet avoit été basti en Lorraine, avec la participation du souverain; et, je le sais si bien que le petit[1] M. d'Elbène, à quatre lieues de Bruxelles, comme nous déjeûnions ensemble, me confia qu'il alloit en France de la part de Monseigneur, sans néanmoins me dire pourquoy, car la chose étoit assez d'importance pour ne la pas révéler au meilleur

---

1. Les mots *le petit* sont rayés dans le Ms. de Vienne (fol. 174 v°).

de ses amis; mais il me l'avoua, comme nous fusmes de retour en Flandre après notre disgrâce de Languedoc.

Le Roy avoit envoyé M. de Guron[1] à Nancy, comme j'ay dit cy devant[2] pour éclairer M. de Lorraine, et cet homme, qui n'étoit pas dupe, découvrit, je ne sais comment, que Monseigneur devoit bientost entrer en France avec force cavalerie que l'on levoit pour luy, au Liège et ailleurs; que les Espagnols l'en pressoient et l'assistoient, et que M. de Lorraine, faisant peu de cas de son traité, levoit force troupes, non pas pour joindre à celles du Roy, comme il étoit obligé, mais pour servir Son Altesse royale ou l'Espagne. D'abord l'on ne crut point cecy à la cour, ou l'on feignit de ne le point croyre, mais ils ne demeurèrent pas longtemps sans s'éclaircir, car ils eurent plusieurs avis de nos troupes et de nos levées, et enfin ils nous virent partir, vers le mois de may, avec quelque trois mille chevaux, et tirer droit à Nancy, où M. de Lorraine n'hésita pas à nous ouvrir sa porte, comme je vous diray dès que je vous auray conté la réception qu'on nous fit à Namur et à Bruxelles, et les civilités de l'infante et des ministres du roy d'Espagne.

Le marquis d'Aytone, général des armes[3], accom-

---

1. M. de Guron avait pour mission ostensible « de se plaindre civilement au duc de tous les mécontentements que le roi avoit de lui. » (*Mém. de Richelieu*, t. VII, p. 70); mais il était surtout chargé de savoir au juste ce qui en était du mariage de Monsieur avec la princesse Marguerite. (Voir *Mémoire de M. de Guron au cardinal de Richelieu*, avril 1632. Bibl. nat., coll. Dupuy, vol. 586-587.)

2. Voir plus haut, page 151 et la note.

3. Le marquis d'Ayetona, de la maison de Moncade. La baronnie d'Ayetona était la première de Catalogne.

pagné de toute la noblesse du pays et des hauts officiers du palais et de l'armée, vint au devant de Son Altesse royale jusques à la première de ces villes, et le lendemain Elle entra dans l'autre, et rien ne fut oublié pour rendre son entrée magnifique et très superbe[1]. L'infante luy témoigna toute la joye imaginable de le voir en lieu où elle le pouvoit régaler et persuader de l'estime et de l'affection qu'elle avoit pour sa personne[2]. Elle en usa certes le plus obligeamment et le plus galamment du monde; elle le traita durant quatre mois et toute sa cour; elle le logea dans l'appartement du feu archiduc, son mari[3]; elle luy donna la mesme liberté chez elle qu'il avoit chez la Reyne, sa mère; elle luy permit mesme la galanterie dans son palais, à la manière d'Espagne, et Monseigneur la pratiqua et s'y gouverna avec une telle ponctualité et déférence que les Espagnols ne le comprenoient point en un prince de sa condition, le renchérissant de beaucoup par dessus eux en assiduité, soins, services, soumissions pour sa dame, qui

1. Gaston fit son entrée dans Bruxelles le 28 janvier 1632, vers deux heures de l'après-midi. Le marquis de Mirabel avait lui-même pris soin de fixer, d'après les règles admises à la cour de France, l'étiquette à suivre lors de l'arrivée et de la réception de Monsieur, frère du Roi, au palais de l'infante. (Voir à ce sujet une lettre du 27 janvier du marquis de Mirabel au cardinal de Cuera, conservée aux archives du royaume de Belgique; *Collection de l'audience*, farde 645.)

2. Le Ms. de Vienne (f° 174 v°) contient, à cet endroit, la phrase suivante : « La Reyne mère étoit ravie de voir Monsieur auprès d'elle et avec des sentimens pareils aux siens, espérant de tailler tant de besogne au cardinal de Richelieu, qu'elle le forceroit de quitter son poste et de luy laisser reprendre celuy dont il l'avoit arrachée. »

3. L'archiduc Albert. — Voir, sur la façon dont le duc d'Orléans fut traité par l'infante, les *Mémoires de Gaston d'Orléans*, p. 590 et 592.

étoit une des filles d'honneur de l'infante des plus aimables de tout le monde[1]. La vie qu'il mena d'abord en cette cour luy fut douce et agréable, mais les Espagnols ne nous défrayoient pas pour galantiser; c'étoit pour faire la guerre à leur profit, ce que nous susmes bientost, et pas trop à leur avantage.

M. d'Elbène, dont je vous viens de parler, ayant embarqué M. de Montmorency, déjà ébranlé par madame sa femme[2], parente de la Reyne et passionnée pour ses intérests, quand l'on en eut la nouvelle et qu'on sut qu'il s'étoit chargé du grand diamant de Monseigneur, afin de trouver de l'argent dessus[3], le conseil d'Espagne ne cessa point de le tourmenter pour partir, ni M. de Lorraine d'écrire qu'il se falloit haster, puisque le Roy venoit à luy et nous fermeroit le passage en Bourgogne; et cecy[4] fut la cause de notre ruine, comme je vous l'ay marqué et le vous montreray tantost.

Or je laissay aller Monseigneur[5], n'ayant pas encore mon petit équipage prest, ni l'argent que ma sœur me devoit faire toucher. Nous partismes cinq ou six justement huit jours après Son Altesse royale et M. Voiture[6]

---

1. Cette fille d'honneur pourrait bien être une demoiselle de Chimay.

2. Félicie des Ursins, fille de Don Virginio Orsini, duc de Bracciano.

3. Ce furent MM. d'Ouchamp et d'Estissac qui furent envoyés en Hollande pour y mettre en gage les pierreries de Marie de Médicis et celles de Monsieur.

4. *Cecy*, cette précipitation (Ms. de Vienne, fol. 175).

5. Monsieur quitta Bruxelles le 18 mai 1632, et se rendit à Trèves où devait se réunir sa petite armée.

6. Vincent Voiture, né à Amiens en 1598, mourut à Paris le 27 mai 1648. Conseiller du Roi en ses conseils, maître d'hôtel

en étoit un que je vous nomme parce que vous en avez fort ouy parler et de ses écrits, et avec raison sans doute puisqu'il ne se peut plus d'esprit qu'il en avoit, qu'il écrivoit à merveille en vers et en prose, et faisoit des choses en espagnol que ceux du pays trouvoient admirables et ne pouvoient comprendre en un François. Je le vous nomme, dis-je, à cause que je m'aperçus en ce voyage qu'il composoit avec grand peine et enfantoit avec d'extrêmes douleurs; et voicy qui vous va surprendre, ces belles lettres qu'on a tant vantées et prosnées étoient écrites dans sa teste, avant que de l'estre sur le papier, j'entends mot pour mot, et il les récitoit mot pour mot, comme les autres lisent les leurs; mesme quand elles n'étoient qu'à moitié faites, il demeuroit court, sans pouvoir passer outre qu'avec contention, et après une abstraction longue et violente. Je vous dis ce que je luy ay fait confesser, et il y a des poulets dans son livre qui ont été conçus dans ce voyage [1], dont j'ay été régalé devant la nymphe ou la déesse [2].

J'avois grande impatience de joindre Monseigneur parce qu'il n'y avoit pas sûreté sur ce chemin et sur la

---

ordinaire de Sa Majesté, introducteur des ambassadeurs près la personne de Monseigneur le duc d'Orléans, Voiture fut aussi de la première formation de l'Académie française.

1. Il y avait primitivement dans le manuscrit : *conçus et mis au jour durant ce voyage;* les mots non reproduits ont été raturés par l'auteur.

2. Ces détails sur Voiture ne figurent pas dans le manuscrit de Vienne. — Tallemant des Réaux (t. II, p. 345) a dit en parlant de Voiture : « Il affectoit de composer sur-le-champ; cela luy est peut estre arrivé bien des fois, mais bien des fois aussi il a apporté les choses toutes faites de chez luy. »

piste d'une armée picoreuse et licencieuse, et parce que Mrs Goulas et La Rivière étoient auprès de Son Altesse royale, l'ayant salué à Nancy et ayant eu ordre de suivre. Le premier rentra dans sa charge, l'exerça comme auparavant, et, à dire vray, ne manqua pas d'exercice ; le second trouva le mesme agrément et la mesme familiarité.

A Nancy, au passage de Monseigneur, il arriva une chose assez plaisante : M. de Patrix, intime de ces messieurs et qui les avoit très bien servis pendant leur disgrâce, mourant d'impatience de les embrasser, et les voyant de loin dans la cour du chasteau, toute pleine de chevaux, de bagages, de mulets, de charettes, descendit de son cheval, emporté de passion, le laissa là et s'en courut à eux ; après les premières embrassades et les premiers compliments et remerciements, ils se mettent sur les affaires et les nouvelles, et Monseigneur les rencontrant au sortir d'une conférence avec M. de Lorraine, et les ayant emmenés dans son cabinet, ils ne sortirent de là que bien tard, et lorsqu'il falloit souper. Le repas fini, des gens qui ne s'étoient vus depuis plus d'un an, ne manquèrent point d'entretien, et poussèrent la conversation jusques à plus de minuit, M. de Patrix ne se souvenant plus de son cheval. Le lendemain au matin, son valet luy demande s'il l'a presté, il luy dit que non et qu'il l'a laissé dans la cour du chasteau, le soir. Celuy cy le va promptement chercher et ne le trouve point, passe d'écurie en écurie, et n'en a nulle nouvelle, tellement qu'il revient tout triste trouver son maistre, et luy annonce que s'il veut suivre il faut acheter un autre cheval, ou en emprunter. Le jour d'après, comme

Monseigneur alloit partir pour traverser toute la France, M. de Patrix ayant trouvé un cheval à vendre et mettant la main à sa poche pour voir s'il avoit assez d'argent sur luy, eut envie de faire de l'eau ; il entra dans une petite cour et il y trouva le sien sellé, bridé, bien plein et bien pansé, et sans s'enquérir qui l'avoit tant obligé que d'en prendre soin, il le tire dehors, monte dessus, et galope après Monseigneur qui n'étoit qu'à cent pas de là. Il ne manqua pas de faire le récit de cette aventure à ses amis qui l'admirèrent, et jugea à propos depuis de faire le destin son intendant, et le charger de la conduite de ses affaires.

Nous joignismes notre armée à Y sur Tille, bourg de la duché de Bourgogne, assez voisin de Dijon [1], et le lendemain nous passasmes à la portée du mousquet de la ville. Il y avoit près de Monseigneur des gentilhommes, serviteurs particuliers de la Reyne mère, et amis du feu maréchal de Marillac, lesquels désespérés de sa mort [2], crurent la devoir venger sur les maisons de ses juges, qui avoient été la plupart du parlement de Bourgogne. Ainsi dès le matin il y eut beau feu là autour, et Monseigneur me fit l'honneur de me dire qu'il trouvoit très mauvais ce procédé, et qu'il feroit chastier les auteurs de ces incendies, qui l'alloient faire abominer de tout le monde. Je donnay dessus de toute ma force, sans savoir qui ils étoient, et seulement pour l'horreur que j'avois de l'action.

Nous marchions le long des vignes et n'étions pas loin de la teste du faubourg, que Monseigneur, entendant

1. Is-sur-Tille est à cinq lieues au nord de Dijon.
2. Jugé et condamné, le 8 mai, par une commission extraordinaire, Marillac eut la tête tranchée le 10.

force coups de mousquets de ce costé, traversa un grand chemin et monta sur une éminence, me parlant toujours. La mousqueterie continuoit, et le canon commençoit d'estre de la partie, lorsque nous entendismes un grand bruit de voix confuses de gens qui crioient : « Prenez garde »; c'étoit un gros boulet qui vint tomber à quatre ou cinq pas du cheval de Monseigneur et du mien, et s'il ne fut point entré dans la terre donnant au pied de l'éminence, il emportoit indubitablement ou luy, ou moy, et peut estre tous les deux. Il se souvenoit toujours de la fortune qu'il avoit courue en cette rencontre et m'en appeloit à témoin, comme celuy qui l'avoit partagée avec Son Altesse royale.

Or il faut que vous sachiez que les bourgeois de Dijon firent tant les bestes, et nous harcelèrent à tel point par leurs mousquetades et canonnades, que nous ayant tué quelques soldats, leurs compagnons s'approchèrent de leur faubourg, et y mirent le feu, aussi bien qu'aux belles maisons des juges du maréchal de Marillac. M. de Moret et quelques autres, étant descendus à la Chartreuse, Monseigneur s'y en alla, et ces bons pères luy donnèrent la collation du mieux qui leur fut possible, c'est à dire d'excellent pain, d'excellent vin et quelques mauvaises confitures. L'armée marcha de là vers Beaune et descendit à Digoine[1], ce me semble, pour y passer la Loire, et se répandit par le Bourbonnois.

J'oubliois à vous dire que Monseigneur, entrant en France, fit publier une espèce de manifeste contre

1. Digoin, sur la rive droite de la Loire, à une lieue et demie de Paray-le-Monial.

M. le cardinal de Richelieu et ses adhérents de cette teneur à peu près[1] : Qu'il alloit ruiner l'État, désespérant les peuples par des imposts continus, gourmandant les grands et les rendant suspects au Roy par ses calomnies, ravissant l'autorité aux compagnies souveraines et s'emparant des meilleures places ; qu'ainsi, disposant les choses à ses desseins, il se rendroit le maistre du royaume, si l'on n'arrestoit le cours de sa tyrannie, et partant qu'il convioit les bons François de conspirer avec luy pour le chasser, d'embrasser ses intérests qui étoient ceux de l'État, se ranger dans son party, et se mettre en devoir de détromper Sa Majesté ; enfin de s'unir tous ensemble pour luy porter leurs très humbles remontrances, protestant de considérer comme ennemis ceux qui s'opposeroient à ses justes armes, ou qui refuseroient de l'assister.

Quand M. Goulas me montra cette pièce, je confessay qu'elle étoit bonne et bien écrite et qu'il falloit débuter par là, mais j'ajoutay qu'il me faschoit fort de voir le Roy à la teste des adhérents de M. le cardinal de Richelieu, car tandis qu'il conserveroit celuy là, il seroit en état de nous bien battre et nous recogner en Flandre ou en Lorraine.

Nous nous réjouissions quelquefois de la sorte, en notre particulier, M. Goulas et moy, et parmy les maux de la France et notre misère presque certaine, le voyant rétabli dans sa charge, et pour estre mieux

---

1. Dans ce manifeste, daté d'Andelot, petite ville de Bassigny, aujourd'hui département de la Haute-Marne, le 13 juin 1632, Monsieur prend le titre de *lieutenant général du roy pour la réformation des abus et des désordres introduits dans le gouvernement de l'estat par le cardinal de Richelieu.*

traité à l'avenir que par le passé, je ne me pouvois empescher de rire et de prendre avec luy quelque heure de récréation.

Mais vous remarquerez que toutes les villes qui nous pouvoient refuser l'entrée le faisoient toujours de fort bon cœur, et que n'ayant ni infanterie, ni canon, il nous falloit contenter de les persuader avec des paroles. Elles ne firent aucun effet à Vichy, villette, laquelle avoit beaucoup marchandé, se voyant soutenue de quelque noblesse, qui s'étoit jetée dedans : elle s'excusa d'ouvrir ses portes et nous complimenta à coups de mousquet. Ce soir là mesme, après que l'on eust soupé chez M. Goulas, Voiture se mit à dire d'un ton de bel esprit que l'opiniastreté de Vichy donneroit matière d'un bon mot à Paris, à la honte de nos armes, car comme autrefois l'on avoit presté ces paroles à César : *veni, vidi, vici*, l'on presteroit au duc d'Orléans celles de : *veni, vidi vichy*, parce qu'il avoit marché à grand haste pour y arriver, avoit couru et gasté beaucoup de pays, et avoit échoué devant.

L'on s'étoit promis de séjourner à cause qu'il falloit rhabiller les équipages, et le repos que l'on prit autour nous sembla très doux. Il ne fut pas long, nous entrasmes aussitost dans l'Auvergne, et les habitants d'Aigueperse[1] nous reçurent, parce qu'ils sont sujets de Mademoiselle, la ville étant comme la capitale de son duché de Montpensier, mais nous n'approchasmes de Saint Flour[2] que de la portée du canon, et je suis fort trompé, où l'on en tira quelques volées qui ostèrent

1. Aigueperse, situé à 15 kil. N.-E. de Riom, est aujourd'hui un chef-lieu de canton du Puy-de-Dôme.
2. Saint-Flour est à 59 kil. N.-E. d'Aurillac.

l'envie aux curieux de l'aller reconnoistre de près. En Rouergue, sur les confins du Languedoc, nous nous trouvasmes encore plus embarrassés qu'à Vichy : un gentilhomme de M. de Montmorency arriva au camp, lequel témoigna que son maistre ne se pouvoit encore déclarer et dit qu'il avoit demandé jusques à l'automne pour se mettre en état de bien servir[1], de s'assurer de ses amis, d'avoir des places, de se munir d'armes et d'argent ; qu'on savoit sous quelles conditions il s'étoit embarqué et que luy manquant en tout, il n'étoit obligé à rien.

Nous étions, ce me semble, assez près de Lodève[2], quand nous reçusmes un si fascheux message, et c'étoit avec raison que ce pauvre seigneur, qui hazardoit la plus belle fortune de l'Europe, se plaignoit de nous ; on ne luy tenoit rien de ce qu'on luy avoit promis ; il n'avoit point voulu de M. d'Elbeuf, et on le luy mena à l'instigation de la princesse de Phaltzbourg, qui craignoit que les intérests de sa maison fussent moins considérés dans un accommodement, s'il n'y avoit auprès de Monseigneur quelqu'un de ce rang pour les porter ; il avoit désiré M. de la Vieuville, et on l'avoit laissé à dessein, à cause que M. de Puylorens l'appréhendoit, présumant qu'il s'entendroit avec M. de Montmorency contre luy ; on l'avoit assuré que M. de Lorraine tiendroit le Roy

---

1. M. de Montmorency déclara en effet que son concours ne pourrait être effectif qu'à la fin du mois d'août, ne pouvant, avant cette époque, disposer des subsides que devaient voter les Etats du Languedoc, et les mettre au service de Monsieur.

2. Lodève est situé à 52 kil. O.-N.-O. de Montpellier, au pied des Cévennes.

en échec, et qu'ainsi il auroit le loisir de se préparer, et de toucher deux cent mille écus qu'il avoit à Paris, et il s'étoit accommodé; on luy avoit fait voir l'Espagne armée, et personne ne branloit de ce costé. Enfin le projet étoit bien pensé, et il y avoit de quoy donner dedans, mais on le trompa, ou les rencontres des choses le firent tromper, et je suis fort trompé, ou, s'il eut pu se dédire et se débarrasser de nous en levant les soupçons que la cour avoit justement conçus de luy, il l'auroit fait volontiers et nous auroit plantés là.

M. l'évesque d'Orléans[1] m'a conté que luy, ou M. l'évesque d'Albi, son oncle[2], étant dans son carrosse quinze jours ou trois semaines avant notre arrivée, il leur dit assez pensif à trois ou quatre qu'ils étoient, que le temps approchoit qu'un astrologue avoit prédit à M. le connétable, son père, que les astres le menaçoient d'un grand malheur, et qu'il l'avoit figuré tel qu'on en pouvoit conclure une mort par main de bourreau. Sans doute il y devoit songer de meilleure heure, et ne se pas mettre en ce hazard, mais quand il sut que Monseigneur étoit marié il en pensa désespérer, car il ne s'étoit lié avec nous que dans l'espérance de faire par un traité le mariage de Monseigneur avec mademoiselle de Bourbon, sa nièce, afin de se trouver oncle du Roy, et avoir part au ministère, Monseigneur arrivant à la couronne[3].

L'on nous dit en Languedoc, que durant la maladie

---

1. Alphonse d'Elbène, nommé évêque d'Orléans en 1646, mort en 1665.

2. Alphonse d'Elbène, oncle du précédent, était, depuis 1607, évêque d'Albi, qui n'était pas encore métropole.

3. Goulas se répète ici (Voir plus haut p. 154-155).

du Roy à Lyon, M. le cardinal de Richelieu se voulant retirer, il [M. de Montmorency] l'empescha, le rassura et se déclara hautement son amy, et que l'Éminence, pour l'engager davantage à le protéger, luy avoit promis de le faire connétable, comme ses pères, mais que ne s'en étant pas souvenu depuis, cette âme grande et généreuse avoit embrassé de bon cœur l'occasion de se venger, en servant la mère et le frère unique de son Roy; quoy qu'il en soit, il fut extrêmement malheureux et fut l'artisan de son malheur. Je connus par un discours qu'il fit quand nous arrivasmes, qui vint jusques à moy, que nous ne sortirions point de Languedoc sans voir quelque chose de bien tragique, de façon ou d'autre; car dans la mauvaise humeur où il étoit de ce qu'on l'avoit chargé de M. d'Elbeuf, que M. de Lorraine avoit traité, qu'il ne recevoit point son argent, que ses créatures se refroidissoient, que notre favory sembloit estre en défiance de luy, craignant qu'il n'appuyast M. de Brion, son neveu, déjà très agréable à Monseigneur, il ne pouvoit s'empescher de se plaindre; enfin, étant à bout, il dit à M. de la Rivière d'avertir M. de Puylorens qu'il falloit agir autrement, parce que, hazardant ce qu'il hazardoit, il n'entendoit point taster des pièces du cabinet[1], et que si l'on pensoit le jouer, il donneroit de l'épée, jusques aux gardes, dans le ventre: « Et, La Rivière, ajouta-t-il, je veux que vous le disiez à Puylorens. »

Mais revenons à l'ambassade et à l'ambassadeur, qui étoit Soudeille[2], lequel nous arresta deux ou trois

1. *Taster des pièces du cabinet,* c'est-à-dire : être joué par les personnes dont se composait le conseil du Prince.
2. Gentilhomme du Limousin, capitaine des gardes du duc de

jours et nous mit fort en cervelle; s'en étant retourné et, je pense, M. de Brion avec luy, ils revinrent bientost après et nous apportèrent de meilleures paroles. Ainsy nous montasmes et descendismes certaines montagnes fort pierreuses et fort difficiles, et nous nous trouvasmes ensuite dans l'Albigeois, où notre protecteur ayant paru, il nous conduisit à Béziers, dont il s'étoit rendu maistre par le moyen de l'évesque et de quelques bourgeois de sa faction.

Or vous saurez à cette heure que M. de Montmorency, en pleins États de Languedoc, le 22 juillet[1], se déclara pour nous et fit résoudre tous les députés, bon gré mal gré, de se joindre à Monseigneur pour demander au Roy la réformation du royaume, le soulagement du peuple et l'éloignement du cardinal de Richelieu, lequel par son ambition, son avarice et ses vengeances mettoit la monarchie en danger et luy suscitoit mille ennemis au dedans et au dehors. Aussitost il fit arrester l'archevesque de Narbonne, qu'il savoit contraire à ses desseins, Mrs Miron[2] et d'Emery[3],

---

Montmorency et son principal confident. Levassor (t. VII, p. 255 et 265) représente M. de Soudeilles comme « sage et prévoyant. »

1. L'ouverture des États généraux du Languedoc eut lieu, à Pezenas, le 22 juillet 1632.

2. Robert Miron, sieur du Tremblay, né vers 1569, fut successivement conseiller au Parlement (1595), conseiller d'État (1604), prévôt des marchands (1614), ambassadeur ordinaire en Suisse (1617) et enfin intendant du Languedoc de 1631 à 1640; il mourut en août 1641.

3. Michel Particelli, sieur d'Emery, qui fut sous Mazarin contrôleur général, puis surintendant des finances (1648), était fils d'un paysan de Sienne. « D'Emery, dit Tallemant des Réaux (t. III, p. 163), n'étoit pas un sot, et il avoit l'esprit assez fin. Ses amourettes luy nuisirent quasi plus que tout le

commissaires du Roy dans l'assemblée ; il n'eut pas peur d'embarquer les députés des villes et le menu peuple, parce que le Roy avoit voulu établir partout des élections et des élus et oster le privilége à la province de s'assembler tous les ans et délibérer de ses affaires. La plupart de la noblesse étoit à luy de longue main, mesme ceux de la plus grande condition, et il disposoit de plusieurs évesques, tellement que tant de partisans se déclarant tout à coup aux États et ailleurs entraisnèrent tout le reste, et s'il eust eu le temps qu'il avoit demandé, le Roy sans doute auroit eu peine de nous ranger au devoir, et M. le cardinal de Richelieu de bien démesler cette fusée. Vous voyez donc que la légèreté de M. de Lorraine gasta tout, et qu'il ne nous devoit pas presser d'entrer en France, ou qu'il devoit faire prendre au Roy, à coups de canon, les places qu'il luy livra volontairement [1].

Dès que M. Goulas nous vit ainsi déconcertés, il eut mauvaise opinion de nos affaires, et n'en fit pas le fin avec moy; il nous tint pour perdus, et il me disoit souvent qu'en l'état où étoient les choses, il n'y

reste, car cela scandalise beaucoup de gens. Madame la Princesse le haïssoit comme la peste. Elle disoit que cet homme, quand il fut envoyé autrefois intendant en Languedoc, avoit eu ordre de tracasser M. de Montmorency, et l'avoit tellement chicané que c'étoit ce qui l'avoit désespéré, que sans cela il n'eut jamais reçu M. d'Orléans comme il fit dans son gouvernement. »

1. Les pages qui précèdent se retrouvent presque textuellement dans le manuscrit de Vienne, aux folios 175 et 176. Ici les deux manuscrits diffèrent : tandis que le manuscrit de Paris continue le récit de ce qui se passait à la cour de Monsieur, le manuscrit de Vienne relate « ce qu'on faisait à la cour et ce qu'on y disoit sur l'entrée de Monsieur avec tant de cavalerie, et à quoy étoit occupé le Roy quand on lui en porta la nouvelle. »

avoit de salut pour Monseigneur que la ruine totale de son party puisqu'il en seroit plutost raccommodé, au lieu que s'il nous restoit de quoy capituler, chicanant avec le Cardinal, il nous pousseroit en Espagne, dont nous ne sortirions jamais. C'étoit la juste et raisonnable appréhension de tous les vrais serviteurs de Monseigneur, que les désespérés de sa cour ne l'enterrassent dans leurs ruines : cependant l'on ne luy en osoit parler et il n'étoit pas temps d'en parler.

Mais il vous faut faire rire de ce que nous conta M. de Jouy Sardini qui luy étoit arrivé, entrant en Languedoc. Il alla faire ses dévotions le jour de la my-aoust, je pense, à un couvent de mendiants; il prie que l'on appelle le supérieur pour le confesser, et il vint un gros père, vermeil de visage et tout plein de zèle et d'esprit. Après sa confession le père s'enquiert s'il est marié et depuis quand il demeure dans la province, parce qu'il luy paroit à son langage de n'en estre pas. Il luy répondit qu'il suivoit Monsieur, frère du Roy, et qu'il n'avoit pas encore eu la pensée du mariage : le père s'arreste, et ayant été quelque temps sans rien dire, M. de Jouy se vit obligé de luy demander l'absolution et sa pénitence. Le père persévéroit à ne point parler; enfin il reprit tout à coup : « Vous estes à Monsieur, frère du Roy, vous venez de Flandre, vous avez couru tout le royaume, vous avez fait beaucoup de mal aux pauvres gens; allez, le prince vous en a fait tant souffrir, et vous en fera tant souffrir par ses courses, que je vous donne pour toute pénitence de le porter patiemment et de l'offrir à Dieu pour vos péchés; » et là dessus l'absout et s'en va, tellement que depuis ce temps là, dans le particulier, nous nous appelions les pénitents de Monseigneur.

Mais nous apprismes à Béziers deux ou trois fascheuses nouvelles coup sur coup : que M. de Lorraine étoit accommodé certainement (le bruit en avoit déjà couru)[1]; que le Roy avoit publié une fulminante par laquelle nous étions déclarés criminels de lèse-majesté, nos biens confisqués, etc.; et que M. de la Force avec un corps considérable s'avançoit à grandes journées, vers le Bas Languedoc, suivy du Roy et de toute sa cour. Nous savions déjà que M. de Schomberg marchoit sur notre piste, et n'étoit pas beaucoup éloigné; il est vray que nous croyions qu'ayant peu de gens, il se joindroit avec l'autre armée. Si M. de Montmorency en fut surpris, notre favory n'en fut pas plus embarrassé; à le voir il sembloit qu'il y entendit quelque chose, car ce n'étoit à Béziers que galanteries, danses, collations, musiques, vers, bonne chère, divertissements continuels avec les dames, et l'on pouvoit croire qu'il n'étoit venu de si loin que pour se réjouir et faire l'amour. Enfin la protection d'Espagne et l'assistance étrangère se trouvant vaines, et certaines galères, qui devoient venir d'Italie avec un grand secours d'hommes et d'argent, ayant manqué, il n'en eut pas plus d'inquiétude. Jamais il ne fut un tel abandon au caprice de cette folle puissance qu'on appelle fortune, et jamais homme ne présuma tant de son bonheur.

1. On a vu plus haut que le traité de Liverdun, qui porte la date du 26 juin 1632, avait consacré cet accommodement.

Il me souvient qu'en un certain bourg de l'Albigeois, où nous logeasmes, les hostesses étant fort propres et fort jolies, car les femmes sont très aimables en ces quartiers, M. de Moret, M. d'Elbeuf, luy [Puylorens, le favory] et huit ou dix des enjoués de la cour, en assemblèrent une vingtaine, avec ce qui se trouva de violons là autour, et passèrent toute la nuit à danser et folastrer, en telle sorte que le lendemain au matin, l'on avoit sonné boute-selle, Monseigneur étoit habillé et prest à se mettre à table, que le bal n'étoit pas fini, ce qui luy déplut très fort, et quelque mine qu'il fit, il ne se put empescher de m'en dire son sentiment. Certes il les pouvoit excuser puisque tout le monde étant beau dans cette bicoque, toutes les femmes et les filles avoient ce qui ne se voyoit point ailleurs; mesme les vieilles y étoient aimables; enfin c'étoit un peuple ami des Grâces.

CHAPITRE XXIV.

De ce qui arriva à Monseigneur en Languedoc, de la ruine de ses affaires et de son raccommodement avec le Roy.

Le pauvre M. de Montmorency ne s'amusoit pas à danser, quoi qu'il dansast mieux qu'homme de France; il ne manquoit ni d'inquiétudes, ni d'affaires; mesme au lieu de venir recevoir Monseigneur à l'entrée de son gouvernement, nous n'eusmes qu'un gentilhomme, avec des excuses, parce qu'il avoit été obligé de paroistre au Bas Languedoc pour s'assurer de la noblesse et des villes. Il nous joignit pourtant deux ou trois jours après, et toujours luy mesme, c'est à dire avec toute l'audace du dieu Mars sur le visage. Vous pouvez croire que Monseigneur luy fit toute la bonne chère dont il se put aviser; et aussitost il fut résolu qu'on sépareroit tout ce qu'il y avoit de troupes en état, que M. de Moret demeureroit dans l'Albigeois, avec trois à quatre cents chevaux, pour maintenir le pays dans le parti et assurer nos levées; que M. d'Elbeuf iroit vers Usez et Bagnols[1], avec partie de la cavalerie, afin de recevoir ce qui nous venoit des Cévennes et les gens de M. de l'Estrange[2]; et que Monseigneur et M. de Montmorency demeureroient vers Béziers et Montpellier, et y dresseroient un corps d'armée avec lequel ils avanceroient où il seroit plus expédient; et cependant l'on fortifieroit Béziers afin de couvrir Narbonne, que l'on croyoit estre pour nous. Là dessus Monseigneur s'approche de Carcassonne, mais un maistre des requestes, intendant de justice, s'y trouva, qui ruina nos intelligences, et nous en empescha l'entrée, si bien que nous allasmes à Béziers.

Monseigneur écrivit d'abord au vice-légat d'Avignon

1. Usèz et Bagnols dans le département du Gard; Bagnols est situé à 23 kilomètres N.-E. d'Uzès.
2. Le vicomte de l'Estrange avait assemblé dans sa maison, aux environs de Privas, un régiment pour Monsieur; le 19 août 1632, les troupes du roi attaquèrent et mirent en fuite les troupes du vicomte qui fut lui-même fait prisonnier et conduit le lendemain à Pont-Saint-Esprit où était le maréchal de la Force. L'Estrange eut la tête tranchée le 6 septembre 1632.

de luy permettre tout commerce dans la ville et le comtat et il en fut civilement refusé : M. Goulas m'avoit dit que son encre et son papier étoient perdus. Nous nous approchasmes alors de Beaucaire, et M. de Montmorency mena Monseigneur à Montfrin[1] qui n'en est qu'à une lieue, dans la créance que les bourgeois de Beaucaire, le voyant à leurs portes, les luy ouvriroient. Le baron de Pérault[2], créature de M. de Montmorency, sachant que la ville n'écoutoit pas, se voulut dégager d'avec luy, et nous tint deux jours, sans se pouvoir résoudre à donner son chasteau[3] ; enfin, il nous reçut et nous y entrasmes, mais quand la ville étoit barricadée contre le chasteau. M. le maréchal de Vitry, gouverneur de Provence[4], y avoit jeté six ou sept cents hommes, qui ne prétendoient pas se laisser prendre. Il pensa arriver là une horrible boucherie de tous tant que nous étions avec Son Altesse royale ; car M. de Montmorency, désespéré de la chicane du gouverneur et du manquement des

1. Montfrin est aujourd'hui un bourg du département du Gard, à deux lieues N.-O. de Beaucaire.
2. Pérault, sénéchal de Nîmes et de Beaucaire (Voir sur la conduite équivoque de ce personnage et sur l'épisode de Beaucaire, le *Mercure françois,* p. 741-754). — La Roche de Saint-Génié remplaça Pérault comme sénéchal de Beaucaire en septembre 1632.
3. Le château de Beaucaire.
4. Nicolas de l'Hospital, marquis, puis duc de Vitry, nommé maréchal de France en 1617, fut fait gouverneur de Provence en juin ou juillet 1632. Servien, dans une lettre datée de Turin, le 27 juillet 1632, le félicite de cette nouvelle faveur que vient de lui accorder le roi (*Vieilles archives de la Guerre,* vol. XVII, pièce 165). Le duc de Vitry, lieutenant-général en Brie, mourut à Nandy, près Melun, en 1644.

habitants, dont il faisoit capital[1], vu les obligations qu'ils luy avoient, voulut donner aux barricades avec un régiment qu'il avoit fait entrer dans le chasteau; et la noblesse de la cour, et luy et M. d'Elbeuf, à l'envy, ne parloient que de tailler en pièces les Provençaux de secours et la bourgeoisie, quoique bien remparés derrière de bonnes barricades, et des murailles de maisons, percées à plaisir, qui commandoient à l'esplanade d'entre le chasteau et la ville. Les enfants perdus étoient détachés, ceux qui les devoient soutenir préparés; tous, ou la plupart avoient été à confesse; l'on alloit commencer la prière, comme M. de Chaudebonne, d'un port grave, et d'un ton de chevalier sans reproche, remontra hautement à Monseigneur que la perte qu'il alloit faire en cette occasion, et la mort de tant de noblesse, seroit infailliblement la ruine de son party et de ses affaires, et que si M. de Montmorency, qui s'en alloit donner le premier, étoit tué ou blessé, difficilement trouveroit-il retraite dans la province; que d'ailleurs la ville étoit en tel état et si bien pourvue de gens de guerre, qu'il n'étoit pas possible de l'emporter. Certes chacun le voyoit et personne ne l'osoit dire. Ainsy Monseigneur s'en courut à M. de Montmorency luy défendre absolument de donner, et fit faire la mesme défense à M. d'Elbeuf et à M. de Puylorens, et nous sortismes aussitost du chasteau de Beaucaire avec assez mauvaise opinion de nos desseins. Le chagrin et la haine de tous tomba sur Pérault, lequel par son incertitude, ou sa trahison,

1. Dont il faisoit *capital,* c'est-à-dire une affaire capitale. (Note de M. Monmerqué.)

comme plusieurs assuroient, avoit donné lieu aux réalistes[1] de la ville de chasser les amis de M. de Montmorency, de se rendre les plus forts et d'introduire le secours de Provence.

Mais je vous vais dire une chose qui nous réjouit assez sur le lieu, et nous a fort réjouis depuis. Les chirurgiens de Monseigneur, comme ils nous virent prests à donner aux barricades, préparèrent dans la salle du chasteau, sur une grande table, tout ce qu'il leur falloit pour secourir et panser les blessés, des instruments à tirer des balles de mousquets des chairs, des scies à main pour scier des os, des rasoirs de toute sorte, des onguents, huiles, bandages, et l'on entendit que leurs valets se disoient les uns aux autres : « Bon, bon, nous allons voir quelque chose de joli ! » comme si des bras cassés, et des jambes coupées se pouvoient appeler de cette sorte.

Je n'oublieray pas de vous marquer que M. de Puylorens me sut bon gré d'une espèce de galanterie que je luy fis. Car pendant que M. d'Elbeuf, M. de Montmorency et luy composoient leurs brigades de toute la noblesse de Monseigneur et de celle de Languedoc qui avoit suivy, j'étois allé à confesse, et à mon retour les voyant séparées, je m'adressay à M. de Puylorens, et luy dis que je le priois de trouver bon, puisque je n'avois pas eu le bonheur d'estre enrôlé dans sa troupe, que j'y combatisse comme volontaire ; il me l'accorda en riant et volontiers, et je me mis en rang avec les autres.

Monseigneur donc, ayant arresté ses braves, en fut loué de tous, et les plus déterminés, et M. de Mont-

---

1. *Réalistes* pour royalistes. (Note de M. Monmerqué.)

morency le beau premier, avouèrent que nous étions redevables de la vie à M. de Chaudebonne, comme Son Altesse royale de son salut. Ainsi nous sortismes du chasteau de Beaucaire, y laissant ce régiment dont j'ay parlé, qui fit assez mal passer le temps à ceux de la ville, car il ne cessa de tirer à leurs barricades, et dans leurs rues, et il en fut mouché quantité de part et d'autre, mesme je suis fort trompé, ou notre maistre de camp, nommé Saint Paul, y laissa la vie.

Cette entreprise nous ayant mal succédé, et la nouvelle de la défaite et de la prise de M. de l'Estrange étant divulguée, chacun commença de se regarder et d'entrer en doute du succès de nos affaires. Nous retournasmes à Béziers, et M. d'Elbeuf fut laissé là auprès, pour s'opposer à M. le maréchal de la Force, lequel attendoit au Pont Saint Esprit[1] que toutes les troupes fussent ensemble.

Monseigneur apprit à Béziers que certains gentilshommes de Lauraguais[2], ses serviteurs (disoient-ils), ayant surpris le chasteau de Saint Félix[3], la ville s'étoit aussitost barricadée contre, et qu'y jetant du secours et s'emparant de la place, elle couvriroit le pays qui fournissoit à la subsistance de son armée. M. de Montmorency eut encore cette vue que marchant à Saint Fé-

1. Pont-Saint-Esprit, sur la rive droite du Rhône, au-dessous du confluent de l'Ardèche; aujourd'hui chef-lieu de canton de l'arrondissement d'Uzès.
2. Le Lauraguais était une petite contrée qui faisait partie de la province du Languedoc, et dont Castelnaudary était une des villes principales. Louis XIII, à son avènement au trône, avait réuni définitivement le Lauraguais à la couronne de France.
3. Saint-Félix de Carmain (*Histoire de Louis XIII*, par le P. Griffet, t. II, p. 290).

lix, l'on se pourroit assurer de Castelnaudary, où il avoit des serviteurs qui n'attendoient que l'occasion d'agir et de se déclarer, si bien qu'il fut résolu que Monseigneur mesme marcheroit; mais l'avis qui vint que M. de Schomberg étoit là auprès, fit croire qu'on le combattroit, si bien que tout ce que nous avions de troupes fut mandé, et l'on mena mesme deux canons. Sur le chemin, nous apprismes que Saint Félix étoit perdu et que M. de Schomberg avoit compté de l'argent à ces messieurs qui se montroient si chauds et si zélés à la bonne cause, ce qui les avoit plus persuadés que ses menaces. L'on ne songea donc plus qu'à l'autre dessein, c'est à dire d'avoir Castelnaudary, et les ennemis voulurent l'empescher, tellement que les deux partis tiroient à cette ville.

Il y avoit un ruisseau, à notre main gauche[1], qu'il falloit passer et qui étoit à la droite de M. de Schomberg, et ayant nouvelles de nous comme nous de luy, et sachant que nous étions plus forts de beaucoup, et menions du canon, il crut devoir mettre le ruisseau entre deux : il le passa et rangea sa petite troupe dans une prairie. Mais, nous voyant approcher, et craignant que nous ne fussions à la ville devant luy, il marcha viste et alla prendre son champ de bataille qu'il avoit fait reconnoistre, au bas de la montagne sur laquelle la ville est située. On l'avoit trouvé tout tel qu'il le luy falloit; une grande pièce de terre labourée, enfermée de fossés, et des chemins creux de part et d'autre, en telle sorte qu'il étoit comme environné d'un bon retranchement. A peine étoit-il passé que

1. La petite rivière de Fresquel sur laquelle était un pont de briques long et étroit (Griffet, *Histoire de Louis XIII*, t. II, p. 299).

notre avant garde, qui avoit passé le ruisseau sur un méchant pont, et s'étoit saisie d'une petite maison, commença d'escarmoucher. M. de Montmorency ce pendant mettoit Monseigneur avec sa noblesse, ses gardes, ses gendarmes, à cent pas du pont en deçà, les deux pièces de canon à sa gauche, et un bataillon d'infanterie devant, sur le bord du ruisseau, et entendant force coups de mousquets, il passe le pont au galop, à dessein de reconnoistre; mais étant près de la petite maison, il vit M. de Moret, qui avançoit au trot dans le chemin creux de main gauche, avec vingt ou trente chevaux pour charger de la cavalerie du Roy[1], et les coups de pistolet et de mousquet le mirent en telle humeur qu'il voulut donner aussi bien que les autres. Le comte de Rieux[2], vieux et expérimenté capitaine, luy remontra qu'il s'alloit perdre, parce qu'il n'étoit pas suivy, et que les ennemis étoient si avantageusement postés qu'il n'étoit pas possible d'aller à eux; mais, sans l'écouter, il franchit un fossé, et ne put estre accompagné que de trois ou quatre, dont il étoit un, et les autres, avec ceux qui arrivoient à la file, essuyèrent la décharge de l'infanterie des gardes, et furent renversés et tués eux et leurs chevaux. Pour luy, s'étant meslé comme un Mars, il fut blessé de dix coups, et son cheval mattrassé[3] s'abattit. Un sergent de Saint-Preuil le voyant

1. Quelque cavalerie du roi.
2. Les Rieux sont nommés par Madame de Sévigné parmi les ancêtres de la maison de Sévigné, dans une lettre au comte de Bussy-Rabutin, du 4 décembre 1668.
3. *Matrassé*, assommé, meurtri de coups. Expression tirée de *matras*, espèce de traits qui ne perçaient pas, mais brisaient et rompaient les os. (Note de M. Monmerqué.)

engagé dessous, s'en courut à luy et le fit son prisonnier. J'ay ouy dire qu'il feignit d'abord d'estre à l'agonie, dans la créance que l'on donneroit là pour le secourir, mais personne n'ayant d'ordre, parce qu'il n'en avoit point donné, et la plupart des chefs ayant été tués, il demeura à la mercy des ennemis. Comme il se sentit défaillir, il demanda un confesseur, et se laissa porter à la queue de l'armée du Roy, où l'aumosnier de M. de Schomberg le confessa. Après quoy on le coucha sur une échelle avec force manteaux, et on le porta à la ville.

De l'autre costé M. de Moret, s'étant voulu signaler, suivy de quelques uns de nos braves, comme je vous ay dit, fut blessé d'abord de deux coups, dont le plus grand, qui étoit de mousquet, luy fracassoit le bras gauche depuis le haut du coude jusques à l'épaule, et l'autre luy entroit dans le petit ventre. Il fut ramené demy mort, tout à cheval, par deux de ses gens qui le soutenoient à droite et à gauche, et passa à vingt pas de nous. Monseigneur, outré de déplaisir, commanda qu'on le mist dans son carrosse, où il mourut à demy heure de là, après s'estre confessé deux fois et avoir demandé pardon à Dieu[1].

---

1. On a prétendu que le comte de Moret fut transporté dans l'abbaye de Prouille, où il mourut quatre heures après y être arrivé; d'autres le font survivre et devenir ermite (V. l'*Histoire de Louis XIII,* par Griffet, t. II, p. 301, et plus récemment, dans la *Revue d'Aquitaine,* 1867, un article de M. de Lagrèze). — Goulas était présent, son récit fera peut-être cesser ces incertitudes. — Nicolas Goulas trace en ces termes (Ms. de Vienne, format petit in-4°, fol. 277 v°) le portrait du comte de Moret : « Il ne se pouvoit rien de si beau et de mieux fait, grand, bien taillé, le visage agréable, la teste merveilleuse, le procédé noble, l'air glorieux, de grande ambition, de grand cœur, mais de médiocre esprit, et si dédaigneux et

M. de Puylaurens, qui étoit auprès de Monseigneur avec toute la noblesse, se déroba au premier coup de pistolet, et ses parents et confidents le suivoient à la file. Comme Son Altesse royale, voyant qu'on l'abandonnoit, se fascha et nous commanda d'un ton sévère de ne le point quitter, il se retourna aussitost et dit : « Il faut que je connoisse ceux qui demeurent auprès de ma personne, afin que je les en récompense quelque jour; ouy, j'en feray des maréchaux de France. » Ce sont ses propres paroles; mais dès que M. de Puylaurens eust passé le pont, il prit le galop et s'alla faire tirer des mousquetades qui mattrassèrent beaucoup de ses braves et le blessèrent légèrement.

Il ne fut jamais de si déplorable conduite : tous les chefs firent du pis qu'ils pouvoient et le pauvre M. de Montmorency, patron de la barque, qui s'étoit trouvé en tant de combats, se comportant en volontaire étourdy[1], se perdit de gaieté de cœur et ruina nos espérances. Vous pouvez penser que Monseigneur étoit au désespoir, et que tant de disgrâces les unes sur les autres l'accabloient; il vit M. de Moret mourant, tout couvert de son sang, il vit rapporter vingt corps de ses serviteurs, gens de qualité, tués en cette malheureuse occasion, son armée dans l'épouvante; tous les chefs ne paroissoient plus; l'avant garde repassoit le pont en

méprisant qu'à peine pouvoit-il regarder les autres hommes; il s'étoit pourtant corrigé de ce défaut quant au dehors et à l'intérieur son âme demeurant la mesme, et pour son malheur il tomba entre les mains de gens à Sedan qui ne travaillèrent point à le rendre plus souple et plus traitable. »

1. Montglat dit que l'action du duc de Montmorency fut « plutôt digne d'un carabin que d'un général, tant elle était téméraire et inconsidérée. » (Collection Petitot, t. I, p. 67.)

désordre; enfin, tout ce qu'il put faire en cette rencontre fut de commander à M. de la Ferté Imbault de remettre les troupes en bataille, j'entends celles qui avoient repassé le pont, car les autres, qui n'avoient point branlé, étoient toujours au mesme état, et de tenir conseil pour prendre les avis de ceux du métier. Ils conclurent tous à la retraite, et M. de la Ferté eut ordre de la faire, si bien que nous retournasmes sur nos pas à Villepinte[1] d'où nous étions partis le matin, et M. de Schomberg assez satisfait de nous avoir arrestés tout court et d'avoir ruiné notre party par la prise de M. de Montmorency, se retira à Castelnaudary et y coucha[2].

Le soir, Monseigneur fit partir M. de Chaudebonne pour aller trouver le Roy, et luy proposer un accommodement, et ce gentilhomme, intime amy de M. Goulas, et qui avoit bonne opinion de moy, me pria de l'accompagner, me promettant de me donner part à la négociation, et que je porterois ce qu'on ne confioit pas au papier. Nous partismes donc et marchasmes vers le Rhône, non sans péril, parce que dans la créance où étoit le peuple que M. de Montmorency prisonnier, il ne pouvoit estre que notre armée ne fut défaite, il couroit ceux qu'il pensoit des nostres, et

---

1. Villepinte est situé à 12 kil. de Castelnaudary.
2. Le combat de Castelnaudary, dont le *Mercure françois* donne trois récits (année 1632, p. 558-581), et dont Goulas vient de rappeler quelques épisodes, ne fut à proprement parler, comme l'a dit Richelieu (Lettre du 7 septembre au maréchal de la Force), « qu'une embuscade »; il suffit toutefois à mettre fin à la révolte de Monsieur. Le roi était parti de Paris le 12 août pour joindre ses armées en Languedoc, le combat de Castelnaudary eut lieu le 1er septembre 1632.

leur tiroit partout des mousquetades; nous en essuyasmes ainsi quelques unes passant pays, et nous eusmes assez de peine à gagner Valence où étoit le Roy. Or vous remarquerez que dans le moment que Monseigneur envoyoit M. de Chaudebonne au Roy, Sa Majesté songeoit à envoyer à Monseigneur; et au premier avis de notre désordre, il avoit quitté Lyon et dépesché M. d'Aiguebonne, frère de M. de Chaudebonne que nous trouvasmes en chemin[1]. Les deux frères, ayant un peu conféré à part, se séparèrent et chacun alla de son costé. Je connus bien alors, au propos que me tint M. de Chaudebonne, que nous n'aurions pas contentement à la cour, car le Roy, bien averty de notre embarras, prétendoit de nous traiter en débonnaire victorieux, et nous ne parlions pas en vaincus. Néanmoins M. de Chaudebonne fut bien reçu: le Roy luy fit bon visage et M. le Cardinal le fit disner avec luy en particulier; ils eurent de longues conférences, mais les propositions qu'il fit de la part de son maistre semblèrent si exhorbitantes au Roy et à son conseil, que l'on n'y voulut point répondre. Sa Majesté le chargea seulement d'une courte lettre[2] dont

1. Rostain Antoine d'Urre du Puy-Saint-Martin, seigneur d'Aiguebonne, mourut le 9 mai 1656. C'était le frère de M. de Chaudebonne, le meilleur des amis de madame de Rambouillet, cité dans plusieurs lettres de Voiture. M. d'Aiguebonne était porteur d'une instruction, datée de Lyon le 9 août, qui a été imprimée dans le *Mercure françois,* t. XVIII, p. 762. « Le Roy, dit Goulas (Ms. de Vienne, fol. 179), avait envoyé M. d'Aiguebonne à Monsieur pour le rassurer, craignant que le désespoir de ses affaires ne l'emportast en Espagne où de ses mauvais serviteurs le vouloient persuader d'aller sous prétexte qu'il trouveroit dans le Roussillon les secours promis, des troupes à le soutenir. »

2. Cette lettre, du 15 septembre 1632, a été publiée par M. Ave-

la substance étoit qu'il n'y avoit rien à espérer de luy que ce que Aiguebonne avoit eu ordre de luy dire, et c'étoit seulement de renoncer à toute alliance et intelligence avec les étrangers, et à tout engagement avec eux, moyennant quoy il seroit rétabli en tous ses biens, pensions, etc., et rentreroit dans les bonnes grâces de Sa Majesté comme auparavant. L'histoire vous apprendra nos propositions et nos demandes ; car j'ay à vous dire icy une chose particulière qui me regarde.

Le Roy ayant mandé son conseil chez luy le lendemain de notre arrivée, et fait entrer M. de Chaudebonne dans sa chambre avant qu'il fust assemblé, M. le cardinal de Richelieu parut avec sa suite ordinaire : nous étions assis sur des coffres[1], dans un petit passage, M. l'abbé de Liverdis[2], M. de Reffuge, capi-

---

nel (*Lettres du cardinal de Richelieu*, t. IV, p. 368) ; le roi déclare les propositions de Monsieur « peu convenables à sa dignité ; » dans une lettre au maréchal de la Force, le cardinal les qualifiait de « ridicules ». Rien de plus extravagant que les propositions que M. de Chaudebonne était chargé de présenter à Louis XIII ; on peut les lire dans le *Mercure françois* (année 1632, p. 763).

1. Les antichambres étaient garnies de coffres sur lesquels s'asseyaient les domestiques des seigneurs pour attendre leurs maîtres. Regnier, dans sa 3ᵉ satire à M. le marquis de Cœuvres, demande s'il doit,

..... troublé de rêverie,
Mourir dans un *coffre* en une hostellerie.

2. Vespasien Grangier, sieur de Monceau, seigneur de Liverdis, bailli de Meaux, avait été nommé par Henri IV abbé de Saint-Barthélemy de Noyon, lorsque cette abbaye fut vacante par suite du décès de Balthazar Grangier, son frère, qui en était le titulaire. M. l'abbé de Liverdis était, par sa mère, Marie Grangier, oncle de Nicolas Goulas, qui a rapporté ailleurs (Ms. de Paris, fol. 9 rᵒ) comment son oncle obtint son abbaye. Le père de Nicolas Goulas avait espéré et sollicité l'abbaye de Saint-Barthé-

taine aux gardes¹, et moy, et ils me faisoient mille questions sur notre marche et notre combat. M. le Cardinal se présente et parce que le lieu étoit extrêmement étroit, il falloit qu'il me touchast en passant : son capitaine des gardes, qui s'en aperçut, se jette entre luy et moy, car mon visage bruslé du soleil, mes cheveux en désordre et mon habit me faisoient aisément prendre pour un maheutre². Je vis aussitost son dessein et pour détruire ses soupçons je mis mes deux mains jointes sur mon chapeau et je les haussay tellement que M. le Cardinal le remarqua et en sourit.

Nous ne fusmes guères auprès du Roy, et M. de Chaudebonne me dit dès le lendemain de notre arrivée qu'il n'y avoit rien à faire ; ainsi nous nous retirasmes et nous rendismes promptement à Béziers, où Monseigneur nous attendoit avec assez d'inquiétude. Certes, M. de Chaudebonne fut icy admirable, car toute la chambre et l'antichambre de Monseigneur étant pleines de monde et de gens de qualité qui attendoient de savoir de sa bouche leur destinée, comme il entra, la presse se fendit, et l'on se disoit les uns aux autres : « Place ; laissez passer, » et il entonna d'un visage sévère : « Je n'ay pas haste ; » afin de faire comprendre qu'il n'avoit rien de bon à débiter.

lemy pour son fils qui, ne l'ayant pas obtenue, ne devint pas ainsi « abbé à la barette. »

1. Ce M. de Reffuge était sans doute le père de Anne de Reffuge qui avait épousé Timoléon Grangier, seigneur de Liverdis, président aux enquêtes. De cette union sont nés, dit Nicolas Goulas (Ms. de Paris, fol. 6 r°) : « M. de Liverdis, conseiller en la grand'chambre, M. l'évêque de Tréguier, madame de la Coste et madame de Canisi. »

2. Bandit, spadassin. (Note de M. Monmerqué.)

En effet la lettre dont le Roy l'avoit chargé étoit fort sèche et plus encore que celle de M. d'Aiguebonne.

Il ne se peut de plus grande consternation qu'aux nouvelles qu'il avoit apportées ; chacun se croit perdu, l'on ne sait quel conseil prendre, la bravoure est au rouet[1], car l'armée du Roy approchoit toujours, et nos gens se débandoient ou étoient en danger de mourir de faim, le peuple ne leur voulant rien fournir ; on les assommoit en quelques endroits. Enfin, les bons serviteurs de Monseigneur, craignant qu'on ne luy fit prendre quelque étrange résolution, et que les désespérés de sa suite ne l'emmenassent en Espagne, l'obligèrent à demander que le Roy luy envoyast M. de Bullion[2] pour traiter, parce que Son Altesse royale l'estimoit, et le disoit le plus raisonnable du conseil ; ainsi, ayant été dépesché et eu pour adjoint M. de Fossez, gouverneur de Montpellier[3], l'on convint de ce qu'ils voulurent, c'est à dire de plusieurs articles dressés par M. le cardinal de Richelieu[4]. M. Goulas

---

1. Proverbe, *Mettre au rouet* une personne, la déconcerter, la mettre hors d'elle-même.

2. Claude de Bullion, seigneur de Bonnelles, fils de Jean de Bullion, seigneur d'Argny, et de Charlotte de Lamoignon, surintendant des finances, mourut le 22 décembre 1640.

3. Le marquis de Fossez signa l'original de l'accommodement de Béziers : de la Vallée-Fossez. — Gabriel de la Vallée-Fossez, marquis d'Éverly, mourut le 10 juillet 1636.

4. M. de Bullion vint trouver Monsieur à Béziers le 26 septembre ; et le 29, Gaston accepta « purement et simplement, » comme le mentionne le *Mercure françois* (p. 774), « la grâce et le pardon que le roy lui faisoit. » — On trouvera la copie de « l'accommodement de Monsieur avec le Roy, fait à Béziers, 1632 » dans les *Lettres du cardinal de Richelieu*, t. IV, p. 372 et suiv.

me les montra à quelques jours de là, ajoutant qu'ils étoient marqués à sa marque et qu'il n'étoit pas possible de les méconnoistre, car le troisième article porte que « Monsieur donnera toute assurance raisonnable et possible de ne vouloir plus retomber à l'avenir en pareils inconvénients »; et le quatrième : « Cette assurance peut consister en promesses et en effets réels, » qui étoit son véritable style; et le dernier article commence : « Pour que Monsieur fasse paroistre qu'il veut que tout ce que dessus soit religieusement observé, il commandera, mesme à tous les siens, d'avertir le Roy de tout ce qu'ils reconnoistront se passer au contraire, etc.[1]; » qui est sa phrase et sa façon de parler que l'on voit dans tous ses écrits.

Enfin le Roy pardonna à Monseigneur et à tous ses domestiques, et renvoya chacun chez soy. Il ne fit la mesme grâce qu'à M. d'Elbeuf, mais M. Goulas s'avisa d'un expédient pour garantir notre noblesse, qui fut de donner des lettres de chambellans, gentilshommes de la chambre, maistres d'hostels, servants ordinaires, contrôleurs, exempts de gardes, et maréchaux des logis[2], à tout ce qu'il y avoit là de gens, afin qu'ils pussent jouir du bénéfice accordé par le Roy aux domestiques de Son Altesse royale, et il luy en cousta force parchemin. Monseigneur écrivit à M. le cardinal de Richelieu ce qu'il voulut, car tout étoit

---

1. Ces citations sont exactes en tous points. Le contre-seing de Léonard Goulas, secrétaire des commandements, figure à côté de la signature de Gaston sur l'original de cet accommodement.

2. Les mots : *et maréchaux des logis* ne se trouvent que dans le Ms. de Vienne, fol. 179.

stipulé, et partit de Béziers[1] accompagné de M. le comte d'Alais[2], de la part du Roy, pour aller à Tours, ou à Champigny, maison de Mademoiselle où il luy avoit été ordonné de demeurer.

C'est le succès[3] de notre expédition du Languedoc, succès malheureux et funeste, lequel nous montre combien il est important de prendre ses mesures à propos et de se munir de bon conseil; combien il est dangereux de faire des choses de cette nature à la volée, et de laisser conduire la barque à la bravoure étourdie et emportée d'un seul. Qui n'eut dit que ce grand dessein devoit réussir où tant de gens de qualité et habiles étoient engagés, et que la fortune de M. le cardinal de Richelieu alloit échouer? Néanmoins l'imprudence de M. de Montmorency, et une chaleur ridicule en un homme de son âge et de son rang, fit tout avorter, luy mit la teste sur un échafaud, et réduisit un fils de France à implorer honteusement la générosité de son ennemy; enfin les rieurs de la cour, ou les flatteurs de l'Éminence, appelèrent fort bien ce traitement honteux que reçut Monseigneur : les étrivières de Béziers.

Un homme de condition, qui avoit part aux affaires en ce temps là, m'a assuré que le pauvre M. de Mont-

1. Le 4 octobre. Louis XIII arriva à Béziers le 6. On voit que Monsieur ne tint pas beaucoup à y rencontrer son frère, ou que le roi ne lui avait pas accordé cette faveur.

2. Goulas écrit *d'Aletz*. — Louis de Valois, second fils de Charles, bâtard de Valois, comte d'Auvergne, duc d'Angoulême, et de Charlotte de Montmorency. A la mort de son frère en 1622, Louis de Valois prit la qualité de comte d'Alais, et devint depuis duc d'Angoulême. Né en 1596, il mourut le 13 novembre 1653.

3. Le mot *succès* est pris ici dans le sens de : résultat. (Note de M. Monmerqué.)

morency, se voyant surpris et abandonné de la plupart, étant informé du mariage de Monseigneur, détrompé du secours d'Espagne, pressé par le Roy, sans un teston, se désespéra et voulut mourir l'épée à la main, plutost que d'estre contraint à sortir du royaume, et aller mendier une misérable pension chez un prince étranger. Ainsi les véritables serviteurs de Monseigneur furent en quelque façon consolés quand ils se virent hors de crainte que leur maistre passast en Espagne, car ils convenoient tous que si M. de Montmorency fust échappé du péril où il se précipita si malheureusement, l'on auroit pris les plus étranges résolutions avant que de se mettre à la miséricorde du cardinal de Richelieu, qui étoit sans miséricorde. Enfin Dieu en ordonna de la sorte, et pour la satisfaction du Roy, et pour le bien de l'État, pour le chastiment de notre maistre, et pour le salut du pauvre seigneur auquel il vouloit faire la grâce de bien mourir.

Mais je ne vous ay encore nommé de ceux qui périrent en cette malheureuse occasion que M. de Moret, ce prince si aimable et doué de si merveilleuses parties[1],

---

1. Goulas a tracé ailleurs (Ms. de Vienne, fol. 183) un portrait du comte de Moret qu'il est assez curieux de rapprocher de celui que nous avons déjà cité à la note de la page 194. « L'on perdit en France (1632) le comte de Moret, fils naturel d'Henry IVme et qui luy ressembloit extrêmement. Il l'avoit eu de Jacqueline de Bueil, de la maison de Sancerre. Il n'y avoit rien de si charmant et d'aimable comme ce prince; le visage en étoit beau, le corps bien fait, l'esprit joli, l'âme haute et grande. Il avoit de l'honneur, de la bonté, de la civilité, de la probité; il ne faisoit et ne disoit rien que de bonne grâce, et difficilement le voyoit-on sans l'aimer. La Fortune le livra à la mort qu'il n'avoit pas vingt cinq ans, jalouse de ce qu'il se promettoit tout de la vertu; le genre en fut glorieux, la cause

et M. le comte de Rieux, seigneur de Languedoc et des plus braves du royaume : avec eux furent tués M. de la Feuillade[1], père de ceux que vous avez vus à la cour, le chevalier de la Frette[2], Saint-Florent[3], Conigy, Villeneuve[4], Monime[5], Marande et plusieurs autres avec quelques officiers. Les blessés furent Mrs de Puylorens, de Sauvebœuf, le comte de Lannoy, depuis marquis de Piennes[6]; M. le comte d'Aubijoux eut deux mousquetades dans sa cuirasse; M. le comte de Bueil[7] fut blessé et pris prisonnier; M. le chevalier de Raray et d'autres, dont il ne me souvient pas.

Il faut que je vous conte[8] une histoire à vous étonner, laquelle a beaucoup de l'air d'une fable. M. le comte de Brion, premier écuyer de Monseigneur, avoit sous lui, pour écuyer de quartier, ce M. de

blâmable : il ne se devoit point exposer comme il fit. Mais quoy qu'il étoit jeune, ambitieux, avide de gloire, et ne faisant que quitter le bréviaire, il trouvoit une occasion d'honneur à s'en couronner. »

1. François d'Aubusson, chevalier, comte de la Feuillade, seigneur de la Grangebleneau, fils de Georges d'Aubusson, comte de la Feuillade, et de Jacqueline de Lignières, était premier chambellan de Monsieur.

2. François Gruel, seigneur de la Frette.

3. Jacques de Salligné, seigneur de Saint-Fleurant, fils de Daniel de Salligné et de Jacquette Gourdeau, était gentilhomme ordinaire de Monsieur.

4. Alexandre de Villeneuve, seigneur de Gaux, fils de Henri de Villeneuve et de Constance Fernandès, était un des gentilshommes à la suite de Monsieur.

5. Guillaume de Razes, seigneur de Monimes en Limousin.

6. Charles de Brouilly, marquis de Piennes.

7. Claude de Bueil, oncle maternel du comte de Moret.

8. On lit à cet endroit, sous des ratures : « Mais je vous veux conter ». La phrase est refaite telle que nous la donnons, de la même écriture que le premier texte.

Conigy que vous venez de voir dans le dénombrement de nos morts; celui cy, gentilhomme de bon lieu, mais cadet et sans bien, le portoit haut et s'en faisoit accroire, à cause de la parenté de M. d'Elbène et de l'amitié de M. de Puylorens. Depuis quelque temps il méprisoit sa charge, la tenant fort au dessous de luy, ne servoit qu'à regret et cherchoit à s'en défaire. M. de Brion trouvoit bon qu'il s'en défist avec l'agrément de Monseigneur, mais il prétendoit qu'il dust rendre son service, en attendant, durant son quartier : l'autre, le négligeant toujours de plus en plus, il lui en fit réprimande, laquelle n'ayant pas été écoutée avec le respect qu'est obligé de garder un officier subalterne, M. de Brion se résolut à lui faire tirer l'épée, et la surveille du combat de Castelnaudary, au soir, il luy écrivit un billet, à dessein de luy faire donner le matin par un page, et se battre durant la marche de l'armée. S'étant éveillé d'assez bonne heure, le lendemain, et étant sur le point d'appeler les valets de chambre, voilà qu'un père jacobin entre dans sa chambre, et se vient asseoir sur un siège au chevet de son lit : il lui parle du malheur des duels et du danger auquel se mettoient tous les jours les gentilshommes de perdre leurs âmes par ces détestables combats, et l'ayant exhorté de bannir la pensée pour jamais du faux honneur que le monde attache à ces brutales actions, et de ne chercher que la gloire de Dieu dans toutes les siennes, il fait une grande révérence et sort. A peine étoit-il sorti que M. de Brion, surpris au dernier point de cette visite, vit un grand feu auprès de la table, et Conigy au milieu, tout couvert de sang et comme blessé à mort. Il ne put s'empescher d'avoir peur, il appela encore ses valets de chambre, et au bout de demi quart d'heure qu'ils ouvrirent la porte, les fantosmes disparurent. Vous jugez bien qu'après cela M. de Brion perdit l'envie de se battre, et n'eut pas plus grande haste que de brusler son billet et d'aller à confesse, et pour Conigy, bien que son premier écuyer lui eut fait dire de songer à sa conscience, étant à la veille d'un combat, il se moqua de l'avertissement, il passa la nuit avec des débauchés et des garces, et allant l'après disnée aux ennemis avec M. de Puylorens, il fut percé de part en part d'une grande mousquetade, dont il tomba mort à l'instant, sans songer à Dieu.

Quelques jours auparavant il étoit arrivé une aussi étonnante chose et presque de cette nature au baron de Chevy, dont vous avez sans doute ouy parler; c'étoit celuy qui entra si galamment dans Casal, lorsque D. Gonzalès de Cordova l'assiegeoit; car M. le Cardinal voulant faire savoir de ses nouvelles à M. de Guron, qui y commandoit pour le Roy, il se présenta et promit d'y entrer avec ses lettres. Il va trouver D. Gonzalès, lui dit qu'il est gentilhomme allemand (car il parloit très bien la langue allemande et ressembloit assez aux gens du Nord), et le prie de l'employer. D. Gonzalès le reçut civilement et l'envoya au quartier des troupes allemandes qui servoient dans son armée. M. de Chevy boit avec les officiers, leur conte les combats où il s'est trouvé en Allemagne (en effet il avoit longtemps servi l'Empereur), et les amusant ainsi à table, et ailleurs, par ses prosnes, à la première occasion il entra dans la ville, et apprit aux assiégés des nouvelles de France et des ennemis. Ce M. de Chevy, dis-je, n'ayant pas été récompensé de M. le Cardinal, comme il croyoit mériter, s'étoit donné à Monseigneur, et avoit pris une commission et l'argent pour lever une compagnie de gendarmes qu'il avoit faite assez bonne. Il eut brouillerie avec un nommé Chamoreau, qui en commandoit une aussi, et cela pour leurs rangs et leur marche; Chevy étoit chaud et emporté, Chamoreau, froid et retenu; celuy là blasphémateur et impie, celuy cy pieux et craignant Dieu. Une nuit, le premier songea que le diable l'emportoit et luy faisoit souffrir un mal extrême, et s'éveillant en sursaut, et tout ému, il vit autour de son lit des spectres effroyables, qui le menaçoient : le jour commençoit à poindre, et ses gens étant venus à sa chambre, parce qu'on devoit déloger de bonne heure, il se lève tout hors de soy, et sans dire mot à personne, s'en va chercher un prestre qui suivoit les troupes, auquel il fit sa confession générale, et celuy qui avoit demeuré vingt ans sans songer qu'il étoit chrétien, ne se reconnut que quand le diable l'y obligea. Mais admirez la miséricorde de Dieu sur cet homme, ou pour mieux parler, l'effet étonnant de sa justice ; nos gens étant en bataille, et l'ordre donné pour marcher, M. de Chamoreau s'avance et M. de Chevy en fait autant, et sur leur vieille contestation, celuy cy, ne se souvenant plus de sa vision, ni de ce qu'il avoit promis à son confesseur, met la main au pistolet; l'autre en fait de mesme; ils s'entretirent, et Chevy, ayant reçu le coup à la teste, il fut renversé mort sans qu'il proferast une parole. Vous ferez telle réflexion et tel raisonnement que vous voudrez là dessus, mais il n'est rien de si vray que ces deux histoires, qui peuvent apprester aux philosophes à beaucoup parler, et aux libertins à craindre les jugements de Dieu, que luy mesme assure, dans ses Ecritures, estre horribles et épouvantables.

CHAPITRE XXV.

Du second voyage de Monseigneur en Flandre et de ce qui luy arriva en ce pays, tant à Bruxelles qu'à l'armée des Espagnols (1633).

Je vous ay dit que le Roy avoit commandé à M. le comte d'Alais d'accompagner Monseigneur jusqu'à Champigny ou à Tours, par honneur ou pour estre témoin de ses déportements, ou pour l'éloigner de la cour, tandis qu'on travailleroit au procès de M. de Montmorency dont il étoit neveu. Dès que nous approchasmes de la rivière de Loire, je demanday congé d'aller à Paris, parce que je manquois d'argent et soupçonnois toujours que le Roy n'accordant pas la grâce du prisonnier à la prière de Monseigneur, de ses parents et de ses amis, et en faisant faire justice, nous pourrions retourner en Flandre. Monseigneur y étoit amoureux, M. de Puylorens y étoit amoureux, tous nos gens étoient misérables et sans un sol, personne n'avoit profité à l'accommodement de Béziers, si bien que chacun opineroit à brouiller de nouveau et seroit ravy d'en avoir un si beau prétexte. Je voulus donc donner ordre à mes petites affaires et songer à ma subsistance, mesme sauver mon petit bien, en cas de récidive.

Monseigneur, averty du danger que couroit M. de Montmorency, dépescha au Roy M. de Lavaupot, parent et confident de M. de Puylorens, pour luy demander sa grâce, et il s'acquitta de sa commission aussi bien qu'il est possible, et au gré de tout le monde[1]. Le Roy mesme fut très satisfait de sa conduite en cette rencontre, mais le sort étoit jeté, il falloit qu'il mourust, et Sa Majesté demeura ferme dans la résolution de le punir. M. le cardinal de Richelieu joua icy à merveille, car il intercéda pour son ennemy, il parla, il pleura, il loua, et ses louanges furent l'oraison funèbre, car, nonobstant toutes ses amitiés apparentes, le duc eut la teste tranchée[2], à Toulouse, dans une ville où il avoit si longtemps commandé, ou pour mieux dire, où il avoit été comme adoré. Il reçut son arrest de mort si constamment, et mourut si chrétiennement que tous ses amis fondèrent là dessus leur consolation, ne doutant point de son salut, et le regardant comme un prédestiné[3].

1. Ce fut le 29 octobre sur le soir, dit le *Mercure françois* (p. 832), que le sieur de Lavaupot alla demander au roi la grâce du duc.

2. Henri de Montmorency fut décapité à Toulouse le 30 octobre 1632. — « En ce pays-là on se sert d'une doloire, qui est entre deux morceaux de bois, et quand on a la tête posée sur ce bloc, on lâche la corde et cela descend, et sépare la tête du corps..... » (*Mémoires de Puységur*. Amst. 1690. In-12, p. 128.) Ainsi le duc de Montmorency a été supplicié avec un instrument semblable à la guillotine. Cet instrument de supplice était employé en Allemagne au XVIe siècle. Voir une gravure de Georges Pence dans ma collection de *Petits maîtres*. (Note de M. Monmerqué.)

3. Dans le manuscrit de Vienne (fol. 183), Nicolas Goulas a tracé du duc de Montmorency le portrait suivant : « Je n'ay rien dit du duc de Montmorency qu'en passant, et l'on n'en sauroit assez dire : j'entends de ses grandes et héroïques qualités, étant certain que ni Mars ni Achille n'ont point été si braves s'ils ont été, et jamais il n'y eut de si grand cœur, ni d'âme plus belle..... Sa vie luy étoit moins que rien quand il voyoit de la

L'on nous débita là dessus des nouvelles dont j'avois déjà ouy brouiller[1], qu'il vaut mieux supprimer qu'écrire. Je diray seulement que la nuit d'après l'exécution, trois dames extrêmement affligées et désolées se firent ouvrir la porte de l'église et conduire à la chapelle où il avoit été mis, et qu'après avoir versé des torrents de larmes, et prié pour luy plus de trois heures, deux d'entre elles eurent grand peine d'arracher la troisième de dessus la fosse, et sortirent enfin fort couvertes et fort voilées, avec une affliction inconcevable. Mais celle de Monseigneur fut grande quand il reçut la nouvelle funeste qu'il craignoit, et il se résolut aussitost de sortir du royaume[2]. Il prit donc

gloire à acquérir (a), et ses grandes richesses comme à charge s'il ne gratifioit la vertu; à la guerre, il ne songeoit qu'à battre l'ennemy, et à la cour qu'à dépendre et à donner; tous les gens de cœur et de mérite étoient les bien venus chez lui et se ressentoient toujours de sa magnificence; enfin généreux, débonnaire, humain, civil, officieux, caressant, bon amy et toujours prest d'obliger quiconque réclamoit sa tendresse; il lui falloit un peu plus de modération et de jugement, plus d'empire sur ses passions. Il trouva son bonheur dans sa disgrâce si elle lui apprit à bien mourir, j'entends en chrétien, et Dieu lui fit connoistre en cette rencontre que la devise de sa maison venoit de lui et qu'il l'avoit donnée à ses ancestres pour en faire sentir l'effet à leur postérité. » — Ce portrait est assurément moins fantaisiste que celui qu'a fait Tallemant des Réaux du duc de Montmorency. L'auteur des *Historiettes* ajoute que le duc « avoit le geste le plus agréable du monde, aussi parloit-il plus des bras que de la langue. »

1. *Brouiller*, dans le sens de : parler confusément. (Note de M. Monmerqué.)
2. Gaston quitta furtivement la ville de Tours le 6 novembre, accompagné de du Fargis et de Sauvebœuf. Il écrivit, le 12 no-

(a) Il y avait précédemment : « La vie luy étoit moins que rien quand il étoit question d'acquérir de la gloire. » Nous ne relevons cette variante que pour renvoyer le lecteur à un endroit où de nombreuses ratures, faites de la main qui a écrit les *Mémoires*, attestent leur originalité.

la route de Bruxelles, et M. Goulas fit encore la cavalcade bien que de foible et petite complexion et peu accoutumé à ces sortes de fatigues ; mesme, passant pays, à dix huit lieues de Tours il composa cette belle lettre que Monseigneur écrivit au Roy, [de Montereau[1]] et que vous verrez dans le 18ᵉ tome du *Mercure françois*, où il fait entendre à Sa Majesté que pouvant éviter la honte d'un accommodement tel que celuy de Béziers, il avoit voulu sacrifier ses intérêts et ceux de ses serviteurs pour sauver la vie à M. de Montmorency, et que n'ayant pu obtenir sa grâce de Sa Majesté, il alloit pleurer son malheur où il plairoit à Dieu de le conduire.

Il arriva une assez plaisante chose sur le sujet de cette lettre, que M. Goulas me conta depuis. Ils étoient logés à Saint Mathurin[2] lorsque Monseigneur voulut faire partir le garde qui devoit porter la lettre : il se la fit lire, il la trouva bien et la signa, mais quand il fut question de la date, M. Goulas avertit M. de Puylorens d'attendre le lendemain qu'ils seroient à Mon-

vembre, au roi, qu'il renonçait à l'accommodement conclu entre eux à Béziers et qu'il s'éloignait de nouveau du royaume. Voir cette lettre datée de Montereau-fault-Yonne, dans le *Mercure françois*. T. XVIII, p. 917 et suiv. — Louis XIII répondit le 25 novembre à la lettre de Gaston (V. Avenel, *Lettres de Richelieu*, t. IV, p. 406). Richelieu a fait de plus imprimer dans la Gazette du 2 décembre 1632, p. 483, une relation de toute cette affaire.

1. Ces deux mots sont rayés dans le manuscrit, mais restent fort lisibles. Cette rature trouve son explication dans le paragraphe suivant des *Mémoires*.

2. Saint-Mathurin, petite ville du Gâtinais, à deux lieues de Nemours. On y invoquait saint Mathurin pour la guérison des fous, et l'on disait : *envoyer à Saint-Mathurin*, comme on dit : *envoyer aux petites maisons*. C'est ce qui explique la remarque plaisante de Goulas.

tereau, à la dater et l'envoyer, parce que M. le cardinal de Richelieu se moqueroit de leur giste de Saint Mathurin, et diroit qu'ils y devoient demeurer. Le garde de Monseigneur trouva le Roy à Romorantin, lequel ne fut pas trop surpris du départ de son frère, notre maistre. Il en fut fasché pourtant et fit réponse à sa lettre dès qu'il arriva à Saint Germain[1], laquelle réponse fut suivie d'une fulminante où il nous étoit enjoint, sous grosses peines, à nous autres domestiques, de sortir de Paris dans cinq ou six jours et du royaume dans six semaines.

Je m'en allay à La Mothe, incontinent après mon arrivée à Paris, et j'y demeuray près d'un mois; et durant ce séjour je dessinay et commençay de faire accommoder les allées et le parterre de la sorte que vous les voyez aujourd'huy[2]; je vendis les vieilles palissades sept à huit cents livres; et laissay cet argent à mon receveur, pour planter en bois quarante arpents de friches joignant mon bois des Brindelles, lesquels me portent aujourd'huy un bon revenu; et ayant été prendre congé de monsieur votre père, et de ma sœur, elle m'apprit que quinze ou vingt, tant gentilshommes qu'officiers de Son Altesse royale, l'alloient trouver à Bruxelles où il étoit[3]; si bien qu'ayant cherché et prié ceux que je connoissois plus que les

1. La lettre du roi est du 25 novembre 1632, à Saint-Germain (*Mercure françois*. T. XVIII, p. 923-926).
2. *Aujourd'hui*, c'est-à-dire vers 1660, époque à laquelle Nicolas Goulas écrivait vraisemblablement ses *Mémoires*.
3. Monsieur était arrivé à Bruxelles le 21 novembre, et y avait été reçu par le comte de Sallazar, capitaine de la garde de l'infante. La veille, Marie de Médicis avait quitté Bruxelles, se rendant à Malines.

autres de me recevoir en leur compagnie, et me mander chez moy le jour qu'ils partiroient, ils me le promirent, et m'ayant donné le rendez-vous à Senlis, je les y fus rencontrer, et Dieu nous fit la grâce d'achever heureusement notre voyage.

Monseigneur nous traita tout à fait bien lorsque nous luy fismes la révérence, et nous susmes incontinent après que messieurs d'Elbeuf, de Puylorens, du Coudray Montpensier[1] et Goulas avoient été condamnés au parlement de Dijon à avoir la teste tranchée et avoient été mis en tableau; et le pauvre M. Goulas me disoit toujours que pour luy c'étoit à grand tort, puisqu'il ne désiroit rien si passionnément que de voir son maistre aux bonnes grâces du Roy et hors des mains du roy d'Espagne. Mais, comme l'on parloit fort à notre cour de cet arrest et des autres rigueurs exercés sur les serviteurs de Monseigneur, un matin que messieurs de Puylorens, du Coudray et Goulas entroient dans la chambre de Son Altesse royale qui s'habilloit, il se tourna vers M. d'Elbeuf qui étoit là, et luy dit : « Hé bien! voilà vos camarades qui se portent aussi bien que vous. — Il est vray, Monsieur, répliqua-t-il, mais ces messieurs ne seront jamais mes camarades qu'au gibet. » Il y avoit longtemps qu'il cherchoit l'occasion de leur faire une niche, et elle fut des plus belles et des plus fortes, comme vous voyez. Il leur en vouloit à tous trois : à M. de Puylorens, parce qu'il le portoit trop haut avec luy, et sembloit ne plus tant appuyer les intérêts de la maison de

1. N. d'Escoubleau, seigneur du Coudray-Montpensier, fils de Claude d'Escoubleau, seigneur du Coudray-Montpensier, et de Charlotte Pot, était chambellan de Monsieur.

Lorraine, la voyant comme irréconciliable avec le Roy; à M. du Coudray, à cause qu'il luy rendoit mille mauvais offices, à ce qu'il croyoit, chez la Reyne mère et ailleurs; et à M. Goulas, parce qu'il avoit soutenu, et véritablement, que les princes lorrains qui sont en France n'étoient point reconnus princes par le parlement de Paris, ni qualifiés tels dans leurs arrests, et cela devant des Espagnols et des Flamands, ce qui faisoit l'encloueure[1].

Mais il faut que vous sachiez maintenant le malheur extrême de Monseigneur. Je vous ay touché qu'il étoit amoureux à Bruxelles et qu'il servoit une dame du palais. Cette belle luy avoit été destinée, dès qu'il partit de Nancy pour passer en Flandre, et la raison d'Etat d'Espagne et la coutume vouloient qu'il eust un amusement en ce lieu, et une attache qui l'y retint, et qu'une personne dépendant du souverain luy gagnast le cœur, pour découvrir ses plus secrètes pensées et en profiter. L'Infante, quoique sainte, permettoit la galanterie dans son palais, selon l'usage de la nation, et nourrissant quinze ou vingt filles des meilleures maisons de Flandre et d'Espagne, on les pouvoit aimer et servir, sans qu'on y trouvast à dire, à cause que le palais est comme une religion bien réglée et qu'il n'y entre point d'hommes que de menus artisans, ou ceux à qui les charges en donnent le privilége. Cette dame s'appeloit Doña Blanca, fille d'un Espagnol de considération et de naissance, lequel

1. Le mot *encloueure* est pris ici au figuré; *ce qui faisoit l'encloueure* signifie : ce qui faisait le nœud de la difficulté. Molière, dans *l'Etourdi*, a employé cette expression dans le même sens : « De l'argent, dites-vous, ah! voilà l'encloueure! »

avoit passé par plusieurs grandes charges, et commandoit alors une brigade de l'armée des Pays-Bas. Vous avez vu souvent le nom de Don Carlos Coloma dans les gazettes. Celuy cy ayant su que Monseigneur servoit sa fille, ne s'en scandalisa en aucune façon, n'en prit pas l'alarme ; il dit seulement avec gravité : « Veera Su A. R. que no ay putas en mi casa. — Son Altesse royale verra qu'il n'y a pas de putains dans ma famille. » Monseigneur donc extrêmement épris de cette belle personne, la plus aimable de Flandre, et en étant aimé, se réjouissoit avec ses confidents de la revoir bientost : c'étoit sa consolation des disgrâces qu'il venoit d'éprouver en Languedoc ; mais il apprend, à quinze ou vingt lieues de Bruxelles, qu'elle est accordée et qu'on la va marier, tellement qu'il sembloit venir pour assister à ses noces. Jugez quelle nouvelle à un homme passionné qui avoit sujet de croire qu'on l'aimoit. En effet cette pauvre fille pensa mourir de douleur, quand son père luy présenta un amant, et luy prononça qu'il seroit son mary à deux jours de là. Elle pleure, elle crie, elle se tourmente, elle proteste qu'elle ne se veut point marier, qu'elle a fait vœu d'estre religieuse, qu'elle ne respire que le cloistre, elle se jette à ses pieds, elle le conjure de ne la point violenter, elle s'adresse à l'Infante, elle la supplie qu'on la mène aux Carmélites, mais, comme l'on savoit sa vocation, chacun fut sourd à ses plaintes. Enfin Don Carlos ayant tonné, fulminé, menacé mille fois et luy ayant découplé tous ses parents (car sa mère étoit flamande), ses amis et ses amies, les directeurs et les confesseurs, la pauvre fille donna son consentement et fut mariée à Don Louis de Briseña, gentilhomme espagnol, assez bien fait, et plus recommandable pour ses richesses que pour ses bonnes qualités. Si cela ne s'appelle la plus épouvantable trahison que la fortune puisse faire à un prince de la condition de Monseigneur, je ne sais quel nom donner à cette dernière disgrâce et je m'étonne comment il y put résister : ils n'en moururent pas pourtant, ni luy ni Doña Blanca[1], et elle n'entra dans le désespoir que quand il la quitta, comme je vous diray tantost.

Il [Monsieur] reçut beaucoup de contentement de revoir l'Infante[2], car pour la Reyne, sa mère, s'étant offensée qu'on n'eust point parlé de ses intérêts à Béziers (jugez si elle avoit raison), elle ne se voulut point trouver à Bruxelles, lorsqu'il y arriva. La bonne Infante ne savoit quelle chère luy faire ; elle luy offrit de nouveau tout ce qui dépendoit d'elle ; elle le régala en mille manières ; elle luy fit faire le plus beau linge du monde ; elle luy choisit les plus beaux et plus fins draps d'Espagne et d'Angleterre, elle luy envoya une considérable somme d'argent ; elle l'assura d'une pension du roy d'Espagne, qui se devoit payer par mois et ne se montoit à guère moins que dix mille écus ; et son procédé si généreux et si noble, son amitié de sœur ou de mère, sa douce et char-

1. Marigny fait allusion aux amours de Monsieur avec Doña Blanca dans une lettre adressée à ce prince : « Pardonnez-moy, Monseigneur, si je vous fais un petit reproche d'infidélité ; la belle Donna Bianca auroit-elle manqué aux promesses qu'elle vous auroit faites ? » (*Lettres de M. de Marigny*. La Haye, Antoine de la Faille. 1655. Petit in-12, p. 7).

2. Isabelle-Claire-Eugénie, infante d'Autriche, gouvernante des Pays-Bas, née en 1566, mariée en 1599 à l'archiduc Albert, morte en 1633.

mante conversation, les bontés et les déférences qu'elle luy témoignoit, le ravirent et l'obligèrent à ne pas considérer autrement cette merveilleuse princesse que la Reyne, sa mère. Elle se privoit mesme de ses divertissements pour favoriser ceux de sa suite[1], et leur laisser son beau parc pour se promener; aussi disoit-elle souvent qu'elle aimoit les François, parce qu'elle étoit moitié françoise, *media francesa*. Certes il n'y a pas eu tant de vertus dans le trosne depuis notre roy saint Louis, et la piété y brilloit plus que les autres, car il ne tomboit point de feste qu'elle n'assistast ponctuellement à tout le service divin : la grand'messe, la prédication, vespres et complies. Elle alloit aux processions et pardons, dans les églises dédiées aux saints patrons des paroisses et des ordres de religieux et religieuses; elle faisoit de grandes aumosnes; elle avoit soin des affaires des pauvres, leur parloit, les écoutoit, prenoit leurs mémoriaux les jours d'audience avec une modestie et une affection à charmer ses sujets et les étrangers[2].

Je trouvois à dire à sa conduite, pour une personne de cette piété, qu'elle permettoit la galanterie durant la sainte messe[3]; trouvez bon que

1. *Sa suite,* c'est-à-dire : la suite de Monsieur.
2. On sait que l'infante avait revêtu, depuis la mort de son mari, l'archiduc Albert (13 juillet 1621), la robe grise des Pauvres-Claires. Quant à sa bonté, Rubens (Gachet, *Lettres inédites de Rubens,* p. 162) en parle en ces termes : « La facilita de la sancta Infanta. »
3. Nous avons supprimé à cet endroit (fol. 97 v°), ainsi que l'avait d'ailleurs jugé bon M. Monmerqué, une petite tirade théologique sans valeur, et dans laquelle Goulas, poussé par son zèle religieux, va jusqu'à appeler le glaive du prince pour réformer l'abus des choses saintes.

je vous dépeigne le théâtre de cette galanterie profane, et le lieu où elle me scandalisoit si souvent. Dans le palais de Bruxelles, il y a une assez belle église que l'on nomme la chapelle du palais, où l'appartement du souverain vient aboutir. Là il trouve un oratoire pour sa personne, qui voit sur le grand autel et par tout le chœur, et joignant, il y a une stance assez grande où l'on a laissé au pignon des ouvertures depuis le plancher jusques au plafond très bien vitrées, et la suite s'y met pour entendre le service. C'est où les dames du palais se rangent et font leurs prières, et on les voit ainsi depuis la teste jusques aux pieds, quand elles sont debout, du chœur de l'église sur lequel ces ouvertures ou fenestres répondent. A dire vray, elles ont là un grand avantage, se montrant d'un lieu élevé et sombre, car les défauts de taille ou de teint sont cachés et elles paroissent aimables et charmantes avec peu de beautés et de charmes. Les galants ne manquent point et n'osent manquer à toutes les messes et les vespres du palais où sont leurs dames, et quand l'Infante sortoit pour aller à ses dévotions de la ville, ils suivoient à cheval et à la portière du carrosse. Certes, Monsieur faisoit la chose avec tant de régularité et d'assiduité que les Espagnols s'en désespéroient, leur étant honteux de se dispenser de ce que pratiquoit un fils de France, présomptif héritier d'un si grand État et beau-frère du roy leur maistre. Doña Blanca n'étoit donc pas peu satisfaite, au premier voyage, d'avoir un amant de cette qualité, si soumis et si résigné à ses volontés, et le conseil d'Espagne ne l'étoit pas moins, le voyant pris par le cœur.

Le marquis d'Aytone avoit le commandement des

armes et gouvernoit sous l'Infante, et je puis dire que c'étoit un ministre de grande capacité, merveilleusement bien instruit des affaires de cet État là et du nostre. Il vivoit à merveille avec Monseigneur, et soit que les Espagnols eussent désiré que Son Altesse royale allast à leur armée, pour témoigner à toute l'Europe l'étroite liaison qu'il avoit avec eux, ou qu'il y fust par complaisance ou par curiosité, tant y a que, quand ils mirent en campagne, au mois de may, il s'y rendit et y demeura cinq ou six semaines, tout le temps que l'on crut qu'ils feroient quelque chose.

Or il faut savoir que les Hollandois s'étant rendus maistres de Maestricht[1], nos hostes songeoient à leur arracher cette conqueste; néanmoins craignant la jonction des Suédois avec eux, ils hésitoient et ne pouvoient se résoudre à s'embarquer. Là dessus les Hollandois attaquent Rhinberg[2] et la pressent, et les Espagnols, la voulant sauver, se mettent en devoir de la secourir. Il falloit passer la Meuse et donner le change à l'ennemy, qui avoit trois ou quatre mille chevaux au delà de l'eau pour l'empescher. M. de Balançon[3] se présente à un certain gué et canonne, et en mesme temps on[4] passe plus haut, et la cavalerie d'Hollande, apprenant que la nostre alloit à elle, se retira. Alors l'on mit à l'eau plusieurs bateaux remplis de mousquetaires

1. Assiégé depuis le 10 juin 1632, Maestricht s'était rendu le 22 août.
2. Goulas écrit *Rhinberghe*. — Rheinberg était une place forte à 2 kil. du Rhin et à 72 kil. N. de Dusseldorf.
3. Baron de Balançon, général d'artillerie (Ms. de Vienne, fol. 188 r°).
4. *On*, le marquis d'Aytone.

qui allèrent gagner l'autre rive et travaillèrent d'abord à une demi-lune, pour couvrir le bout du pont qu'on vouloit faire, laquelle fut en défense douze heures après, et ces mesmes bateaux qui les avoient porté servirent à commencer notre pont du costé de l'ennemy, pendant que nous travaillions aussi à une demi-lune et à ce mesme pont du nostre. Monseigneur se comporta le mieux du monde en cette occasion : il voulut passer l'eau au gué dès que l'on eut nouvelle des ennemis; il accepta des armes que le marquis luy fit présenter par le comte de Bucquoy[1], disant qu'il luy suffisoit qu'elles fussent à l'épreuve de l'épée; il ne partit point de dessus le bord de l'eau que le pont ne fust achevé, et les ouvrages qui en couvroient les deux bouts en bon état, ce qui ne fut que le lendemain à midi; enfin, les braves de l'armée admirèrent sa résolution et ne se turent pas de sa bravoure, car ils croyoient tous que M. le prince d'Orange ne mettroit guère à nous venir déloger à coups de canon, et que la chose ne finiroit pas sans combat, ou du moins sans taster nos gens qui étoient au delà de l'eau, particulièrement ayant pris Rhinberg et se voyant libres et victorieux.

Or les Hollandois, tenant de bonnes garnisons dans Venloo et dans Ruremonde[2], alloient jusques à Maestricht sur le leur, tellement que le conseil d'Espagne, pour oster la communication de ces places, jugea à propos de s'emparer de l'isle de Stevansvert que fait la

1. Le comte de Bucquoy était grand bailli du Hainaut.
2. Venlo et Ruremonde étaient deux places sur la rive droite de la Meuse, qui s'étaient rendues, le 3 juin 1632, aux Hollandais.

rivière de Meuse au dessous de Maestricht, dans laquelle il y avoit un beau chasteau du comte Henry de Berghes[1], réfugié alors au Liége, de sorte qu'ils se préparèrent non seulement pour se rendre maistres de l'isle et du chasteau, mais mesme pour passer la Meuse et faire un pont dessus, par le moyen duquel ils pussent courir au delà et mettre le pays sous contribution. Nos bateaux nous servirent encore icy, et il me souvient qu'ils avoient marché à la teste de la bataille de l'armée sur cent chariots qui les portoient et leur équipage, savoir : les planches, pièces de bois, cordages, ancres, clous et le reste qui est nécessaire quand l'on se trouve obligé de franchir un grand fleuve[2].

L'Infante avoit commandé que l'on traitast Monseigneur comme la propre personne du roy d'Espagne : deux compagnies d'Espagnols naturels entroient tous les jours en garde devant son logis; l'on tenoit le conseil chez luy, il donnoit le mot et il ne se peut plus de civilité, d'honneur et de respect qu'on luy en rendoit. Il coucha dans son carrosse, la nuit que l'on avoit passé la rivière l'après disnée, et il trouva bon que M. le marquis de Vardes, qui avoit fait porter son lit par un de ses mulets, fist étendre ses deux matelas sous ce carrosse, et que nous nous y missions, luy, M. le comte de Bueil, son beau-frère, et moy. Ainsi

1. « L'un des grands de Flandre réfugiés au Liège. » (Ms. de Vienne, fol. 188 r°.) — Henri, comte de Berghes, fils puîné de Guillaume, comte de Berghes, et de Marie de Nassau-Dillenburg. Né en 1573, il mourut en 1638.

2. Cet équipage de pontons était alors nouveau. (Note de M. Monmerqué.) — Voir sur la part que prit Monsieur dans toute cette affaire les *Mémoires de Montrésor*, coll. Petitot, p. 245-247.

dès que Son Altesse royale eust donné le bon soir et fait abattre sa portière, et que tous nos François cherchèrent à se coucher sur la belle terre de Dieu, autour du carrosse, nous nous coulasmes doucement sur nos matelas, M. de Bueil et moy aux costés de M. le marquis de Vardes, et bien me prit de ce qu'il trouva bon que je logeasse toujours depuis avec luy, car les Espagnols ayant pris l'isle et la faisant fortifier pendant quinze jours que nous y demeurasmes, il nous donna un de ses matelas à M. de Patrix et à moy, et nous eusmes de moins mauvaises nuits que les autres.

Je vous veux dire deux choses assez remarquables qui arrivèrent en cette occasion du passage de la Meuse. Cette cavalerie, dont j'ay parlé d'abord, se mettant à l'eau et traversant la rivière, un cavalier, emporté par le courant, enfonça tout à coup en sorte qu'on le perdit de vue : quelque temps après nous vismes les quatre pieds de son cheval, hors de l'eau, les fers brillants au soleil, et à quelques moments de là sa teste parut, puis son corps et la teste du cheval, enfin il étoit encore en selle, et l'animal reprenant cœur nagea, gagna la terre et sauva son homme sans qu'il eut perdu les étriers : il ne luy en cousta que son chapeau, encore je pense qu'il le fut pescher cent pas au dessous. L'autre chose, digne d'estre sue, est que les officiers espagnols montrèrent l'exemple à leurs soldats pour avancer la demi-lune, et en moins de douze heures ils l'avoient mise en défense. Il est vray que des gens bien couverts et bien faits, officiers réformés, ostoient leur hausse-cou doré et le buffle avec du clinquant et se chargeoient de la hotte, ou prenoient la besche et ne s'épargnoient non plus que le moindre drille[1]. L'on nous assura que les Espagnols naturels en usoient ainsi partout dans un besoin, faisoient ces sortes de travaux gratuitement, et prétendoient de montrer par là combien est grand leur zèle au service du souverain.

Maestricht allant estre incommodé au dessous par la nouvelle place que l'on méditoit de faire en ce lieu, le marquis [d'Aytone] jugea à propos de prendre un poste au dessus, et fit attaquer un chasteau nommé Argenteau[2], ce me semble, que l'on eut aussitost à composition. Le duc de Lerme[3] eut ordre de camper là auprès avec sept ou huit mille hommes et de se retrancher. Monseigneur, à deux ou trois jours de là, voulut aller voir son camp, car il estimoit fort ce duc, lequel en effet méritoit bien d'estre estimé. Il étoit fils du duc d'Ussède et petit fils du cardinal de Lerme, qui avoient gouverné en Espagne l'un après l'autre. Il reçut Son Altesse royale avec tout le respect, la galanterie, la magnificence possible : nous trouvasmes sa cavalerie en bataille proche du camp, et quelque infanterie meslée parmy; un peu derrière, vers le retranchement, quatorze pièces de canon, la bouche tournée vers nous, lesquelles d'abord firent trois salves, et toute la mousqueterie ensuite, dont la salve dura près d'un quart d'heure. De là il conduisit Monseigneur à Argenteau,

1. L'expression de *drille* ne s'employait que par raillerie, pour désigner les soldats à pied, le fantassin.
2. Le château d'Argenteau était une forteresse située dans la commune de ce nom, dans la province de Liège, à 3 kil. O.-S.-O. de Daelhem.
3. Le duc de Lerme était mestre de camp général sous le marquis d'Aytone.

où ayant vu la forme de l'attaque et des effets prodigieux des bombes, le soleil baissant nous fit songer que nous avions à passer la nuit, tellement que M. de Jouy Sardini, M. de Bueil et quelqu'autre encore, nous résolusmes d'aller coucher à une petite ville du pays de Liége qui étoit tout proche; mais nous n'étions presque pas descendus à l'hostellerie que voilà quatre cavaliers qui arrivent au galop, et nous prient et pressent de retourner au camp, disant que M. le duc de Lerme les avoit envoyés nous assurer que chacun auroit son lit et qu'on ne recevroit aucune incommodité. Nous nous excusasmes du mieux que nous pusmes, et demeurasmes à coucher en ce lieu; mais savez-vous quels gens nous vinrent complimenter de la part de M. le duc de Lerme? c'étoit le marquis de Mortare et un autre Espagnol d'aussi bonne condition, lesquels ont depuis commandé des armées en Catalogne et en Italie. Nous nous levasmes assez tard le lendemain et voulusmes disner avant que de partir; si bien que quand nous arrivasmes au camp, il étoit plus de midi et Monseigneur se mettoit à table. M. le duc de Lerme s'en vint à nous, se plaignit de la rigueur que nous luy tenions, nous fit d'honnestes reproches, et sachant que nous avions disné, nous laissa avec quelques uns de ses *camarades*. (C'est comme ils appellent les gens de qualité qui s'attachent au général, et ce que nous disons parmi nous *volontaires*.)

Monseigneur étant sorty de table, et tous ceux qu'il avoit fait manger avec luy, tant François qu'Espagnols, tous étant là en grand respect, l'on couvrit cette grande table d'un beau tapis de velours vert avec une bande de broderie d'or : l'on apporta des cartes, des dés et un tric trac, et trois hommes bien faits mirent dessus six grandes bourses de velours, dans chacune desquelles il y avoit trois cents pistoles, et les *camarades* du général nous convièrent tous d'en prendre et de jouer. Mais quoique plusieurs des nostres s'en fussent chargés volontiers, néanmoins, il n'y eut que M. du Fretoy[1], qui, pour faire plaisir au duc de Lerme, en compta cent et luy demanda s'il les vouloit jouer en une partie de piquet; il l'accepta avec la permission de Monseigneur, qui, ayant fait oster les bourses, commanda que l'on s'approchast des joueurs, et paria qui voulut. On passa ainsi deux heures de temps, François, Espagnols, Italiens, Allemands, Flamands, pesle mesle, en la meilleure amitié du monde. Enfin, l'heure de partir étant venue, Monseigneur reprit le chemin du camp du marquis d'Aytone et fut conduit par le duc de Lerme jusques à la portée du canon de son quartier, toutes les troupes en bataille, avec les trois décharges des quatorze pièces de canon, et la salve de la mousqueterie, comme le jour de devant, et quand le prince eut joint son escorte il remercia et congédia le duc, lequel se retira au pas à son armée.

Je vous avoue que je conte avec plaisir le procédé de ce seigneur espagnol qui avoit beaucoup de l'air, en sa manière d'agir, de notre M. de Bassompierre, car il ne se pouvoit plus de civilité, de déférence, de complaisance, de douceur, de politesse, et cela accompagné d'une fierté modeste qui laissoit entendre que

1. Antoine d'Estourmel, seigneur du Fretoy, premier capitaine-lieutenant des chevaux-légers de Monsieur et écuyer de madame la duchesse d'Orléans, épousa Claude-Françoise de Choiseul.

si elle s'étoit démise et abaissée, c'est qu'elle trouvoit belle l'honnesteté.

Enfin, ayant demeuré douze ou quinze jours devant Maestricht que les Espagnols mouroient d'envie d'attaquer, les avis qui leur venoient de toutes parts leur apprenant le grand armement qui se faisoit en Hollande, ils se résolurent à la défensive et séparèrent leurs troupes, si bien que Monseigneur ne voyant aucune apparence de siége ou de combat, retourna à Bruxelles, et nous tous avec luy, les plus satisfaits du monde de n'estre plus au milieu des écharpes rouges.

Pendant que nous demeurasmes à l'armée, M. d'Elbène[1] avoit fait un voyage en France pour traiter, et cela de l'ordre de Monseigneur, et avec la participation de l'Infante et du marquis d'Aytone, ce qui fit craindre à la Reyne mère qu'on ne s'accommodast sans elle, tellement qu'elle revint de Gand, où elle se tenoit depuis notre retour de Languedoc. Monseigneur, qui l'avoit été voir là fort souvent, fut au devant d'elle jusques à moitié chemin[2], et luy rendit tous les devoirs d'un bon fils.

Étant tous ralliés à Bruxelles, chacun reprit ses erres et sa façon de vivre; les ambitieux firent assiduement leur cour, les galants se rattachèrent à leurs dames, les joueurs au jeu, et pour mon particulier, aimant toujours avec passion les beaux arts et les belles connoissances, je fis venir chez moy un petit maistre de musique françois, pour me montrer la

1. Alphonse d'Elbène, qui succéda à son oncle dans l'évêché d'Albi. Il mourut à Paris, en 1651, âgé de soixante et onze ans.
2. Monsieur fut la recevoir à Termonde, place située entre Bruxelles et Gand (*Mémoires de Montrésor*, p. 247).

composition. Je fréquentois fort M. le marquis de Maulevrier, et notre étroite amitié venoit de l'académie de M. de Beauplan, où M. de Brèves, son père, l'envoyoit encore tout enfant, monter des bidets qu'on luy avoit dressés exprès pour luy faire l'assiette. Il aimoit la guitare et en jouoit à merveille; il composoit mesme dessus et nous donnoit souvent des sarabandes et des pièces de son invention, tellement que luy voyant un si grand naturel à la musique, je luy persuaday de prendre mon petit maistre, lequel le mettroit incontinent en état de noter ses beaux chants et d'y faire des parties; le luy ayant mené il le garda et je puis dire avec vérité que la cour et tous tant que vous estes de gens de plaisir m'estes redevables des merveilles qui sont sorties de luy, et des beaux chants qu'il a débités, et de l'or que j'ai tiré de cette riche mine.

Nous nous divertissions très agréablement à Bruxelles, et il ne nous paroissoit pas que nous fussions hors de France. La Reyne y étoit, Monseigneur, M. d'Elbeuf, M. de la Vieuville et quantité d'autres personnes de condition attachées à la fortune de Son Altesse royale, ou qui prétendoient de se raccommoder par son moyen, comme M. et Mme du Fargis[1], M. le marquis de Vardes, madame la comtesse de Moret, M. et Mme de Sourdéac[2], M. de la

---

1. Charles d'Angennes, seigneur du Fargis, comte de la Rochepot par sa femme, avait été ambassadeur ordinaire en Espagne (1621) et s'était joint à Monsieur, depuis 1632, lors de la bataille de Castelnaudary.

2. Guy de Rieux, seigneur de Sourdéac, premier écuyer de Marie de Médicis, dont il avait suivi la fortune, avait épousé le 11 juin 1617 Louise de Vieuxpont, fille ainée d'Alexandre de Vieuxpont, baron de Neufbourg, marquis de Coëtmeur, et de

Frette[1], M. le marquis d'O[2], M. de Sainte Croix d'Ornane[3] et plusieurs autres, si bien que c'étoit une grosse cour de François parmi lesquels il étoit beau et glorieux d'estre peu accommodé, ou, pour mieux dire, de manquer de toute chose.

Mais, comme nous passions ainsi doucement nótre vie, il arriva tout à coup un changement de théâtre qui nous mit fort en peine pour l'avenir : car M. de Lorraine, ayant perdu son armée en Allemagne, le Roy assiégea Nancy, sur l'assurance qu'il eut que le mariage de Monseigneur étoit fait et consommé, et demanda que Madame luy fust mise entre les mains. Les princes de Lorraine, se voyant sans ressource et craignant d'estre obligés de le contenter, conseillèrent à cette jeune princesse d'évader et de se rendre auprès de son mary. Elle sortit donc de la ville, déguisée, sans autre compagnie que d'un nommé Lavisey[4], écuyer de madame de Remiremont, et d'un autre de moindre étoffe encore, et se sauva à Thionville[5]. La femme du gouverneur, qui étoit alors à

Renée-Lucrèce de Tour, dame de Coëtmeur. M. de Sourdéac mourut à Neufbourg le 14 novembre 1640, et Mme de Sourdéac le 25 septembre 1646.

1. Pierre Gruel, seigneur de la Frette, était capitaine des gardes du corps de Monsieur; il épousa, en 1636, Barbe Servient, veuve de Dreux le Féron.

2. Pierre Séguier, troisième du nom, seigneur de Sorel, marquis d'O, conseiller au parlement de Paris, puis maître des requêtes, quitta la robe pour l'épée, et mourut en 1638.

3. Pierre d'Ornano, abbé de Sainte-Croix, était frère de feu le maréchal d'Ornano.

4. Un gentilhomme, nommé la Visée (*Mémoires de Beauvau*. Cologne, 1688, p. 38).

5. Le dimanche 28 août 1633, à quatre heures du matin, la

Bruxelles, fille de M. de Balançon[1], l'écrivit aussitost à son mary, et il en vint avertir Monseigneur, si bien que Son Altesse royale luy envoya promptement M. de Fontaine Chalandre, son premier écuyer[2], et M. de Puylorens luy dépescha M. de Lavaupot pour prendre des mesures avec elle. C'étoit là un surcroist de dépense aux Espagnols, auxquels nous étions déjà assez à charge; mais n'importe, il leur sembla que cette conjoncture leur venoit fort à propos, et que c'étoit un moyen infaillible que la fortune leur présentoit d'embarrasser davantage nos affaires, et rompre notre retour en France qu'ils craignoient extrêmement. Ainsi elle [Madame] fut la très bien venue, et l'Infante la fut recevoir avec toute sa cour, tous les hauts officiers de l'armée, toutes les dames grandes d'Espagne et autres; enfin on la traita de Madame, nonobstant les propos de la *Gazette de France*, qui l'appeloit toujours la princesse Marguerite. Monseigneur fut jusques à Namur et au delà et coucha avec elle, afin qu'on ne prétendist cause d'ignorance de son mariage[3].

Peu de jours après son arrivée, Madame nous conta

duchesse d'Orléans s'enfuit de Nancy et parvint le soir à Thionville.

1. La comtesse de Wiltz, ancienne dame d'honneur de l'Infante.

2. Jean de Montberon, comte de Fontaines, baron d'Auzances, seigneur de Chalandray, premier écuyer de Madame, épousa Louise de l'Aubespine, fille de Claude de l'Aubespine, seigneur de Verderonne, et de Louise Pot de Rhodes, et mourut le 31 mars 1645.

3. Monsieur vint au-devant de Madame jusqu'à Marche, à quelques lieues de Namur; c'était le 5 septembre 1633; le 6, la duchesse d'Orléans fit son entrée à Bruxelles.

plaisamment l'embarras où elle s'étoit trouvée d'abord, car quand l'Infante la fut recevoir à demi-lieue de Bruxelles, elles entrèrent seules dans son carrosse, et Madame n'entendoit pas un mot d'espagnol, étant une jeune personne de seize ans, nourrie dans une cour peu curieuse des langues étrangères, si bien qu'elle ne savoit ce qu'elle luy disoit, et répondant au hasard donnoit matière de rire à la princesse par ses réponses : Ainsi elle avoit impatience d'arriver chez la Reyne, sa belle-mère, pour trouver à qui parler : enfin elle y arriva, mais elle entendoit encore moins la Reyne que l'Infante, parce que c'étoit un baragouin que son discours, moitié italien, moitié françois, plus indéchiffrable que le grimoire : « Je fus donc ravie, ajoutoit-elle, quand je me vis avec les dames flamandes, lesquelles à la vérité parloient mal françois, mais du moins les entendois-je, et elles moy, et quand je me vis avec vous autres qui le parliez bien. »

Mais d'autant que le procureur général à Paris poursuivoit au parlement pour faire déclarer ce mariage nul, il fut résolu que l'on feroit une espèce de cérémonie qui le pourroit valider en cas de besoin et l'archevesque de Malines[1] fut mandé, tellement que Monseigneur, en présence des principaux de sa cour et du conseil d'Espagne, luy touchant à la main, dit au prélat qu'elle étoit sa femme et qu'il n'en pouvoit avoir d'autre, elle vivant; mesme, je pense que cet archevesque les bénit. L'on m'assura quelques jours après que Monseigneur avoit été surpris en cette rencontre et que dans le cœur il étoit mal satisfait de

---

1. Jacques Boonen.

ce procédé, ayant cru que la maison de Lorraine se défioit de luy et l'avoit voulu engager par cette action d'éclat à maintenir son mariage par honneur aussi bien que par conscience.

Ce fut en ce temps, ce me semble, qu'il nous pensa arriver un horrible désordre; Monseigneur avoit à sa cour un gentilhomme de Normandie qui se vouloit bien mettre avec M. de Puylorens et faisoit tout ce dont il se pouvoit aviser pour luy plaire. Il voyoit les grands du pays extrêmement animés contre luy, car ayant toujours galantisé, depuis l'arrivée de son maistre à Bruxelles, la fille[1] de la princesse de Chimay[2], et cette sotte femme s'étant laissé empaumer par M. de Rochebonne premièrement, et puis par M. de Vallons, gentilhomme de grand cœur et brave au dernier point, mais des plus extravagants de France, leur conduite scandaleuse faisoit force bruit, et le duc d'Arscot, le prince de Barbançon[3] et les autres parents proches de ces dames y avoient trouvé fort à dire. Or le feu prince de Chimay[4] avoit un frère capucin, bon religieux, lequel s'y étant plus intéressé que pas un, s'étoit aussi plus brouillé avec la maison et plus chargé de la haine de nos François. Il

---

1. Le manuscrit de Vienne (fol. 190 r°) porte : la fille *aisnée* de la princesse de Chimay. — Isabelle, fille d'Alexandre de Ligne-Aremberg, prince de Chimay, et de Madeleine d'Egmond.

2. Voiture, dans une lettre à Puylorens, datée de Madrid, 13 mars 1633, a fait l'éloge de la beauté de Mlle de Chimay.

3. Albert de Ligne, prince de Barbançon, gouverneur de Namur, mourut à Madrid en avril 1674.

4. Alexandre de Ligne-Aremberg, prince de Chimay, l'un des onze enfants de Charles, comte d'Aremberg, et d'Anne de Croy-Chimay, était le frère du duc d'Arschot et du prince Antoine d'Aremberg, en religion frère Charles.

s'étoit adressé à l'Infante, laquelle sur sa plainte, avoit fait venir au palais mesdemoiselles de Chimay, malgré la mère qui, étant demeurée seule chez elle, pestoit le capucin avec nos galants, et donnoit dessus depuis le matin jusques au soir.

Un jour, incontinent après la messe, le père ayant quelque chose à dire à l'Infante, entra chez elle, comme nos gens attendoient Monseigneur, qui en devoit bientost sortir. Ils étoient en un lieu fort étroit, et entre autres le Normand dont je vous ai parlé[1], lequel sottement et impudemment tendit la jambe au capucin et le pensa faire tomber. Certes, il en usa en homme de bien, car il souffrit humblement cet affront, et après son audience, se retira à son couvent sans en rien témoigner à personne. Aussitost les ennemis de M. de Puylorens, dont il y avoit bon nombre à notre cour, avertirent ces seigneurs flamands de la niche qui avoit été faite à leur parent et jetèrent la chose sur le favory, et tous ne manquèrent pas à prendre feu et se résoudre à la vengeance. Les dévots de Bruxelles interviennent et sont du party du capucin : l'on murmure contre l'insolence des François, l'on parle de les assommer et de faire main basse, et la noblesse du pays s'étant assemblée[2], le bruit court que, le soir, au cours, elle les chargera et taillera en pièces. Le conseil d'Espagne bien empesché, ou feignant de l'estre, envoie faire défense aux seigneurs flamands d'aller au cours, et nos braves, ayant ouy parler de ce lieu, comme de celuy d'une assignation pour tirer

1. Voir à la page précédente, ligne 7.
2. Chez le duc d'Arschot, le 2 avril 1633.

l'épée, s'y en allèrent, quelque soin qu'on prit de les empescher. Monseigneur, luy mesme, monta dans son carrosse et s'y en courut quérir Puylorens et ses amis qui se promenoient avec leurs épées, et nous l'y suivismes tous; pas un François ne demeura derrière, et quoique le peuple grondast et murmurast, nous ne laissasmes pas de faire deux ou trois tours dans ce cours, après quoy Monseigneur s'en revint au petit pas au palais, avec Puylorens auprès de luy, comme triomphant d'avoir remporté cette marque publique de l'estime et de l'amitié de son maistre. Certes, tous les seigneurs de Flandre ne furent pas trop faschés d'avoir eu commandement de ne bouger, car encore que le peuple eust été pour eux, ils eussent couru assez de fortune, s'ils eussent chargé ceux dont ils se plaignoient, comme doivent faire des gens de cœur.

L'Infante, les Espagnols, le temps calmèrent enfin les choses, mais à quelques mois de là le Pays-Bas, la Reyne, Monseigneur, Madame, en un mot toute l'Europe fist une perte irréparable en la mort de la bonne Infante, l'une des plus sages, des plus saintes, et des plus aimables personnes de la terre. Elle fut à une certaine procession, au commencement de l'avent, où elle s'échauffa, et deux jours après elle tomba malade d'une fièvre continue, avec inflammation de poumon[1]. Il n'est pas croyable combien elle porta son mal chrétiennement, combien fermement elle envisagea la mort, combien d'actes d'amour de Dieu et de

1. L'Infante mourut le 1er décembre 1633, à quatre heures et demie du matin.

résignation elle fit, combien de douleur et de sentiment de ses péchés elle témoigna, tant qu'elle conserva la connoissance; ce fut toujours la mesme excellente princesse jusques au dernier soupir.

Monseigneur, qui avoit autant de respect et de tendresse pour elle que pour la Reyne, sa mère, étoit presque au désespoir et alloit vingt fois le jour savoir de ses nouvelles; il ne prenoit plus aucun divertissement : tous ses serviteurs, à son exemple, n'étoient pas moins désolés. La Reyne mère, Madame, pleuroient déjà, et la première se trouvoit fort empeschée, car outre qu'elle avoit tant de raison d'aimer l'Infante, elle craignoit que sa condition n'empirast par sa mort. Madame se voyoit privée d'une puissante protectrice, particulièrement auprès de Monseigneur, qui déféroit à ses conseils et se confioit en sa probité. Les grands de l'État appréhendoient de retomber sous le joug d'un étranger, espagnol ou autre, et d'estre privés du sien, si doux et si aimable. Les peuples n'espéroient rien de bon à l'avenir, après avoir été gouvernés par elle si justement et si saintement, et je pleurois avec tout le monde parce que j'avois les mesmes sentiments de respect et de vénération que tout le monde.

Elle fut peu de temps malade[1] et, selon qu'en parloient nos médecins françois, mal assistée; ils soutenoient que les siens avoient trop ménagé son sang, mais elle avoit soixante et huit ans, ou à peu près, et c'étoit le terme de sa vie, et le temps que Dieu avoit

1. L'Infante ne s'était mise au lit que le dimanche 26 novembre à midi, atteinte d'une fièvre aiguë; trois saignées successives ne purent la tirer du profond assoupissement dans lequel elle était tombée.

résolu de la tirer à luy et la couronner dans le ciel. Un Espagnol fit ces quatre vers pour mettre sur son tombeau :

> El cielo ganò Isabel
> La tierra quedò su ella,
> No pudo mas perder ella,
> No pudo mas ganar el.

Ils veulent dire en notre langue que si la terre perdit la princesse Isabelle et le ciel la gagna, l'un ne pouvoit plus gagner et l'autre plus perdre[1].

Après sa mort, la cassette du Roy étant ouverte, l'on y trouva l'ordre pour le gouvernement de l'État et du pays[2]; et l'archevesque de Malines, le duc d'Arscot, le marquis d'Aytone, le comte de Tilly et Don Carlos Coloma avoient la direction des affaires de la paix et de la guerre, du dedans et du dehors, avec un ample pouvoir. Il sembloit que le comte de Tilly fust destiné pour commander les armes, et parce qu'il étoit mort, je pense que le comte de Feira, chastelain d'Anvers, eut sa place.

Enfin, ayant été exposée sur un lit de parade, en habit de religieuse, seulement un jour, son corps fut porté dans une cave de la chapelle du palais, derrière le grand autel. S'il y eut peu de cérémonie à son

1. Le ms. de Vienne ne donne pas ce quatrain; le sens seul en est indiqué, et Goulas ajoute (fol. 191 r°) : « La pensée [de ce quatrain] en est pointue selon le génie de la nation. » Puis suivent quelques lignes d'éloges sur l'Infante, qui n'ajoutent rien au portrait de cette princesse.

2. La veille de la mort de l'Infante, le conseil privé avait pris connaissance de l'acte du 4 mars 1630, par lequel, en prévision de la mort de sa tante et en cas d'absence du cardinal-infant, Philippe IV nommait un conseil de régence pour présider provisoirement aux affaires du pays.

convoy, il y eut beaucoup de larmes, et chacun soulagea sa douleur à beaucoup prier pour elle.

Le conseil établi, ayant pris possession du gouvernement, alla chez la Reyne, Monseigneur, Madame, les assurer, de la part du Roy, de la mesme assistance que durant la vie de l'Infante. Il tint parole à Monseigneur et à Madame, mais la Reyne mère en fut bientost mal satisfaite et s'en plaignit tellement qu'elle se résolut d'abandonner le pays et passer en Angleterre, où elle n'eut pas satisfaction non plus, comme vous l'aurez su et le verrez dans la suite de ce discours.

CHAPITRE XXVI.

Du séjour de Monseigneur à Bruxelles après la mort de l'Infante, de son accommodement avec le Roy et de son retour en France (1634).

Les larmes que la douleur de la mort de l'Infante avoit fait répandre n'étoient pas encore sèches qu'il nous arriva une nouvelle matière d'affliction. Il vint nouvelle que le Roy avoit fait porter et enregistrer une déclaration célèbre au parlement de Paris [1], par laquelle il avertissoit la cour qu'il prétendoit poursuivre la dissolution du mariage de Monsieur, luy donnoit encore trois mois de délay pour rentrer dans son devoir et se rendre auprès de sa personne, moyen-

1. Le 18 janvier 1634. Dès le 5, le roi avait fait présenter par son procureur-général une requête pour commencer l'affaire de la dissolution du mariage de Monsieur (De Clerq à Prats, Paris, 5 janvier 1634, *Négociations de France*, t. VII, p. 250).

nant quoy il le remettoit en ses biens et le rétabliroit en ses charges et appointements, avec abolition pour tous ceux qui l'avoient suivy, excepté Le Coigneux et Monsigot[1], et non pas pour ceux qui étoient sortis du royaume pour d'autres sujets que ses intérests et son service. Et, afin de tenir le peuple en bonne humeur, le Roy le déchargeoit d'un quart de la taille.

L'on débita une chose ensuite qui fascha la plupart de nos gens : que M. le cardinal de Richelieu avoit parlé avec tant de charmes, de grâces, d'éloquence, avoit si bien loué le Roy, avoit représenté si magnifiquement les belles choses qu'il avoit faites depuis qu'il l'avoit appelé à l'administration de ses affaires, que toute l'assemblée avoit été ravie, et l'avoit loué hautement de ce qu'il savoit si bien louer. Car l'on ne pouvoit souffrir à Bruxelles que cet homme eust du mérite et qu'on le crust. On l'avoit en abomination; les Espagnols, François, Lorrains, Flamands le déchiroient depuis le matin jusques au soir, et quelques grands succès qui arrivassent à la France, c'étoient toujours des effets de sa bonne fortune qui s'opposoit toujours à sa mauvaise conduite, et changeoit son cuivre en fin or. Mais, sans mentir, cette harangue, que j'ay vue depuis[2], méritoit bien l'estime publique, étant très éloquente et très judicieuse, contenant les événements plus remarquables qui étoient arrivés durant son ministère, les raisons des conseils que le Roy avoit embrassés, l'état glorieux des affaires, les avantages que les anciens alliés de la couronne avoient tirés et

1. Il faut ajouter la Vieuville.
2. Voir la harangue du cardinal de Richelieu dans le *Mercure françois*. T. XX, p. 5-24.

tiroient tous les jours de l'assistance de Sa Majesté, et tant de douceurs et de cageolleries pour le Roy, si délicates, si fines et si charmantes, qu'il en charma toute l'assemblée, dont le plus grand nombre n'étoit point trop de ses amis.

Cette nouvelle nous fut débitée avec une autre assez importante : que M. de Lorraine avoit cédé ses états au prince cardinal, son frère, et que l'on n'étoit pas content à la cour de cette cession faite sans la participation du Roy[1], tellement que l'envoyé du nouveau duc pour protester qu'il demeureroit dans les termes des traités faits avec Sa Majesté, sans y contrevenir en quoy que ce soit, fut reçu froidement et remporta peu de satisfaction. A quelques jours de là, l'on nous assure que M. le cardinal de Lorraine a quitté son chapeau et épousé madame Claude[2], sa cousine, et que le Roy avoit fait mener à Nancy ces nouveaux mariés, où ils étoient éclairés de fort près, et comme détenus en une honneste prison ; ensuite de quoy M. le maréchal de la Force avoit eu ordre d'attaquer les places qui leur restoient dans le pays, si bien que connoissant par là les dispositions de la cour et du ministère envers eux, ils s'étoient évadés et retirés à Milan, auprès du cardinal infant, et puis à Florence. Toutes ces choses ne nous embarrassoient pas peu, car nous voyions dans cette persécution d'horribles aigreurs contre la maison de Lorraine, et par consé-

---

1. « L'on se moqua à la cour de cette pièce, dit ailleurs Goulas (Ms. de Vienne, fol. 197 v°), l'on prit la cession comme une scène de comédie, aussi en avoit-elle tout l'air... »

2. Madame Claude était la cousine germaine du cardinal. Le mariage fut célébré à Lunéville.

quent une opposition insurmontable au mariage ; ainsi nous croyions avec raison l'accommodement fort éloigné et perdions l'espérance de revoir jamais notre patrie et nos amis.

Voicy encore un incident qui nous causa bien du martel : le duc d'Arscot, qui avoit été chef de la députation de la part d'Espagne pour la trêve avec les États, fut mandé à Madrid, sous prétexte que le Roy vouloit estre informé par luy mesme de toutes les circonstances de l'affaire, et ses parents murmuroient de la violence qu'on luy faisoit, et luy conseilloient de ne point obéir. Les grands du pays, débauchés par le doyen Carondelet[1] que M. le cardinal de Richelieu avoit gagné pendant son ambassade en France, cherchoient l'occasion de se révolter, et se plaignoient bien haut de la rigueur que les Espagnols avoient tenue au comte Henry de Berghes[2], si bien qu'ayant parlé de leur dessein au duc d'Arscot, fort accrédité parmy le peuple, il les avoit déférés à l'Infante, sous promesse que tout leur seroit pardonné, moyennant qu'ils se repentissent et demeurassent dans le devoir. Ainsi les Espagnols avoient un juste soupçon, après sa mort, qu'il se brassoit quelque chose à leur préjudice, mesme ayant depuis peu fait tuer le gouverneur de Bou-

1. Carondelet était doyen de Cambrai. « Il étoit, dit Montrésor (*Mémoires,* p. 252), homme d'esprit, intelligent et adroit, mais au reste ambitieux et fort persuadé de son mérite. » Envoyé par l'Infant auprès du cardinal de Richelieu, pour négocier un accommodement entre Louis XIII et Marie de Médicis, Carondelet se laissa gagner par le cardinal, qui l'engagea à travailler en Flandre à la ruine des affaires du roi d'Espagne.

2. Le comte Henri de Berghes fut condamné à mort par contumace, pour crime de lèse-majesté.

chain¹ et pris la place comme de force. Il est vray que celuy cy s'étoit attiré son malheur par sa résistance aux ordres de l'Infante et du marquis, mais c'étoit un homme de qualité, parent ou allié de toute la noblesse, et fort aimé de la bourgeoisie. Enfin l'on dit que le duc d'Arscot, arrivé à Madrid et extrêmement bien traité du Roy et du comte duc, quelque instance qu'ils luy fissent, ne voulut jamais rien avouer du complot des grands de Flandre, et qu'ayant été arresté, il fut si simple qu'il confessa tout et accusa mesme ses meilleurs amis et ses plus proches, tellement qu'il se rendit coupable, par sa confession, de ce qu'il n'avoit point donné avis à son roy ou à ses ministres, du péril où étoit la Flandre, l'une de ses plus considérables et plus riches provinces.

Cette capture en Espagne fut suivie d'une autre en Flandre, du prince de Barbançon², de la mesme maison du duc d'Arscot, et de la fuite du prince d'Espinoy, du comte d'Hennin³ et de quelques autres⁴, tellement que la noblesse et le peuple étoient dans le dernier désespoir, voyant les premiers du pays si maltraités qu'on les

1. Le gouverneur de Bouchain était le frère de Carondelet, doyen de Cambrai. Montrésor (*Mémoires,* p. 380 et suiv.) a consacré plusieurs pages au gouverneur de Bouchain et à sa mort « pour intelligence avec le cardinal de Richelieu. »

2. Le prince de Barbançon fut conduit dans la citadelle d'Anvers.

3. Guillaume de Melun, prince d'Espinoy, avait épousé Ernestine de Ligne-Aremberg, sœur du duc d'Arschot. — Eugène de Hennin-Liétard, depuis comte de Bossu, épousa Anne-Catherine de Ligne-Aremberg, seconde fille du prince de Chimay et de Madeleine d'Egmond.

4. Voir l'*Histoire des troubles des Pays-Bas* par Van der Vynckt, dans la *Collection des Mémoires relatifs à l'Histoire des Pays-Bas.* T. VII, p. 210.

obligeoit de chercher une protection étrangère. Dans ce mécontentement universel, nous avions sujet de craindre, comme vous pouvez penser, quelque soulèvement des peuples, et d'estre contraints de nous retirer en lieu où l'on nous feroit, malgré nous, passer en Espagne, ou bien de demeurer au pouvoir de la populace, capable de nous livrer pieds et poings liés au Roy et au cardinal de Richelieu. D'ailleurs les Espagnols pressoient Monseigneur d'armer et de tenter quelque chose, et, nous voyant assez froids parce que nous n'avions plus de créance depuis le malheur de M. de Montmorency, ils se plaignoient de nous et nous mettoient en soupçon.

Là dessus, le troisième jour de may, au soir, comme M. de Puylorens entroit dans la salle du palais pour passer à l'appartement de Monseigneur, étant sur le haut de l'escalier, il reçoit un coup de mousqueton, qui luy fut tiré de quinze pas, de bas en haut, et une balle le frappa à la joue, si favorablement qu'elle s'arresta contre l'os [de la joue[1]], faisant entrer dans sa chair avec elle une partie des cheveux de sa moustache. M. de Lavaupot, son parent, fut blessé à la machoire et M. de Roussillon, gentilhomme du Limosin[2], à la tempe. Monseigneur, au bruit des gens et du coup, sortit de son appartement et rencontra M. de Puylorens qui y entroit, et ayant appris ce qui s'étoit passé, fut autant piqué qu'on le peut estre d'un tel attentat, sans savoir à qui s'en prendre. Les Espagnols s'empressent autour de luy et du favory,

---

1. Les mots : *de la joue* sont dans le Ms. de Vienne, fol. 198 v°.
2. M. de Roussillon était beau-frère de M. de la Vaupot.

font fermer les portes de la ville, font des perquisitions partout, menacent, se tourmentent, crient qu'il n'est point de crime si énorme, puisqu'il est commis dans le propre palais du Roy. Or vous saurez que le galant qui fit le coup avoit fort bien pourvu à sa retraite, car au bout de l'escalier d'où il tira, il y avoit une montée, laquelle conduisoit à la fausse porte du palais, qui répondoit à une rue sans boutiques : ayant trouvé là son cheval, qu'un complice à cheval luy tenoit prest, il monta dessus et se sauva. Ceux de la suite de M. de Puylorens ramassèrent son mousqueton et sa casaque de sarge bleue doublée de jaune, qu'il avoit laissée sur le lieu, tout proche une avance d'un gros mur où il s'étoit appuyé pour tirer; si bien qu'un Italien, deux jours après, se promenant en cet endroit et le considérant, ne put s'empescher de s'écrier qu'il n'y avoit pas au monde de si beau poste d'assassin : *O! che bel posto*[1]*!*

Vous croyez bien que ce coup fit songer M. de Puylorens à sa conscience et qu'il se le tint pour dit; aussi ne pensa-t-il plus qu'à sortir des mains des Espagnols, et les voyant en humeur d'obliger Son Altesse royale d'entrer en France les armes à la main, dès qu'il fut remis de sa peur et presque guéry de sa blessure, le marquis d'Aytone et luy travaillèrent à un nouveau traité que Monseigneur signa bientost après, mais l'on en parla si haut et l'on en fit tant d'éclat que nous jugeasmes tous qu'un si grand

---

1. Goulas avait d'abord écrit : « Il ne se pouvoit de plus beau poste d'assassin; » le texte que nous donnons est dans l'interligne, au-dessus des mots rayés (Ms. de Paris, fol. 103 r°). Les *Mémoires de Montrésor* (p. 390) relatent également avec détails « l'assassinat commis en la personne de M. de Puylorens à Bruxelles. »

bruit de guerre ne seroit pas suivy de la guerre, et quoique j'eusse un chasteau à perdre et à raser[1], je ne laissay pas d'accepter une compagnie dans le régiment des gardes de Son Altesse royale qu'il devoit mettre sur pied à trois semaines de là.

Cependant l'on raisonnoit continuellement chez Monseigneur, chez la Reyne et dans la ville, sur le coup de mousqueton; l'on en cherchoit les auteurs, j'entends ceux qui avoient inspiré l'assassin. Quelques uns en accusoient le conseil d'Espagne, qui appréhendoit que ce favory ne prestast l'oreille aux offres du cardinal de Richelieu, lequel, méditant la rupture entre les couronnes, ne vouloit point laisser l'héritier présomptif du Roy entre les mains de ses ennemis; d'autres attribuoient le projet à la maison de Lorraine, laquelle craignoit l'accommodement de Monseigneur parce que le Roy s'étoit trop déclaré contre le mariage, et ne doutoit plus que Puylorens n'eust dessein de sortir de Flandre dans les conjonctures présentes; d'autres soupçonnoient qu'il venoit des grands du pays, outrés de sa vanité et de ses galanteries avec mademoiselle de Chimay, lesquelles avoient tellement révolté ses proches qu'ils ne les pouvoient plus souffrir; d'autres vouloient que le Père Chanteloube[2] en fust l'auteur

1. Le château de la Mothe en Brie.
2. L'assassinat de Puylorens a été attribué, par l'auteur d'une nouvelle historique, à la princesse de Phaltzbourg et au père Chanteloube; suivant cet écrivain anonyme l'assassin serait un nommé *Clausel*, connu de Chanteloube. (Voir *La princesse de Phalsbourg, nouvelle historique et galante*. Cologne, P. Marteau. 1739. In-12, p. 119.) Cette nouvelle a généralement suivi les faits historiques. Elle est en cela d'accord avec les *Mémoires du duc d'Orléans*. La Haye, 1685. In-12, p. 246 et 247. (Note de M. Monmerqué.)

parce que M. de Puylorens l'avoit toujours méprisé, et depuis quelque temps étoit très mal auprès de la Reyne; enfin il n'y eut pas faute de gens qui le dirent un effet de la jalousie de la princesse de Phaltzbourg, laquelle offensée de ce qu'il avoit donné son cœur à une autre, avoit changé en haine son amitié et s'étoit voulu venger. Quoy qu'il en soit nous nous réjouismes tous de ce qu'il étoit sorty d'affaire si heureusement, et qu'il eut été si bien persuadé qu'il ne faisoit plus bon pour luy en Flandre; car nous commencions d'estre pressés de la nécessité et de confesser que M. du Chastelet[1] avoit eu raison de dire dans ses vers :

> Ces messieurs retirés à la cour de Bruxelle
> Ont mangé leur vaisselle,
> Et tremblent au serein, sous la légèreté
> De leurs habits d'été.

M. Goulas avoit mangé sa dernière assiette d'argent, avoit eu de la belle vaisselle de fer blanc, et se contentoit de la chair de quadrupèdes sur sa table. Mais il faut que je vous conte comme cette dernière assiette fut mangée, et en quelle compagnie la cérémonie en fut faite. Madame du Fargis, l'objet de la haine de M. le cardinal de Richelieu, étoit parmy nous, à cause que son mary suivoit Monseigneur alors et tenoit rang dans sa cour. Elle avoit avec elle mademoiselle de Marolles, nièce de M. du Fargis, que vous avez vue depuis la comtesse de Villars, une des plus aimables et des plus spirituelles personnes du monde; madame

---

1. Louis-Jules du Châtelet, baron de Circy, fils de Louis du Châtelet, baron de Cirey, et d'Ursule Ruden de Collenberg, fut premier chambellan de Monsieur. Né le 8 août 1594, il mourut en 1672.

de Moret y étoit aussi, toujours fort désolée de la perte de monsieur son fils : nous ne partions point de chez elles, parce que nous y trouvions mieux notre compte, la conversation y étant toute autre que chez les dames flamandes. Nous leur dismes que M. Goulas étoit à la dernière assiette, après quoy il faudroit jeusner, et elles luy députèrent aussitost un de nos messieurs chargé d'un compliment de condoléance sur la malheureuse destinée de sa vaisselle d'argent et l'agonie où elle étoit, offrant d'assister au dernier soupir et d'enterrer la synagogue avec honneur[1]. M. Goulas ne les refusa point, comme vous pouvez penser, et il luy en cousta plus que son assiette, mais elles ne furent servies qu'en vaisselle de fer blanc, et les ragousts n'en furent pas moins bons. Il est vray que la raillerie sur ce sujet fut assez froide, car elles étoient prestes[2] d'en faire autant et elles envoyoient souvent chez le Lombard; enfin, l'on se réjouit assez de ce souper, et il fut cause que d'autres soupers suivirent aussi agréables que le premier. M. de Bueil[3], M. d'Elbène, le petit, M. l'abbé de la Rivière, M. de Patrix, il y avoit toujours dix ou douze per-

---

1. *Enterrer la synagogue avec honneur* est une expression familière qui signifie : bien finir une chose. Dans une lettre du 15 novembre 1688, Mme de Sévigné a dit, dans le même sens : « Nous retournerons ce soir encore à Révannes, pour trois ou quatre jours, et cela s'appellera *enterrer la synagogue* avec le premier président de la cour des Aides, qui a une belle maison ici près. »

2. *Prestes* pour : près. (Note de M. Monmerqué.)

3. Claude de Bueil, seigneur de Tescourt, fils cadet de Claude de Bueil, seigneur de Courcillon, et de Catherine de Montecler, frère de Jacqueline de Bueil, comtesse de Moret, fut pendant quelque temps premier chambellan de Monsieur. Il mourut en 1644.

sonnes à table, et l'on en bannissoit tous les ennuis.

Madame de Moret fit une équivoque qui donna matière à une merveilleuse conversation. M. Goulas avoit un assez gros chien qu'il aimoit : c'étoit comme une espèce de bracque blanc, moucheté de noir, à qui ses laquais avoient appris à se tenir sur le cul tout droit, et à danser. Nous luy fismes faire une huque[1], comme en portent les femmes de Flandre, le gros museau de ce chien, sous cette coiffure, étoit une chose assez plaisante à voir; il s'appeloit Mélampe, et M. de Patrix dit à ces dames : « Il faut que vous voyiez Mélampe avec sa huque. » Madame de Moret luy répondit : « Eh! quoy! Le pauvre Mélampe est-il eunuque? — Nenny, nenny, Madame, répliqua M. de Patrix, en riant, c'est qu'il a une huque, et l'on l'en va coiffer devant vous. — Hélas! dit M. l'abbé de la Rivière, quelle pitié, si le pauvre Mélampe étoit eunuque! » Voilà madame du Fargis emportée de rire, madame de Moret honteuse, mademoiselle de Marolle défaite, et nos messieurs à plaindre le triste sort de Mélampe si son maistre le rendoit eunuque, et à pousser la conversation; et M. de la Rivière fit le conte de madame de Longueville, la douairière, laquelle voyant Bertault[2] parler à la Reyne mère, dit à madame la

---

1. Voile ou manteau de femme, qui se mettait sur la tête et descendait jusqu'à terre. (Note de M. Monmerqué.)

2. En parlant de ce Berthaud, que l'on appelait *l'incommodé* parce qu'il était châtré, Tallemant des Réaux (*Historiette* sur Bertault, neveu de l'évêque de Seez), dit que madame de Longueville « s'avisa la première, ne voulant pas prononcer le mot de *chastré*, de dire *cet incommodé*, en monstrant un chastré qui chantoit fort bien, et qui vint à la cour du temps du cardinal de Richelieu : « Mon Dieu, Mademoiselle, » disoit-elle à mademoiselle de Seneterre, « que cet *incommodé* chante bien! »

princesse de Conty : « Madame, qui est ce pauvre affligé là? — Madame, luy répondit-elle, c'est la plus belle voix de France, et l'homme du royaume qui chante le mieux. — Quoy! Madame, reprit-elle, il chante? — Ouy, Madame, et à merveille. — Voilà qui est bien étrange, répliqua-t-elle, car il me semble qu'il devroit toujours pleurer, et ne chanter jamais. » — Nous nous divertismes ainsi jusques à plus de minuit, et Monseigneur, ne voyant personne de nous autres chez luy le soir, vint passer une heure avec nous.

Or ce fut durant ce long séjour de Bruxelles que je commençay d'entrer dans sa privance : il m'appela bien plus souvent à ses petits couchers; il me parla de beaucoup de choses, il me mena plus souvent avec luy, enfin il se découvrit en quelques occasions assez sérieuses, parce qu'il me croyoit discret et connoissoit que je ne me voulois attacher qu'à sa personne, et que si je rendois quelques soins à M. de Puylorens, c'étoit sans bassesse et comme à celuy qu'il honoroit de sa confiance.

Il se passa mille intrigues dont j'ay peine à me souvenir. Monseigneur fut brouillé avec la Reyne, sa mère, sur le sujet de madame du Fargis qu'il avoit faite dame d'honneur de Madame, contre la volonté de la Reyne et de son ministre[1]. Ce bon père[2] pressoit d'entreprendre quelque chose en France et secondoit

1. Gaston nomma, le 23 janvier 1634, la marquise du Fargis dame d'honneur de la duchesse d'Orléans, pour se venger, paraît-il, de Marie de Médicis qui avait protégé un petit gentilhomme du nom de Heurtaut dont l'épée avait blessé, dans une rixe, le marquis du Fargis.
2. Ce bon père, c'est Chanteloube.

les Espagnols qui n'en donnoient pas les moyens, car la maison d'Autriche avoit trop d'affaires partout, en Allemagne particulièrement, où elle étoit après à ruiner les restes de la faction du Walstein, tué à Egra, par le commandement de l'Empereur[1]. Ils n'osoient branler en Flandre dans la jalousie que les Suédois leur donnoient, répandus partout le long du Rhin, que l'on disoit se vouloir joindre à l'armée d'Hollande pour faire un grand effort dans le pays; tout cela, dis-je, nous obligeoit de demeurer les bras croisés, et plus que tout cela la nécessité et le manque d'argent[2].

Madame la princesse de Phaltzbourg arriva là dessus[3], et il est bon que je vous touche quelque chose de sa fortune et de ses aventures. Après la noce de M. le duc François, son frère, et de madame Claude, sa cousine, et la renonciation de M. de Lorraine, ils avoient été menés à Nancy où on les observoit assez soigneusement; mais s'étant résolus de sortir de cette espèce de captivité, et le Roy n'étant peut estre pas fasché de s'en décharger, ils sortirent déguisés les uns et les autres; les premiers se retirèrent en Italie, elle en Flandre. L'on nous dit que

1. Albert-Venceslas-Eusèbe, comte de Waldstein ou Wallenstein, qui, comme général des armes de l'Empire, avait pris une grande part à la bataille de Lutzen (16 novembre 1632), s'était révolté contre l'Empereur. Cet homme, « de soy insupportable, de maison médiocre, » comme dit Bassompierre (t. IV, p. 160), fut tué par des serviteurs de l'Empereur, le 25 février 1634, à Egra, en Bohême, sur les confins de la Franconie. — Dans le manuscrit de Vienne (fol. 204 v° et 205), on parle avec quelques détails d'Albert de Waldstein, duc de Friedland.

2. Tous ces petits incidents de la vie de Goulas ne figurent pas dans le Ms. de Vienne.

3. Mars 1634.

pour s'évader elle s'étoit mise sur le devant d'un carrosse, comme un gros paquet, et qu'à une lieue de la ville, elle avoit pris ses habits et gagné Besançon, pour s'aboucher avec M. de Lorraine, son frère; qu'ayant pris des mesures ensemble, elle étoit entrée en France, avoit traversé la Champagne et un coin de la Picardie, et s'étoit rabattue vers Cambray, ou quelque autre place de cette frontière. Enfin, elle arriva à Bruxelles, conduite par M. d'Elbeuf, qui l'avoit été rencontrer pour l'instruire de ce qui se passoit à notre cour et ailleurs. Chacun fut fort alerte, voyant cette princesse que l'on croyoit aimer l'intrigue et venir chargée d'instructions de la part du duc Charles, son frère. M. de Puylorens en usa avec elle à merveille; il luy rendit les mesmes respects qu'à Nancy, il luy parla d'affaires, mais il se garda bien de luy dire le secret de son maistre et n'en perdit pas une visite de mademoiselle de Chimay, tellement qu'elle connut bientost par elle mesme la vérité de la prophétie que M. de Chaudebonne luy avoit faite, à Nancy, que je vous ay dite[1].

Enfin M. de Puylorens, résolu de sortir son maistre de ce pays et de le raccommoder avec le Roy, s'en ouvrit tout de bon au petit M. d'Elbène, lequel ayant fait savoir à M. l'abbé d'Auvilliers[2], son frère, depuis évesque d'Agen, qui cinq ou six mois auparavant jetoit toujours quelque parole d'accommodement à M. de Chavigny, que l'on y étoit disposé de deçà, celuy cy en parla au Roy et à M. le Cardinal et les trouvant en

1. Voir plus haut, p. 141-142.
2. Julien d'Elbène, abbé d'Auvilliers.

la mesme disposition, ils commencèrent de négocier luy et l'abbé, et ce dernier fit deux voyages à Bruxelles, sous prétexte de certaines affaires qu'il avoit avec son frère. Mais il faut savoir que les Espagnols en hastèrent la conclusion sans y penser : car, voyant Monseigneur en peine de la haine des Flamands pour les François et les Espagnols, et des murmures du peuple, meslés de menaces depuis la nouvelle de la détention du duc d'Arscot en Espagne et de la prison du prince de Barbançon, la fuite du prince d'Espinoy et du comte d'Hennin, la condamnation du comte Henry de Berghes; mesme qu'il avoit passé jusques à cette insolence que de couvrir de boue son tableau, qu'un artisan avoit mis à son enseigne dans la ville, ils luy conseillèrent de se retirer à leur armée, où il seroit en toute sureté, et un du conseil ajouta que s'il appréhendoit quelque violence de la part des Flamands, on lui pourroit fournir des vaisseaux qui le passeroient en Espagne, et qu'il y en avoit de prests à faire voile. A ce mot, M. de Puylorens regarda son maistre, et luy regarda son confident, et je pense qu'ils résolurent au sortir de la conférence de partir le plus tost qu'il seroit possible et de s'éloigner de ces vaisseaux qui alloient en Espagne.

Le gain de la bataille de Nordlingen[1], et la créance que le Cardinal Infant ne tarderoit point d'arriver en Flandre, aida encore à conclure notre traité, car Monseigneur ne se vouloit point trouver avec luy dans

1. Gagnée sur les Suédois le 17 août 1634. Le marquis de Bassompierre a écrit un récit de la bataille de Nordlingen, que l'on peut lire dans les *Mémoires de monsieur de Montrésor* (t. II, p. 130, éd. de Leyde, M. DC. LXV).

le pays, de peur d'estre effacé par ce prince victorieux, triomphant et accompagné de l'élite des forces d'Espagne et d'une grosse cour; d'ailleurs la prospérité de la maison d'Autriche luy étoit suspecte, s'imaginant que leur bonne fortune leur donneroit des pensées qu'il n'avoit point eues jusques là.

Monseigneur tenoit son traité fort secret, et hors Mrs de Puylorens et d'Elbène, je ne crois pas que personne en sust rien au vray et y eust part. La Reyne mère le craignoit extrêmement, Madame et madame la princesse de Phaltzbourg encore plus, dans la créance que ce seroit à leur préjudice; tous le vouloient néanmoins, les armes à la main, pour en profiter et rentrer chacun à sa place; car ils voyoient que la chose se faisant sourdement, et sans leur participation, le seul Puylorens en profiteroit, comme il arriva. Enfin, il fut achevé lorsqu'il y avoit un plus grand bruit de guerre, et Monseigneur faisoit mesme lever des gens en France, pour mieux couvrir le jeu et amuser les Espagnols et les Lorrains; et considérez comment les grands traitent les petits et les sacrifient, comment ils se jouent de leur vie et de leur mort : il y eut une espèce de brave, lequel avoit été envoyé à Paris pour débaucher des officiers d'armée et errer[1] des soldats, et ce malheureux ne se tenant pas assez sur ses gardes, fut arresté et mis prisonnier. Étant interrogé et convaincu, d'abord on le condamne à estre pendu, et les ministres du Roy le laissèrent pendre, pour la beauté du théâtre et bien persuader le monde que Mon-

1. *Errer* ou *arrher*, dans le sens de donner des erres ou des arrhes, mauvaise expression définie dans le *Dictionnaire de Trévoux*.

seigneur n'étoit point accommodé comme l'on disoit. J'ay ouy assurer depuis que l'on étoit d'accord de tout quand il fut exécuté, et que Monseigneur n'attendoit que l'occasion d'évader; ce qui prouve que le gibet est pour les malheureux. Sans mentir, c'étoit un vray visage de pendart et je ne vis jamais de physionomie si patibulaire.

Mais Son Altesse royale avoit tant de peur que l'on ne soupçonnast dans sa cour qu'il étoit prest à se retirer, qu'il ne souffroit pas mesme à son petit coucher que l'on parlast de la France et des ministres du Roy, et M. d'Elbène, qu'il y appeloit souvent, l'ayant remarqué, me disoit toujours : « Je puis vous faire donner le bon soir quand il me plaira, je n'ay qu'à entamer un propos où M. de Chavigny et le père Joseph seront meslés, et vous délogerez à l'heure mesme. » Nous avions cette espèce de chiffre luy et moy pour nous faire licencier quand le petit coucher passoit deux heures après minuit, car aussitost qu'il avoit dit : « Monseigneur, le père Joseph ne manque jamais..... » Son Altesse royale l'interrompoit avec ces paroles : « Monsieur le diable, je vous donne le bon soir, et à *todos*. » Ainsi nous sortions étouffant de rire et il m'assuroit que c'étoit bon signe et qu'il m'en diroit un jour la raison, que je vous ay dite[1].

Je ne vous ay pas dit, et vous souffrirez s'il vous plait cette digression, que Madame étant arrivée, l'on songea à ruiner l'amour du prince et de Doña Blanca; et que plusieurs raisons obligèrent d'y travailler. Premièrement, n'étant plus au palais (car elle demeu-

1. Cette « digression » sur la vie intime de Monsieur, ainsi que celle qui va suivre, ne se trouve pas, bien entendu, dans le Ms. de Vienne.

roit avec sa mère depuis son mariage), sa passion portoit plus de scandale, puisqu'il ne la pouvoit plus voir qu'aux églises et à quelques visites; il n'avoit plus d'attache au palais et l'on craignoit qu'il ne s'y ennuyast; en troisième lieu le confesseur de la Reyne, qui étoit le sien, se désespéroit de cette affection pour une femme mariée, qui ne pouvoit estre que criminelle, et en fit tant de bruit que la Reyne mesme contribua à l'éteindre et en faire naistre une autre, laquelle enfin ne se trouva pas moins ardente que la première, s'il en faut croire certaines personnes, et cette demoiselle qu'il aima, de beauté médiocre et de peu d'esprit, étoit fille du comte de Varfusé, lequel ayant été des plus avant dans la conspiration des grands du pays, voyant leur machine découverte, s'étoit de bonne heure retiré au Liége.

Les pièces que l'on mit en batterie, pour ruiner Doña Blanca, furent premièrement le scandale et puis quelque coquetterie avec le duc de Lerme, qui commença de la servir, mais très discrètement, dès qu'elle fut mariée, peut estre afin de donner matière de la ruiner avec son amant, ayant découvert qu'on le vouloit attacher au palais; et pour embarquer Monseigneur avec Varfusé, l'on luy disoit que c'étoit une place comme imprenable, la personne la plus éloignée du coquet qui fut jamais, un marbre qui ne se pouvoit entamer, et que M. de Moret, si bien fait et si honneste homme, en quatre mois qu'il l'avoit servie, n'en avoit pas eu un regard. Enfin, Monseigneur, par considération ou par inclination, s'attacha à cette créature et quelque temps après l'aima fortement. Il nous dit depuis avec sa délicatesse ordinaire que le diable en cette rencontre avoit été merveilleusement fin d'avoir obligé la Reyne, sa mère, si chrétienne, et son confesseur, si homme de bien et si saint, à lui donner une maistresse, et qu'il ne se peut de plus honnestes *terceres*[1].

Mais nous apprismes une chose, au mois de septembre, qui consterna toute la Lorraine de notre cour. Le parlement, par son arrest du 5me septembre, avoit déclaré le mariage de Monseigneur et de madame la princesse Marguerite non valablement contracté, et condamné M. de Lorraine, M. le duc François et madame la princesse de Phaltzbourg à demander pardon au Roy, pour y avoir assisté[2], et il s'étoit servy de certains termes qu'on disoit injurieux à ces princes, comme « au préjudice de la fidélité due par un vassal lige à son seigneur souverain[3], contre les lois du royaume, les ordonnances des rois, l'honneur de la couronne et la sureté de l'État; » toutes lesquelles paroles pénétrèrent bien avant dans le cœur glorieux de madame de Phaltzbourg et de Madame, si bien qu'elles ne pouvoient comprendre que Monseigneur se dust accommoder après cela, ni qu'aucun de ses bons serviteurs le lui dust conseiller; néanmoins il n'y en avoit pas un qui ne le souhaitast comme son salut, et qui n'eust donné de son sang pour voir Son Altesse royale en la place qui lui appartenoit par sa naissance, auprès de Sa Majesté.

---

1. De l'espagnol *tercero*, entremetteur. (Note de M. Monmerqué).

2. Cet arrêt a été imprimé dans la *Gazette* du 15 septembre 1634, p. 381. — Voir pour les pièces concernant cette affaire les *Mémoires de Mathieu Molé*, par A. Champollion. T. II, p. 214-289.

3. Sic pour *suzerain*. (Note de M. Monmerqué.)

M. d'Elbène donc ayant ajusté toute chose et fait le conte[1] de M. de Puylorens tout entier, il ne restoit plus qu'à trouver l'occasion d'évader. Il y avoit un bruit sourd dans Bruxelles que l'accommodement de Monseigneur avec le Roy son frère étoit fait[2], et M. le marquis d'Aytone en avoit dit quelque chose, peut estre pour découvrir ce qui en étoit et voir si l'on s'éclairciroit avec lui là dessus; mais M. de Puylorens et ses confidents, comme Mrs du Coudray Montpensier et de Verderonne, faisoient bonne mine, et agissoient en gens qui avoient pris racine en Flandre. Enfin le marquis d'Aytone étant obligé d'aller à Trevure[3], l'on se prépara pour partir ce jour là, qui fut le 8me d'octobre, dont je me puis bien souvenir, et je vous en diray la raison tantost.

La veille, que nous étions au cours[4], M. d'Elbène, notre négociateur, M. Goulas et moy, je les vis en fort belle humeur; ils rioient et se disoient l'un à l'autre : « Demain, à pareille heure que celle cy, il y aura quelque vacarme en cette ville et ailleurs, et l'on verra des gens bien étonnés. » Je regarday M. d'Elbène et lui dis : « Vous estes monsieur le diable, mais si vous nous remeniez en France, vous seriez un merveilleusement bon diable ; je vous aimerois, je pense, et vous honorerois presque autant que mon bon ange. » Là dessus il me prit par la teste et

---

1. Sic pour *compte*. (Note de M. Monmerqué.)
2. « L'accommodement fait entre le Roy et M. le duc d'Orléans retournant de Flandre » porte la date du 1er octobre 1634.
3. Tervueren ou Tervure, en Brabant méridional.
4. Cette conversation avec d'Elbène n'est pas rapportée dans le Ms. de Vienne.

m'approchant de M. Goulas, il luy parla en ces termes :
« N'en faisons point les fins avec luy, je luy vais confier
le secret et luy confesser que nous partirons demain
au matin, et s'il veut estre de la partie je luy presteray
un bon cheval. » Je luy répliquay : « Je suis fasché
de n'en pouvoir estre, car je ne saurois abandonner
cet homme là (montrant de la teste et des yeux
M. Goulas), et je veux courir sa fortune; et puis,
ajoutay-je en riant, vous ne me donneriez pas le meilleur cheval de votre écurie, aussi ne seroit il pas raisonnable. » Nous parlasmes ensuite des conditions de
l'accommodement, et il m'en apprit quelques unes
qui se pouvoient dire, déplorant le malheur de certaines personnes de nos amies dont l'on ne vouloit
point ouir parler à la cour, et madame du Fargis étoit
du nombre. Nous le menasmes chez luy et allasmes,
M. Goulas et moy, chez Monseigneur où tout étoit
calme, sans qu'on se défiast de ce qui devoit arriver à
douze heures de là. Nous le trouvasmes assez gay et
cheminant de chambre en chambre, avec son inquiétude ordinaire, et, sachant ce que nous savions, nous
admirasmes la malheureuse condition des plus grands
princes qui sont obligés quelquefois de jouer et trahir
leurs plus proches, et les personnes qui leur doivent
estre plus chères, car la Reyne mère et Madame ne
songeoient point du tout à son départ, et elles avoient
tant ouy dire de fois à faux qu'il étoit accommodé et
qu'il s'en alloit qu'elles n'y croyoient plus.

Enfin, ce 8me d'octobre, vers les sept heures du matin,
feignant qu'il y avoit un renard en beau courre dans
un bois assez près du faubourg, il courut en renard,
et prit la Cappelle à dix huit bonnes lieues d'où il

avoit couché, et y arriva qu'il étoit nuit. M. d'Elbène avoit des lettres du Roy au gouverneur, [le baron du Bec, assez surpris d'apprendre que Monsieur étoit là[1]], afin qu'il reçut Monseigneur, mesme pour plusieurs autres de cette frontière, en cas que Son Altesse royale eust été obligée, de se présenter à leurs places. Vous verrez dans les relations du temps comment il fut reçu à la Cappelle, en Picardie et à la cour[2], et comment, après avoir été merveilleusement bien traité du Roy, il passa de Saint-Germain à Limours, puis à Orléans, et alla faire son séjour et se reposer à Blois[3].

J'ay à vous dire ce qui nous arriva à Bruxelles et que M. de la Rivière, craignant l'émotion du peuple,

1. Ce membre de phrase se trouve dans le Ms. de Vienne, fol. 201.
2. Voir notamment le *Mercure françois*. T. XX, p. 871-876.
3. Dans le ms. de Vienne, Goulas est moins sobre de détails sur la rentrée de Gaston en France; voici comment il en parle : « D'Elbène partit le lendemain du jour de l'arrivée de Son Altesse royale à Capelle pour donner avis au Roy que Monsieur étoit en France, et Son Altesse royale alla à Liesse remercier Dieu de son heureux retour et de ce que le Roy luy avoit rendu ses bonnes grâces. Le duc de Chaulnes le fut prendre là et le mena chez luy à Chaulnes, où il le régala quelques jours magnifiquement, pendant lesquels ses gens eurent moyen de le joindre et Chavigny de le venir trouver et féliciter de la part du Roy, avec cinquante mille écus que Sa Majesté luy envoyoit. Il se rendit à Saint-Germain le 27me octobre et le Roy le reçut avec tendresse et luy témoigna une joie extrême de le voir auprès de sa personne. Le Cardinal y vint l'après disnée, et Monsieur courut l'embrasser mesme avant que le Roy l'eust prié, comme il fit incontinent après de l'aimer et d'en faire le cas qu'il méritoit; et pour témoigner que le passé étoit oublié, il disna à Rueil le lendemain où l'on vécut de la meilleure amitié du monde, sans dire un mot de la Reyne mère, ni de Madame, le Roy prétendant poursuivre la dissolution du mariage. »

persuada à M. Goulas de sortir de son logis et de se mettre en sureté, ajoutant qu'il vouloit sortir du sien et l'accompagner. Ayant consulté quelque temps tous trois et cherché où ils iroient, je leur proposay les Carmes déchaussés où j'avois crédit, et ils acceptèrent le party. A l'heure mesme je vais trouver le supérieur auquel je fis trouver bon de leur donner retraite par charité, et qu'ils envoyassent leurs lits dans la maison par la porte de derrière, luy exagérant la fortune qu'ils couroient ou qu'ils croyoient courir. Le bon Père étoit de mes amis, et un des siens, mon confesseur, se joignant à moy, nous obtinsmes ce que je désirois, et il me donna une chambre hors du couvent, à un bout de jardin, où il mettoit les religieux qui faisoient retraite. Dès que je fus de retour chez M. Goulas, ils envoyèrent leurs meubles sous la conduite de mon laquais, et suivirent à demi heure de là. Ils y demeurèrent jusques au soir du lendemain, goustant le silence de cette sainte maison, et se comportant en parfaits solitaires. Mais M. de la Rivière ayant appris que rien ne branloit dans la ville, que le peuple, qui avoit grondé d'abord, s'étoit fort adoucy à un bruit que M. Goulas avoit répandu que Monseigneur envoyoit de France cent mille écus pour payer tout ce qui étoit dû aux bourgeois par ses gens, et que les Espagnols prenoient le party honorable, disant que Son Altesse royale ne devoit pas s'en aller ainsi, puisqu'il avoit toujours eu la liberté de se retirer, il abandonna la cellule et sortit, commandant à ses gens de reporter son lit à son logis. M. Goulas en fit autant après avoir remercié les pères et laissé une bonne aumosne à la maison. Cinq ou six jours après, il reçut un ordre de Monseigneur de faire un état des dettes de tous ses gens, avec une lettre de change de quatre vingt mille écus, si bien que l'on satisfit tout le monde et l'on paya jusques au dernier quatrain, avec un merveilleux transport des artisans, quoiqu'il y eust de leurs filles grosses et que les gendres prétendus eussent abandonné leurs ménages pour jamais. Sérieusement j'ay ouy assurer qu'il y avoit bien à Bruxelles trois à quatre cents enfants de François qui n'étoient pas nés en loyal mariage.

Madame porta sa disgrâce courageusement et chrétiennement; elle ne se défit pas trop au bruit du départ de Monseigneur, et m'étant présenté à la porte de son cabinet entre onze heures et midy, elle me fut ouverte, et je passay dans une grande galerie où l'on entroit de ce cabinet, attendant qu'on la vit. Ses femmes de chambre alloient et venoient fort étonnées, et l'une d'elles me considérant (car je me promenois à grands pas comme ayant quelque chose de fascheux à l'esprit) me dit lorsque je fus près d'elle : « Vous n'estes pas si fasché que vous le faites paroistre. — Vous me pardonnerez, luy répondis-je, car Monseigneur me laisse et ne m'a pas témoigné la mesme confiance qu'aux autres qui n'ont pas peut estre tant de passion pour son service, ni tant d'affection pour sa personne. » Madame vint là dessus et se mit dans sa chaise fort interdite; et l'on parla de choses indifférentes. Au bout d'un quart d'heure elle alla disner, et je m'en allay chez M. Goulas qui m'attendoit, lequel la vint voir à une heure de là pendant que je faisois ma négociation aux Carmes déchaussés. Il me dit qu'elle avoit peu disné et beaucoup pleuré après, dans le particulier, mais que madame de Phaltzbourg avoit tonné et fulminé contre messieurs de Puylorens et d'Elbène sur lesquels tout le venin tant d'elle que des Espagnols tomboit. Le dernier, quelque temps auparavant, avoit fait venir de Paris les plus beaux rubans du monde, et en fit présent à Madame d'une pièce ou deux et d'un galant[1] admirable, qui lui plaisoit et qu'elle portoit. Madame de Phaltzbourg luy tourna cecy à grand crime, et emportée de colère, voyant ce galant, s'écria qu'il ne le falloit plus voir que trempé dans le sang de d'Elbène. Mais que servoient ces menaces et son chagrin ? *Vana sine viribus ira*, disoit Jupiter dans Virgile, sur les emportements de l'impuissante Junon. Ils avoient tout perdu, ils étoient dans une misère à faire pitié ; ils n'avoient plus de bien, de suite, de serviteurs : le moyen de se venger !

Quant à la Reyne mère, elle se plaignoit hautement de Monseigneur, et beaucoup plus de son favory, lequel avoit rompu avec elle depuis fort longtemps, pour faire connoistre à la cour que son maistre ne vouloit plus avoir là d'attache et n'en auroit jamais, sachant qu'on le désiroit ainsi et que c'étoit flatter le Cardinal, son ennemy irréconciliable. Mais ayant perdu son fils, elle crut qu'il n'y avoit rien à espérer du costé de France, tellement qu'accablée de douleur, elle faisoit tantost un dessein et tantost un autre, et, pour parler véritablement, elle n'en avoit point. J'ay ouy assurer en bon lieu qu'elle avoit tenté de s'accommoder, offrant la carte blanche, et qu'elle

---

1. Un *galant* était un nœud, une cocarde de ruban ou de dentelle. (Note de M. Monmerqué.)

avoit été refusée. Enfin, après la rupture entre les couronnes, elle fut contrainte par le mauvais traitement des Espagnols auxquels elle étoit[1] à charge de passer en Angleterre, où elle n'en reçut pas un meilleur.

Mais il faut dire, avant que finir ce chapitre, comment nous partismes et comment le marquis d'Aytone nous en fit partir. M. Goulas reçut un matin ordre de sa part, de sortir dans vingt quatre heures de Bruxelles, et dans trois jours des états du roy d'Espagne. Il répondit à celuy qui le luy porta qu'il obéiroit ponctuellement et que ce seroit de très bon cœur; que Son Altesse royale luy ayant commandé de faire payer ce que les François, ses serviteurs, devoient aux bourgeois, il en avoit fait l'état, mis l'argent entre les mains du trésorier, et qu'il commençoit de satisfaire, si bien qu'ayant exécuté sa commission, il sortoit du pays avec grande joie et grande obligation à M. le marquis d'avoir ainsi précipité son départ.

Monseigneur me fit donner quatre vingt pistoles, avec quoy je payay mes dettes; j'achetay trois bons chevaux, outre deux que j'avois, et me mis en chemin avec nos messieurs. Je vous proteste que pas un de la carrossée ne pleura de quitter la Flandre, et que nous ne fusmes jamais si aises que quand nous nous vismes à Péronne[2], et en deçà de la Somme, où nous nous souhaitions depuis si longtemps.

Je ne veux pas oublier une particularité que vous trouverez plaisante. Je vous ay dit, ce me semble,

1. Il y avait « fort à charge »; le mot *fort* a été rayé.
2. Péronne, à 51 kil. E. d'Amiens, est situé sur la rive droite de la Somme.

que j'accompagnois quelquefois M. de Puylorens chez madame de Chimay, et que j'étois assez familier avec ses filles. La veille du partement de Monseigneur, j'y étois allé incontinent après disner, et ne trouvant point l'aisnée à sa chambre, ni à celle de sa mère, je l'allay chercher au jardin, où l'on me dit qu'elle étoit. Je la trouvay dans un cabinet qui regardoit sur la rivière, et assez triste. Dès qu'elle m'aperçut, croyant que M. de Puylorens fust chez sa mère, elle sortit, me demandant si l'on avoit disné à la cour. Je luy dis que j'avois disné et que je pensois que les autres disnoient encore. — « Vous estes donc seul, reprit-elle? — Ouy, luy dis-je, et maintenant en belle et bonne compagnie, ayant l'honneur d'estre auprès de vous. — Je vous veux faire une confidence, me dit-elle : quand vous estes arrivé, je songeois à mon miroir que j'ay cassé ce matin (elle me le montra qui pendoit à sa ceinture[1]) et cela signifie que je perdray un amant. — Vous vous moquez, répliquay-je, vous estes personne à en faire toujours et n'en perdre jamais. — Non, reprit-elle, c'est une chose certaine et j'en sais cent histoires qui vous étonneroient. — Je n'ay que faire de vos histoires, luy dis-je, car je suis assuré que votre miroir cassé vous a protesté mille fois, qu'étant telle que vous estes, ce qui arrive aux autres n'est pas pour vous. — Enfin, interrompit-elle, prosnez tant qu'il vous plaira, vous ne m'osterez point cela de l'esprit, et vous verrez avant qu'il soit peu, que je

1. Un petit miroir ovale, suspendu à un cordon, faisait partie de l'habillement d'une femme à la mode. Voir ma notice sur l'abbé de Choisy. T. LXIII, p. 131 de la 2e série de la collection Petitot. (Note de M. Monmerqué.)

perdray un amant. » Après quelques autres propos, M. de Puylorens ayant paru sur la terrasse, accompagné de toute la belle noblesse de Monseigneur, je lui quittay la place, comme vous pouvez penser. Il est vray que le lendemain, à huit heures du matin, il partit et fut perdu pour elle, car il ne l'a pas revue depuis, étant mort sept ou huit mois après, et elle épousa le marquis de Gonzague, de la maison de Mantoue[1]. Ainsi nos prophéties furent accomplies : elle perdit un amant et ne fut pas sans amant ; mesme il est venu un bruit jusques à moy, que l'Infant-Cardinal luy en avoit voulu conter, et que s'étant adressé à madame du Fargis, qui étoit demeurée à Bruxelles, comme je vous ay dit, afin qu'elle le servist en cette occasion (car madame de Chimay l'avoit retirée chez elle après le départ de Monseigneur), elle s'excusa en honneste personne, lui disant ces propres paroles : « Son Altesse royale fait tort à la Reyne, sa sœur, de croire que celle qui a eu l'honneur de sa privance soit capable de l'employ où Elle désire qu'elle la serve. » Bientost après elle s'en alla à Anvers, et prit une maison proche des Carmelites, où n'ayant de société

1. Marigny rappelle en ces termes mademoiselle de Chimay aux souvenirs de Monsieur : « Votre Altesse royale a vu cette merveilleuse mademoiselle de Chimay, qui n'avoit non plus pitié du cœur de votre favori que des autres. On la voit sous le nom de madame de Gonzague, toujours belle, et toujours aimable. Je ne vous en saurois parler avec beaucoup de certitude en mon particulier, car je ne l'ay jamais vue qu'avec une coiffe sur le visage,

  Et je ne sais pourquoy la fortune inhumaine
  Me veut ainsi cacher cet objet glorieux,
  Si c'est pour épargner à mon cœur quelque peine,
  Ou pour ne donner point de plaisir à mes yeux. »
    (*Lettre de Marigny à Mgr le duc d'Orléans*, p. 14.)

qu'avec ces saintes filles, elle songea sérieusement à bien mourir; et Dieu luy en fit la grâce, car il la prit lorsqu'elle n'aimoit plus que luy, et travailloit à payer par une pénitence austère ce qu'elle croyoit devoir à sa justice.

CHAPITRE XXVII.

Du séjour de Monseigneur à Blois, après son accommodement avec le Roy, et de son voyage à la cour, en suite des noces de M. de Puylorens, qui fut aresté à quelques jours de là et mené au bois de Vincennes, où il mourut (1635).

Vous avez ouy dire, ou vu dans les relations de ce temps là, comment Monseigneur fut reçu de Sa Majesté à Saint Germain et comment le Roy luy présenta M. le cardinal de Richelieu, le priant de l'aimer pour l'amour de luy. Le lendemain Monseigneur fut à Ruel voir Son Eminence, y disna, y passa presque tout le jour, et il ne se peut de plus belle amitié; néanmoins *ciascheduno guarda la sua cattiva volontà*[1]. Le soir Son Altesse royale retourna à Saint-Germain; il fit sa cour au Roy et à la Reyne; le jour d'après il prit congé de Leurs Majestés et alla à Limours, et y ayant demeuré quelque peu, il gagna Orléans et puis Blois. Ce fut où nous le trouvasmes qu'en cette ville de Blois, et on luy avoit déjà mis en teste d'abattre le chasteau, et d'en refaire un tout neuf[2]. M. de Puylorens

1. *Chacun demeure dans sa mauvaise disposition.* (Traduction de M. Monmerqué.)
2. Monsieur n'a heureusement refait qu'une façade du châ-

vouloit un prétexte pour le tenir éloigné de la cour, afin d'avoir de quoy négocier et établir commerce, et Monseigneur étoit très aise de demeurer chez luy et d'avoir occasion de revenir promptement, quand il seroit obligé d'aller rendre ses respects au Roy; car il ne doutoit point, le Roy prétendant faire casser son mariage et le parlement l'ayant déjà déclaré non valablement contracté, qu'on ne luy en parlast bientost et luy fist souffrir mort et passion sur ce sujet. Monseigneur nous reçut à merveilles; il nous questionna beaucoup; il nous parla presque toujours de la Flandre et de Bruxelles, et cinq ou six jours durant nous ne manquasmes pas de matière pour bien faire notre cour.

M. de Puylorens devoit épouser une nièce de M. le Cardinal, et Son Éminence en marioit trois tout au coup : il donnoit la fille aisnée de M. de Pontchasteau à M. le duc de la Valette et la cadette à notre favory, et la fille de M. du Plessis Chivray à M. le comte de Guiche[1]. M. de Puylorens se rendit donc à

---

teau, au commencement de l'année 1635, et non en 1636, comme le dit le Ms. de l'*Histoire de Saint-Laumer*, fol. 38 v°. Il y dépensa environ 300,000 liv. (Voir l'*Histoire du château de Blois*, par M. de la Saussaye. Blois, 1875, p. 355.)

1. Ces trois mariages furent célébrés le même jour, 28 novembre 1634; les noces eurent lieu à l'Arsenal. La fête fut digne de la magnificence du cardinal; Renaudot en a donné la description dans son *Extraordinaire* du 30 novembre.

La fille aînée du baron de Pontchâteau était Marie du Cambout; elle n'eut pas d'enfants et mourut le 12 février 1691. — La cadette était Marguerite-Philippe du Cambout, fille puînée de Charles du Cambout, marquis de Coislin, baron de Pontchâteau, chevalier des ordres du roi, et de Philippe de Beurges, sa première femme; veuve de M. de Puylaurens en 1635, elle épousa en secondes

Paris pour ce mariage, qui le faisoit duc et pair de France, neveu du tout-puissant, et le mettoit en possession d'un grand argent, dont il employa une partie à l'achat de la terre d'Aiguillon, où il établissoit son duché. M. le Cardinal, déboursant force deniers et donnant sa nièce, prétendoit de savoir ce qu'il faisoit, et ne vouloit point dépendre du neveu; il croyoit au contraire que le neveu devoit dépendre de luy, prendre la dernière confiance en luy, le considérer comme un bon père, si bien que s'étant ouvert là dessus, et n'ayant pas eu satisfaction, il eut là son premier dégoust, nonobstant quoy il passa outre.

M. de Puylorens donc, se voyant duc et neveu de Son Éminence, le porta de l'air des plus grands et des princes, et cette hauteur ne déplut pas à ce puissant oncle, étant fondée sur son alliance. Tout le monde le fut féliciter à ses noces; toute la cour eut une extrême déférence pour luy; sa maison ne désemplissoit point du plus beau monde; la plupart des gens de Monseigneur s'humilièrent et s'ajustèrent avec luy; ses parents se mirent en de bons postes, comme M. de Verderonne[1] qui fut fait chancelier à la place de M. Le Coigneux; enfin, jamais homme ne fit en si peu de temps un si grand vol. M. Goulas avoit désiré que je le suivisse à son mariage, c'est à dire que j'allasse à Paris avec luy (Monseigneur étoit demeuré à Blois).

---

noces, en février 1639, Henri de Lorraine, comte d'Harcourt, d'Armagnac et de Brionne, grand écuyer de France, et mourut le 9 décembre 1674, âgée de cinquante-deux ans. — Enfin Françoise-Marguerite de Chivré, qui épousa le comte de Guiche, était fille d'Hector de Chivré, seigneur du Plessis, et de Marie de Conan.

1. La mère de M. de Verderonne et la mère de M. de Puylaurens étaient sœurs.

Il [M. de Puylorens] m'avoit fait avoir depuis peu ma charge de gentilhomme de la chambre; ou, pour mieux parler, il m'avoit fait mettre sur l'état, à dix huit cents livres de gages, en arrivant de Flandre, et cela pour témoigner à M. Goulas qu'il se vouloit sincèrement raccommoder avec luy, et il avoit fait trouver bon à Monseigneur que je tirasse récompense de ma charge d'ordinaire. Mais M. de Guymené[1] ne fut-il pas admirable sur le sujet de la hauteur du nouveau duc? Il dit d'avoir eu une belle preuve qu'il l'honoroit de son amitié, puisque lui ayant demandé une chose avec chaleur, de passer devant à une porte où ils s'étoient rencontrés, il la lui avoit accordée à l'instant mesme.

Je partis donc de Blois avec M. de Puylorens pour l'accompagner et me trouver à la cérémonie de ses fiançailles, qui fut faite dans le cabinet du Roy. La Reyne y mena les épousés et les épousées, et il y avoit tant de monde que Sa Majesté mesme avoit peine à entrer, tellement que nous demeurasmes dans sa chambre huit ou dix personnes, aimant leur commodité, qui ne se plaisoient pas dans la foule. Je commençay là ma connoissance avec M. de Coislin[2], car étant fort amoureux de mademoiselle de Chémerault[3], et la voyant, à ruelle

1. Louis VII de Rohan, prince de Guémené, duc de Montbazon, fils d'Hercule de Rohan et de Madeleine de Lenoncourt, mourut le 19 février 1667.
2. César du Cambout, marquis de Coislin, fils aîné de Charles du Cambout, marquis de Coislin, baron de Pontchâteau, mourut en 1641, à l'âge de vingt-huit ans.
3. Françoise de Barbezières, demoiselle de Chémerault, était alors fille d'honneur de la reine; elle épousa plus tard Macé Bertrand, sieur de la Basinière.

du lit dans le balustre, avec une de ses compagnes, il ne suivit point, demeurant là en *traze de galan*[1], comme ils disent en Espagne ; et parce qu'il aperçut que je souriois de ce qu'il découvroit trop sa passion, il en usa en fort honneste homme, car il me dit : « Vous m'avouerez qu'elle est trop belle pour ne la pas beaucoup aimer. »

Cette cérémonie se fit le 26 novembre, et à dix ou douze jours de là nous fusmes au Parlement[2] à la

---

1. En manière de galant. (Traduction de M. Monmerqué.)
2. L'arrêt du parlement est du 7 décembre 1634. Les lettres d'érection du duché d'Aiguillon, en faveur d'Antoine de l'Age, seigneur de Puylaurens, sont aussi du mois de décembre. Nous détachons de ces lettres (Père Anselme, t. IV, p. 384) le passage suivant : « Louis, par la grâce de Dieu, roi de France, etc....., ayant toujours eu en affection le sieur de Puylorens, en considération de sa naissance et bonnes qualités, nous l'avons dès ses jeunes ans approché de notre très cher et très aimé frère le duc d'Orléans, et il s'est conduit avec tant de devoir, sagesse et fidélité, qu'il l'a élevé aux plus grandes et importantes charges de sa maison ; et bien que l'affection que notre dit frère luy témoigne nous soit un assez puissant motif pour lui départir nos faveurs et nos grâces, si est-ce que nous y sommes encore particulièrement invités par le service qu'il nous a rendu, si connu à tous, et si utile au public, en secondant par ses conseils les bonnes intentions de notre dit frère à rentrer en notre royaume et se rendre auprès de nous, pour y vivre avec le respect et l'obéissance qu'il est obligé nous rendre comme à son frère et son roi, et voulant témoigner à notredit frère combien nous chérissons tout ce qu'il aime et obliger ledit sieur de Puylaurens par la reconnaissance d'un si signalé service suivant nos intentions, portées par notre brevet du 20 octobre 1634, à se conduire près de lui en la confiance qu'il lui a donnée dans la direction de ses plus considérables affaires avec la fidélité et obéissance qu'il nous doit. A ces causes savoir faisons que nous avons par ces présentes créé et érigé de nouveau en faveur dudit sieur de Puylaurens, la terre et seigneurie d'Aiguillon, etc..... »

réception de duc et pair. Elle fut sans doute belle et magnifique et par l'éclat de la grande suite de personnes de qualité, et M. le Comte[1] luy ayant fait l'honneur de le conduire et le présenter à la compagnie; ses lettres furent lues et enregistrées, et il prit sa place. M. Bignon[2], avocat du Roy, et M. Galland, son avocat, parlèrent à merveille, particulièrement le premier, laid, petit, noir, de mauvaise mine, mais si éloquent, si changé quand il parloit, avec des façons de s'exprimer si nobles, un extérieur si modeste et si ravissant tout ensemble, que je sortis charmé de son habileté et de son mérite, car si ses paroles furent belles et bien arrangées, les choses les surpassèrent de beaucoup, et c'étoient des diamants et des saphirs enchassés dans de l'or pur.

Il n'y eut jamais un si beau commencement de mariage, jamais femme ne fut si heureuse que madame la duchesse de Puylorens, jamais jeune personne ne vit tant de régals, bijoux, gentillesses, ensemble tant d'honneurs, de respects, de déférence, enfin n'eut de si beaux jours et des divertissements si agréables et si continus. Ce n'étoit chez elle que bals, violons, comédies, festins, plaisirs; nous y dansions continuellement, la feste étoit perpétuelle : elle n'avoit que quatorze ans, et à peine croyoit-elle ce qu'elle voyoit.

1. Le comte de Soissons.
2. Jérôme Bignon, avocat général au parlement de Paris, avait succédé à Servin, en 1626; ayant été enfant d'honneur de Louis XIII, il était homme de cour et homme de robe. Le témoignage d'un homme du monde, tel que Goulas, vient confirmer toutes les merveilles qu'on raconte de ce grand magistrat, dont malheureusement les actions oratoires n'ont pas été conservées. (Note de M. Monmerqué.)

Madame la présidente de Verderonne menoit la barque et avoit part au crédit du mary, lequel déféroit beaucoup à ses conseils, et faisoit peu de chose sans sa participation : c'étoit la créance commune, et néanmoins M. de Verderonne Norat[1] m'a bien soutenu le contraire depuis.

Mais tant de belles choses passèrent comme un beau songe, et le 14me février, M. de Puylorens, ne se défiant de rien et toujours enivré de son bonheur, fut arrêté au Louvre et mené au bois de Vincennes par ordre du Roy[2], et Mrs du Fargis et Coudray-Montpensier furent mis à la Bastille[3]. L'on envoya M. de Verderonne à une de ses maisons de la campagne avec ses deux enfants, et madame la duchesse de Puylorens vit disparaître toutes les belles choses et retourna chez son père, ou chez madame de Combalet; il n'importe. Aussitost, M. le Cardinal fit saisir les meubles et les papiers, et voulut conserver à sa nièce ce qu'il venoit de lui donner, dans la créance très bien fondée qu'elle ne manqueroit pas de party, perdant son mary. Merveilleux exemple de l'inconstance de la fortune, et de la vanité des choses du monde !

---

1. Claude de l'Aubespine, baron de Noirat, était frère de Charles de l'Aubespine, seigneur de Verderonne. L'un était chancelier et l'autre chambellan de Monsieur. La présidente de Verderonne, leur mère, était tante de M. de Puylaurens.

2. Ce fut Gordes, capitaine des gardes, qui arrêta M. de Puylaurens dans son cabinet; Charost, également capitaine des gardes, arrêta M. du Fargis dans la cour du Louvre.

3. Dans le Ms. de Vienne, fol. 207 r°, on lit : « Le marquis de Fargis et du Coudray Montpensier, *qui passoient pour ses confidents (certainement le premier ne l'étoit point)*, eurent la mesme destinée et furent conduits à la Bastille. »

Cet homme ne dura que quatre mois et tomba du faiste de sa gloire dans un abisme profond dont il ne put sortir.

Or Monseigneur, qui étoit venu à Paris passer l'hiver, se trouva dans le Louvre, auprès de Sa Majesté, quand cet esclandre arriva, et il avoit été ainsi résolu dans le Conseil. Le Roy luy dit ce qu'il venoit de commander à M. de Gordes, et en des termes que la pillule étoit bien dorée ; mais comme ces sortes d'accidents ne luy étoient pas tout nouveaux, ayant déjà vu le maréchal d'Ornano arresté pour son sujet, il se comporta à merveille : il entra dans les sentiments du Roy, il condamna son ministre qui avoit donné ombrage à Sa Majesté et le défendit pourtant dans la créance qu'il étoit innocent, et qu'il avoit plus pesché par imprudence que par malice. Il vint souper chez luy, à l'hostel de Guise[1] où il logeoit, et fut le soir faire sa cour chez le Roy, et y demeura jusques à onze heures. Il ne faut pas demander si Sa Majesté le traita bien, s'il le caressa et s'efforça de lui oster la douleur de cette plaie.

Mais l'après disnée, aussitost après la capture des malheureux, le Roy envoya quérir M. Goulas et M. de la Rivière, lesquels, entrant dans la chambre, y trouvèrent M. le Cardinal qui les arresta. Il leur dit ce qui venoit d'arriver, et se mit à blasmer la conduite mauvaise et criminelle de M. de Puylorens, ajoutant à la fin que, le voyant dans son alliance, il en avoit répondu à Sa Majesté, et que néanmoins il [M. de

---

1. Depuis l'hôtel Soubise, et aujourd'hui l'hôtel des Archives du royaume. (Note de M. Monmerqué.)

Puylorens] conservoit ses intelligences au Pays Bas, et que l'on en avoit des preuves en main. Après quoy il les exhorta de travailler à maintenir Monseigneur dans les bonnes dispositions où il étoit de s'opposer aux mauvais esprits de sa maison, et de se montrer toujours bons François et bons serviteurs de leur maistre, dont les véritables intérests étoient inséparablement unis à ceux du Roy et de l'État. M. Goulas luy répliqua peu de chose, mais bien, et le satisfit extrêmement, et M. de la Rivière prosna longtemps et cageolla Son Éminence à tel point et en si beaux termes qu'Elle en fut comme charmée, et entra en bonne humeur. M. Goulas, quand ils furent sortis[1], blasma M. de la Rivière et luy dit en amy et véritablement qu'il avoit fait là une faute en ce que l'opinion qu'il prendroit de son esprit lui nuiroit auprès d'un homme qui prétendoit estre sans pair et l'emporter en cela sur tous les autres. Certes le bon M. de la Rivière avoit été fort défait d'abord, et ceux qui les virent passer chez le Roy le tenoient plus mort que vif; ils admirèrent tous la fermeté de M. Goulas, et Son Éminence mesme, parce qu'il garda toujours le tempérament *inter abruptam contumaciam et deforme obsequium*[2].

Mais, pour venir à la véritable cause de la ruine de notre favory que peu de gens ont sue et que peut

---

1. S'il faut en croire Montrésor (*Mémoires*, p. 276), quand MM. de la Rivière et Goulas sortirent par le petit escalier du Louvre, tous deux avaient « un extérieur qui faisoit connoistre qu'ils ressentoient avec joie le malheur de Puylaurens, et étoient fort peu touchés de la honte que Monsieur en pouvoit recevoir. »

2. *Entre une brusque résistance et une basse complaisance.* (Traduction de M. Monmerqué.)

estre les faiseurs de relations et de mémoires n'écriront pas, je vous diray que le premier ombrage qu'eut M. le Cardinal vint de ce que Monseigneur témoigna vouloir bastir à Blois ; car il alla penser, ce qui peut estre étoit vray, que l'on faisoit dessein d'amuser là ce prince, afin de le tenir éloigné, de peur qu'il ne l'empaumast; et M. du Coudray Montpensier, qui avoit plus de part qu'aucun autre auprès de M. de Puylorens, avoit dit sottement au Père Joseph, qui n'étoit pas beste : « Je vous jure, mon Père, que la passion de bastir qu'a notre maistre est furieuse : il n'est pas possible de l'arracher d'avec ses maçons. » Le vieux madré vit d'abord où cela alloit et qu'ils ne vouloient point qu'il vinst à la cour, où ils pourroient aisément le perdre. D'ailleurs M. de Puylorens ne parla jamais nettement à M. le Cardinal, sur le mariage, ou démariage de Monseigneur ; il savoit qu'ils le vouloient, il savoit que Monseigneur le défendroit tant qu'il pourroit, et il n'osoit avouer que son crédit n'alloit pas jusques à faire consentir son maistre à ce que le Roy desiroit, si bien qu'il esquivoit continuellement et ne parloit point françois au patron, de peur d'estre moins considéré en lui découvrant son impuissance. Mesme il ne luy dit rien de la lettre que Son Altesse royale écrivit au Pape, en partant de Bruxelles, par laquelle il le prioit de n'ajouter aucune foy à ce qu'il pourroit faire, étant en France, contre son mariage qu'il tenoit très bon et ne vouloit point défaire. Enfin M. Goulas croyoit que M. le Cardinal avoit désiré de luy, pour gage de sa fidélité, des choses à le ruiner avec son maistre, quand il luy plairoit, et que l'autre désespéré de sa tyrannie, s'en étoit défendu et enfin les avoit refusées tout à plat, jusques là qu'un jour M. le Cardinal l'ayant extraordinairement pressé et s'étant servy de ces paroles : « Eh quoy? Monsieur, ne fondrons-nous jamais cette glace? craindrez-vous toujours de vous ouvrir à moy, qui vous fais tant de part de ma fortune? » l'autre le paya de fausse monnoie, et l'Éminence, qui la connoissoit, n'en prenoit pas; et Monseigneur étant allé chez M. le Cardinal, et étant passé seul avec luy à la ruelle du lit, dès que M. de Puylorens les aperçut ensemble, il quitta des gens de qualité auxquels il parloit, et fendant la presse se fut mettre en tiers, ce que les connoisseurs ne manquèrent pas de bien remarquer, et celuy là particulièrement qui étoit le principal intéressé, et qui en savoit plus que les autres. Il songea donc à s'en défaire, ne s'en pouvant assurer, et prit prétexte sur ce qu'il conservoit intelligence au Pays Bas, et il étoit vray qu'il en avoit toujours eu et en avoit encore avec les dames. M. le cardinal de Richelieu donc, qui avoit le secret du Roy, et voyoit qu'ils alloient rompre avec l'Espagne, auroit sans doute fait faute de laisser davantage Puylorens maistre de l'esprit de Monseigneur, [de laisser, dis-je, en cette place un [1]] jeune homme ambitieux et téméraire, lequel ayant gousté des douceurs de la considération que donne la faveur d'un présomptif héritier de la couronne, avoit conçu de hautes espérances, et étoit pour leur faire un embarras dans l'État, lorsqu'ils

1. Les mots entre [ ] sont empruntés au Ms. de Vienne, fol. 208 r°; ils donnent plus de clarté à la phrase et indiquent, une fois de plus, comment Nicolas Goulas, en recopiant les parties principales de ses premiers écrits, corrigeait lui-même ses phrases.

seroient plus embarassés de la guerre étrangère. Tout cela ensemble causa la ruine de ce favory, dont je vis naistre et mourir le bonheur[1].

Or les propos qu'avoit tenus M. le Cardinal à Mrs Goulas et la Rivière avoient été pour les avertir de garder modération et d'appuyer auprès de leur maistre ceux qu'il plairoit au Roy d'y établir, et il avoit jeté les yeux sur M. de Chavigny, lequel, encore qu'il eut le bel employ de secrétaire d'État avec le département des affaires étrangères, avoit été destiné pourtant à celuy de chancelier de Son Altesse royale, afin qu'il fust son ministre à la cour, et ministre portant un caractère de confiance, et que M. d'Elbène fist les allées et venues et avançast les choses fascheuses. Pour intéresser M. Goulas en ce manége on luy fit connoistre que M. de Chavigny, ayant de grands emplois, ne se pouvoit mesler des affaires de la maison, et qu'on luy en laisseroit le maniement, et l'on souffla à M. de la Rivière qu'on favoriseroit à la cour le dessein qu'il sembloit que Monseigneur eust de luy faire du bien, et qu'on ne s'opposeroit pas à la pente qu'il avoit pour luy. En effet n'y ayant plus de barrière qui arrestast la bienveillance du maistre, il [M. de la Rivière] fit assez de chemin en peu de temps, et M. d'Elbène en conçut une horrible jalousie.

Or vous saurez qu'entre les parents de M. de Puylorens qui étoient restés, M. de Montrésor[2] avoit alors

1. A cet endroit Goulas, dans le Ms. de Vienne, fol. 208 r°, quitte ce qu'il appelle « tout ce tintamarre de cour », et transporte le lecteur aux armées du roi de Hongrie dans le Wurtemberg.
2. Claude de Bourdeille, comte de Montrésor, qui était grand-veneur et favori du duc d'Orléans, et que nous allons bientôt voir

plus de part auprès de Son Altesse royale. Il étoit premier veneur et avoit la meute pour cerf, et il s'acquittoit si bien de sa charge et tenoit l'équipage si leste, que Monseigneur l'en estimoit beaucoup et couroit fort souvent. Il y avoit encore un gentilhomme de Normandie, nommé M. d'Espinay[1], que Monseigneur avoit nourry page, lequel étoit bien, et M. de Puylorens avoit eu ombrage de sa faveur. Celuy cy poussé et porté par M. le comte de Brion, premier écuyer, et par M. de Briançon, cadet de la maison du Lude, commença aussi de prétendre à la confiance de son maistre et à tailler en pièces M. le cardinal de Richelieu pour y parvenir ; et quand la nouvelle de la mort du favory arriva[2], jugez le beau et grand champ qu'ils eurent tous pour donner sur le ministre ; aussi ne s'y épargnèrent-ils pas, et ils trouvèrent une belle disposition en leur maistre à croire tout ce qu'ils voulurent en cette rencontre : ils n'hésitèrent point, ils soutinrent qu'il avoit été empoisonné, et Monseigneur ressentit la dernière douleur du sacrifice de cette victime. Certes, il garda encore icy beaucoup de modération, et quoiqu'il fust assez affligé, au bout de quinze jours il ne s'en parla plus.

J'ay ouy dire une chose assez particulière sur ce sujet que je n'omettray pas en ce lieu : que ce pauvre

---

mêlé aux complots du comte de Soissons et de Cinq-Mars contre Richelieu.

1. Pierre, marquis d'Espinay et de Boisgueroust, fils de René, marquis d'Espinay, et de Claude de Roncherolles, sa seconde femme.

2. Puylaurens mourut le 1er juillet 1635 au donjon de Vincennes où il était retenu prisonnier depuis le 15 février ; il fut enterré

gentilhomme[1], se plaisant fort à lire des romans, en avoit demandé de toute sorte, pour dissiper l'ennuy de sa prison. Il s'endormoit tous les soirs sur cette lecture et ne se levoit que bien tard. Un matin s'étant éveillé à son heure accoutumée, il tira son rideau, et, ne voyant goutte dans la chambre, il se voulut rendormir; il ne le put faire, et ayant attendu longtemps le jour et ne l'apercevant point, il appela et ses gardes répondirent et entrèrent. Il demande quelle heure il est : ils assurent qu'il est plus de midy; il leur dit d'ouvrir les fenestres, et l'un d'eux alla quérir un flambeau allumé qu'il mit sur la table; comme il s'étonnoit de cette nouveauté, ils luy apprirent qu'il étoit venu ordre de laisser ses fenestres fermées; surpris de cet ordre, il se lève et, s'étant un peu promené par la chambre, il met la main sur un livre qu'il croyoit un roman, et il trouve l'*Imitation de Jésus Christ;* il passe aux autres, et tous étoient de dévotion; et son gardien prenant la parole luy dit qu'il ne devoit plus penser à ces fadaises d'amours, mais à faire un bon usage des maux de cette vie où l'on se précipite par sa faute. Ce discours fit souvenir le malheureux que sa chambre étoit celle de M. le grand prieur[2], et qu'il y avoit été mis en suite de la

deux jours après, aux Petits-Augustins de Paris. — Antoine de l'Age, chevalier, seigneur de Puylaurens, avait rempli successivement auprès de Monsieur les charges d'enfant d'honneur, de gentilhomme ordinaire de sa chambre, maître de sa garde-robe, puis premier chambellan, surintendant, grand-maître enquêteur et général réformateur des eaux et forêts de son apanage et du domaine de la duchesse d'Orléans.

1. Puylaurens.
2. Alexandre de Vendôme qui, impliqué dans l'affaire du maré-

confiance de Monseigneur ; qu'il y avoit demeuré long temps et qu'il y étoit mort ; et ne se pouvant plus contenir, il entra dans d'étranges transports, donnant de la teste contre les quenouilles de son lit, et les secouant des deux mains. Il fut pourtant maistre de sa langue, et il ne luy échappa rien dont les gardes pussent faire rapport.

Environ ce temps-là l'on nous manda de Paris que Mrs de Léon[1] et Aubry[2], du conseil d'État, avoient été députés par le Roy à l'assemblée du clergé (15 juillet 1635) pour luy présenter cette proposition dont Sa Majesté désiroit leur avis : « Si les mariages des princes du sang qui peuvent prétendre à la succession de la couronne, particulièrement de ceux qui en sont plus proches et présomptifs héritiers, peuvent estre valables et légitimes s'ils sont faits non seulement sans le consentement de celuy qui possède la couronne, mais en outre contre sa volonté et sa défense. » Ce sont les propres termes de l'écrit envoyé à messieurs les prélats[3], lesquels le firent examiner par quelques uns d'entre eux des plus capables, et puis répondirent que non,

---

chal d'Ornano, était mort prisonnier au donjon de Vincennes, le 8 février 1629.

1. Charles Brulart, prieur de Léon, était fils puîné de Pierre Brulart, seigneur de Genlis, et de Madeleine Chevalier ; il mourut le 25 juillet 1649, doyen des conseils du roi.

2. Jean Aubery, conseiller d'État, intendant de justice dans les provinces d'Anjou, de Touraine et du Maine ; marié en premières noces à Catherine de Bellièvre, il eut une fille qui fut à la cour une des compagnes habituelles de Charlotte-Marguerite de Montmorency, princesse de Condé.

3. Ce texte est en effet conforme à celui que donne le *Mercure françois* (t. XX, p. 1005).

et que ces mariages sont illégitimes, invalides et nuls[1]. Le Roy ne se contentant pas de cet avis du clergé en corps, fit consulter tous les ordres de religieux en particulier, qui répondirent de mesme que les évesques[2]; enfin nous eusmes une caravane de docteurs casuistes à Orléans, et ceux cy conclurent comme les autres, ce qui n'embarrassa pas peu Monseigneur; car il ne vouloit point ouir parler de dissolution de mariage et jamais il ne s'est montré si ferme qu'en cette rencontre, à mon avis par le conseil du père de Condren, son confesseur, lequel, bien qu'il soutint avec tous les autres que Monseigneur n'étoit point marié et ne s'étoit pu marier valablement sans le consentement du Roy, étant héritier présomptif de la couronne, néanmoins il soutenoit aussi qu'ayant abusé la jeune princesse qu'il avoit accordée et épou-

1. Le 10 juillet 1635, l'assemblée générale du clergé établit les principes suivants, constamment reconnus en France par le clergé et l'autorité civile : « La matière du mariage, c'est le consentement des deux parties marqué par le contrat civil; sa forme est l'acceptation mutuelle des deux parties en l'Église. La matière est donc un acte politique sujet à changement ou altération et qui peut, selon les circonstances, être reconnu imparfait et ne pouvant pas recevoir la forme du sacrement de mariage. Les souverains ne peuvent pas être privés de la faculté d'établir des empêchements dissolvants des mariages. Les pères du concile de Trente furent contraints de reconnaître que les conditions du contrat civil peuvent être changées, non seulement par l'Église, mais encore par les souverains établis de Dieu pour donner des lois et ordonnances à leur État. » (Extrait cité par M. de Barante, *Études littéraires*, t. I, p. 37.)

2. Le *Mercure françois* publie les avis des docteurs de la faculté de Paris, des jacobins, des augustins, des carmes de la place Maubert, des cordeliers, des jésuites de la maison professe de Saint-Louis, des prêtres de l'Oratoire, des capucins du faubourg Saint-Honoré, etc., etc.

sée, il étoit obligé en conscience de faire tous ses efforts pour avoir l'agrément du Roy et refaire son mariage qu'elle avoit cru bon et qu'elle n'avoit consenty que sur cette créance. Certes, Monseigneur étoit merveilleux là dessus avec nous, dans son particulier; et un jour, ayant eu envie d'une femme qui ne luy fut pas cruelle, il nous dit au petit coucher que le diable devoit estre fort embarrassé sur ce fait; car comme il croyoit d'estre marié, et les docteurs disoient que non, il étoit très difficile de résoudre s'il avoit commis une simple fornication ou un adultère.

M. de Puylorens étant hors du monde, M. de la Rivière releva ses espérances et se pressa plus qu'auparavant auprès de Son Altesse royale, qui le traita aussi beaucoup mieux, dont M. d'Elbène, comme j'ay dit, n'eut pas peu d'inquiétude, craignant avec raison que si la pente du maistre alloit à luy, le ministère du Roy ne battist à sa porte et ne laissast là la sienne. M. Goulas maintenoit commerce avec l'un et l'autre, et les considéroit froidement tirer au baston, se contentant de faire sa charge dans toute son étendue. Il se mesloit aussi des finances de Monseigneur, par son ordre exprès, et avec l'agrément de M. de Chavigny, à cause qu'à dire vray le bon homme M. de Villemareuil, à qui M. de Puylorens les avoit données pour tirer de l'argent de sa charge d'intendant de la maison, avoit peu de lumière et de fermeté pour s'en bien acquitter, et les ministres du Roy avoient témoigné que Monseigneur leur feroit plaisir de leur envoyer tout autre de son conseil avec lequel ils traitassent de ses intérests et de ses affaires[1]. Mais il y avoit une

1. Les folios 210 à 214 du ms. de Vienne contiennent en cet

cabale qu'il devoit bien autant appréhender et qui le ruina, comme je vous diray tantost; c'étoit M. de Montrésor, parent de M. de Puylorens, et M. d'Espinay, soutenu de M. de Briançon, auquel Monseigneur avoit créance, et ceux cy tailloient continuellement en pièces M. le Cardinal, M. de Chavigny et M. d'Elbène, Goulas et La Rivière, et fomentoient la mauvaise humeur de leur maistre, lequel désespéré de la perte de son confident, et de la poursuite de la dissolution de son mariage, dans la crainte d'un autre dont force gens murmuroient[1], répandoit ses doléances dans le sein de ces Messieurs, et eux entroient insensiblement par là dans sa confiance.

Voilà le plan de notre petite cour, et vous voyez qu'il n'y avoit pas peu d'embarras, car il falloit condamner la conduite ou la tyrannie des ministres du Roy, puisqu'autrement l'on se fust gasté auprès du maistre, et ne la falloit pas aussi trop blasmer, de peur de leur passer pour maheutre. Mrs de Montrésor et d'Espinay donnoient également sur M. d'Elbène et M. de la Rivière, les disant esclaves du Cardinal, et ils le leur rendoient au centuple, les traitant d'extravagants et de ridicules qui ruineroient leur maistre, le brouillant tout de nouveau avec le Roy, et mettant la France en hasard, puisqu'elle ne pouvoit estre assez unie durant la guerre étrangère et la rupture entre les cou-

endroit des récits détaillés sur les campagnes de Flandre, d'Italie et de la Valteline durant l'année 1635. A partir de ces mots : *Mais il y avoit une cabale,* les deux manuscrits sont à peu près conformes.

1. Le cardinal de Richelieu voulait marier Monsieur avec Mme de Combalet, sa nièce, qu'il fit depuis duchesse d'Aiguillon. (Note de M. Monmerqué.)

ronnes. Monseigneur se communiquoit fort à M. d'Elbène, qui avoit négocié son retour, le voyant agréable au Roy et à ses ministres, et il l'appeloit aussi dans ses plaisirs parce qu'il étoit de bonne compagnie; mais il fit une fadaise qui n'est pas compréhensible et que Dieu permit pour le chastier.

Monseigneur s'étoit plu de tout temps à aller sur l'eau, et avoit pour cet effet une petite galiotte qu'il tenoit à Orléans et à Blois, avec laquelle il descendoit et remontoit sur la rivière de Loire; étant convié par les beaux jours, il se résolut de descendre jusques à Nantes et commanda sa galère et un second bateau, où il fit mettre force provisions et ses officiers de suite, tant pour la cuisine que la garde robe; les chevaux suivoient sur la levée. Il nous mena dix ou douze avec luy, et lorsque nous trouvions quelque isle belle et agréable, il y descendoit et faisoit servir le disné et le soupé sous les plus beaux ombrages. Certes, nous pouvions dire comme Bernia[1], que tous soins étoient bannis de notre société, que l'on y vivoit sans contrainte, que l'on y jouoit, buvoit, mangeoit, dormoit à son choix, que les heures n'obligeoient à rien; enfin le maistre s'étoit mis au rang de ses serviteurs, quoique fils et frère de grands rois. Mais le diable, sans apparence quelconque, alla mettre dans la teste de M. d'Elbène que Son Altesse royale fuyoit en Angleterre, et que des vaisseaux anglois l'attendoient au dessous de Nantes, et ridiculement et imprudemment dépesche à la cour, et mande cette belle nouvelle,

1. Mario Teluccini, dit Bernia ou le Bernin, poète italien contemporain du Tasse, connu par d'assez médiocres romans de chevalerie.

comme une chose constante et assurée. M. le Cardinal bien étonné, M. de Chavigny encore plus, ne savoient qu'en croire; néanmoins leur homme le leur ayant mandé, ils en avertissent le Roy, et le bruit s'en répand partout. Ils font partir en poste Mrs Goulas et La Rivière, qui étoient à Paris et qui pensèrent mourir par le chemin, n'étant pas gens à un si violent exercice; enfin ils se rendirent à Blois très fatigués, où Monseigneur arriva presque en mesme temps[1]. Le secret révélé et le maistre averty de tout le mystère, aussi bien que le reste de sa maison, vous jugez bien que les ennemis de M. d'Elbène ne le manquèrent pas. Messieurs de Montrésor, d'Espinay, de la Rochepot[2], et autres anticardinaux ne demeurèrent pas muets en si beau sujet de parler; néanmoins il fit bonne mine en mauvais jeu, et ne laissa pas d'accompagner Monseigneur à la cour, où il fut jugé à propos

1. Cette *fadaise,* comme dit Goulas, qui se passa dans les premiers jours de mai 1635, préoccupa vivement Richelieu, fort en peine des déterminations que pouvait alors prendre Gaston; une lettre du cardinal à Léon Bouthillier, datée du 6 mai, se termine par cette phrase : « Je vous avoue que j'attends des nouvelles avec grande impatience. » (*Lettres de Richelieu*, t. IV, p. 754.) Mais dès le 9 mai Bouthillier calma l'impatience de Richelieu en lui écrivant : « Je rencontrai hier Monsieur auprès de Montsoreau, ... je ne l'ay jamais vu si gai qu'il étoit ..... il me semble qu'il a l'esprit en meilleure assiette que je ne luy ai point encore vu. » Enfin le roi, écrivant à Monsieur, le 4 mai 1635, que rien ne pouvait diminuer son affection pour lui, ajoutait : « Et je vous puis assurer que votre voyage de Bretagne ne m'a pas donné le moindre soupçon. » (Bibliothèque nationale, *Armoires de Baluze*, vol. 348, p. 101.)

2. Charles d'Angennes, comte de la Rochepot, fils de Charles d'Angennes, seigneur du Fargis, et de Madeleine de Silly, comtesse de Rochepot, tué devant Arras, le 2 août 1640.

qu'il allast assurer le Roy de ses bonnes et droites intentions, et qu'il n'avoit pas songé à passer Nantes et Morbihan, ni à sortir de son royaume.

Quelque temps après M^rs d'Elbène et La Rivière se brouillèrent et s'entretestonnèrent[1] étrangement, en présence de Son Altesse royale ; lequel en ayant ri, fit que leurs amis les rajustèrent, mais comme M. d'Elbène ne pardonnoit pas, et croyoit que, depuis son avis ridicule, M. de la Rivière prévaloit dans l'esprit du maistre, et par conséquent prévaudroit auprès des ministres du Roy, qui alloient aux marchands fournis de bonne marchandise, il résolut sa perte *in ogni modo* et embrassa avec joye l'occasion qui s'en présenta quelque temps après.

Nous passâmes cette année 1635, partie à Blois, partie auprès du Roy, et Monseigneur écrivoit souvent à Sa Majesté, quand il en étoit éloigné[2]. J'eus l'honneur de luy porter deux ou trois de ses lettres, et je me souviens que j'arrivay auprès d'Elle le lendemain de la fortune qu'Elle courut par le tonnerre, qui tomba à deux pas de son carrosse, à un quart de lieue de Monceaux[3]. D'abord qu'il [le Roy] m'aperçut, il

---

1. *Testonner*, vieux mot qui signifie peigner, et figurément battre, donner des coups sur la tête. C'est comme si l'auteur avait dit familièrement : se peignèrent. Le ms. de Vienne (fol. 214 v°) porte : « Quelque temps après M^rs d'Elbène et La Rivière se brouillèrent en présence de Monsieur, *escarmouchèrent fort* et se dirent leurs vérités. »

2. Le passage suivant ne figure pas dans le ms. de Vienne. — On peut voir par la correspondance de Richelieu avec Bouthillier, et notamment par une lettre du 14 mai 1635 (*Lettres de Richelieu*, t. V, p. 6), avec quel soin le cardinal avertissait Gaston d'envoyer savoir des nouvelles de Louis XIII et de ne pas manquer à paraître prendre intérêt à la santé du roi.

3. Le château de Monceaux était situé à deux lieues de Meaux.

me dit : « Vous venez sur le tonnerre, est-il pas vray? »
Je luy répondis que Monseigneur n'en avoit pas eu la
nouvelle quand j'étois party d'auprès de luy, mais que
l'ayant eue il dépescheroit aussitost vers Sa Majesté pour
se réjouir de la visible protection que Dieu luy donnoit
en toutes sortes de rencontres, et que je le suppliois
de trouver bon que je commençasse par le luy protester. Là dessus je luy fis les civilités de Monseigneur
et luy présentay sa lettre qu'il lut et la mit dans sa
poche. Il s'alla promener aux allées, et je le suivis
avec ce qu'il y avoit là de gens, parlant à M. de Saint
Simon et M. de Gesvres[1] à qui j'avois ordre de
faire des civilités de Son Altesse royale. Le soir, je
fis ma cour, et le lendemain qu'il me dépescha, je
m'en retournay en poste à Paris, où je ne pus voir
qu'un instant M. votre père et ma sœur, ayant eu
ordre de M. le Cardinal de venir prendre, à Con-
flans[2] où il étoit, la lettre qu'il devoit écrire à Monseigneur[3], ce que je fis avec joye, car je vous confesse

1. Louis Potier, marquis de Gesvres, fils aîné de René Potier,
comte, puis duc de Tresmes, et de Marguerite de Luxembourg. Le
marquis de Gesvres mourut à l'âge de 33 ans, le 4 août 1645, au
siège de Thionville.
2. Conflans-l'Archevêque, sur la rive droite de la Seine, au
confluent de la Marne, à 4 kil. de Paris.
3. Cette lettre est sans doute celle qui porte la date de Ruel, ce
31e aoust 1635 (*Lettres de Richelieu*, t. V, p. 170), et qui est ainsi
conçue : « Monseigneur, les assurances qu'il a plu à Votre Altesse
me donner de l'honneur de sa bienveillance, par la lettre que le
sr de la Mathe (on devrait lire : de la Mothe) m'a rendue de sa
part, me sont si sensibles, que ne pouvant le luy faire paroistre
par mes paroles comme je désirerois, je la supplie de croire que
je tascherai d'en mériter la continuation par tous les services
qu'elle sauroit attendre de la personne du monde qui est le plus
véritablement, Monseigneur, son très humble et très obéissant
serviteur. Le card. de Richelieu. »

qu'encore que M. le cardinal de Richelieu nous eust toujours strapazzés[1], je ne me pouvois empescher de l'admirer et de le croire la merveille du siècle, et s'il n'avoit pas mon amitié et mon cœur, il avoit mon estime tout entière; et certes, il acheva là de me gagner; il me reçut de la meilleure grâce et le plus civilement du monde; il me fit l'honneur de me parler quelque temps, me prenant la main pour me tirer à la ruelle du lit; il me fit plusieurs questions touchant les divertissements de Monseigneur, et plus sans doute pour me gratifier que pour s'instruire de ce qui se passoit à notre cour, dont il étoit bien averty; enfin m'ayant donné sa lettre qu'il tenoit, il me dit d'assurer Monseigneur de son très humble service, et ajouta : « Et en votre particulier, Monsieur, soyez certain que je vous serviray de ce qui me sera possible. » Je luy rendis grâce par de profondes révérences, et me retiray, et passant dans son antichambre et dans la galerie, je pris congé de ceux de sa maison que je connoissois, particulièrement d'un jeune secrétaire, lequel, je pense, est encore aujourd'huy maistre des comptes. Il faut avouer le vray, cet homme avoit de grandes qualités, la mine haute et d'un grand seigneur, la parole agréable, la facilité de parler merveilleuse, l'esprit très présent et très délié, le procédé noble, une dextérité inconcevable à traiter les affaires, et une grâce à ce qu'il faisoit et disoit à ravir tout le monde. Mais, si je sortis d'avec luy tout parfumé de ses bontés et amoureux de son mérite, je ne luy ay jamais déclaré ma passion et je ne l'ay point vu depuis que

1. De l'italien *strapazzato*, malmené, maltraité. (Note de M. Monmerqué.)

quand Monseigneur m'a envoyé ou mené chez luy, et ç'a été, je pense, cinq ou six fois.

A la fin de cette année 1635[1] l'on desira que Monseigneur fist un voyage à la cour et à Paris, pour porter certains édits à la Chambre des comptes, pendant que le Roy en feroit vérifier au Parlement, et peut estre afin que le duc de Parme fut témoin (on l'attendoit de jour à autre), de la bonne intelligence d'entre le Roy et Monseigneur, et connut qu'il ne falloit plus craindre de brouillerie en France. Ce prince italien, gros et de mauvaise grâce, acquit de l'estime à la cour, et M. le Cardinal, mal aisé à satisfaire, en fut extrêmement satisfait; enfin les grands, les médiocres et les petits qui l'approchèrent, n'en parlèrent qu'avec éloge, le disant tout plein d'esprit, de cœur et de générosité. Il visita Monseigneur, qui luy rendit sa visite et le régala chez Mademoiselle[2].

Or M. d'Elbène, qui cherchoit, comme j'ay dit, à se venger de M. de la Rivière, en trouva l'occasion qu'il embrassa de tout son cœur. M. l'évesque de

1. Le ms. de Vienne, qui reprend ici le récit interrompu dans le ms. de Paris par l'anecdote relative à Goulas, porte cette leçon : « Monsieur fut convié vers le mois de novembre de se rendre à Paris, pour porter, etc. » Puis deux lignes plus loin le ms. de Vienne contient une nouvelle digression sur les affaires générales du royaume, et le chapitre IXe relatif à l'année 1635 se termine par des notices nécrologiques sur le marquis d'Aytone « de l'illustre maison de Moncade, » et sur le chancelier d'Aligre, « que la fortune avoit pris fort bas et porté fort hault, » dit Goulas, et qui mourut à Chartres, d'où il était originaire, le 11 décembre 1635 (Ms. de Vienne, fol. 216 v°).

2. Le bon accueil fait par le cardinal au duc de Parme est mentionné dans le ms. de Vienne, fol. 218 v°, et immédiatement suivi du récit de la rivalité de d'Elbène et de la Rivière, conforme au texte que nous publions.

Cahors, premier aumosnier de Son Altesse royale, étant mort au mois de février 1636[1], La Rivière demande la charge, et M. Goulas une de ses abbayes à la nomination de Monseigneur; ils obtiennent l'un et l'autre ce qu'ils désirent, et, *quod notandum*, sans en parler à M. de Chavigny; ainsi M. d'Elbène, ayant là de la matière à souhait, ne manque pas de les charger, et de dire à M. de Chavigny que ces messieurs vouloient décliner juridiction et sortir de sa dépendance. Il ajoute que La Rivière est ridicule de prétendre une place qui doit estre remplie par un évesque, qu'il y a lieu de le croire trop avant dans les bonnes graces de son maistre, l'ayant fait consentir une chose si fort contre sa dignité dont il est extrêmement jaloux, que cette charge siéroit mieux à M. le coadjuteur de Tours, son oncle[2], qu'à un prestre, lequel seroit trop honoré qu'on le destinast à la sienne chez Madame, et que, s'il l'avoit agréable, il en parleroit à Son Altesse royale. M. de Chavigny, blessé, va trouver M. le Cardinal, et, tournant la chose comme d'Elbène, mesme l'exagérant, le met en mauvaise humeur contre nos messieurs, et il résolut d'oster La Rivière d'auprès de Monseigneur, si bien qu'il fut mené à la Bastille le 5 mars. M. d'Elbène, l'oncle[3], me dit que son neveu avoit sauvé M. Goulas, et qu'il auroit été compagnon de fortune de son amy s'il n'eut répondu de sa conduite; mais M. Goulas depuis m'a assuré que cela étoit faux, et que ce fut

1. Pierre Habert, évêque de Cahors, mourut à Paris, le 27 février 1636.
2. Oncle de M. de Chavigny.
3. L'évêque d'Albi.

M. Bouthillier, surintendant des finances, qui parla pour luy, plus par considération d'État que par amitié, disant que Monseigneur étant circonvallé[1] de gens qui s'efforçoient de le débaucher, il en falloit laisser auprès de luy[2] qui fust sage, et auquel il eust créance, pour rabattre les coups et s'opposer à leur fureur; que M. d'Elbène ne le feroit point seul, étant décrédité et suspect, et que M. Goulas, joint avec luy, le fortifiant, eux deux partageroient toujours l'esprit de leur maistre. Certes ils crurent d'avoir fait du bien à M. Goulas, de ce qu'ils ne luy firent point de mal; ils luy comptèrent beaucoup de ce qu'ils ne l'avoient pas mis entre quatre murailles, et M. de Chavigny, ayant pris la charge de premier aumosnier de Monseigneur pour son oncle, prit aussi une pension de cinq cents écus sur l'abbaye de M. Goulas, quoiqu'ils eussent une mer de grâces chez le Roy, où ils pouvoient tout, l'un maniant la plume, et l'autre l'argent. La cour pourtant n'en demeura pas là; M. d'Autel, d'Espinay, Guillemin[3] et Legrand[4], eurent ordre de déloger, et Monseigneur porta encore cette niche aussi patiemment qu'eust fait Zénon, le patriarche des stoïques, vécut à l'accoutumée avec M. le Cardinal, M. de Chavigny, M. d'Elbène, et s'en alla à Blois, environ le temps que M. de Parme s'en retourna en Italie.

M. de Montrésor alors commença d'entrer assez avant dans la confiance de Monseigneur, et crut l'occasion fort belle pour faire chasser M. d'Elbène. Il luy

1. Sic, pour *circonvenu*. (Note de M. Monmerqué.)
2. Quelqu'un, mot effacé sur le manuscrit.
3. Guillemin était un des secrétaires de Monsieur.
4. Legrand était un des premiers valets de chambre de Monsieur.

en parle, il le presse, il le tourmente, enfin il le persuade, et la résolution fut prise que, dès qu'il se présenteroit au voyage de Blois, où l'on alloit, il auroit le coup. M. Goulas en sut quelque chose et se tint à Paris, de concert avec Son Altesse royale, tellement que M. de Montrésor, à Orléans, s'étant servy de deux de ses amis pour noircir davantage le pauvre M. d'Elbène, je veux dire Mrs de Sardiny et de Saumery, il entendit, lorsqu'il y pensoit le moins, tout ce que la colère d'un maistre irrité luy met à la bouche, quand il veut pousser à bout un serviteur. Ce pauvre gentilhomme disparut aussitost, et retourna à Paris[1], où je le fus voir, étant mon amy de longue main, et madame sa femme étant notre parente, ne m'imaginant pas que Monseigneur m'imputast à crime d'avoir eu compassion d'un malheureux. En effet je ne m'en cachay point à Blois, où je me rendis incontinent, et quoique toute la petite faveur s'en réjouit, peut estre pour avoir matière de donner sur moy auprès du maistre, j'avouay toujours que j'étois amy et allié de

1. On sait que d'Elbène, tout en étant officier de la maison de Monsieur, était en même temps fort bien auprès de Richelieu; aussi le cardinal écrit-il à Monsieur, le 30 mars 1636 : « M. de Chavigny vous dira combien le roy a trouvé mauvais la façon avec laquelle vous avez traité M. Delbeine, et, en vérité, Votre Altesse ne trouvera pas étrange que je lui dise franchement qu'elle mérite sur ce sujet une bonne réprimande. » — Dans une lettre en date du même jour, le roi écrit à Monsieur : « Le s^r de Chavigny vous dira le déplaisir que j'ai reçu de l'action que vous avez faite en la personne de Delbeine... J'impute votre procédé à de mauvais esprits, dont j'ay chargé le s^r de Chavigny de vous parler de ma part. Telles gens sont des pestes auprès de personnes de votre qualité; quand j'en reconnois auprès de moy, j'y remédie en les éloignant le plus promptement que je puis; c'est ainsi que vous devez en user pour votre bien et pour mon contentement... » (Lettres de Richelieu, t. V, p. 437-438.)

M. d'Elbène, et que hors l'intérest de Son Altesse royale et de quelques personnes que j'honorois particulièrement dans sa maison, je serois ravy de luy témoigner que je prenois grand part à sa disgrâce.

En ce temps là M. le comte de la Rochepot étoit le mieux avec Monseigneur; Mrs de Langeron[1] et de Boisgeoffroy étoient encore appelés aux heures particulières et au petit coucher; et pour moy, Monseigneur ne m'avoit jamais si bien traité, jusques là qu'il me commanda de servir une demoiselle de la ville, compagne de celle qu'il aimoit, afin qu'elle eust un galant comme les autres. J'obéis volontiers, comme vous pouvez penser, à cause que par ce moyen j'étois de toutes les petites parties, et cette fille avoit du mérite et se pouvoit dire une honneste personne. Je n'en fus pas pourtant amoureux, car outre que la beauté étoit médiocre, le ménage en ses habits et dans sa maison me déplaisoit, persuadé que j'étois que tout doit briller et éclater où loge l'amour.

Monseigneur offensé de l'ombrage que le ministère avoit pris de luy mal à propos, du strapazzement[2] de ses gens, de la persécution qu'il luy faisoit à raison de son mariage, ne fut pas fasché des mauvais succès qui arrivèrent cette année, dans la créance qu'on le laisseroit en repos quand l'on auroit des affaires plus pressantes que celles qui le regardoient. Mais M. le Cardinal, craignant ce qui arriva, un grand effort des ennemis en Picardie ou en Champagne, fit rechercher Son Altesse royale et M. de Chavigny le vint

---

1. Sans doute Hector de Langeron, marquis de Maulevrier, qui fut colonel d'un régiment de son nom.

2. L'*outrage*, *l'abatis* de ses gens. (Note de M. Monmerqué.)

trouver à Blois, où l'on replastra la confiance[1]. Il n'en partit point sans emporter les lettres de premier aumosnier pour son oncle[2], et abandonner M. d'Elbène qu'il ne pouvoit soutenir.

Enfin les Espagnols ayant passé la rivière de Somme et remply Paris mesme d'une épouvante si grande que de mémoire d'homme il ne s'étoit vu telle chose[3], on luy offrit la lieutenance générale de l'armée, et on la luy fit accepter, peut estre autant pour le tenir auprès du Roy, et estre assuré de sa conduite, que pour l'honorer par cet employ et luy donner matière de triomphe. Nous verrons au chapitre qui suit ce qui se passa en son voyage à la cour et à l'armée où j'étois, et je puis dire que j'avois quelque part auprès de luy, puisqu'il me menoit partout et me retenoit presque tous les jours au petit coucher; je vous en vais apprendre la raison.

1. Dès le 8 août 1636, Richelieu avait envoyé près de Gaston le sieur de Chalucet porteur des expéditions nécessaires pour que Monsieur pût faire des levées de troupes et ramasser toutes les poudres que l'on pourrait trouver dans les magasins des villes de Tours, Blois, Amboise, Chartres et Orléans (*Lettres de Richelieu*, t. V, p. 531). Un mois plus tard, le 4 septembre, Richelieu pressait M. de Chavigny de décider Monsieur, auquel le roi venait de donner le commandement des troupes rassemblées en Picardie, à se rendre au plus vite à l'armée. « Je crois, écrit Richelieu, que si Monsieur ne s'échauffe et n'échauffe tous les gens de guerre, et par son exemple et par ses discours, les affaires iront fort mal... Faites partir Monsieur mercredy matin au plus tard, et vous souvenez qu'un jour de délay est capable de ruiner les affaires... » (Id., p. 577.)

2. Victor Bouthillier était alors coadjuteur de Tours.

3. Montglat a fort bien décrit la consternation de Paris à cette époque (Voir ses *Mémoires*, coll. Petitot, t. XLIX, p. 126).

CHAPITRE XXVIII.

Du voyage de Corbie et de ce qui s'y passa; mesme du retour de Monseigneur à Blois (1636).

Après la ruine de M. d'Elbène, M. de Chavigny voulut avoir un autre homme auprès de Monseigneur qui luy fut agréable et qui fut aussi dans sa dépendance, et il en trouva un comme s'il l'eut fait exprès ; c'étoit M. le baron de Boisgeoffroy, ancien domestique de Son Altesse royale, comme ayant été nourry son page, et étant de longue main officier dans sa compagnie de gendarmes, et lequel avoit toujours eu beaucoup de familiarité avec luy. Il avoit extrêmement de l'esprit ; il étoit gay, enjoué, moqueur, agréable au dernier point, avec des rencontres fines, ingénieuses, délicates, enfin il étoit cousin germain de M. Bouthillier, surintendant des finances, leurs mères étant sœurs. M. de Chavigny le prit un jour, à ce qu'il m'a conté depuis, et luy dit : « Mon cousin, vous voyez comment Monseigneur a chassé M. d'Elbène, et que nous n'avons plus personne à sa cour de qui nous nous puissions fier; il vous estime, il prend plaisir avec vous, et lorsque je luy témoigneray que je veux prendre confiance en vous, je veux croire qu'il vous traitera encore mieux, et cela étant, je vous prie qu'il ne se passe rien dans sa maison contre le service du Roy et contre M. le Cardinal que je n'en sois averty, et vous vous pouvez assurer que nous ferons pour vous, et qu'il ne vaquera rien chez luy qui ne soit à votre refus, puisque de la condition que vous estes, vous pouvez donner à tout et espérer tout. » M. de Boisgeoffroy promit ce qu'il voulut et s'engagea par dessus les yeux.

Or vous saurez que le comte de la Rochepot et M. de Langeron, amy de d'Espinay, étant liés d'amitié et d'intérest, et ne manquant pas d'esprit, ne manquèrent pas de découvrir aussitost l'employ de Boisgeoffroy et d'en avertir Son Altesse royale qui le voyoit encore mieux qu'eux. Ils firent mesme écrire une personne inconnue, qui de quinze en quinze jours mettoit sa lettre à la poste avec cette suscription : « Pour les expresses affaires de Son Altesse royale, à Monseigneur, à Blois, en main propre, » tellement que le maistre de la poste ne manquoit point de l'apporter, ni Monseigneur de la lire avec plaisir. Il [Monsieur] tint secrète la première, ne la montrant qu'à M. de la Rochepot, lequel peut estre en connoissoit l'écriture ; mais voyant les autres plus fortes et pleines de choses fort délicates, il les fit lire à M. de Boisgeoffroy afin de luy témoigner et afin qu'il témoignast qu'il tenoit ridicules les avis et qu'il ne donnoit pas dans le piége. Il en vint une incontinent après mon arrivée à l'ouverture de laquelle j'assistay ; Monseigneur la lut en son particulier, et la trouvant encore plus forte qu'aucune qu'il eust reçue, il nous appela et me commanda de la lire tout haut. M. de Boisgeoffroy, qui savoit que c'étoient des vers à sa louange, se mit derrière moy et lisoit par dessus mon épaule. Il est vray que la teneur de la lettre étoit : que M. de Chavigny s'efforçant d'établir Boisgeoffroy auprès de luy, il falloit qu'il sçust que cet homme étoit dévoué à la cour, qu'il rendoit compte de toutes ses paroles et de ses actions, que c'étoit l'âme la plus perfide et plus corrompue du monde, et pire mille fois que d'Elbène. Monseigneur, à ce mot, s'emporte de rire et regarde M. le comte de la Rochepot; moy, je me tourne vers M. de Boisgeoffroy pour voir quelle mine il faisoit, et je vous proteste qu'il n'en fut pas plus embarrassé; enfin, Monseigneur demanda toutes les autres lettres, et me dit de les prendre et les lire en mon particulier, et je les mis dans ma poche; là dessus il alla au jardin en attendant l'heure qu'il devoit visiter sa maistresse.

Mais M. de Boisgeoffroy se voyant accommodé de la sorte, et M. de Chavigny ayant su cette histoire, les mesures étant rompues, ce premier prit le party qu'il devoit prendre; il feignit une affaire chez luy et se retira. Je ne sais si M. de Chavigny voulut exiger de M. Goulas qu'il me produisist, ou si Monseigneur, de luy mesme, voulut m'avoir pour témoin de ses actions, mais je fus de tout en ce temps là, et j'eus toute la confiance de la bagatelle, et à dire vray, comme je n'étois pas payé pour parler et que je n'étois pas d'humeur à me vendre, je garday le silence des chartreux, dont Son Altesse royale s'étant bien aperçu, me sut très bon gré.

J'ay dit que les Espagnols faisoient de grands préparatifs sur nos frontières de Picardie et de Champagne, et les ministres du Roy incertains où l'orage tomberoit, songèrent à tenir la cour calme, et à bien rajuster Monseigneur avec Sa Majesté. Ils appréhendoient toujours, et avec raison, qu'il se souvint de la mort de M. de Puylorens, de l'emprisonnement et de l'exil de ses serviteurs, et ne se cabrast tout à fait sur tant de poursuites et de diligences pour la rupture de son mariage. Le Roy désira donc qu'il l'allast trouver à Fontainebleau, et il luy permit de faire un tour à Paris, mesme de se tenir à Saint-Germain, à cause d'une légère indisposition pour laquelle les médecins lui conseillèrent cet air et ce séjour, pendant quoy les ennemis passèrent la Somme[1], et les nouvelles du siége de Corbie arrivant, et que l'armée espagnole étoit beaucoup plus forte qu'on n'avoit cru, il fut renvoyé dans son apanage pour faire monter la noblesse à cheval et lever de l'infanterie, le Roy ayant résolu de mettre ensemble tant de gens que les Espagnols fussent obligés de reculer et abandonner leurs conquestes, et voulant luy en donner la conduite.

Pendant ce temps il [Monsieur] entra dans une conjuration qui fut faite contre M. le cardinal de Richelieu, dont M. le Comte, M. de la Vallette et quelques personnes de condition étoient, et probablement M. de Montrésor l'y engagea, car il avoit alors assez de part auprès de luy, et M. de Saint-Ibart[2], son cousin, auprès de M. le Comte.

Les ennemis ayant pris Corbie, couru et désolé tout le pays d'entre Somme et Oise, c'est à dire jusques à douze licues de Paris, mis l'épouvante dans cette grande ville, et obligé le Roy à caresser les bourgeois

1. Les Espagnols, qui s'étaient rendus maîtres du Catelet le 25 juillet 1636, passèrent la Somme le 4 août, après avoir taillé en pièces le régiment de Piémont.
2. Henry d'Escars de Saint-Bonnet, seigneur de Saint-Ibar, cousin-germain de Montrésor, par sa mère, Adrienne de Bourdeille, que nous verrons mêlé désormais à toutes les intrigues contre Richelieu et Mazarin. Ses lettres sont assez souvent signées *Saint-Tibal*.

et leur demander leurs cochers et leurs chevaux de carosse pour faire des cavaliers, il est certain que l'on assembla plus de quarante mille hommes, compris les troupes de M. le Prince et de M. le Comte[1], et certes, Monseigneur en cette rencontre servit de grande affection, ou joua à merveille, car il fit venir de ses apanages quantité de noblesse et de bons régiments, commandés par de ses gentilshommes très entendus dans le métier.

Je ne vous saurois dire s'il sut le dessein de se défaire du cardinal, avant que de partir de Paris, et s'il y donna les mains à Roye[2] ou à Péronne; ce que je puis témoigner est qu'il étoit alors circonvallé par Mrs de Montrésor, de Wailly, le comte de Brion, le comte de la Rochepot et autres peu affectionnés à l'Eminence, et qu'il les écoutoit volontiers[3].

Enfin, vers le milieu du mois de septembre, il se rendit à l'armée et attaqua Roye que les ennemis firent mine de défendre; néanmoins ils capitulèrent le lendemain, et les troupes avancèrent toujours; mesme

---

1. Les mots *compris les troupes de M. le Prince et de M. le Comte* ont été ajoutés en interligne par l'auteur, en relisant son manuscrit, car si l'écriture est la même, l'encre est plus noire et la plume plus grosse.

2. Roye est située sur l'Avre, entre Noyon et Montdidier.

3. On devait se défaire du cardinal à Amiens, en sortant du conseil. Gaston hésita, le comte de Soissons n'osa pas agir sans lui, et le cardinal échappa au plus grand danger qu'il eût jamais couru. (*Mémoires de Montglat*. Collect. Petitot, 2e série, t. 49, p. 145. *Mémoires de Montrésor*. Ibid., t. 54, p. 296. *Lettres de Campion*. Rouen, 1657, in-8°, p. 35.) Montrésor et Alexandre Campion étaient du nombre des conjurés; ils racontent ce qu'ils ont vu, ce qu'ils brûlaient de mettre à exécution. (Note de Monmerqué.)

l'on détacha de la cavalerie pour suivre Jehan de Vert[1], laquelle luy tailla en pièces les paresseux de ses troupes, mais il passa la Somme à son pont, au grand déplaisir de notre ministre[2]. Aussi M. de Chavigny arriva-t-il bientost au camp, qui fit de grosses plaintes au nom du Roy de ce qu'on avoit manqué Jean de Vert pour s'estre amusé à Roye. Monseigneur répondit que le conseil de guerre avoit jugé à propos l'attaque de cette place et que le reste de l'armée n'avoit pas laissé d'avancer; sur quoy M. de Guymené dit fort plaisamment que, si l'on trouvoit mauvais à la cour qu'il eust pris Roye, il la falloit rendre et que les Espagnols la recevroient et la tiendroient de la libéralité du Roy.

L'armée marcha de Roye à Péronne, où Monseigneur coucha et séjourna, et ce fut où nos messieurs firent l'éloge de M. de Saint Ibart, et s'efforcèrent de luy donner part auprès de Son Altesse royale. En effet, au petit coucher, où j'eus ordre de demeurer, ils le prosnèrent plus de demy heure, parlèrent de son grand cœur, son grand sens, sa grande capacité, son intelligence aux choses de la guerre, sa conduite, sa

1. Jean de Wert était né en Brabant en 1594; il mourut en Bohême le 6 septembre 1652.
2. Le cardinal écrivait, le 20 septembre 1636, à M. de Chavigny : « Le Roy eut bien désiré que ceux qui étoient dans Roye eussent reçu un moins favorable traitement, ce qui sembloit nécessaire pour l'exemple; mais cependant il ne condamne pas les raisons que Monsieur a eues. » (*Lettres de Richelieu*, t. V, p. 530.) Le roi écrivait en effet à Monsieur : « De Senlis ce 20 septembre, à 2 heures après midy, 1636. J'ay vu les raisons qui vous ont mu à faire la capitulation de Roye; j'eusse désiré plus de vigueur envers les gens qui ne pouvoient et ne devoient pas tenir devant une si grande armée... (Bibliothèque nationale, *Armoires de Baluze*, vol. 348, p. 147.)

facilité de s'exprimer, sa force d'esprit, son raisonnement profond, ses vues, ses lumières, etc., enfin, si la métempsycose avoit lieu, il falloit dire, à leur compte, que les âmes d'Alexandre et de César étoient dans le corps de ce gentilhomme et l'animoient. Monseigneur, qui se vouloit réjouir, ennuyé du panégyrique et des panégyristes, leur dit, je pense pour les faire cesser : « Je suis persuadé du mérite de Saint Ibart, je l'ay toujours cru homme de cœur et d'esprit, mais avec cela c'est une triste figure. » Je fus sur le point d'étouffer de rire à la répartie de l'éloge, et je me retins à cause de M. de Montrésor, qui étoit là, avec lequel je faisois profession d'amitié. Sans doute, il ne se peut rien de si plaisant, et nous convinsmes, le lendemain, M. de Patrix et moy, que Monseigneur s'étoit trouvé extrêmement pressé pour parler de la sorte. Je connus ainsi que M. de Saint-Ibart n'auroit pas si tost la confiance du Prince, lequel, s'il se prestoit à ces messieurs, ne s'y donnoit pas.

Cependant le héros qui possédoit tant et de si grands avantages naturels et acquis, n'avoit pas eu le don du silence ; il avoit fait part du dessein à M. de Saint Preuil, son cousin germain[1], qui ne manqua pas de tout révéler à M. le Cardinal, tellement qu'il se tint sur ses gardes et ne se mit point en danger d'estre enlevé ou tué. J'ay ouy dire que la plupart des conjurés avoient opiné d'en dépescher le monde[2], lorsqu'il iroit voir le travail de la circonvallation de

1. François de Jussac d'Ambleville, seigneur de Saint-Preuil, était fils d'Isabelle de Bourdeille.
2. *D'en dépescher le monde,* c'est-à-dire d'en débarrasser le monde.

Corbie, à cause que *morta la bestia morto il veneno*, et que M. le Comte fit scrupule de tremper au dessein de tuer un prestre, et qu'ainsi il conclut à s'assurer de sa personne et l'enlever. M. de la Valette, quoique neveu, étoit de l'autre sentiment, et comme il soupçonna que l'on eust causé, il découvrit le mystère, prétendant de tirer mérite de sa révélation, mais il n'avoit pas affaire à un sot, et Son Éminence voyoit clair [1].

Le Roy et M. le Cardinal s'étant approchés et ayant résolu d'investir Corbie [2], ils firent passer les meilleures troupes delà la Somme, particulièrement la cavalerie, et l'on commença la circonvallation. Les ennemis avoient tant fait de désordre partout, bruslé les maisons, assommé les paysans et leurs bestiaux, gasté les puits, laissé de leurs morts et de leurs malades, que l'air en étoit extrêmement infecté, si bien que les maladies contagieuses se mirent incontinent dans l'armée; la noblesse volontaire, voyant cela, demanda congé, les nouveaux soldats désertèrent, et le Roy, craignant que les troupes ne s'affoiblissent trop, et que les ennemis ne fissent un effort pour jeter des vivres et des rafraischissements dans la

1. « Ils ont dit l'avoir pu faire, quand ils vinrent tous disner dans la tente de M. de Fontenay, un peu devant qu'on ouvrist les tranchées ; quoiqu'il ne leur eust pas été aisé, le Cardinal ayant eu, tant qu'il y demeura, tous ses gentilshommes autour de luy et beaucoup d'officiers du quartier de M. de Fontenay, qui ne l'eussent pas souffert. » (*Mémoires de Fontenay-Mareuil*. Collect. Petitot. 1re série, t. 51, p. 269.)

2. Le 30 septembre 1636, Richelieu écrivait de Roye à M. de Chavigny : « Le Roy va coucher aujourd'hui à deux heures de Corbie. »

place, jugea à propos de faire garder les ponts et les passages de la rivière, avec d'étroites défenses de laisser passer qui que ce fust sans passeport.

Mais, soit que M. le Cardinal crut que pour empescher le dessein que l'on avoit sur sa personne de réussir, il le falloit publier, ou bien que d'autres conjurés, imitant M. de Saint Ibart, en eussent fait confidence à des amis peu discrets, la chose fut sue de la plupart des honnestes gens de l'armée, et il me souvient que le Roy, étant venu à Amiens tenir conseil [1] (il y disna, ce me semble), Monseigneur, M. le Comte, M. le Cardinal, M. de Beaufort [2], les maréchaux de France, les officiers principaux de l'armée, les volontaires, tout y étoit. Nous nous trouvasmes dans la cour du logis sept ou huit parents et alliés, Mrs de Nancé, de la Coste, du Monceau, de Canisy, de Reffuge [3], dans la créance qu'il y auroit *rumor en casa*.

---

1. Le jour marqué pour l'exécution du complot ne nous paraît pas facile à préciser, en présence des témoignages contradictoires de Campion, de Fontenay-Mareuil et de Montrésor ; le roi tint certainement plusieurs conseils à Amiens, et ce fut dans l'un des conseils tenus entre le 5 et le 20 octobre que la scène dont Goulas nous entretient ici a dû se passer. S'il fallait resserrer de plus près les dates, nous dirions que, selon nous, les faits dont il s'agit durent se passer avant le 14 octobre, car à cette date, Monsieur songeait déjà à quitter Amiens, de peur bien certainement que le complot, avorté par suite de son hésitation, ne fût découvert.

2. François, duc de Beaufort, second fils de César, duc de Vendôme, et petit-fils de Henri IV et de Gabrielle d'Estrées.

3. Ces différentes personnes étaient en effet alliées à la famille de Goulas. M. le président de Liverdis, allié aux Goulas par les Grangier (voir *Mémoires de N. Goulas*, Ms. de Paris, fol. 6 r°), avait épousé Anne de Reffuge, et de ce mariage étaient nés deux fils et deux filles ; ces deux dernières devinrent mesdames de la

Le Roy étant party et ayant pris le chemin de son quartier, M. le Cardinal demeura longtemps sur le degré, puis dans la cour et auprès de la porte du logis, dans sa litière, à donner audience et écouter ceux qui luy vouloient parler, Monseigneur et M. le Comte regardant par la fenestre de la chambre où s'étoit tenu le conseil, et s'entretenant, si bien que chacun étoit en attente, et il y en eut auprès de nous qui dirent assez haut : « L'on ne l'aura jamais si beau. » En effet, c'étoit un marché sans peur que de le mettre alors en pièces, puisque le Roy n'étoit plus à la ville, et qu'indubitablement les princes étoient là les plus forts, et avoient deux fois autant de gens à leur dévotion que l'Eminence ; mais, comme j'ay dit, ils avoient horreur de verser le sang d'un prestre, d'un évesque, d'un cardinal, dont la dignité est si respectée et si respectable dans l'église de Dieu. J'eusse voulu qu'ils se fussent montrés aussi chrétiens en tout, qu'ils eussent souffert patiemment ce dont ils se plaignoient de cet homme, sans jamais songer à prendre les armes pour l'oster de sa place, ce qu'ils ne pouvoient faire qu'en ébranlant la monarchie[1].

Coste et de Canisy. Madame de Nancey, de la maison d'Aumale de Picardie, était fille de Lucrèce Grangier et de François Hotman.

1. On trouvera les mêmes faits racontés avec un peu plus de diffusion dans le Ms. de Vienne, fol. 219 et 220 ; mais ce que le Ms. de Paris ne contient pas, c'est un renvoi au fol. 221 r° du Ms. de Vienne, que Goulas fit sans doute en le relisant, et qui est ainsi conçu :

« Montrésor, qui a écrit et donné au public une assez longue relation de cette intrigue, dont il veut qu'on le croie l'architecte, dit que tout ayant été concerté, Monsieur descendit le degré de la chambre du Conseil lorsque M. le Comte parloit au Cardinal et l'arrestoit, et que voyant l'un des conjurés qu'il ne nomme point

Revenons à notre circonvallation, laquelle étant achevée, comme l'on sut que les ennemis ne branloient point, et que le seul Jehan de Vert, avec trois à quatre mille chevaux, voltigeoit autour du camp, Monseigneur, se sentant coupable, craignit que M. le Cardinal ne luy jouast d'un tour de son métier, et partit brusquement, sous prétexte des maladies contagieuses[1], après avoir pris congé du Roy, et étant venu coucher à Amiens le 20 d'octobre, il se rendit le lendemain de bonne heure à Paris[2]. Il n'y séjourna

(c'étoit Saint Ibart) s'approcher, il remonta promptement sans qu'il le put retenir, comme craignant que si la chose s'exécutoit, il en passa pour l'auteur ; les autres vouloient qu'il la commandast, et luy n'avoit garde de le faire, rejetant de son âme cette abominable action ; tellement qu'il est clair qu'ils n'étoient point d'accord là dessus, et que Monsieur n'avoit point donné son consentement, sans lequel ils ne prétendoient pas de rien entreprendre. Montrésor assure pourtant dans son récit que le cardinal de Richelieu échappa du plus grand péril où il se fut trouvé en sa vie. Et pour moi, qui fus témoin de tout cela et qui avois l'honneur d'accompagner là Monsieur, je crois cette histoire un peu fabuleuse et que si l'on proposa ce grand assassinat à Son Altesse royale, Elle le rejeta fort loin, et à cause qu'il avoit la conscience bonne et beaucoup d'honneur, et parce qu'il avoit besoin de Rome dans l'affaire de son mariage, qu'il eut étrangement cabrée et rendue très ennemic, versant le sang d'un cardinal qu'elle estime saint, sacré et respectable à toute la terre. L'on me pardonnera cette digression si je dois ce témoignage à l'innocence de mon maître. » (Ms. de Vienne, fol. 226 r°.)

1. La peste régnait en effet devant Corbie, et Richelieu en donnait ainsi la cause (*Lettres*, t. V, p. 646) : « La peste n'est icy et ailleurs qu'à cause du peu de soin qu'on a de jeter les ordures au loing. »

2. Dès le 14 octobre, le cardinal manifeste à M. de Chavigny son étonnement d'apprendre que « Monsieur a donné congé à toute la noblesse qu'il avoit amenée avec luy.... Je vous avoue, si cela est, ajoutait Richelieu, que je ne say ce qu'il faut espérer des ordres de ce prince. » Et dans une lettre du lendemain, 15 octobre,

point à ce qui me fut assuré, et si, il m'avoit fait l'honneur de me mander que je m'y trouvasse le 22, afin de l'accompagner à Blois.

J'étois à la Mothe, parce que, ayant eu une espèce de dissenterie à l'armée, les médecins m'avoient conseillé de déloger de bonne heure et m'aller refaire chez moy; et, comme je n'étois pas encore bien remis, ayant quelques ressentiments de fièvre, je m'excusay et ne me pus rendre auprès de Son Altesse royale qu'à quinze jours de là. Il me dit qu'il m'avoit mandé afin que j'arrivasse quand et luy[1] chez les dames, et que celle que je servois eut son compte comme les autres. Ce propos me fournit la matière d'un agréable entretien tout le soir, et ce fut en cette occasion qu'il donna rudement sur le comte de la Rochepot, lequel, me disoit-il, « vit mal avec toutes les femmes, peste continuellement celles de Blois, et les effarouche, au lieu de les apprivoiser; il fait tort aux autres galants par son extravagant procédé. » Mais à dire vray Monseigneur me mentoit, car s'il avoit souhaité que j'arrivasse avec luy, c'est qu'il n'avoit personne de contrebande, M. Goulas étant demeuré derrière, M. de Boisgeoffroy ayant déserté sur le prédicament où il étoit, et il menoit quand et luy Mrs de la Rochepot, de Langeron, et les panégyristes de M. de Saint Ibart, qui ne paranymphoient pas M. le Cardinal.

revenant sur le départ de Monsieur, le Cardinal disait : « Il est certain que les mauvais esprits sont fort réveillés ; mais je me tiens très assuré que Dieu les confondra. » (*Lettres de Richelieu*, t. V, p. 625 et 628.)

1. En même temps que lui.

Or, Monseigneur étant à Blois, et faisant réflexion sur ce qui s'étoit passé durant le siège de Corbie, et sur les avis qu'il avoit eus au camp, fut beaucoup plus inquiet qu'auparavant ; néanmoins il espéroit toujours que le Cardinal manqueroit la place, et que les Espagnols, cela étant, lui tailleroient assez de besogne pour luy oster le temps de démesler leurs intrigues. Mais quand la nouvelle de la prise fut arrivée[1], ou qu'elle ne pouvoit manquer de l'estre, et que le Roy, dans cette créance, s'en étoit revenu à Chantilly, il se résolut de luy aller rendre ses devoirs avant que le Cardinal l'eust joint. Il s'achemine à Paris où M. le Comte se trouve en mesme temps, et ils ne se furent pas plutost abouchés que, meslant leurs lumières ensemble, ils eurent de très grands indices que toutes leurs machines étoient découvertes, et qu'il n'y avoit plus là de sûreté pour eux ; si bien qu'apprenant l'approche de l'Éminence (il venoit d'Amiens à Chantilly trouver le Roy), ils résolurent de ne l'attendre pas et de déloger. M. le Comte voulut persuader Monseigneur d'aller à Sedan, et Son Altesse royale ne put comprendre de sortir ainsi brusquement du royaume, sans voir plus clair aux choses de la cour ; il refusa donc et M. le Comte ne jugea pas à propos de le suivre à Blois, tellement qu'ils se séparèrent et partirent en mesme temps, la nuit du 19 au 20 de novembre, ce qui marquoit la mesme alarme pour le mesme soupçon[2]. Le Roy, averty de l'équipée, ne

1. Dès le 10 novembre, Corbie avait capitulé, et la garnison espagnole en sortit le 14. (Voir les détails publiés sur le siège de Corbie dans la *Gazette* de Renaudot du 17 novembre.)

2. Monsieur étant venu en poste à Paris, la nuit du 19 au 20

mit guère à se rendre à Paris; il y fut le lendemain au soir, 21, et il reçut bientost après un compliment de la part de Monseigneur, par M. de Rames d'Hacqueville[1], lequel n'eut ordre de dire autre chose, sinon que son maistre s'étoit retiré chez luy et étoit party de Paris sur certains ombrages, mais avec dessein de ne s'éloigner jamais de ce qu'il devoit à Sa Majesté.

Cette sortie de la cour, en cette manière, de deux personnes si considérables dans le royaume, embarrassa d'abord le Roy, mais il fut beaucoup moins inquiet dès qu'il eut parlé à M. le Cardinal, lequel, étant mieux que jamais en suite de l'heureux événement du siège de Corbie dont il se donnoit toute la gloire, ayant opiniastré qu'on l'attaquast contre l'avis de tout le monde, ils dépeschèrent à Blois M. de Bautru[2], qui fut aussitost suivy de Mrs de Chavigny et de Guiche[3]. Quant à M. le Comte, le Roy lui envoya

novembre, en partit le 21, à une heure du matin, pour se retirer à Blois. (Lettre de Chavigny, du 21 novembre, au cardinal de la Valette, *Affaires étrangères,* France, t. XXVI, f° 459.)

1. M. de Rames d'Hacqueville était chambellan de Monsieur.

2. « A cause qu'il étoit agréable à Monsieur et luy parloit librement. » (Ms. de Vienne, fol. 221 v°.) — Les lettres dont M. de Bautru était porteur sont datées du 25 novembre. Celle du cardinal commence ainsi : « Monseigneur, vous méritez une bonne réprimande, je m'assure que si j'avois l'honneur d'estre auprès de Votre Altesse, elle l'avoueroit ingénuement. » Plus loin le cardinal continue : « Vous estes bon, Monseigneur, mais il faut faire banqueroute à une certaine facilité qui vous rend quelquefois aussi susceptible des mauvais que des bons avis. » (*Lettres de Richelieu,* t. V, p. 695.)

3. Antoine de Gramont, comte de Guiche, depuis duc et maréchal de Gramont, fils aîné d'Antoine, comte de Gramont, et de Louise de Roquelaure. Né en 1604, il mourut le 12 juillet 1678. — Une lettre du cardinal, datée du 1er décembre 1636, annonce

M. de Liancourt[1], premier gentilhomme de sa chambre[2], et Monseigneur, voyant M. de Montrésor de retour de Guyenne[3], y fit aller M. le comte de Fiesque[4], chargé de ce qui pouvoit plaire davantage à M. le Comte, je veux dire de promesses qu'il se rendroit incontinent auprès de luy. Vous pouvez croire qu'on n'oublia rien pour désunir ces deux princes, et que Monseigneur, qui avoit appréhendé toujours qu'à la longue, et à force de belles et spécieuses choses, l'on ne fit changer M. le Comte, n'oublia rien aussi pour le conserver. Je luy ay ouy dire qu'il avoit sa parole[5] de n'épouser jamais madame de

à Monsieur l'envoi du comte de Guiche; une autre lettre du Roi à Monsieur, datée du 5 décembre 1636, signale l'envoi de M. de Chavigny.

1. Roger du Plessis, seigneur de Liancourt, et depuis duc de la Rocheguyon, était fils de Charles du Plessis, seigneur de Liancourt, et d'Antoinette de Pons, marquise de Guercheville. — La commission de M. de Liancourt est du 4 décembre. Voir les instructions qui lui furent données. (*Lettres de Richelieu*, p. 704.)

2. Ici Goulas (Ms. de Vienne, fol. 221 v°) fait une digression : « Parlons maintenant, dit-il, des généraux des armées de l'Empereur et du duc de Bavière qui nous menacèrent longtemps et ne nous firent point de mal.... » Le livre X^e (année 1636) du Ms. de Vienne se termine par l'éloge du maréchal de Toiras et de Chrestienne de Lorraine, petite-fille de Henri II et de Catherine de Médicis, fille de Charles, duc de Lorraine.

3. Voir sur la mission de Montrésor en Guyenne le récit qu'il en fait dans ses *Mémoires*. (Collection Petitot, t. LIV, p. 298 et suiv.)

4. Charles-Léon, comte de Fiesque, fils ainé de François de Fiesque, comte de Lavagne, et d'Anne le Veneur.

5. Phrase tout à fait amphibologique. Je crois qu'il la faut entendre ainsi : « J'ay ouy dire *à Monseigneur* qu'il avoit *la* parole *de M. le Comte* de n'épouser, etc. » (Note de M. Monmerqué.)

Combalet et qu'il l'avoit tirée dans la créance que M. le cardinal ne luy offriroit point de quoy le tenter et le gagner qu'à cette condition. Mais la correspondance des deux princes donnant une extrême jalousie à la cour, Monseigneur faisoit tout ce qu'il falloit pour l'augmenter, car il avoit dépesché d'abord à Sedan M. de Lisières, l'un de ses ordinaires, et quelques jours après M. de Teillac, pour assurer M. le Comte qu'il l'alloit trouver, et M. le Comte luy avoit envoyé à l'heure mesme M. de Campion[1] pour luy dire qu'il pouvoit venir aisément à Sedan et qu'il y seroit le maistre.

Cependant M. de Chavigny ayant appris à son arrivée à Blois que Son Altesse royale ne s'étoit ouvert de rien à M. de Bautru, et voyant qu'il ne luy parloit aussi de rien d'essentiel, le pria un jour de luy dire franchement ce qu'il désiroit du Roy pour son entière satisfaction, et le sujet de sa sortie de Paris[2]; Monseigneur répondit qu'on le tourmentoit continuellement sur son mariage qu'il croyoit bon, et qu'il ne se tenoit point en sûreté à la cour. M. de Chavigny réplique que le Roy donnant son consentement pour son mariage, ou une place pour sa sûreté, s'il seroit content? Monseigneur dit que ouy, et M. de Chavigny s'étant retiré après la conversation chez luy, dans son cabinet, fit un écrit de cecy qu'il luy présenta le lende-

---

1. Voir une lettre de Campion, écrite de Condé le 25 décembre 1636, qui rend compte de sa mission au comte de Soissons. (*Mémoires de Campion,* p. 41.)

2. Les mots : *et le sujet de sa sortie de Paris,* sont en interligne dans les mêmes conditions que celles rappelées à la page 294, note 1.

main, luy protestant qu'ayant l'honneur d'estre au Roy et à luy, domestique de Sa Majesté et le sien, il seroit ravy de contribuer à renouer la confiance et oster tout ce qui la peut altérer entre des personnes de si grand poids et pour lesquelles il a une extrême passion, et que si Son Altesse royale veut signer cet écrit il espère de luy rapporter dans peu de quoy le mettre en repos et luy rendre le calme qu'il se plaint de n'avoir pas eu depuis si longtemps. Monseigneur ayant pris et lu l'écrit et n'y ayant rien trouvé que selon son intention, le signe et le fait contresigner par son secrétaire[1], et M. de Chavigny partit pour aller trouver le Roy.

M. de Montrésor, averty de son prompt départ et de la cause, luy qui se produisoit pour le chef de party

---

1. L'acte de soumission de Monsieur porte la date du 11 décembre 1636, et la minute de ce document, corrigée de la main même de Gaston, se trouve à la Bibliothèque nationale (*Armoires de Baluze*, vol. 345, p. 28). Cette pièce curieuse est ainsi conçue : « Monseigneur supplie très humblement le Roy d'avoir agréable de vouloir terminer tous les sujets qui peuvent luy donner quelqu'occasion de soupçon et de défiance, et qui consistent à demeurer d'accord de toutes les choses qui regardent son mariage, soit que Sa Majesté veuille y donner présentement son consentement, ou bien qu'elle veuille qu'il soit jugé s'il est valable ou non ; et, en ce dernier cas, Son Altesse demande une place de sûreté à Sa Majesté. Et s'il luy plaist de demeurer d'accord dudit mariage, tout sujet de défiance est osté à Son Altesse demeurant très contente, très satisfaite et très obligée à l'extrême bonté de Sa Majesté à laquelle Monseigneur demande aussi un traitement favorable et raisonnable pour M. le Comte, suivant ce qu'elle en a dit plus particulièrement à Mrs de Chavigny et comte de Guiche, auxquels Son Altesse a voulu donner le présent écrit pour témoigner à Sa Majesté la sincérité de ses intentions. Fait à Blois, ce xie jour de décembre 1636. »

et le conducteur de la barque des mécontents, crie, tempeste, et reproche à Monseigneur qu'il abandonne M. le Comte, et qu'y ayant dans l'écrit qu'il a signé que si le Roy luy accordoit son mariage, *ou* une place, il est content, comme il veut maintenir son mariage, voilà M. le Comte sans ville de retraite et abandonné. Monseigneur soutient qu'il a entendu son mariage *et* une place; l'autre insiste que M. Goulas l'a donc trahy puisqu'il l'a transcrit de cette sorte, et luy conseille de le chasser, comme un méchant et un perfide. Monseigneur, qui savoit ce qui en étoit, et qui ne luy avoit parlé de la sorte que pour s'exempter d'ouïr les prosnes et les plaintes, tascha d'apaiser le furieux, mais il n'en devint pas plus calme, car connoissant que Monseigneur se vouloit accommoder, et que M. Goulas l'y portoit de toute sa force, ils firent dessein, luy et ses associés, à ce qu'on dit, de le poignarder une nuit et de s'en défaire une bonne fois, comme de celuy qu'ils avoient seul en teste et qui rompoit tous leurs projets; et Monseigneur ayant eu avis de cette méchanceté et en ayant horreur, mit ordre à l'empescher et songea à faire bientost cesser l'employ de ces consciencieux ministres. Ainsi il résolut d'envoyer M. de Chaudebonne à la cour avec une instruction qu'il crut devoir montrer aux amis de M. le Comte; M. Goulas l'avoit dressée, et la luy ayant fait lire dans ce conseil, M. de Montrésor en condamna toutes les lignes et les virgules. M. Goulas, étonné de son audace, et blessé mesme au dernier point de ce qu'il avoit dit qu'il trompoit son maistre, luy répartit brusquement que c'étoit luy qui s'efforçoit de le tromper et de le perdre, le voulant embarquer sur ses chimères à ruiner le royaume; qu'il avoit trop d'intérest de ne le pas faire, étant présomptif héritier de la couronne, et qu'il étoit trop sage et trop clairvoyant pour donner dans ses pièges; que la vanité l'animoit et l'aveugloit en mesme temps qu'elle luy faisoit trouver beau qu'il fust mis dans l'histoire qu'un cadet de Bordeilles[1] avoit débauché un fils de France et eu le pouvoir de le jeter dans un party si contraire à son devoir envers le Roy, et si ruineux pour l'Etat. Monseigneur fit le holà et M. de Montrésor, pour l'avoir de son costé, dit que M. Goulas perdoit le respect à son maistre, qu'il avoit oublié le *ou* pour le *et* de l'écrit de M. de Chavigny, et qu'il le vouloit bien avertir qu'il se méconnoissoit fort dans l'occasion présente, et ne songeoit point du tout à ce qu'il disoit. M. Goulas, se promettant que Monseigneur seroit pour luy, répliqua encore, mais d'un ton moins fort, qu'il garderoit toujours le respect qui étoit dû à Son Altesse royale, et qu'il se pouvoit passer de l'en avertir; qu'au reste il étoit bon qu'il sust que le mot de *méconnoistre* n'étoit pas à propos dans son discours, puisque si M. de Montrésor étoit homme de qualité, luy Goulas n'étoit pas sans naissance; enfin qu'il se rioit de *et* et de *ou* que Monseigneur ne luy imputoit pas à crime. L'on sortit là dessus et nonobstant les calomnies et les chaleurs de la cabale, Monseigneur passa un quart d'heure après à la chambre de M. Goulas, où il luy témoigna de bonne sorte que la haine de ces messieurs ne luy feroit jamais de mal, et leur venin ne l'empoisonneroit pas dans son esprit, et qu'il s'accommoderoit à des conditions raisonnables.

1. On sait que le comte de Montrésor était de la maison de Bourdeille.

M. de Chaudebonne partit avec l'instruction qui ne fut pas changée, et à quelques jours de là nous vismes M. de Chavigny, lequel apporta l'agrément du Roy pour le mariage, en cas que l'Eglise le jugeast bon [1]. M. de la Rivière arriva aussi [2], et le père de Gondren bientost après [3], tellement que M. Goulas prit de nouvelles forces, et tous ensemble écartèrent et dissipèrent cette dangereuse vermine.

Néanmoins le bruit qui courut et avec fondement que les troupes de Sa Majesté étoient commandées et marchoient vers Blois [4] donna l'alarme et beaucoup de matière aux messieurs de Sedan d'escarmoucher, et Monseigneur, qui ne parloit plus à M. de Montrésor depuis quelque temps, le rappela, et tous crurent à cette heure qu'il se rajustoit et qu'il emmèneroit Son Altesse royale [5]. Mais M. de Chavigny qui avoit envoyé le traité au Roy, à Orléans (Sa Majesté s'y étoit ren-

1. La lettre dont M. de Chavigny était alors porteur est du 16 décembre 1636. (Voir ce document dans les *Lettres de Richelieu*, t. V, p. 713.)

2. L'abbé de la Rivière, prisonnier à la Bastille, avait été mis en liberté « sur l'assurance qu'il donna d'y servir le Roy près de Monsieur selon les intentions de Sa Majesté. » (*Mémoires de Bassompierre*, t. IV, p. 219.)

3. Le P. de Gondren fut envoyé à Blois le 24 décembre 1636. Une seconde mission près de Monsieur lui fut confiée le 15 janvier 1637. C'est grâce à l'intervention de cet habile homme que la réunion et la réconciliation de Louis XIII et de Monsieur se fit à Orléans le 8 février 1637.

4. Le 30 janvier 1637, le roi était à deux lieues d'Orléans : « Mon approche, écrit le roi à Monsieur, ne doit point vous donner d'alarmes, car je ne me suis avancé jusques ici que pour vous témoigner l'envie que j'ay que vous me rendiez des témoignages d'autant d'amitié et de confiance que vous en recevrez de moy. »

5. Voir sur la conduite de Monsieur avec Montrésor les *Mémoires* de ce dernier. (Coll. Petitot, p. 327.)

due et y avoit mené M. le Cardinal et toute la cour), pour le signer, le reçut très à propos et tout tel que le souhaitoit Monseigneur, ce qui nous tira de peine, et nous réjouit autant qu'il consterna les autres. M. le cardinal de la Vallette comparut en cette cadence[1] de la part du Roy, et Monseigneur le remena à deux jours de là à Orléans, où il confirma de bouche à Sa Majesté ce qu'il avoit promis par écrit[2]. Ainsi cet accommodement le mit en repos sur son mariage et sur la conjuration faite à Corbie ; on luy assura ses appointements ; il ne devoit aller à la cour que quand il voudroit ; ses gens ne pouvoient estre recherchés pour avoir négocié en lieux suspects, les exilés revenoient, et il y avoit une place pour M. le Comte, nonobstant le *et* et le *ou* de M. de Montrésor.

Depuis la rupture si haute et si aigre de M. Goulas et de luy, je m'en retiray tout à fait[3] ; car auparavant je ne comprenois point qu'il eut trempé dans le dessein de l'assassiner, mais ayant su comme le tout

1. En même temps et dans un parfait accord.
2. Voir dans les *Lettres de Richelieu*, t. V, p. 745 et suiv. les trois écrits contenant les grâces que Sa Majesté accorde à Monsieur.
3. Comparer, sur la discussion qui s'éleva en cette occasion entre Léonard Goulas et Montrésor, le récit qu'en donne le « cadet de Bordeilles. » (*Mémoires de Montrésor,* coll. Petitot, t. LIV, p. 318 et suiv.) — A partir de cette scène entre Léonard Goulas et Montrésor, Nicolas Goulas nous apprend en effet autre part (voir dans le Ms. de Paris, fol. 403, *La deffense de feu M. Goulas, secrétaire des commandements de monseigneur Gaston de France, duc d'Orléans, contre les calomnies qui se trouvent dans un libelle intitulé :* Mémoires de Mʳ de Montrésor) que, « se sentant blessé au cœur, il rompit tout à fait ses attaches avec Montrésor, mais qu'il garda les apparences à cause de M. de Maulevrier, qui eut du déplaisir de ce procédé et l'empescha d'éclater, et M. de Goulas qui le voulut. »

s'étoit passé, j'aurois éclaté sans doute si M. Goulas ne m'eust imposé silence. Je me contentay donc de faire vœu de ne plus croire aux généreux de la cour, ni à la probité ambitieuse.

M. le Cardinal estimant que le temps luy fourniroit assez de conjonctures à regagner M. le Comte, traita ensuite avec luy, et le Roy luy promit qu'il ne seroit point inquiété en ses biens, qu'il jouiroit de ses pensions, qu'il disposeroit de sa charge de grand maistre, comme s'il étoit à la cour, enfin que de quatre ans l'on ne luy ordonneroit d'y venir; et luy qui espéroit du mesme bénéfice du temps des rencontres à le délivrer de sa tyrannie, prit patience, ne pouvant mieux, et ne branla pas [1].

Et voicy un trait de l'habileté de l'Eminence qui, bien qu'il n'ait pas eu d'effet, mérite néanmoins d'avoir place dans ce discours. Il avoit cette maxime pernicieuse que pour gagner absolument les gens, il les falloit maltraiter et rendre très misérables, et puis leur faire du bien et les traduire comme de l'enfer dans le paradis : l'accommodement avec M. le Comte étant presque achevé, considérant qu'il avoit eu le temps de s'ennuyer à Sedan, il osta la négociation à M. le comte de Brion, sous un ridicule prétexte, et luy substitua M. de Bautru, afin qu'il luy portast la grande botte du mariage de madame de Combalet, comme de luy mesme, et n'en ayant pas de charge, ce

1. Le comte de Soissons avait été très-mécontent de la réconciliation de Monsieur et du roi, et ce n'est qu'à la suite des négociations du P. Hilarion, envoyé par Richelieu à Sedan avec des instructions précises, que le comte fit ainsi entière soumission aux volontés du roi, le 26 juillet 1637.

qu'il fit très adroitement, et ce que le prince refusa aussi très généreusement, disant qu'il n'avoit pas encore eu la pensée de se marier[1]. Ils avoient pourtant gagné madame la Comtesse, et il ne tenoit point à elle que monsieur son fils n'épousast la chère nièce. Ne le pouvant réduire, elle employa un capucin, son confesseur[2], pour le disposer à demeurer en repos, sans s'embarrasser avec l'Espagne, ni rien entreprendre contre le service du Roy et l'intérest de l'Etat. Cependant il faut dire pour la vérité, que bien prit à nos princes que M. le cardinal de Richelieu fust encore étourdi du bateau[3], et ses serviteurs étonnés du danger qu'ils avoient couru; ils n'en auroient pas été quittes à si bon marché, mais craignant avec raison que Monseigneur n'allast brusquement à Sedan et que luy et M. le Comte n'eussent de grandes intelligences dedans et dehors le royaume, ils en furent beaucoup plus traitables, et à ce coup firent grâce[4].

1. Richelieu fit démentir publiquement ce projet de mariage, et, le 20 juin 1637, il écrivait à M. de Charnacé à cette occasion : « Au moins si vous estes capable de croire telles impostures, ne croyez pas que je sois diable comme ils prennent plaisir à le dire quelques fois, que je veuille empiéter l'État, comme ils le disent à l'oreille de ceux qui ne leur crachent pas au nez à de telles impertinences, et que madame de Combalet ait voulu forcer M. le Comte. » (*Lettres de Richelieu*, t. V, p. 791.)

2. Le P. Hilarion.

3. Être encore étourdi du bateau, n'être pas encore remis de son trouble (Littré).

4. Le livre XI du Ms. de Vienne, fol. 228 à 235, contient des détails sur la politique générale du royaume et la conduite des armées du roi; il se termine par l'éloge du duc Charles de Mantoue (fol. 234 v°), mort en l'année 1637. — Les détails qui suivent

Je veux vous conter une particularité qui me regarde et qui me ravit en ce temps là : c'étoit avant l'accommodement, que Monseigneur avoit ou feignoit quelque sentiment de goutte et gardoit le lit ; et quand il se trouvoit en cet état, il commandoit le soir à deux ou trois de nous autres de le veiller la nuit, afin de l'entretenir et l'empescher de s'ennuyer, quand son mal luy ostoit le sommeil. J'étois toujours nommé de deux nuits l'une, et avois ordre de rentrer incontinent après qu'il avoit donné le bonsoir, et que le monde étoit sorty de sa chambre. Une fois qu'il n'avoit retenu que M. de Montrésor et moy, et qu'il avoit fait passer ses valets de chambre dans l'antichambre, il me dit de rester auprès du feu et appela M. de Montrésor. Il fut fort longtemps à parler à luy d'action, et comme ils disputoient avec plus de chaleur, voilà du bruit à la porte : il se douta bien de ce que c'étoit et il me fit approcher fort viste, afin que l'on nous trouvast tous deux à sa ruelle. Aussitost M. de Chavigny, M. le comte de Guiche et M. Goulas entrent, et les deux premiers furent assez surpris de cette solitude, et de trouver M. de Montrésor et moy seuls à sa ruelle. M. le comte de Guiche, qui ne me connoissoit point, dit à l'oreille à M. Goulas : « Qu'est cecy ? et comment appelez-vous cet homme là ? » me montrant. M. Goulas luy répondit : « C'est un homme qui ne gastera rien, et je vous en réponds. » Il luy apprit ensuite que j'étois son proche parent et son amy et que Monseigneur avoit quelque bonne volonté pour moy. Mais si

---

sur la petite cour de Blois et ses intrigues amoureuses font défaut dans le Ms. de Vienne.

ce procédé de Son Altesse royale me fut suspect, et si je soupçonnay que M. de Montrésor luy proposoit des choses où l'Etat et le ministère avoit interest, il me causa une satisfaction extrême, car j'avois toujours craint qu'il ne me mist de la catégorie de M. de Boisgeoffroy, et ne pensast que je l'approchois à dessein de rendre compte de ses actions, et observer qui le voyoit et luy parloit; enfin j'eus là une très bonne nuit et ne plaignis point ma veille. Je vous confesse que depuis ce temps là je me sentis beaucoup plus hardy, et me persuaday de tenir à mon maistre par l'estime.

Mais je ne vous ay pas dit, pour ne pas rompre le fil de mon discours, comment M. de la Rivière sortit de prison, et nous fut envoyé à Blois. M. Goulas, voyant la cour en inquiétude de ce qu'il n'y avoit presque personne dans la maison qui ne fut de party contraire, s'avisa que la conjoncture étoit excellente pour servir M. de la Rivière et le tirer de la Bastille. Il le fait proposer à madame de Combalet et à M. de Chavigny par M. de Chaudebonne, qui étoit allé à Paris comme vous l'avez vu cy dessus. Il leur dit qu'étant naturellement timide, si on le sortoit des peines d'enfer, il craindroit fort d'y retomber, et joueroit le jeu qu'il plairoit à M. le Cardinal; qu'il se donneroit bien de garde de s'émanciper; que M. Le Coigneux soutenoit qu'il faut estre deux pour persuader Son Altesse royale et que M. de la Rivière appuyant M. de Chavigny, difficilement résisteroit-il; qu'à la vérité il seroit en garde au commencement, mais que M. de la Rivière, par ses prosnes si agréables, auroit bientost dissipé ses soupçons et repris la confiance. Quoique ce discours fit impression, il fallut pourtant persuader la cour que les gens de contrebande ne craignoient rien tant au monde que le retour de M. de la Rivière, et la bravure[1] de M. de Montrésor qui leur fut reportée acheva de les résoudre : il dit un jour que M. l'abbé de la Rivière étoit trop homme d'honneur pour vouloir rentrer auprès de son maistre par l'indulgence du ministère, et qu'il choisiroit plutost de sortir de la Bastille en suite d'une bataille gagnée. Cecy porta coup sans doute et la bataille bien expliquée apprit qu'on songeoit à remuer ménage en France. Ils le mirent donc en liberté et on luy dit à l'oreille qu'il eut à prendre aussitost le chemin de Blois.

Quand nous susmes qu'il devoit arriver, nous allasmes au devant de luy, M. Goulas, M. de Patrix et moy, et l'ayant rencontré avec grande joie, après les premières embrassades et quelques questions touchant le temps passé et le présent, nous les laissasmes, M. Goulas et luy, seuls dans un carrosse, et nous montasmes dans l'autre. M. Goulas luy fit le plan de notre cour, l'instruisit de ce qu'il avoit à faire et à dire pour se parer des coups de ses ennemis couverts et découverts, et de la disposition où étoit Son Altesse royale à son égard, et je vous vais conter une assez plaisante chose. M. de Montrésor et ses associés ne se contraignoient plus ; ils assuroient que l'on n'avoit pas mis M. de la Rivière en liberté, sans qu'il se fut dévoué ; qu'il venoit remply des leçons et instructions du ministère ; que crainte de retomber dans l'abisme, il ne déplairoit pas au tout-puissant ; qu'il ne se méprendroit pas ; que l'on

---

1. *Sic,* pour bravade ou quelque chose de plus. (Note de M. Monmerqué.)

auroit plaisir de voir ses ménagements et ses conduites. Sur quoy M. de Patrix répondit à sa manière : qu'estimant M. de la Rivière très homme de bien, il ne le croyoit pas capable de rien faire contre l'honneur et la conscience ; que néanmoins dans la plus sévère justice, l'on pouvoit promettre beaucoup pour sortir de prison, tout de mesme que l'on se sauve de ces lieux horribles par le privé, sauf de se nettoyer après, changer d'habit et se parfumer. Je pense que M. de la Rivière en usa de la sorte et qu'il déféra depuis au conseil de son amy, et nonobstant toutes les calomnies, railleries, cabales et efforts des Philistins (c'est ainsi qu'il les appeloit). Monseigneur le traita comme auparavant ; il se communiqua beaucoup à luy, et se plut autant en sa conversation que jamais, et néanmoins il [M. de la Rivière] fut extrêmement retenu et vécut avec les dernières précautions, sachant à qui il avoit affaire, je veux dire à M. de Chavigny, très rude joueur en ce temps là. Vous croyez bien qu'il ne contesta pas la charge de premier aumosnier que Monseigneur avoit donnée à M. le coadjuteur de Tours, son oncle, et qu'il se contenta de celle de Madame que ce prélat possédoit, dont il luy envoya quelque temps après la démission.

C'est l'état où nous étions à Blois et l'agitation qu'éprouvoient ceux qui avoient l'honneur d'approcher la personne de Son Altesse royale, lequel continuoit à galantiser la demoiselle dont je vous ay parlé[1],

---

1. Gaston ne se contentait pas d'ailleurs de galantiser la demoiselle de Blois (qui n'est pas désignée par son nom dans les mémoires de Nicolas Goulas), il se rendait, paraît-il, assez souvent, le soir, chez un nommé Mauvoy, « homme de bien, dit

autant peut-estre par considération que par amour, je veux dire afin que M. le Cardinal crust que l'attache qu'il avoit sur la rivière de Loire l'arrestoit et le pouvoit distraire de la Meuse et de Sedan ; car il [le Cardinal] étoit fort persuadé que la liaison de ces princes subsisteroit toujours, que M. le Comte ne romproit jamais avec Monseigneur, et que Son Altesse royale ne se désuniroit point tout à fait d'avec M. le Comte. Mais avant que de passer outre, je vous apprendray une particularité qui vous fera bien connoistre les princes, et comment ils vont toujours à l'utile sans se guère soucier de leurs serviteurs.

Au commencement de ce vacarme, M. Goulas voyant à Blois M. le comte de Fiesque, en qualité d'agent ou confident de M. le Comte, crut qu'il falloit savoir de Monseigneur ce qu'il entendoit qu'on luy dist de sa négociation avec la cour; il le luy demanda, et Son Altesse royale luy répondit brusquement : « Rien du tout; de quoy vous avisez-vous? Est-ce que vous pensez que je veuille traiter de ministre le comte de Fiesque? » Au mesme temps M. de Fiesque voulut aussi savoir de Monseigneur ce qu'il diroit à M. Goulas des affaires de M. le Comte, il [Monsieur] se mit en colère, ou feignit de s'y mettre, protestant qu'il ne se fioit point de Goulas et n'entendoit point qu'il eust aucune part à ce qui viendroit de Sedan. M. le comte de Fiesque et M. Goulas, qui vivoient le mieux du monde ensemble, étant amis de longue main, se retirent l'un de l'autre et furent incontinent tout de glace ;

Montrésor, au logis duquel quantité de femmes de la ville s'assembloient. » (*Mémoires de Montrésor*, coll. Petitot, t. LIV, p. 327.)

et M. Goulas me disoit quelquefois : « Mais qu'ay-je fait au comte de Fiesque? » ne présumant point que Monseigneur luy eut donné le coup et fut la cause de cette froideur. Notre maistre ne vouloit point que l'un d'eux sust ce que l'autre traitoit, afin d'amuser ou tromper les deux partis, tant qu'il le jugeroit expédient pour ses fins, et prendre à loisir ses avantages.

Mais la petite affection de Blois ne fut qu'une légère et passagère affection; aussi le sujet n'en étoit-il pas fort exquis; l'esprit médiocre, la beauté à l'avenant, nul agrément, le procédé et l'air bourgeois, tellement que la petite faveur eut beau jeu pour la ruiner. M. de la Rochepot, qui n'avoit tiré aucune faveur de sa dame, se mit à la tailler en pièces et se vengea par ses médisances et ses railleries, et Monseigneur le trouva mauvais d'abord; M. de Langeron ne se soucioit plus de la sienne; M. de Blot pestoit Blois et ne cessoit de louer Tours où il avoit son attache; M. d'Espinay, nouvellement rétably, suivoit le sentiment de ses amis. Tous firent une partie de chasse auprès de Tours, qui leur donna occasion d'y aller; ils y trouvèrent une société de femmes et de filles qui leur plut extrêmement et les retint plus qu'ils ne pensoient; néanmoins considérant que Monseigneur étoit assez seul et qu'il se pourroit fascher de leur longue absence, ils revinrent à Blois sur des coureurs, enchantés des dames de Tours et, en les prosnant à Monseigneur, exagérèrent la beauté d'une fille du feu lieutenant criminel, appelée Louison[1], qui n'avoit point sa pareille en France, et valoit mieux

1. Louison Roger, qui fut la mère du chevalier de Charny et entra par la suite à la Visitation, où elle fut connue sous le nom de la mère Louise.

que tout Paris et toute la cour. M. le comte de la Rochepot eut là un beau champ pour s'ébattre et donner sur les femmes de Blois, et la belle saison conviant Monseigneur à se promener sur la rivière de Loire dans sa galiote, ils luy proposèrent de descendre jusques à Saumur et d'arrester seulement une après disnée à Tours; le jour pris, il partit accompagné de toute cette jeunesse.

Je ne vous saurois dire ce qui m'empescha d'estre de ce voyage; je n'y fus point et Monseigneur y demeura plus qu'il ne croyoit, ces messieurs faisant trouver auprès de Tours la meute pour chevreuil que commandoit d'Espinay, et l'arrestant par toute sorte de plaisirs, à dessein de l'embarquer avec Louison : il leur réussit parce qu'elle avoit bien d'autres charmes que la Blaisoise; de belle taille, galante, libre, enjouée, de l'embonpoint raisonnablement; elle avoit les cheveux chastains tirant sur le brun, la présence de qualité, la mine haute et fière, le teint assez beau, les yeux grands et brillants, la gorge et les bras admirables, et une certaine grâce dans toutes ses actions qui lui étoit particulière; elle chantoit bien, elle dansoit bien, elle disoit les choses plaisamment, et elle étoit si gaye qu'on ne s'ennuyoit jamais avec elle; enfin elle possédoit tout ce qu'il faut pour détruire une absente et luy enlever son galant; il n'y a donc pas lieu de s'étonner si Monseigneur, médiocrement épris à Blois, se rendit à cette belle, et si Louison le gagna à la première vue; car il est des beautés qui emportent d'abord, comme le canon, sans qu'on leur résiste; elles ne donnent pas le temps de disputer, elles violentent, elles ravissent et triomphent en un instant; ainsi notre maistre devint infidèle, et les appas présents de Louison plaidant pour elle avec M^rs d'Espinay et de la Rochepot contre la Blaisoise absente, celle cy perdit son procès où il s'agissoit du cœur d'un si grand prince.

J'appris quelques jours après que sa parenté, qui avoit fondé de belles espérances sur cette affection de Monseigneur, la voyant affoiblir, se fascha fort que ses prétentions s'affoiblissent, si bien que la famille en corps fit des reproches à la nymphe de sa conduite austère, de son peu de complaisance, de sa froideur, et qu'une vieille plus intelligente que les autres, ayant pris la parole et représenté gravement que l'amour veut de la nourriture comme toutes les choses d'icy bas, et que s'il ne luy en faut pas trop donner, il ne faut pas aussi qu'il en manque; qu'il est des occasions où la trop grande retenue est à blasmer, qu'il est des faveurs qu'une honneste personne accorde; que les grands se rebutent par une résistance de mauvaise grâce et se conservent avec peu quand il est dispensé sagement; la pauvre fille, à ces paroles, ne pouvant retenir ses larmes, répondit en pleurant que la réprimande de sa tante étoit injuste et mal fondée, qu'elle n'avoit pas fait de faute; qu'elle n'avoit garde d'accorder des faveurs quand on ne luy en demandoit pas, et que Monseigneur, une seule fois, luy ayant voulu baiser la main, elle les luy avoit présentées toutes les deux. C'est ce qu'on débita pour rire, et marquer l'innocence de cette fille, laquelle, à dire vray, avoit du mérite et une bonté des premiers siècles. Vous verrez au chapitre qui suit que Monseigneur la quitta avec méthode et déconfit cette innocente et vertueuse amitié presque sans qu'il y parut.

CHAPITRE XXIX.

Monseigneur quitte la demoiselle de Blois et s'embarque avec Louison de Tours ; ses galanteries, sa jalousie et la ruine de Mrs de la Rochepot et d'Espinay.

De l'humeur que je vous ay représenté M. le comte de la Rochepot, vous ne doutez pas que voyant Monseigneur ébranlé pour Tours, il ne se déchaisnast tout à fait contre les femmes de Blois. Son Altesse royale, de retour, continua ses soins et ses visites chez sa dame, mais le tout fut moins fréquent et sans plus d'attache, et comme il ne se pouvoit empescher de louer la compagnie de Tours et parler de Louison, l'on jugea que son inclination y alloit tout droit et que la fille luy avoit entamé le cœur. Cinq ou six semaines se passèrent ainsi et les galants de Tours, rompant la teste à tout le monde de leur ennuy et ne bougeant presque plus de la chasse, ils pressèrent Monseigneur d'y retourner et l'y résolurent sous prétexte d'une promenade sur l'eau dans sa galère. Je commençay à me douter de ce qui alloit arriver et crus qu'il étoit temps de rompre avec celle que je servois ; car Monseigneur me demandant un soir dans son cabinet comment alloient mes affaires, je luy répondis qu'elles n'alloient point et que M. de la Rochepot nous avoit tellement gastés par ses emportements et son inconstance, que nous n'avions qu'à retirer nos troupes et prendre party ailleurs. Il se mit à rire et j'ajoutay : « Néanmoins il me reste encore une pièce de jalousie à faire, et, si elle me manque, je suis au rouet[1] ; mais, pour la rendre bonne et efficace, il la faudroit préparer où le Cher tombe dans la Loire. » Il me dit : « Il y a de quoy s'embarquer en ce lieu. — Sans doute, répliquay-je, et tel qui y est embarqué ne s'en vante pas. » Il tourna brusquement l'épaule, à sa manière, ne se voulant pas découvrir encore à moy, ce qu'il fit pourtant deux ou trois jours après, et je le copiay à merveille, car dès là mes offrandes cessèrent pour Chimène, et je ne soupiray plus.

Ce second voyage de Monseigneur à Tours acheva de le gagner ; il se rendit aux charmes de Louison et, comme les serviteurs imitent leurs maistres, la plupart des siens sacrifièrent aux belles de la ville : j'entends ceux qu'il appeloit dans ses plaisirs. Enfin sa passion se faisant grande et étant connue de tout le monde, il servit hautement cette fille, et avec les mesmes devoirs d'un petit particulier épouseur, jusques à la mener à l'église tous les matins ; mais admirez la cruelle destinée de ce prince : il alla faire ses confidents le comte de la Rochepot et d'Espinay, deux jeunes garçons de vingt ans, bien faits et éveillés, particulièrement M. de la Rochepot, d'humeur galante et très capable de plaire à une jeune demoiselle, comme de s'en coiffer, aussi ne se passa-t-il guères de temps qu'il ne s'en piquast et que Monseigneur ne devint jaloux jusques à l'extrême, et cette cruelle passion s'empara si fort de son esprit que les amis de M. de la Rochepot luy conseillèrent de se retirer et de détruire son malheur par son

---

1. Expression proverbiale qui signifie : *Je suis à bout, je ne sais plus qu'y faire.* (Note de M. Monmerqué.)

absence : il les crut et demanda congé d'aller à l'armée, qui luy fut accordé volontiers. Ainsi d'Espinay fut maistre de la campagne et en peu de jours devint plus amoureux de Louison que son camarade et Son Altesse royale.

Cependant Monseigneur, qui désiroit de gagner entièrement cette belle personne, crut la devoir réjouir l'hiver et s'y prit comme si c'eut été la plus grande princesse de l'Europe. Il commanda à sa musique de se rendre à Tours ; il y fit venir des comédiens, des violons, des danseurs ; il prépara un somptueux ballet dont les habits et les machines étoient très riches et très magnifiques ; les meilleurs musiciens furent employés à faire les airs, les poètes illustres à composer les vers et les récits, les baladins célèbres à inventer les pas, les beaux esprits à trouver des sujets ; enfin il ne se peut rien si fort au delà de Louison, aussi en fut-elle enchantée et si ravie, qu'elle en perdit toute retenue et se rendit aux désirs de notre maistre, et s'il en faut croire le bruit commun, ou la médisance, elle eut si grand'peur de perdre un tel amant, qu'elle ne refusa rien à son favory.

La voilà donc déclarée maistresse de Monsieur, du consentement mesme de toute sa parenté. On luy fit venir de Paris de très beaux meubles, lit, tapisserie, cabinets, cassettes, tables, toilettes, tapis, le tout garny d'or et d'argent, et il y en eut pour dix mille écus. Il est vray que ce lit de velours, où il couchoit quelquefois, étoit pour luy tout plein d'épines, et il ne prit dedans aucun plaisir qui ne fut empoisonné d'inquiétudes. Je m'en aperçus par une telle occasion qui vous va sembler singulière. Il nous commanda un soir à un autre de ses féaux et à moy (je pense que c'étoit M. de Verderonne de Norat) de demeurer au petit coucher, et ayant donné le bonsoir en se mettant au lit, nous sortismes avec tout le monde pour rentrer incontinent après, comme c'étoit la coutume de peur de fascher personne. Il me parut extraordinairement triste, et je pensay d'abord qu'il avoit reçu quelque fascheuse nouvelle de la cour. Il étoit sur son lit tout nu en son séant, et jetoit son bonnet de nuit en haut, le reprenant avant qu'il tombast sur luy. Nous avions déjà parlé de plusieurs choses sans qu'il y fit réflexion, et notre discours étoit tombé, je ne sais comment, sur les amours du Roy, son père. M. de Verderonne, qui soupçonnoit peut estre la vérité, et que d'Espinay étoit la cause de ce chagrin, pour s'en éclaircir, je pense, dit ces propres paroles : « Le feu Roy, sans doute, étoit un merveilleux prince, et avoit de belles lumières à la guerre et dans le conseil, mais c'étoit la plus grande dupe en amour qui fut jamais ; monsieur un tel luy en fit taster pour madame une telle, et ainsi de presque toutes ses maistresses. » J'observois Monseigneur de toute ma force, car c'étoit là le texte du jour, et il ne répondoit point ; il jetoit toujours le bonnet contre le ciel du lit. Tout à coup il se tourne vers moy qui tenois le bougeoir et dit : « Par la mort b... [1] s'il arrivoit à mes gens de me faire de ces tours,

1. Sous cette initiale se déguise certainement un de ces jurons si familiers à Gaston, et dont les diables de Loudun ne l'avaient pu encore débarrasser complètement. (On peut voir au sujet des jurons de Monsieur et des diables de Loudun une lettre du cardinal à Gaston en date du 22 mai 1635. (*Lettres de Richelieu*, t. V, p. 15 et 16.) « Je suis ravy de savoir, écrit Richelieu, que les diables de Loudun aient converty Votre Altesse et que vous ayez

je les pousserois dans les enfers, car je veux qu'on sache que je suis de race florentine. » J'entendis où alloit ce propos, comme vous pouvez croire, et, le détournant doucement, je le mis sur un plus agréable, dont il me sut bon gré, parce qu'il craignoit de s'estre découvert, méditant de s'illuminer et se venger ensuite avec éclat. Je jugeay de là que nous verrions bientost quelque chose d'étrange à notre cour et que ce vent y causeroit bientost de l'orage, et je jugeay bien.

Les petits confidents de Monseigneur ne se faisoient point sages de la disgrâce de M. de la Rochepot et vivoient toujours avec un si grand mépris de leur maistre que tout le monde en étoit scandalisé, et j'étois tous les jours sur le point de rompre la glace et de l'avertir qu'il étoit la dupe de la compagnie ; car ces messieurs et ces dames le traitoient comme on fait les maris fascheux : l'on entre en mauvaise humeur s'ils sont trop long temps à la maison ; il faut pour estre honnestes gens qu'ils s'absentent. Dès que Monseigneur paroissoit, chacun se tiroit à quartier ; l'on apportoit des cartes et quelques uns jouoient tristement et en silence ; étoit-il sorti, gaillard, l'on sautoit, dansoit, bondissoit ; la joie montoit du cœur aux visages, le transport étoit universel parce que l'importun n'y étoit plus. On l'en fit apercevoir, et la jalousie lui prestant ses yeux, il vit fort clair ; enfin elle luy remit en mémoire l'avis qui luy fut donné sur le sujet de M. de la Rochepot, qu'en amour un confi-

---

fait une si ferme résolution de ne jurer plus, que vous ayiez tout à fait oublié les serments qui, auparavant, étoient assez ordinairement en votre bouche... »

dent de vingt ans est à craindre. D'ailleurs d'Espinay, toute sa vie très indifférent pour les dames, ne l'étoit plus ; il se plaisoit avec elles, il leur parloit ; il mettoit de la poudre à ses cheveux, il s'approchoit de Louison avec joye, il luy parloit avec plaisir, il quittoit tout pour estre avec elle, *famelici sguardi in lei avidamente pascendo ;* mais, comme Monseigneur ne doutoit plus de la trahison du cavalier, il voulut estre certain de celle de la dame, et il en doutoit toujours, parce qu'il aimoit.

La Reyne étant assurément grosse [1], et Monseigneur obligé par conséquent d'aller témoigner au Roy le contentement qu'il en recevoit ; il prit le chemin de Paris ; et considérez de grâce ce que fait la fortune quand elle veut perdre un misérable. Le Roy en ce temps là aimoit madame de Hautefort [2], et avoit en teste

---

1. Dans le Ms. de Vienne, la nouvelle de la grossesse certaine de la reine commence le livre XII (fol. 236 r°) ; Goulas y signale l'anecdote suivante : « L'on se réjouit extrêmement de la grossesse de la Reyne dans tout le royaume, l'on en fit tant de bruit et tant de compliments au Roy qu'il s'en ennuya, et quelqu'un attribuant son bonheur à miracle, il répondit avec chagrin que Dieu en faisoit souvent, mais que ce n'en étoit point un qu'un mary qui couchoit avec sa femme luy fit un enfant. » — Les livres XI et XII du Ms. de Vienne (fol. 236 à 255) sont consacrés à la politique générale de la France durant les années 1638 et 1639. Quelques mots sur le duc de Rohan et le duc de Créqui (fol. 243 v°) terminent le chapitre XII ; le chapitre suivant, dans sa partie finale, contient (fol. 253 r°) les éloges du duc de Weymar, du duc de Cardale, fils aîné du duc d'Épernon, et enfin du cardinal de la Valette, « mort brusquement d'une fièvre maligne, si bien que les Italiens soupçonnèrent, suivant le génie de la nation, qu'il eust été empoisonné. »

2. Marie de Hautefort, fille de Charles, marquis de Hautefort, comte de Montignac, et de Renée du Bellay. Née le 5 février 1616,

quelque jalousie qui l'inquiétoit, car le bruit étoit grand que M. de Gesvres l'avoit trouvée belle, le luy avoit dit ou laissé entendre, et comme il n'y avoit pas en France de meilleur party, la dame qui savoit par l'exemple de Mlle de la Fayette[1] combien la passion de Sa Majesté étoit stérile, n'avoit pas rejeté ses vœux. Monseigneur donc, étant alors assez bien avec le Roy, apprit de luy une partie de ce qu'il ressentoit, et pour le luy rendre en mesme monnoie, se découvrit aussi, appuyant sur la circonstance que son mal luy venoit de son confident, et protestant de s'en venger en temps et lieu, après avoir vérifié la chose et de quoy convaincre Louison. Mais vous remarquerez que ce fut un conseil de M. de la Rivière, lequel craignant que M. le comte de Brion et M. de Montrésor qui le haïssoient, dès qu'ils sauroient le mal talent du maistre, ne l'appaisassent, avoit cru que Monseigneur engagé de cette sorte avec le Roy à la perte de son ennemy, résisteroit et passeroit outre, quelque effort qu'ils fissent pour le rajuster ; ainsi il l'avoit poussé à parler au Roy de cette affaire, sous prétexte qu'il l'obligeroit par sa confiance, et qu'il étoit expédient qu'il sçust ce qui le menoit si souvent à Tours. M. de la Rivière m'apprit tout cecy, mais ce fut six mois après, lorsqu'il me pria d'accompagner Monseigneur à ses voyages afin qu'il y eust quelqu'un de ses amis auprès de luy.

---

elle avait été, depuis 1628, successivement fille d'honneur de la reine-mère et de la reine. Deux fois disgraciée, ainsi que nous le verrons, en 1640 et en 1644, Marie de Hautefort épousa, en 1646, Charles de Schomberg, duc d'Hallwin, pair et maréchal de France, et mourut en 1691.

1. On sait que la passion du roi pour Mlle de la Fayette conduisit celle-ci au cloître de la Visitation (19 mai 1637).

Nous passasmes ainsi l'année 1638, et d'autant qu'il y avoit eu de la rumeur à la cour à cause de l'éloignement de madame de Séneçey[1] et de l'ombrage que M. le Cardinal avoit pris des demoiselles avec lesquelles le Roy se plaisoit et s'amusoit, nous demeurasmes plus à Chambord et à Tours qu'à Paris et à Saint-Germain. Néanmoins Monseigneur ne manqua pas de se trouver aux couches de la Reyne[2], comme il étoit de son devoir, félicita le Roy sur la naissance de M. le Dauphin, rendit mille soins à Leurs Majestés, vécut à merveille avec M. le Cardinal[3] et avec ses parents, et se comporta si bien que toute la France le loua et l'eut en estime.

Mais je vous veux apprendre une chose que peu de personnes ont sue et qu'il étoit expédient qu'on ne sut pas. Le prince[4] ressentit une douleur

1. Marie-Catherine de la Rochefoucauld était veuve, depuis 1622, du marquis de Senecey, et première dame d'honneur de la reine depuis 1626.
2. Louis XIV naquit le 5 septembre 1638. M. de Chavigny, écrivant au cardinal au sujet de la naissance du dauphin, parle ainsi de l'attitude de Monsieur : « Monsieur est demeuré tout étourdy lorsque Mme Péronne luy a fait voir, par raison physique, que la Reyne étoit accouchée d'un fils. Il luy faut pardonner s'il est un peu mélancolique. Les six mille écus que le Roy luy a accordés, à la prière de Monseigneur, le consoleront un peu... »
3. Pour consoler M. le duc d'Orléans, que la naissance du dauphin avait fort attristé, Richelieu lui écrivait de Saint-Quentin, le 6 septembre 1638 : « Je supplie Votre Altesse de croire que, la naissance de M. le Dauphin l'empêchant d'estre la seconde personne du royaume, elle sera la troisième avec tant d'avantage qu'elle recevra de la bienveillance du Roy, qu'elle aura sujet d'estre contente. » Et le même jour Richelieu écrivait à Chavigny qu'il « avoit fait auprès de Sa Majesté ce qu'il (Monsieur) a désiré pour l'argent. »
4. Le prince, c'est-à-dire Monsieur.

extrême au coup inopiné que lui donna la fortune en cette rencontre, à ce coup qui ruinoit toutes ses espérances, et ayant joué excellemment plusieurs jours de suite, et ne se pouvant plus contraindre, il s'en alla à Limours, où se découvrant à ses confidents, il se plaignit de son malheur avec mille larmes, et celuy auquel il s'ouvrit le plus alors m'a conté qu'elles luy couloient le long des joues comme deux ruisseaux, et que s'étant ainsi déchargé dans le particulier, il alloit faire l'enjoué en public et représentoit si bien ce personnage que chacun y fut trompé. Certes, je le fus comme les autres, car encore que je susse qu'ayant de l'esprit et connoissant qu'il étoit tombé de fort haut, sa chute luy seroit très douloureuse, je ne m'imaginay point qu'il prist l'affaire si à cœur, et qu'elle luy pust tant mettre d'épines dans l'âme. Ainsi après cette effroyable contrainte qu'il se donna, son retour et son séjour à Chambord et à Tours luy fut doux, si l'infidélité de sa dame et de son confident et sa jalousie le permirent.

Il est vray qu'il hésitoit toujours et ne pouvoit croire ce qu'il voyoit; mais l'hiver, ses soupçons firent grand progrès, et il se résolut enfin de s'éclaircir tout à fait. Ayant été prendre congé du Roy, à Hesdin[1], lequel méditoit un grand voyage (1639), il revint à Paris, où il n'arresta que pour disposer les choses qu'il devoit exécuter à Tours. M. de la Rivière désira que je fusse

---

1. Ville de l'Artois, sur la Canche, à 20 kil. S.-E. de Montreuil-sur-Mer ; aujourd'hui chef-lieu de canton. Hesdin fut pris le 29 juin 1639, après quarante jours de siège, par Louis XIII, qui y entra par la brèche.

du voyage, quelque considération de cour l'empeschant de suivre, et comme l'on parla au petit coucher de ceux que Monseigneur mèneroit avec luy, il me nomma et Son Altesse royale l'eut très agréable; et d'autant qu'il faisoit dessein d'arriver à l'improviste auprès de Louison et de se saisir de certains coffres de d'Espinay, dans la créance qu'il s'y trouveroit des lettres à les convaincre, il caressa ce pauvre garçon, il luy leva tout ombrage et l'amusa par une fausse confiance, en telle sorte qu'il luy persuada que tout étoit oublié et qu'il avoit toujours part en ses bonnes grâces.

Là dessus il va de Paris à Limours, pour se rendre le lendemain à Orléans sur des coureurs. Le matin qu'il devoit partir après déjeusner, ayant entretenu d'Espinay, il appela M. de la Rivière qui l'avoit conduit jusques là, et luy dit d'abord : « La Rivière, *fistula dulce canit volucrem dùm decipit auceps.* » Il venoit de tendre un nouveau piége à d'Espinay où il avoit donné encore, et je n'appris cecy qu'au retour de Tours, car je m'en allay droit à Orléans à cause que Monseigneur devoit faire la traite de Limours là en une après disnée, sur des coureurs, et je ne voulois point me trouver auprès de luy sans valet et sans linge. J'arrivay donc à Orléans avant Son Altesse royale, et j'eus moyen de luy faire ma cour tout à l'aise, n'ayant été suivy que de cinq à six qui s'écartèrent d'abord pour se reposer.

Le jour d'après, l'on disna de bonne heure, et Monseigneur entra incontinent en carosse, où il me fist mettre, et quoiqu'il eust dessein de coucher à Blois, quand nous fusmes à Saint Laurent des Eaux[1], il voulut passer à Chambord et monta à cheval. Il me demanda si j'en avois un, et je luy répondis que ne m'ayant pas commandé d'en faire tenir, je croyois que mes gens seroient devant avec les miens, mais que le maistre de poste m'en accommoderoit d'un mauvais pour mon argent : il me dit de le prendre et de le suivre. Je ne sais si d'Espinay n'avoit point eu d'avis et si M. le comte de Brion ne l'avoit point mis en ombrage sur quelques propos que Monseigneur avoit tenus le matin, mais je m'aperçus qu'il désiroit fort de parler à Son Altesse royale sans témoin et que le prince évitoit de luy en donner la commodité, car il me parla presque continuellement durant le chemin, et en prenant un relais de carrosse, il me tira à part et ne me dit que des bagatelles. Arrivant à Saint Laurent il monte à cheval, et il ne se trouva que M. d'Espinay et moy pour l'accompagner avec l'écuyer et l'officier des gardes, encore étois-je sur un cheval de poste. D'abord il prit le galop et, ayant couru cinq cents pas, il m'appela, voyant que d'Espinay s'approchoit et se mettoit en devoir de parler. J'arrivay auprès de luy et rompis ce coup ; mais l'impatience de savoir si l'on avoit exécuté certains ordres qu'il avoit donnés et recommandés à son partement, fit qu'il s'en alla à toute bride, dans la pensée d'éluder encore le dessein de d'Espinay, quand il auroit trouvé ses maçons et l'entrepreneur qui travailloient

1. Saint-Laurent-des-Eaux, bourg du canton de Bracieux, département de Loir-et-Cher, à une lieue S. de Beaugency.

au mur du parc[1]. En effet, je le rencontray à l'atelier, à demy heure de là, parce qu'il m'arriva un accident qui m'empescha de faire diligence : mon cheval, extrêmement empesché dans ces petits sillons de Sologne, tomba et s'en alla cul par dessus teste, me plantant là couché de mon long auprès de luy dans un guéret. J'eus assez de peine à me relever et à remonter dessus, car son harnois étoit en pièces, et sans un laboureur qui se trouva de fortune à cinquante pas, j'eusse été obligé de monter ma beste à dos pour gagner la première poste ou d'y aller de mon pied ; mais le pauvre homme raccommoda les sangles et la bride du mieux qu'il put et me mit dessus la mazette comme un sac de blé, tant j'étois froissé de ma chute. Je joignis donc Monseigneur et luy contay mon aventure dont il rit de bon cœur, et ayant regagné le carrosse, ce fut de la matière d'entretien jusques à Blois, et M. d'Espinay manqua ainsi l'occasion de faire son éclaircissement.

Le lendemain nous fusmes à Tours de bonne heure, et aussitost Monseigneur envoya prendre et rompre les coffres du malheureux, dans lesquels il fut trouvé des lettres qui accrurent les soupçons, ou pour mieux dire vérifièrent le crime du confident infidèle. Il le chassa donc et de grande hauteur et ne voulut jamais ouïr parler de raccommodement, quoique Mrs de Brion et de Montrésor eussent entrepris d'emporter le pardon et de faire oublier tout. Quant à la demoiselle, il est certain que les papiers ne luy étoient pas

1. De Chambord.

favorables et que Monseigneur néanmoins reçut ses excuses et expliqua certaines choses comme elle voulut, mesme il la flatta, caressa, apaisa, et elle rentra en grâce parce qu'il aimoit : *Che la forza d'amore*, etc., vous savez le reste[1].

Néanmoins nous connusmes bien depuis qu'il n'avoit rien oublié, et qu'il s'étoit résolu, la croyant grosse, et non de son fait, de coucher avec elle jusques à son terme, et ne pas reconnoistre l'enfant qu'il a toujours soutenu n'estre pas à luy, et le procédé de la fille durant sa grossesse nous en persuada tous, car elle ne se conserva point, au contraire elle sauta, dansa, cabriola, courut et témoigna qu'elle eust été ravie qu'un accident violent la tirast d'affaire. L'on conclut ainsi qu'elle étoit coupable, devant souhaiter, déclarée maistresse d'un si grand prince comme elle étoit, d'avoir un fruit de son amour, afin d'en recueillir les avantages qu'elle pouvoit prétendre pour elle et pour sa famille. Au reste elle accoucha au mois de janvier 1640, et Monseigneur tenoit un homme auprès d'elle pour savoir ce qui se passeroit en cet accouchement, craignant qu'ils ne luy supposassent un fils pour l'attendrir; mais effectivement elle eut un fils et il ne s'en attendrit pas : c'est le chevalier de Charny que vous avez vu chez Mademoiselle, lequel se peut dire malheureux, non seulement de ce que Monseigneur ne l'a point voulu avouer, mais de ce qu'il en a allégué la raison que je supprime[2]. M. Gou-

1. Tallemant des Réaux (*Historiette de M. d'Orléans*) donne des détails sur ce que Bassompierre appelle « un grand escarre en la maison de Monsieur. »

2. « Monsieur n'a garde de le reconnoistre, car outre qu'il croit

las s'étoit mis en teste de l'en presser, et n'y gagnant rien, il en vint jusques à dire qu'il luy seroit honteux de ne luy pas donner de quoy vivre, ayant entretenu sa mère publiquement, et qu'au moins il devoit demander au Roy une abbaye de dix mille livres de rente, s'il n'en vaquoit pas assez tost dans ses apanages à sa nomination pour l'en revestir et l'oster de la gueuserie; mais tous ses prosnes ont servy de peu, et il est demeuré ferme en cette négative jusques à la mort[1].

Nous eusmes avis que M. le Cardinal, craignant madame de Hautefort que le Roy aimoit, l'avoit éloigné de Paris afin d'attiédir cette passion par l'absence, et bientost après nous susmes que c'étoit pour la ruiner, donnant le change de M. de Cinq Mars d'Effiat, lequel possédoit toutes les qualités à ravir l'esprit et le cœur d'un si grand prince[2]. Et certes M. le Cardinal n'appréhendoit pas sans raison, car ayant blessé la Reyne au dernier point, l'accusant continuellement d'avoir de trop grandes attaches à l'Espagne, d'avertir

---

que L'Espinay en est le père, il luy faudroit donner du bien. » (Tallemant des Réaux, *Historiette de M. d'Orléans*, t. II, p. 290.)

1. Le fils de Louison fut recueilli et adopté par Mademoiselle, en 1653 ; elle lui fit porter le nom d'une de ses terres et le fit appeler le chevalier de Charny. (*Mémoires de M*[lle] *de Montpensier*, collect. Petitot, 2ᵉ série, t. XLI, p. 407.)

2. Henri Coeffier, dit *Ruzé d'Effiat*, marquis de Cinq-Mars, second fils d'Antoine Coeffier, dit *Ruzé*, marquis d'Effiat, maréchal de France, et de Marie de Fourcy, était né en 1620. Le 27 mars 1638, le marquis de Cinq-Mars avait obtenu la charge de grand maître de la garde-robe du roi, laissée vacante par la démission du marquis de la Force. Au commencement de décembre 1639, Cinq-Mars, étant déjà à l'apogée de sa faveur, fut mis en possession de la charge de grand écuyer que le duc de Bellegarde, alors en disgrâce et besogneux, fut forcé de lui vendre.

l'Infant Cardinal, son frère, de ce qui venoit à sa connoissance dans la cour, de porter impatiemment les pertes des Espagnols, de se réjouir de leur bonheur qui étoit nos disgrâces, ayant fait saisir et lire ses papiers qui étoient gardés à un monastère de filles du faubourg Saint Jacques[1], ayant osté d'auprès d'elle madame de Senecey, sa dame d'honneur, il pouvoit croire que dans l'occasion elle luy rendroit ces bons offices, et que le Roy aimant passionnément madame de Hautefort, et se plaisant avec Mlle de Chémerault[2], sa compagne, qui avoit l'esprit adroit et hardy, on luy donneroit là des coups qu'il auroit peine de parer, si bien qu'il se prévalut des brouilleries de la cour de Savoie, pour mener le Roy à Lyon et à Grenoble, et fit que Madame royale, implorant son assistance, demanda qu'elle put avoir l'honneur de conférer avec Sa Majesté et ses ministres des affaires de Savoie, réduites au plus déplorable état du monde par le mécontentement mal fondé et la rébellion des princes, ses beaux frères.

Le Roy donc, persuadé par M. le Cardinal, qui l'avoit mené à Hesdin[3] pour faire son parent[4], le grand maistre de l'artillerie, maréchal de France, va de Picardie en Champagne, puis en Bourgogne et gagne Lyon;

1. En 1637. (Note de N. Goulas.)
2. Françoise de Barbezières, demoiselle de Chémerault, épousa en 1644 Macé Bertrand, seigneur de la Bazinière, trésorier de l'Épargne. On l'appeleit *la belle Gueuse,* au dire de Tallemant des Réaux (tome IV, p. 429).
3. En 1639. (Note de N. Goulas.)
4. M. de la Meilleraye était cousin du cardinal. — La Meilleraye fut fait maréchal de France sur la brèche de Hesdin.

et madame de Savoie ayant passé les monts, il s'avance jusques à Grenoble, où elle se rendit[1]. Vous ne doutez pas qu'elle n'y fust fort régalée et qu'elle ne remportast tout ce qu'elle désira, moyennant qu'elle remit à Sa Majesté les principales places de l'état du duc, son fils. Leur traité étant signé, M. le comte d'Harcourt[2] eut ordre de s'acheminer promptement en Piémont, pour y commander en qualité de général, au lieu de M. le cardinal de la Valette, naguères décédé[3], et le Roy, las et ennuyé de son voyage, qui avoit été long, reprit le chemin de Paris, à grandes journées, mais très changé pour les demoiselles de la Reyne, depuis qu'il en étoit party; car M. de Cinq Mars, soutenu de M. le Cardinal, avoit fait un tel progrès dans son affection, qu'il les en avoit bannies, et l'on assuroit que les Barradat, Saint-Simon et autres, qui avoient eu part en l'estime de Sa Majesté, n'étoient rien auprès de ce nouveau favory, et ce qui paroissoit un miracle aux courtisans, le Roy avoit tout à coup passé du blanc au

1. L'entrevue de Louis XIII et de la duchesse de Savoie eut lieu le 27 septembre 1639 ; on peut en lire le récit dans un extraordinaire de la *Gazette* du 5 octobre, p. 658 et suiv.

2. Henri de Lorraine, d'abord comte de Brionne et surnommé *Cadet la Perle,* était le second fils de Charles de Lorraine, duc d'Elbeuf, et de Marguerite Chabot, comtesse de Charny. Né le 20 mars 1601, il mourut le 25 juillet 1666. Les instructions données au comte d'Harcourt se rendant en Piémont portent la date du 17 octobre 1639.

3. Le cardinal de la Valette, atteint, le 11 septembre 1639, d'une fièvre pernicieuse, mourut à Rivoli, en Piémont, le 28 du même mois. Le cardinal de la Valette fut un des amis les plus dévoués du cardinal de Richelieu, et celui-ci écrivait, le 29 octobre, au duc d'Épernon, une lettre de condoléance dans laquelle se trouve cette phrase : « Si on pouvoit racheter un tel ami par son sang, j'en donnerois beaucoup du mien pour le recouvrer. »

noir, je veux dire d'une aversion assez forte à une très violente affection[1] : en un mot, le Roy arrivant à Fontainebleau[2], où il avoit trouvé bon que la Reyne allast le rencontrer, à peine regarda-t-il les demoiselles, naguères favorites, et il ne s'approcha d'elles que pour se plaindre qu'elles avoient mal parlé de M. de Cinq-Mars, et leur signifier qu'il ne les aimoit plus et que Cinq-Mars possédoit seul ses bonnes grâces; enfin que s'il leur arrivoit de cabaler contre luy, il les chasseroit de sa cour[3]. Ce commencement assez fort, comme vous voyez, semblable aux éclairs, fut bientost suivy du tonnerre et de la foudre, car elles eurent ordre, à quelques mois de là, de se retirer dans un cloistre et puis de s'éloigner de Paris, au moins de quarante lieues[4].

Sa Majesté de retour, Monseigneur luy alla rendre ses devoirs, et ils furent en la meilleure amitié du monde; ils s'entre-contèrent tout ce qui s'étoit passé dans leurs maisons depuis qu'ils ne s'étoient vus, et vécurent en véritables frères; mais notre maistre eut un nouveau dégoust dont il ne fit pas de semblant. La Reyne se douta d'estre grosse et à quelques jours de là ses doutes passèrent en une ferme créance, par

1. 1639, décembre. (Note de N. Goulas.)
2. Le jeudi 3 novembre 1639.
3. Chavigny donnant, le 9 novembre, à Mazarin, alors à Rome, des nouvelles de la cour, écrivait : « Je viens d'apprendre que le Roy avoit, hier au soir, dit nettement à Mlle de Hautefort qu'elle ne devoit plus prétendre à son affection, qu'il l'avoit toute donnée à M. de Cinq-Mars. »
4. Ces détails, qui ne figurent pas dans le Ms. de Vienne, sont d'autant plus curieux que Mme de Motteville se tait sur cette époque.

plusieurs signes qu'elle l'étoit véritablement; si bien qu'il y eut force réjouissance à la cour, et Mademoiselle, pour témoigner le contentement qu'elle recevoit de celuy de Leurs Majestés, fit un ballet, dont plusieurs princesses demandèrent d'estre, et la plupart des jeunes gens de qualité. Toutes leurs danses et tous les plaisirs ayant cessé par la venue de la mi-caresme et l'approche des jours de pénitence, nous gagnasmes Orléans et ensuite Chambord et Blois, où nous séjournasmes, je pense, jusques au siége d'Arras, ou pour mieux parler jusques au bruit que les Espagnols l'alloient secourir et devoient attaquer les lignes. Toute la France y courant, Monseigneur y courut aussi et tous ses serviteurs[1]. Je vins quand et luy à Paris, mais il me fut impossible de passer outre, à mon très grand regret, car une assez fâcheuse fièvre me prit, et me permit à peine de me faire porter à La Mothe, où le régime, les remèdes, le repos me rendirent à quelque temps de là ma santé; ainsi je me vis assez de force pour retourner à Blois, quand et Monseigneur, lorsqu'il repassa à Paris, après la prise d'Arras.

Je ne me pouvois consoler de ne m'estre pas trouvé à cette occasion si belle, si glorieuse et si utile à la France, car l'on peut dire avec vérité que l'honneur de la victoire fut complet, qu'il n'y eut rien à désirer et que les ennemis perdirent en toute manière, cette

---

1. 1640, août. (Note de N. Goulas.) — Le siège d'Arras commença le 13 juin, et la ville se rendit par capitulation le 9 août 1640. (Voir les détails du siège dans les *Mémoires de Montglat*, collect. Petitot, 2ᵉ série, t. XLIX, p. 269-284.) Goulas, dans le Ms. de Vienne (fol. 257 et 258), donne aussi sur le siège d'Arras quelques détails, qui ne se trouvent pas dans le Ms. de Paris.

ville capitale d'une de leurs provinces leur ayant été enlevée à leurs yeux; ils s'étoient présentés pour la secourir, et avoient attaqué nos lignes, ils en avoient été repoussés avec perte; ils avoient tenté nos convois inutilement, ils avoient échoué partout, enfin il semble que l'Infant Cardinal fit à Arras ce que le cardinal Albert, son oncle, avoit fait à Amiens[1] : qu'il y vint en capitaine et s'en retourna en prestre; non pas que luy et ses généraux ne s'y fussent bien comportés et montrés gens de teste et de cœur, mais les nostres en usèrent partout si sagement, agirent avec tant de célérité, marchèrent au secours du camp et y arrivèrent si à propos, que toutes leurs mesures furent rompues, et ils se virent obligés de reculer après une grande attaque, laquelle si elle fut d'abord désavantageuse aux François qui perdirent un fort et tout ce qui le défendoit, ils y acquirent à la fin une gloire immortelle, car ils en chassèrent leurs ennemis l'épée à la main quoiqu'ils fussent rafraichis continuellement, toute leur armée étant derrière, et une armée composée des meilleures troupes de l'Empire et de l'Espagne, avec un jeune prince à la teste, tout brillant encore du triomphe de la bataille de Nordlingen. Il est certain qu'il ne s'étoit rien fait de si beau, durant toute la guerre, que ce siége et cette campagne, aussi le Roy revint à Saint-Germain[2] extrêmement satisfait de ses fatigues et de sa dépense, et il luy arriva un nouveau bonheur, et à son État, par la naissance de Monseigneur le duc d'Anjou[3].

1. L'infant-cardinal était Ferdinand, fils de Philippe III, et frère d'Anne d'Autriche. Né le 17 mai 1609, il mourut en 1641.
2. Le 7 septembre 1640.
3. Philippe de France, duc d'Anjou, naquit le 21 septembre 1640.

Nous étions à Chambord quand il naquit, et nous eusmes un gentilhomme de la part du Roy, qui nous en apporta la nouvelle, à laquelle Monseigneur témoigna beaucoup de joye extérieure, bien que dans le cœur ce coup ne luy fut pas moins sensible que le premier; et quoique sa douleur ne répandit pas de larmes, elle fut extrêmement inquiète et le promena par tout son parc, le jour et la nuit, pour y chercher de l'allégement. Il ne s'en cacha pas à moy, comme aux autres, car le soir, dans son cabinet, me voyant triste, il me dit : « Qu'avez-vous donc d'estre si brun? » Je luy répondis : « Il y a de quoy; nous ne voyons plus de courriers et ne recevons plus de lettres qui ne nous apprennent des choses fascheuses. » Il demeura quelque temps à songer, et reprit tout à coup, comme suivant sa pensée : « Les malheurs ne viennent point seuls, et il est vray que je suis le plus disgrâcié prince qui fut jamais. »

On luy dit là dessus que celuy qu'il avoit demandé pour jouer l'attendoit, et M. Goulas entra qui luy apportoit la lettre en réponse de celle du Roy; il la lut et la trouva bien; il y avoit mis une chose qu'il fit remarquer à Monseigneur, qu'il étoit ravy de la naissance de M. le duc d'Anjou, son neveu. Le Roy ne luy avoit point donné de nom, et il s'étoit trouvé fort empesché à le nommer, « si bien, disoit-il, qu'on ne peut trouver étrange à la cour que j'en aie usé ainsi, puisque c'est un titre qui appartient au troisième fils de France[1]. » Monseigneur

---

1. Les deux lettres de Monsieur adressées au roi et à la reine, à l'occasion de la naissance du duc d'Anjou, ne portent pas le nom du prince nouveau-né.

approuva, signa la lettre, et ne se souvenant point de faire le présent accoutumé en de semblables rencontres, et comme acquis à l'envoyé de Sa Majesté, M. Goulas l'en avertit, et ajouta que si l'on y manquoit, il seroit trouvé mauvais. Cependant il n'y avoit aucun bijou à Chambord, et il en falloit un de deux mille francs ou de cinq cents écus au moins; mais pour sortir de l'embarras, M. Goulas proposa d'offrir deux cents pistoles d'or au gentilhomme, dans la créance qu'elles luy sembleroient plus belles qu'un diamant, ce qui se trouva vray. Ainsi le courrier s'en retourna content, et se loua beaucoup de la bonne réception que Monseigneur luy avoit faite.

Environ ce temps là Son Altesse royale témoigna plus de confiance et d'affection à M. de Belloy que vous connoissez, et il entra par la ruine de d'Espinay en assez bonne passe; car vous saurez que Son Altesse royale avoit cette maxime qu'ont eue beaucoup de princes : il élevoit avec grand soin de jeunes gentilshommes d'entre ses pages à qui il voyoit de l'esprit, les approchoit de sa personne, leur parloit, leur contoit mesme les intrigues de la cour, et les rendoit capables de porter des paroles, de remarquer les choses, de l'avertir ponctuellement de ce qui se passoit et se disoit dans sa maison et ailleurs, pour avoir ainsi des espions dont l'on ne se défioit point, et l'on ne se pouvoit défier; et, parce qu'il ne vouloit point estre connu, le soir, quand il sortoit, il leur faisoit faire des habits gris, pour ne point montrer sa livrée, et les appeloit en particulier ses pages gris. Ceux-ci, comme vous pouvez croire, étoient plus considérés que les autres dans l'écurie et dans la maison, avoient souvent des commissions et de l'argent, et prenoient certaines libertés qu'il falloit que le gouverneur souffrist ou dissimulast, comme des privilèges de l'honorable employ où ils étoient appelés.

Et à ce propos, je vous conteray une chose assez plaisante qui arriva à ce M. de Belloy, et que je tiens de Monseigneur. Il étoit fort laid en sa jeunesse et n'est point embelly au croistre; il faisoit les petits messages en qualité de page gris, et Monseigneur s'allant quelquefois divertir chez madame de Choisy[1], de la place Royale, où se trouvoient force honnestes gens de la cour pour la conversation, parce qu'elle avoit de l'esprit et entendoit raillerie à merveille, il l'y menoit, et il ne manquoit point de faire quelque pièce dans la maison, sur l'absence du feu dans l'antichambre[2]. La bonne femme, n'aimant pas la dépense, souffroit impatiemment le gros feu qu'il falloit faire en hiver, lorsque Monseigneur alloit chez elle, et l'on s'en étoit aperçu; mesme elle luy parloit souvent de la libéralité d'Henry IIIe, et se tuoit d'en faire l'éloge, sur ce qu'il régaloit les dames et qu'il luy tomboit des mains mille présents. Monseigneur, qui l'entendoit assez, luy dit un jour qu'il luy donneroit sa foire (celle de Saint Germain tenoit alors), et elle luy répliqua brusquement qu'il n'y avoit rien digne de luy que les tablettes d'un tel marchand; c'étoit une pièce d'argent ciselé qui valoit au moins douze cents écus. Vous jugez bien qu'il fut fort ry de

---

1. Renée de Beauvau, fille de Jacques de Beauvau, baron de Rivau, et de Françoise le Picart, avait épousé Charles de l'Hôpital, marquis de Choisy.

2. Les mots : *sur l'absence du feu dans l'antichambre* sont ajoutés en interligne.

la précaution afin que le présent fut plus riche. Il est vray que le lendemain M. de Belloy fut la visiter de la part de son maistre, un crocheteur derrière luy, chargé des tablettes; et après un beau compliment, les fit mettre dans sa chambre avec le transport de la bonne femme, laquelle animée de la beauté et du prix du présent, après avoir haut loué le prince et ses libéralités, se rabatit sur l'envoyé, exagérant sa grâce, ses charmes, son agrément en s'acquittant de ses commissions, et l'après disnée que Monseigneur fut chez elle, l'ayant remercié, elle ne cessa point de louer le page et sa bonne mine, s'écriant qu'il y avoit péril à une honnête femme de laisser entrer dans sa chambre, le matin, un garçon si séduisant. Quand Monseigneur nous fit ce conte, je luy dis que la dame étoit pour les pages qui luy portoient des tablettes d'argent, comme les bénédictins de Milan pour le duc qui les avoit fondés, car ceux là tenoient pour saint qui leur faisoit du bien, et elle voyoit et croyoit beaux ceux qui luy portoient sa foire. Il ajouta que les tablettes de quatre mille francs ne l'avoient pu obliger à luy faire meilleur feu, et que trois jours après les luy avoir envoyées, mourant de froid dans sa chambre, il avoit commandé qu'on y fit monter deux crocheteurs, chargés de fagots et de cottrets, et qu'ils les déchargeassent au coin de sa cheminée, et que, elle, poussant sa raillerie, avoit trouvé mauvais qu'on eut mis un fagot entier au feu. Mais reprenons nostre propos et allons à Paris nous réjouir de la naissance de M. le duc d'Anjou et de l'heureux succès des armes du Roy en Italie.

CHAPITRE XXX.

Des embarras de la cour, et des desseins et de la mort de M. le Comte.

Le Roy tout glorieux des grands succès qu'il avoit eus cette année, et extrêmement satisfait du second fils qu'il avoit plu à Dieu luy donner, ne jouit pas longtemps de ce contentement sans éprouver que les roses de cette vie sont meslées parmy les épines[1]. Il reçut un déplaisir très sensible de la part dont il le devoit moins attendre, et il ne put si bien dissimuler que la chose n'éclatast et ne vint à la connoissance de toute la cour. Il aimoit ardemment M. de Cinq-Mars et l'avoit comblé de ses faveurs ; il l'avoit fait grand écuyer de France et l'avoit mis dans un poste à voler de l'air des princes. Ce jeune gentilhomme, emporté s'il en fut jamais, n'est pas encore content ; ce n'étoit pas assez, ce luy sembloit[2], qu'une faveur de dix huit mois l'eust élevé si haut, et parce qu'il n'avoit rien à désirer pour un homme de son âge auprès d'un si grand maistre que le Roy, il désiroit d'en estre éloigné, à cause qu'il y étoit contraint et ne se pouvoit abandonner à ses mauvaises inclinations sans en recevoir réprimande.

Le Roy ne luy demandoit qu'une chose, qu'il vécust régulièrement et quittast la vilaine débauche;

---

1. Cette phrase se trouve au fol. 259 r° du Ms. de Vienne.
2. Les mots : *ce luy sembloit*, sont en interligne.

et luy, au lieu d'avoir de la complaisance pour un si bon et si vertueux maistre, se moquoit de sa retenue et de cette modestie que Sa Majesté entendoit qu'on gardast, et se déroboit le soir après son coucher pour aller à toute bride à Paris voir ses maistresses, avec lesquelles ayant demeuré deux ou trois heures, il remontoit à cheval, et retournoit avec la mesme diligence à Saint-Germain, tellement que le Roy, qui se levoit matin, voulant sortir, s'il demandoit M. le Grand, il étoit au lit et dormoit jusques à midy. Sa Majesté enfin fut avertie du sujet de cette paresse qui n'étoit pas de bon courtisan; et l'on passa plus outre, car on l'assura que M. le Grand étoit marié avec Mlle de Lorme[1], et que s'il alloit si souvent à Paris, la nuit, c'étoit pour voir sa femme et coucher avec elle. Si le Roy fut surpris à cette nouvelle, vous le pouvez imaginer, car il en usoit avec ses favoris et ceux qu'il mettoit dans sa privance, comme le chien du jardinier qui ne mange point les choux et ne veut pas qu'on les prenne (c'est un proverbe espagnol). Le Roy étoit chaste et vouloit que ses serviteurs fussent chastes, mais il ne pouvoit souffrir que ceux qu'il honoroit de son amitié se mariassent, tellement qu'à cet avis il s'abandonna à la douleur et demeura quelque temps dans sa chambre sans que M. le Grand y entrast, faisant dire que la fièvre le prenoit tous les soirs.

1. La belle Marion Delorme avait alors seize ans et se faisait appeler *la Grande Madame,* dans le monde galant, parce que Cinq-Mars était connu à la cour sous le nom de *Monsieur le Grand.* Née en 1615, Marie de Lon de l'Orme, dite *Marion,* mourut à Paris en 1650.

M. le cardinal de Richelieu, qui avoit étably ce favory, et auroit bien voulu sa chute en ce temps là, intervint pourtant et prit grand'peine de faire la paix; et comme il avoit un étrange ascendant sur l'esprit du Roy, il en vint à bout. L'on dit qu'il luy suscitoit[1] mille embarras par le moyen de la Chesnaye, premier valet de garde robe[2] qu'il avoit gagné, à cause que le Roy luy parloit souvent et s'ouvroit plus à luy qu'à aucun autre, et qu'ayant de l'esprit, il le jugeoit un instrument propre pour en faire taster à M. le Grand, qu'il voyoit prest à décliner juridiction. Mais celuy cy le prévint et fit chasser la Chesnaye malgré luy [le Cardinal], sachant que ce qui est fait est fait, et Peré, frère du président de Bailleul, eut ordre aussi de déloger; ce qui arriva au mois de mars 1640[3].

Le Cardinal ne vouloit plus ni favory ni favorite à son maistre, appréhendant également l'ambition d'un jeune

1. Qu'il suscitait à M. le Grand.
2. Charles d'Esmé, seigneur de la Chesnaye, avait remplacé, en 1636, Jean d'Armaignac comme premier valet de chambre du roi.
3. Cette phrase est mise en marge du manuscrit de Paris, répondant à un renvoi indiqué par l'auteur même des mémoires. Outre la disgrâce de la Chesnaye, le manuscrit de Vienne (fol. 259 r°) signale un autre sujet de rupture entre Cinq-Mars et le Cardinal : « Il y avoit eu un nouveau sujet de rupture entre le premier ministre et luy, dit Goulas; le grand écuyer avoit obtenu du Roy de commander les volontaires qui étoient à la cour en grand nombre pour accompagner le couvoi et le défendre, et il ne se comporta pas durant le chemin, disoient les braves, comme devoit faire un si jeune homme qui avoit sur luy les yeux de toute la France; quelques uns s'en scandalisèrent sans s'expliquer, et les langues malignes le laissèrent entendre. Le Cardinal ne manqua pas l'occasion, et il en avertit le Roy, et l'intéressé, qui le sut, ne manqua pas d'en avoir tout le ressentiment qu'on peut penser. »

fol, et les ressentiments d'une fille aimable et courageuse[1], portée par la Reyne devenue mère de deux fils. Mais il faut dire en passant que la conduite de cette grande princesse étoit si juste et si innocente qu'elle luy fermoit la bouche et à ses émissaires : elle ne se mesloit que de faire élever ses enfants et de prier Dieu ; mais pour excuser M. le Cardinal auprès des gens scandalisés du traitement qu'elle avoit reçu et qu'elle recevoit, ils publioient qu'à la vérité elle étoit alors dans les intérests de la France, mais qu'avant sa première grossesse, elle se ménageoit extrêmement avec l'Espagne et s'efforçoit de gagner les ministres du Roy, son frère[2], afin d'obtenir par leur moyen le gouvernement des Pays Bas en la manière que l'avoit eu la feue Infante, sa tante, un peu devant sa mort, en cas qu'elle perdit le Roy, son mary, ne voulant point retourner en Espagne s'il en venoit faute, ni demeurer en France, sans considération et sans crédit, comme elle y avoit été jusques là. Je m'en rapporte à ce qui en est, j'écris seulement les bruits du monde et ce qui s'est débité dans la cour.

Mais pour ne pas laisser le propos de M. le Grand, il fut tenté environ ce temps là par M. le Comte, qui luy offroit Mlle de Longueville, sa nièce, avec mille avantages, s'il se vouloit lier avec luy, manquer à M. le Cardinal, porter le Roy à faire la paix et à chasser son ministre, qui souffloit la guerre et l'entretenoit afin de se rendre nécessaire, et il le prenoit de ce biais, étant averty que le Roy souhaitoit de tout son

[1]. Mlle de Hautefort.
[2]. Philippe IV, roi d'Espagne.

cœur un accommodement honorable, et que le Cardinal y étant contraire, c'étoit une excellente ouverture à M. le Grand pour donner sur luy et le brouiller avec Sa Majesté. Mais on connut par là que M. le Grand n'étoit pas moins las du Cardinal que de son maistre, car au lieu de l'avertir de ce que M. le Comte luy avoit fait proposer, il le luy céla et donna lieu ainsi à M. de Thou de luy parler contre son bienfaiteur et de le révolter enfin jusques à le faire travailler à sa ruine[1].

Monseigneur passa une partie de l'hiver à la Cour et s'y comporta comme un ange, parmy tant de brouilleries. Il eut de merveilleuses complaisances pour le Roy; il entra dans ses sentiments sur le sujet de M. le Grand, et le blasma publiquement et en particulier avec les siens. Et il me souvient qu'un soir il nous dit, à M. de Chabot et à moy, qui étions seuls à son coucher, qu'il en usoit fort mal avec le Roy et que l'honneur qu'il luy faisoit méritoit bien quelque contrainte. Il approuva fort le mariage de M. d'Enghien et de mademoiselle de Brezé[2]. Il se trouva régulière-

---

1. Le Ms. de Vienne (fol. 259 r° à 264) contient ici une digression sur les événements survenus en Catalogne, puis sur ceux d'Allemagne durant l'année 1640.

2. A propos du mariage de M. d'Enghien avec Mlle de Brézé, nièce du Cardinal, Goulas raconte (Ms. de Vienne, fol. 264) que « le Prince pressoit et demandoit la main de la nièce du ministre comme à genoux, le servant des dernières flatteries et le traitant du plus grand homme du monde »; de son côté, le cardinal « n'avoit garde de refuser ce parti si grand et si glorieux à sa maison ; il taschoit de persuader le Roy, aisé à se cabrer et à prendre ombrage, que M. le Prince le violentoit et qu'il cédoit à ses instances ». — « Je sais, ajoute Goulas, que le comte de Brion,

ment à la feste, aux cérémonies des fiançailles et des noces, à la grande comédie et au bal du mariage[1]; il loua tout et se montra en tout un excellent courtisan. Enfin, ayant ainsi joué à merveille, il se retira chez luy avec l'agrément de tout le monde, incontinent après l'arrivée de M. de Lorraine[2].

Quant à notre petite cour, elle étoit en l'assiette que je vous vais dire : M. de Chavigny y régnoit, parce que M. de la Rivière, qui avoit alors beaucoup de part auprès de Son Altesse royale, étoit entièrement dans sa dépendance et n'osoit souffler; M. Goulas agissoit sous luy, chancelier en ce qui regardoit les affaires de la maison; et M. de Montrésor faisoit le *capo di parte*, et rallioit les mécontents, désireux d'un chan-

---

cousin germain de M. d'Enghien, lui voulut dissuader ce mariage comme trop au-dessous de lui, et qu'il lui proposa de s'éloigner et de sortir de France jusqu'à ce que la fortune du Cardinal fust plus assurée ou détruite, chacun croyant que les princes retirés à Sedan lui donneroient échec et mat. Il s'offrit de l'accompagner et le pressa souvent sans le résoudre; on lui avoit fait voir toute la gloire et les richesses du monde, devenant neveu du tout-puissant, et Brion ne lui montroit que misère, peine, travail et mépris, étant banni. »

1. Goulas dit (Ms. de Vienne, fol. 266 r°) que le cardinal « étoit l'inventeur de cette comédie, en ayant fourni le sujet et l'intrigue ». — Quant au bal, « le jeune prince dansa un ballet à machines qui fût merveilleux, où il descendit du ciel pour faire son entrée... quelqu'un dit que le Roy n'avoit pas pris plaisir de voir le jeune prince si lumineux ». — Le mariage fut célébré le 11 février 1641, dans le Palais Cardinal, par l'archevêque de Paris, et le duc d'Enghien devint ainsi, ajoute Goulas, « le cher neveu du tout-puissant ».

2. 1641, mars ou avril. (Note de Goulas.) — Goulas donne aussi quelques détails sur le but du voyage du duc de Lorraine à Paris (Ms. de Vienne, fol. 266 v°).

gement dans l'État, de la ruine du premier ministre et de l'exaltation de M. le Comte, et ils songeoient à jeter Monseigneur dans ce party, sachant qu'il y avoit assez d'inclination. Néanmoins la mine ne prit pas alors, et l'appréhension de la fortune du Roy et de la conduite du Cardinal prévalut et le retint dans le devoir. Nous attendismes donc à Blois, en grand repos, ce qui arriveroit de l'affaire de Sedan, chacun la voyant à sa crise, et ne doutant plus qu'elle n'allast éclater en guerre civile. Or, puisqu'il vous faut informer de ce qui vint à ma connoissance en ce temps là sur ce sujet, souvenez-vous premièrement de ce que j'ay dit ci-dessus que M. le cardinal de Richelieu avoit cette maxime détestable des tyrans, lorsqu'il vouloit gagner ceux qui luy résistoient, de les persécuter au dernier point, et puis leur montrer la gloire du monde qu'il avoit dans les mains, leur faisant comprendre, *si cadens adoraveris me, hæc tibi dabo*, comme le diable à Notre Seigneur, et M. le Comte avoit toujours dit : *Vade Satana*, tellement qu'il cherchoit des prétextes de le perdre, et ne trouvant rien dans sa conduite qu'il pust calomnier et condamner, il luy supposa des crimes.

J'ay déjà dit que M. le Comte étoit à Sedan avec l'agrément du Roy depuis l'affaire de Corbie, et jouissoit de ses appointements et de ses charges pleinement, comme s'il eust été à la cour; que le Roy luy avoit promis par traité que de quatre ans l'on ne luy parleroit d'y venir, et mesme que s'il étoit mandé, il se pouvoit excuser, sans qu'on luy imputast à désobéissance ; que M. le Cardinal espéroit que ce prince, accablé d'ennuy, se lassant de cette vie, se résoudroit plutost à prendre son alliance, accompagnée de mille biens, qu'à croupir ainsi dans l'obscurité et la poussière; mais voyez ce que le diable fait pour sa ruine, ou, si vous l'aimez mieux, quelles rencontres la providence de Dieu produit quand il veut chastier les grands. M. de Noyers[1], secrétaire d'État, confident de M. le Cardinal, étoit en Poitou, à Richelieu, pour compter avec les ouvriers qui y avoient travaillé, et faire de nouveaux marchés : il a avis qu'un gentilhomme de M. de Soubise, venant d'Angleterre, passe près de là et tient le chemin de Gascogne ; il en prend soupçon, il commande qu'on l'arreste et qu'on le fouille, et on luy trouve des lettres de M. de Soubise et de M. de la Vallette, adressées à M. d'Espernon et à M. le marquis de la Force, qui portoient que l'occasion étant favorable, l'on pouvoit faire prendre les armes aux huguenots, en Guienne, et tirer de grands avantages de l'embarras où étoit la cour ; enfin, qu'il n'y auroit pas faute de gens, et des plus grands, qui entreroient dans le party, dès qu'on auroit l'épée à la main. L'on crut aisément que la Reyne mère, qui étoit en Angleterre, avoit consenti à cette tentative, et que M. le Comte en auroit ouy parler à Sedan, parce que la liaison de luy et de M. de Bouillon étoit grande, et que M. le prince d'Orange, oncle de M. de Bouillon, avoit été nouvellement obligé par la Reyne, laquelle non seulement avoit approuvé le mariage de son fils avec la fille d'Angleterre[2], mais même le faisoit négo-

---

1. François Sublet, sieur des Noyers, baron de Dangu, avait été pourvu de sa charge en 1636. Il mourut le 10 octobre 1645.

2. Guillaume de Nassau, fils d'Henri-Frédéric de Nassau, prince d'Orange, et d'Amélie de Solms, épousa en 1641 Marie, fille de Charles Ier, roi d'Angleterre, et d'Henriette de France.

cier par ses ministres et y travailloit de toute sa force, et le bruit couroit que le gentilhomme de M. de Soubise, pris en Poitou et mené à la Bastille, avoit déposé que M. le Comte entreroit en Champagne dès que les autres armeroient en Guienne, et que M. de Soubise en même temps descendroit sur quelqu'une de nos costes. Là dessus le Roy dit que M. le Comte étoit de cette conspiration contre son État, et il [le prince] fut averty de cette parole de Sa Majesté, tellement qu'il dépesche aussitost un gentilhomme pour se purger des mauvais soupçons que l'on a conçus à la cour, écrit au Roy, écrit à M. le Cardinal, et prend le ciel et la terre à témoin de son innocence. Mais voicy une pièce diabolique, s'il en fut jamais, et qui a été crue certaine : quand le gentilhomme de M. de Soubise fut mené à la Bastille, l'on supposa que M. de Bullion, surintendant des finances, avoit été voir madame la Comtesse, malade à l'extrémité, et luy avoit dit que monsieur son fils étoit accusé par La Richerie (c'est le nom du prisonnier) d'avoir part à un grand dessein contre la France, et qu'il devoit entrer dans le royaume, à la tête d'une armée, du côté de Sedan, lorsque M. d'Espernon se seroit déclaré pour la Reyne mère en son gouvernement; et cela pour faire croire aux gens que M. le Comte, averty par madame sa mère, dès ce temps là, ayant attendu d'envoyer à la cour et s'excuser, pouvoit estre coupable et l'étoit; aussy le Roy répondit en ce sens à Campion[1], l'envoyé de M. le

1. Alexandre de Campion, gentilhomme attaché au comte de Soissons; après la mort de ce prince, il passa au service du duc de Vendôme, puis à celui du duc de Longueville, qui lui donna le commandement de la ville de Rouen. Il y mourut

Comte, lorsqu'il luy rendit sa lettre, et celuy cy, transporté de rage d'une si horrible calomnie, soutint au Roy, témérairement à la vérité, et irrespectueusement, que jamais M. de Bullion n'avoit parlé de cela à madame la Comtesse. Certes, Campion servit fidèlement son maistre en cette rencontre, et s'étant comporté si hardiment avec le Roy, il n'eut pas moins d'audace chez M. le Cardinal : Son Eminence ayant fait venir M. de Noyers et luy ayant commandé de rapporter tout au long la déposition de La Richerie, Campion répliqua que jamais M. le Comte n'avoit eu correspondance ni amitié avec M. de Soubise; qu'il haïssoit trop M. de la Valette pour entretenir commerce avec luy, enfin qu'on faisoit dire ce qu'on vouloit aux prisonniers de la Bastille. M. le Cardinal, surpris du procédé si ferme et des propos si libres de cet homme, demeura assez interdit et néanmoins, ajustant son visage à la réponse qu'il alloit faire, dit qu'étant serviteur de M. le Comte, il ne pouvoit rien croire à son désavantage, et qu'il travailleroit toujours à ce que le Roy fust de ce sentiment. Toute la cour jugea de là que les affaires de M. le Comte iroient mal et que sa ruine étoit résolue, et ce qui confirma cette opinion fut que le Roy changea aussitost tout ce que M. le Comte avoit réglé et ordonné touchant le service de sa maison, et quoiqu'il l'eust fait supplier de ne luy point donner ce déplaisir, et de luy laisser faire sa charge comme auparavant, il s'en moqua, et n'en fut autre chose. L'esprit de M. le Cardinal, vain et

---

vers 1670. (*Mémoires de Henri de Campion*, son frère. Paris, 1807, in-8°, note de la page 5.)

superbe, ne pouvoit digérer le mépris que ce prince avoit fait de son alliance, et il falloit ou qu'il épousast madame de Combalet, devenue duchesse d'Aiguillon, ou qu'il perdist la vie.

L'on m'a conté que ce qui commença de le gaster auprès de l'Eminence fut une promenade à Bagnolet[1], où il se conduisit étrangement. La partie étoit dressée pour voir si on l'embarqueroit avec cette dame, car elle étoit très aimable, pleine de charmes au corps et à l'esprit; il n'y avoit pas de plus honneste personne en France, et, comme c'étoit icy un jour de bataille, elle n'oublia rien au logis. L'on eut assez de peine d'y mener M. le Comte, et néanmoins il condescendit et se laissa vaincre. Certes, quoiqu'il y eut là mille plaisirs, il n'en prit aucun; la collation, les violons, le beau soir, la compagnie, la maison, les promenoirs, tout luy fut indifférent. Enfin, au retour l'on fit si bien qu'on le mist à la portière du carosse auprès de la belle, et il est vray que depuis Bagnolet jusques à l'hostel de Soissons, il ne dit pas un seul mot, et les doux regards, les complaisances, les douceurs, les poincts de Gennes ou de Venise, les affiquets, tout fut inutile et perdu, et l'on n'en parla plus, car cette dame ne fut pas moins blessée de sa dureté que son oncle, lequel jura qu'elle auroit mieux : il songeoit peut être à Monseigneur, sans se souvenir qu'il étoit un peu plus fier sur cette matière que son parent. L'on m'a soutenu depuis que l'on auroit pu changer M. le Comte, si elle n'eust point été veuve d'un capitaine de gens de pied, mais que cette circonstance

---

1. Bagnolet, petit village à 6 kil. N.-E. de Paris.

désespéroit sa gloire et qu'avec mille couronnes il ne l'auroit pas épousée. Il n'étoit pas encore engagé par serment avec Monseigneur qu'il ne consentiroit jamais ce mariage, et peut être luy avoit-il fait espérer Mademoiselle.

Voilà donc les causes de la haine de M. le cardinal de Richelieu pour M. le Comte; passons à celles du dessein de ruiner M. de Bouillon. La principale est qu'il vouloit avoir son bien : je veux dire la souveraineté et la ville de Sedan. C'étoit une place excellente, assez près de Paris; son petit territoire confine à trois ou quatre différents états : un favory disgracié, ou sur son penchant, s'y peut retirer, y trouver sa sûreté, s'y maintenir contre tous, mesme contre son maistre, enfin il ne se peut de meilleure retraite, et plus commode à qui craint; aussi M. de Bouillon se trouvoit-il bien en ce poste qui le rendoit considérable et luy portoit un grand revenu. Il y avoit une autre raison de moindre importance : il l'avoit autrefois offerte à Monseigneur, lorsqu'il étoit en Lorraine, ennemy déclaré de M. le Cardinal, et l'on n'oublioit pas ces sortes d'offenses; la troisième, qu'elle avoit beaucoup cousté au Roy et il n'y étoit pas le maistre; et ces deux dernières raisons avoient persuadé Sa Majesté qu'il étoit bon qu'elle changeast de main, et tombast en celles de son ministre, ou dans les siennes.

Quant à la brouillerie avec M. de Guise, elle vint, outre l'aversion de la maison de Lorraine, de ce qu'avant la mort de monsieur son père, étant archevêque de Reims, il se voulut marier et demanda que le Roy luy permist de résigner une partie de ses bénéfices à messieurs ses frères, et luy en donnast les brevets, moyennant quoy, il remettroit purement à Sa Majesté l'archevêché, et M. le Cardinal vouloit qu'il commençast par remettre tous les bénéfices à Sa Majesté, et puis elle donneroit le brevet et favoriseroit ses frères comme elle le jugeroit à propos. M. de Guise le tourmentant et l'importunant là dessus, enfin luy témoignant une impatience extrême de se décharger du faix de tant d'abbayes, pour pouvoir épouser la princesse Anne de Mantoue[1], dont il étoit passionnément amoureux, M. le Cardinal, ayant peine à comprendre cette passion si aveugle, luy dit un jour fort plaisamment : « Monsieur, vous devriez mieux penser à l'affaire dont vous me parlez ; vous avez quatre cent mille livres de rente en bénéfices, et les voulez quitter pour épouser une femme ; j'en connois qui donneroient quatre cent mille femmes pour les avoir. » Enfin M. le Cardinal s'en tint là de ne luy donner jamais le brevet qu'il n'eust remis les bénéfices ; et parce qu'il entra en ombrage de ce que M. le Cardinal le pressoit de remettre l'archevêché et de s'en défaire au plustost, étant un bénéfice à charge d'âmes, il se retira brusquement à Sedan sans prendre congé du Roy, et Sa Majesté, offensée du procédé, fit saisir les revenus et établit un économe qui auroit soin de réparer partout les églises et les fermes, lesquelles probablement n'étoient pas en trop bonne réparation.

1. Henri de Lorraine, fils de Charles de Lorraine, duc de Guise, et d'Henriette-Catherine, duchesse de Joyeuse, devenu duc de Guise à la mort de son père en 1640, avait épousé en 1639 Anne de Gonzague-Clèves, fille de Charles de Gonzague-Clèves, d'abord duc de Nevers, puis duc de Mantoue, et de Catherine de Lorraine.

Les choses étant donc en cet état au commencement de l'année 1644, et ces Messieurs de Sedan ayant la dague dans le sein, comme ils virent les grands préparatifs qui se faisoient en France pour la prochaine campagne, ils crurent devoir songer à leur sûreté, dans la crainte que la tempeste pouvoit fondre sur eux et les perdre : ainsi ils écoutèrent les propositions que l'abbé de Mercy leur fit de la part des Espagnols, et le secrétaire de l'Infant Cardinal s'étant approché de Sedan, M. de Bouillon fut traiter avec luy et ils convinrent et du secours qu'ils auroient en cas qu'ils fussent assiégés et de la diversion qu'ils feroient si les armes du Roy se portoient ailleurs. Mais ce qui découvrit davantage l'animosité horrible du Cardinal contre ces princes et particulièrement contre M. le Comte, fut un discours qu'il fit à madame de la Trimouille[1], en présence de madame la Comtesse, que le Roy vouloit tout oublier moyennant qu'ils confessassent leur faute, car M. le Comte n'avoit garde de se confesser coupable, étant innocent, et pour rien du monde n'auroit fait une telle lâcheté, si bien que les connoisseurs conclurent de là qu'il le vouloit précipiter dans le crime malgré luy, pour avoir prétexte de le calomnier et l'accuser, et de quoy le faire déclarer criminel de lèze Majesté.

Quelques gens ont cru que M. le Cardinal s'étoit repenti de leur avoir tenu cette rigueur, quand il vit qu'ils tiroient l'épée tout de bon et jetoient le fourreau, et que l'inquiétude l'en prit telle qu'il feignist

1. Marie de la Tour, fille d'Henri de la Tour, duc de Bouillon, et d'Elisabeth de Nassau, avait épousé en 1619 Henri, seigneur de la Trémoille, duc de Thouars.

d'estre malade et ferma sa porte, de peur qu'on lust sur son visage le trouble et l'embarras de son âme; mais j'ay peine à me persuader qu'un si grand homme n'eust pas prévu ce qui luy arriveroit de cette fierté qu'il gardoit avec des personnes fort fières, et que s'il ne les eust point voulu armés et ennemis, il ne les auroit pas poussés si loin; enfin, soit que ce fust sa manière d'agir dont il n'étoit point maistre quand il haïssoit, ou qu'il ne pust s'imaginer que M. le Comte hazardast sa grande fortune en un temps que celle du Roy et la sienne, jointes ensemble, avoient fait ployer toute l'Europe, il laissa un corps de dix mille hommes sur la frontière de Champagne, vers Sedan, et fit entrer en Flandre la grande armée sous la conduite du maréchal de la Meilleraye, en dessein d'attaquer Aire et de mettre le Roy en possession de la teste de Flandre avec laquelle il prétendoit de ruiner la principale des provinces des Pays Bas. Il venoit de traiter avec les Hollandois et les avoit obligés, moyennant douze cent mille francs que le Roy leur donnoit, d'entreprendre un siège de conséquence, afin que les Espagnols, pressés devant et derrière et se trouvant comme entre deux fers[1], il exécutast plus aisément ses desseins.

Nous étions retournés à Blois, comme je vous ay dit, et nous étions partis de Paris incontinent après que M. de Lorraine y fut arrivé pour traiter avec le Roy et luy faire hommage de la duché de Bar. Vous saurez en passant que ce fut madame de Cantecroix[2]

1. *Sic;* on diroit aujourd'hui *entre deux feux.* (Note de M. Monmerqué.)
2. Le duc de Lorraine, qui avait quitté, depuis quatre ans, sa femme la princesse Nicole, s'était remarié en 1637 sans attendre

qui le détacha d'avec l'Espagne, parce que l'Infant Cardinal n'approuvoit point qu'il la tînt auprès de luy, le Pape les ayant séparés de son autorité apostolique et voulant oster le scandale qui blessoit les yeux de toute l'Europe ; et elle s'imaginoit que s'accommodant avec le Roy, il rentreroit dans quelqu'une de ses places où ils vivroient comme auparavant, et que Sa Majesté interposant ses offices auprès du Pape, les mettroit à couvert des foudres de Rome. Ils se trouvèrent pourtant loin de leur compte, car encore que M. de Lorraine fust reçu à Paris et à la cour tout aussi bien qu'il le pouvoit désirer, néanmoins l'on n'y voulut point ouïr parler des intérêts de madame de Cantecroix ; on luy fit réponse, quand il en ouvrit le propos, que c'étoit une affaire de Rome, que le Roy ne se pouvoit mesler avec bienséance de ce qui regardoit le Pape directement et sa juridiction ecclésiastique, et il se fallut payer de cecy à cause que l'on fit courir le bruit que Madame de Lorraine, qui étoit à Paris, pressoit le Roy de les remettre ensemble, et qu'étant proche parente de Sa Majesté, il avoit grande inclination à la satisfaire.

Mais nous ne demeurasmes guère à Blois sans avoir avis de M. de Chavigny qu'un gentilhomme de M. de Guise y arriveroit bientost, chargé d'une lettre de son maistre pour Monseigneur, tendant à le détacher du

---

les dispenses du pape, et comme s'il eût pu casser son premier mariage de sa propre autorité, avec Beatrix de Cusance, veuve du prince de Cantecroix. Madame de Cantecroix suivait le duc dans toutes ses expéditions militaires, et le peuple, sans doute pour cette raison, la nommait sa *femme de campagne*. Au mois d'avril 1642, le pape déclara nul le second mariage du duc de Lorraine.

service du Roy et des intérêts de l'État, et luy faire embrasser ceux des princes mécontents qui étoient à Sedan, et il conjuroit Son Altesse royale d'envoyer la lettre à Sa Majesté, et celuy qui auroit l'audace de la présenter[1]. A trois ou quatre jours de là le gentilhomme, nommé Vauchelles, arrive et donne sa lettre, et Monseigneur ne manqua pas de la faire porter au Roy, selon le conseil de M. de Chavigny; et pour l'envoyé, il luy fit dire de se sauver, parce qu'il n'y avoit pas de sûreté pour luy à sa cour. Il partit donc brusquement, mais il ne fut pas à demi journée de Blois qu'il tomba dans les mains de ceux qu'on avoit mis sur sa piste. Je ne sais ce qui avoit mu M. de Guise à faire cette pièce, mais je sais bien que Monseigneur n'étoit pas homme à s'embarquer sur sa lettre; enfin il en usa comme il devoit en cette rencontre, car il témoigna au Roy qu'il garderoit toujours exactement le respect qui luy étoit du, luy envoyant la lettre, et il se rendit ce qu'il devoit à soy mesme, faisant retirer Vauchelles de bonne heure pour ne le pas livrer au bourreau. Ce fut sa première pensée et ce qu'il dit quand on luy parla de le faire arrester, mais M. Goulas assuroit,

1. Vers le 10 mai 1641, le cardinal de Richelieu avait en effet écrit une lettre dans laquelle il prescrivait à M. de Chavigny de faire tous ses efforts pour obtenir de Monsieur qu'il aidât à convaincre les conjurés de Sedan des trames qu'ils avaient ourdies. « Pour cet effet, écrivait le Cardinal, il est à propos que vous envoyez quelque personne de confiance à Monsieur, pour luy dire que nous savons qu'il est party un gentilhomme de Sedan, de la part de M. le Comte, ou de M. de Rheims, pour tascher de l'embarquer dans leur beau party; qu'il est important pour son service qu'il envoye les lettres toutes fermées au roy, et qu'il fasse cognoistre qu'il n'est point capable de prester l'oreille à de telles propositions. » (*Lettres du cardinal de Richelieu*, t. VII.)

et il étoit vray, que ce compagnon avoit été gagné par M. le Cardinal, qui s'en servoit d'espion, et il luy apprenoit de Sedan ce qui se passoit à Sedan de sa connoissance, et afin de couvrir le jeu, on luy avoit découplé des archers qui le prirent et le menèrent à Paris, où, après quelques formalités, on le laissa aller avec récompense, à ce que l'on nous manda[1].

Au mesme temps nous eusmes nouvelle que le commerce avoit été défendu à Sedan et que les troupes de M. le maréchal de Chastillon[2] avançoient de ce costé, en sorte que tout tendoit à une dernière rupture, et cette nouvelle fut suivie d'un manifeste du Roy, daté d'Abbeville, au mois de juin[3], où il n'avoit été rien oublié pour rendre M. le Comte odieux, jusques à y insérer le voyage de Vauchelles à Blois, et dire qu'il étoit de concert avec le Cardinal Infant pour offrir à Monseigneur le commandement de l'armée qu'ils avoient résolu de jeter en France, et, en cas de refus, que M. le Comte en seroit le chef[4]. Mais

1. Il paraît certain que Vauchelles était à la discrétion de Richelieu, qui écrivait, le 14 mai, à M. de Chavigny : « M. Goulas ne sait point que Vauselle soit icy, qu'il vous ait parlé, ni qu'il s'entende avec nous. » — Le brusque départ de Vauchelles avait été concerté, ainsi qu'il s'exécuta, avec Richelieu et Léonard Goulas (*Lettres de Richelieu*, t. VII, p. 786).

2. Gaspard de Coligny, maréchal de Châtillon, était le petit-fils de l'amiral. Né en 1584, il mourut en 1646. Nommé maréchal en 1622, M. de Châtillon avait fait la campagne de Savoie en 1630, gagné la bataille d'Avesne en 1635, repris Corbie en 1636 et avait eu grande part à la conquête d'Arras en 1640.

3. Cette déclaration du roi est du 13 juin 1641; on peut en voir l'original à la Bibliothèque nationale, fonds Moreau, 833, f° 53 et suiv.

4. Le passage analysé ici par Goulas est ainsi conçu : « L'envoy d'un nommé Vausselle à nostre très cher et très amé frère le duc

M. le Comte ne demeura pas muet en cette occasion, et ce manifeste du Roy eut incontinent sa réponse, c'est à dire qu'il en partit un de Sedan où M. le Cardinal étoit traité du plus méchant, plus scélérat et plus abominable de tous les hommes. Il n'y fut rien oublié de ce qui le pouvoit décrier auprès du Roy, des grands de l'État, des ecclésiastiques, des Parlements et des peuples, et je puis assurer qu'il le renchérit encore sur ceux que nous avions découplés et débités en Flandre et en Lorraine.

Cependant M. le Cardinal avoit disposé ses machines pour occuper les Espagnols chez eux et les empescher de songer aux affaires d'autruy : il avoit fait passer en Flandre la grande armée du Roy, et elle attaquoit Aire, place des plus importantes et des plus considérables des Pays Bas. Il avoit obligé les États d'Hollande d'entreprendre un grand siège, et ils s'étoient attachés à Geneppe[1], excellente frontière de leurs ennemis, et M. le maréchal de Chastillon étoit

d'Orléans, qui semble n'avoir esté permis que pour nous donner lieu de recevoir de nouveaux témoignages de la fidélité de nostre dict frère, et des preuves d'autant plus notoires de la malice de ceux qui le vouloient perdre, que le d. Vausselle étant tombé entre nos mains lorsque, s'en retournant à Sedan, il pensoit avoir évité tout péril, recognoist avoir été envoyé pour faire sçavoir à nostre d. frère que le comte de Soissons, le duc de Guise et le duc de Bouillon ont traicté avec le Cardinal infant pour le roy d'Espagne ; que led. Cardinal leur promet de notables sommes de deniers, dont ils ont desjà touché partie, pour faire des levées de gens de guerre, qui jointes à d'autres troupes, doivent agir contre la France, et qu'en cas que nostre dict frère refuse le commandement de cette armée, led. sr comte de Soissons en doit estre le chef. »

1. Gennep, ville du duché de Clèves, aux confins de la Gueldre, avec un château.

vers Rethel¹, prest à fondre sur Sedan au premier ordre de la cour. Il ne manqua pas de venir, cet ordre, et aussitost il sépara ses troupes en deux corps, et manda M. de Sourdis, qui avoit encore deux ou trois mille hommes; si bien qu'avançant toujours l'un et l'autre, ils parurent à la vue de Sedan, avec une armée capable de persuader les princes associés qu'ils ne feroient pas de grands progrès cette campagne. Ils avoient pourtant pris leurs mesures assez à propos, car étant avertis des desseins qu'on avoit en France, ils s'étoient liés avec l'Espagne, et Lamboy² les devoit joindre au premier mandement. En effet, sept ou huit jours après que M. de Chastillon se fut approché de Sedan, il arriva et il ne fut plus question de délibérer. Ils passèrent tous la Meuse et allèrent affronter l'armée du Roy afin de tout décider par un combat. M. le maréchal avoit ordre de les empescher d'entrer en France, et ne s'étoit avancé que dans la créance qu'ils n'hasarderoient jamais de passer la Meuse à sa vue, de peur qu'il ne les chargeast, moitié passés; mais ils le prévinrent, et il les trouva en bataille deçà l'eau, avec la contenance de gens qui alloient le chercher et ne demandoient qu'à combattre³.

1. Rethel, aujourd'hui chef-lieu d'arrondissement, dans les Ardennes, à 4 kil. de Mézières.
2. Guillaume de Lamboy était originaire d'une des plus anciennes familles de Liège; feld-maréchal de l'empire en 1639, il mourut vers 1670, après avoir pris une part active à la dernière période de la guerre de Trente ans.
3. La bataille livrée, le 6 juillet 1641, près de Sedan, est plus connue sous le nom de combat de la Marfée. Le maréchal de Châtillon envoya à la cour une relation de cette bataille, dont on trouve une copie à la bibliothèque de l'Arsenal dans les *Papiers de Conrart* (t. VIII, p. 301).

Quoique je fusse alors à plus de cent lieues de cette action, j'en ay été pourtant bien informé, et j'en puis parler aussi véritablement qu'un autre, car les compagnies de gendarmes et de chevaux légers de Monseigneur y étoient et je me suis fait conter la chose et l'ay ouy conter depuis à Monseigneur plusieurs fois et avec toutes les circonstances. Il n'y eut que les gendarmes de la Reyne et de Monseigneur qui fissent ferme, et un régiment d'infanterie, et l'escadron de ces gendarmes, voyant tout en désordre et la plupart des leurs en fuite, ne laissa pas de charger bravement, et renversa deux ou trois corps de cavalerie des ennemis. Nos officiers, à leur retour, me nommèrent les poltrons et les braves, et je ne dis rien des uns ni des autres; je m'arreste seulement au désastre de M. le Comte, dont l'on a parlé si diversement que l'on n'en a point encore de lumière. M. de Raray, sous-lieutenant de la compagnie de gendarmes de Monseigneur, qui fit très bien, m'a dit qu'étant au désespoir de la lâcheté de toute l'armée, ils donnèrent si furieusement qu'ils dissipèrent ce qui se trouva devant eux, et que M. le Comte, voyant le désordre des siens, et y accourant armé de toutes pièces, le pistolet à la main, un gendarme de Monseigneur l'aborda, le tira de fort près et le tua; d'autres soutenoient qu'il s'étoit tué luy mesme; d'autres qu'un de ses gardes, gagné par M. le Cardinal, le voyant seul au milieu de ses ennemis, et en beau[1], fit le coup; enfin la vérité est qu'étant tombé, toutes les espérances de ses

---

[1]. *Sic ;* en beau jeu, en position d'être tiré. (Note de M. Monmerqué.)

associés tombèrent par terre et moururent avec luy[1].

Lamboy ne suivit point la victoire, M. de Bouillon songea à s'accommoder, M. de Guise passa en Flandre, et il ne cousta à la France que Donchery[2], mauvaise place que l'armée de Sa Majesté reprit aussitost; car cette déroute ne fut presque rien, tant la perte du chef des ennemis causa de consternation dans le parti, et tant M. de Chastillon fut diligent à remettre son armée[3], laquelle ayant été jointe par les troupes de

---

1. Les circonstances de la mort du comte de Soissons resteront sans doute toujours incertaines ou inconnues. Le P. Griffet a résumé avec soin tous les témoignages contemporains; le récit de N. Goulas ne jette aucune lumière sur cet obscur événement.

Dans le Ms. de Vienne, fol. 270 v°, Goulas complète le récit de la *tempête de Sedan,* par les quelques lignes suivantes :

« Quoyque nos gens ne se fussent point battus en cette rencontre ou bataille de Sedan, elle ne laissa point d'en couster du sang; l'on y perdit trois ou quatre personnes de condition à beaucoup regretter : Le marquis de Praslin, fils d'un maréchal de France et qui alloit le grand chemin de l'estre; brave, bien fait, agréable, avec infiniment de l'esprit et déjà vieil officier. L'on dit qu'il ne voulut point de quartier, les Espagnols l'ayant menacé plusieurs fois de lui faire un mauvais parti s'il tomboit entre leurs mains; il leur avoit témoigné de ne les aimer pas et ils l'accusoient, à faux sans doute, d'avoir parlé peu respectueusement de leurs princes. Le marquis de Sendre fut tué à la teste de son régiment, le marquis de Roquelaure prisonnier, et d'autres qui eurent honte de fuir. » — Puis, Goulas suit, à cet endroit, le maréchal de la Meilleraye devant Aire et Bapaume, et signale une *extravagance* de Saint-Preuil, gouverneur d'Arras, qui fut exécuté à Amiens (fol. 270 v° et 271). Enfin le chapitre XII° du Ms. de Vienne se termine par une « promenade par toute l'Europe sur le continent et en Angleterre, où l'on y voit la guerre traisner partout ses maux et ses malheurs. »

2. Donchéry, petit bourg fortifié, à 6 kilomètres de Sedan, sur la Meuse.

3. M. de Châtillon sortit en effet de cette « pesanteur et de

M. de Grancey, se trouva plus forte de beaucoup qu'auparavant. Le Roy mesme y courut, et obligea M. de Bouillon de s'accommoder, lequel, après ce qui s'étoit passé, fut trop heureux, demandant pardon et renonçant à toute confédération avec l'Espagne, de rentrer en grâce et tirer quelques petits avantages, moyennant quoy il rendit le canon et les prisonniers[1]. Certes la fortune du Roy fut grande et admirable en cette rencontre : il vit humilié à ses pieds celuy qui venoit de le battre; et celle de M. de Bouillon ne le fut pas moins, de traiter si avantageusement avec son souverain et un roy si glorieux.

M. le cardinal de Richelieu, à la nouvelle de cette défaite, fut infiniment consterné, et eut ensuite cinq ou six des plus mauvaises heures de toute sa vie. Il se crut perdu, l'apprenant sans la circonstance de la mort de M. le Comte, son capital ennemy, tellement qu'il dépescha au maréchal de la Meilleraye à Aire, luy manda de lever son siège et de ramener l'armée en France promptement, et donna plusieurs ordres différents, pendant quoy l'avis de la mort de M. le Comte étant venu de tous costés[2], il contremanda le

---

cette létargie perpétuelle », dont l'accusait Richelieu, et le maréchal de Brézé, « qui n'étoit pas beste d'attelage », fut cependant adjoint, dès le 15 juillet, au maréchal de Châtillon, dans le commandement de l'armée de Champagne.

1. L'accommodement de M. de Bouillon avait été négocié, dès le 15 juillet, par M. de Puységur; il aboutit le 5 août 1641. Ce premier accommodement ne dura pas longtemps.

2. C'est M. des Noyers, secrétaire d'État, qui le premier reçut, à deux heures après minuit, la nouvelle de la mort du comte de Soissons; il alla de suite éveiller le Cardinal, et cette nouvelle « fut si salutaire pour relever Richelieu de l'abattement où il étoit

maréchal; il se consola et se promit de dissiper bientost tous les nuages qui s'étoient élevés dans le royaume contre son autorité, et pour s'assurer tout à fait et calmer la tempeste[1] de Sedan, il y mena le Roy et fit sonder M. de Bouillon, qu'il savoit estre très habile, et par conséquent ne refuseroit jamais de profiter de la conjoncture et d'embrasser l'occasion d'apaiser Sa Majesté.

Quoique le bruit fust grand, à Blois, de la rupture d'entre la cour et Sedan et qu'on nous écrivist de Paris que tout alloit éclater en guerre, nous ne laissions pas de nous réjouir. Comme il commença de se répandre, nous avions fait une partie de promenade cinq ou six de la maison de Monseigneur : M. le marquis de Maulevrier, M. de Jouy Sardini, M. de Patrix, et quelque autre. C'étoit à Villesavin, près de Blois, du costé de Sologne[2]. Mrs de Maulevrier et Patrix, ayant passé un pont qui est au bout du parterre, pour entrer dans une isle que fait la rivière, nous tournasmes vers une muraille qui sépare un petit bois du jardin, M. de Jouy et moy, et allasmes à ce bois. L'évangile du jour étoit l'affaire de Sedan et les desseins de M. le Comte, et il me dit d'abord : « Avouez le vray; M. le Cardinal est bien *confiado* de jeter ainsi ces messieurs dans le désespoir ; ce n'est point sagesse

de la défaite des troupes du roi, qu'il en parut tout remis. » (*Mémoires de Mlle de Montpensier*, t. I, p. 48.)

1. Dans le Ms. de Vienne, qui contient le récit de tous ces faits avec les mêmes détails (fol. 266 à 271), Goulas parle de la *bourrasque*, et non de la *tempête* de Sedan.

2. Villesavin, petit hameau du Blaisois, dépendant de la commune de Tour-en-Sologne, département de Loir-et-Cher.

que cela ; car si M. le Comte avoit quelque bon succès, vous verriez bien des gens contre la cour, et tel encense M. le Cardinal qui luy donneroit de l'encensoir par le nez. » — « Il est vray, luy répondis-je, et ce *tel* pourroit estre Monseigneur le duc d'Orléans. » — Il se mit à rire et reprit : « Je suis de votre opinion, et je pense que notre maistre monteroit de bon cœur à cheval, et se mettroit volontiers à la teste des maheustres, puisqu'il n'auroit plus sujet d'appréhender l'Eminence et sa fortune. » — « Vous vous trompez, luy dis-je ; c'est où la fortune fait ses plus étonnants coups, et où elle est plus fortune, que dans un revers comme celuy là ; car si cet homme a de la bonne fortune, il a aussi fort bonne teste, et pour vous parler franchement, M. le Comte ne fera rien qui vaille toute sa vie ; il a éprouvé un cours continuel de malheurs, et le dernier luy va arriver par la mort. » — « Hélas ! m'interrompit-il, que me dites-vous ? Croyez-vous qu'il périsse de cette affaire ? » — « Oui, lui répliquay-je, et il n'en sauroit bien sortir. » Je parlois ainsi sur la connoissance que m'en avoit donnée sa figure natale, et M. de Sardini s'est toujours souvenu depuis de mon pronostic. Enfin, après plusieurs propos, il me témoigna qu'étant serviteur particulier de M. le Comte, il seroit au désespoir qu'il luy arrivast mal, et que haïssant extrêmement l'Eminence, il seroit ravy que ce Prince le ruinast par la belle voie, l'épée à la main. « Je le seray comme vous, repris-je, moyennant que l'Etat n'en soit point ruiné et que nous venions encore l'année prochaine manger des fruits et nous promener à Villesavin. » Nous parlasmes ensuite de force choses, et nos messieurs, qui parurent, rompirent la conversation; mais quinze jours après, que l'on sut le combat de Sedan et la mort de M. le Comte, il [M. de Sardini] me prit pour un grand prophète, et me considéra comme le *magnus Apollo* du temps.

Je finis ce chapitre par une raillerie du petit M. d'Elbène, lequel, bien que disgracié, chassé et anathématisé de notre cour, ne laissoit pas de faire sa charge et commander les chevaux légers de Son Altesse royale; car il fut de ceux qui fuirent au combat de Sedan, et il ne s'en cachoit pas; il le disoit assez hautement et en commençoit mesme le propos, protestant qu'il avoit fui avec tout le monde, et qu'il fuiroit encore quand tout le monde s'en iroit et la mesme terreur s'empareroit des esprits; et il me disoit, à moy qui avois accoutumé de rire avec luy, et de tourmenter M. le diable (c'est le nom qui lui avoit été donné par Monseigneur), « Vous me voyez de la taille que je suis; l'on m'avoit mis à l'aile droite et j'en étois la plus petite plume; cette aile a été rompue d'abord, et les plumes s'étant éparpillées par la plaine, le vent m'a emporté plus vite et plus loin que pas un. Voilà une grande merveille! Cela ne va-t-il pas ainsi naturellement? »

CHAPITRE XXXI.

Du voyage de Monseigneur à la cour, à la fin de l'année 1641, où se fit la liaison avec M. le Grand et M. de Bouillon contre M. le cardinal de Richelieu, et de ce qui se passa en hiver 1642.

Il n'est pas croyable combien M. le Cardinal devint

fier et emporté après le succès de Sedan : je veux dire la mort de M. le Comte et l'ajustement de M. de Bouillon. Il ne voyoit plus personne en France pour le contredire et pensoit d'avoir sous les pieds tout ce qu'il y avoit de grand dans le royaume. Il se trompa pourtant dans son calcul et la fortune luy fit une niche bientost et le prit du costé qu'il ne s'attendoit pas.

Nous étions à Blois et Monseigneur ne pensoit qu'au malheur de M. le Comte, qui étoit le sien, et à ne donner aucun ombrage au tout-puissant, et néanmoins il parloit toujours à M. de Montrésor, et ne rompoit pas cette attache. Ses divertissements étoient son parc de Chambord, la chasse, la promenade dans ses forests peuplées de mille bestes fauves; ses jardins, la conversation avec ses plus familiers; enfin il passoit sa vie en bon gentilhomme de campagne et faisoit pénitence de ses emportements passés. Le Roy et M. le Cardinal le demandoient là avec cet esprit, et la plupart de ses gens grondoient de ce qu'il portoit cette espèce d'exil avec trop de patience, soutenant que sa place étoit auprès du Roy et que sa lumière devoit briller dans la cour. Ils avoient raison, si le Roy eust fait ses affaires lui mesme et n'eust pas eu le cardinal de Richelieu pour premier ministre, ou, si vous l'aimez mieux, pour l'âme de son État.

Nous apprismes le raccommodement glorieux de M. de Bouillon avec Sa Majesté, la nouvelle brouillerie de M. de Lorraine, la nouvelle conqueste de son pays, les extravagances de Mme de Cantecroix et les siennes (car elle le faisoit rompre en mesme temps avec la France et avec l'Espagne), le traité des princes de Savoie qui s'avançoit, enfin tout ce qui étoit alors sur le tapis de l'Europe, où nous ne prenions part qu'en tant que ce nous étoit matière de raisonner et converser. M. de la Rivière faisoit toujours progrès dans l'estime et l'agrément de son maistre, et ses ennemis continuoient de le tailler en pièces et de le traiter d'esclave de M. de Chavigny et de la cour, particulièrement depuis qu'elle avoit consenti que M. le comte de Cheverny luy fist résigner par son fils[1] l'abbaye de Saint Pierre de Chartres, de dix huit mille livres de revenu, sur laquelle il n'avoit retenu que deux mille écus de pension. Mais rien ne nous surprit si fort durant notre long séjour de Blois, quoique l'année fut fort fertile en événements notables, comme la disgrâce de M. de Saint-Preuil[2], dont le Roy mesme donna avis à Monseigneur par une lettre exprès qu'il luy écrivit toute de ce sujet[3].

Ce gentilhomme, brave au dernier point, s'étoit élevé par son grand cœur et son grand jeu, car la fortune luy ayant fait gagner beaucoup d'argent, il s'étoit mis à dépendre magnifiquement, et après s'estre signalé dans les combats pendant l'été, il se venoit l'hiver signaler à Paris parmy les dames, et n'épargnoit rien pour les régaler et les divertir; ainsi le Roy luy permit d'abord de récompenser une compagnie au régiment des gardes, avec l'approbation de

1. Philippe Hurault de Cheverny, abbé de Saint-Pierre.
2. François de Jussac d'Ambleville, seigneur de Saint-Preuil, fils de François de Jussac, baron d'Ambleville, et d'Isabeau de Bourdeille.
3. Cette lettre, qui n'a pas de date précise, mais qui est de la fin de septembre 1641, puisque Saint-Preuil fut arrêté le 24, se trouve en copie à la Bibliothèque nationale (fonds Moreau, vol. 758, fol. 55).

l'un et de l'autre sexe, et ensuite l'employa en plusieurs occasions, à cause qu'il ne cognoissoit point le péril quand il étoit question d'acquérir de l'honneur : il avoit merveilleusement bien servy à Corbie et l'État et M. le cardinal de Richelieu ; il luy révéla la conspiration contre sa personne dont je vous ay parlé, et dont la plupart des grands de la cour étoient, et pour laquelle M. le Comte s'étoit retiré à Sedan, l'ayant apprise de M. de Saint Ybar, son cousin, qui en étoit un des principaux architectes ; et M. le Cardinal luy sut si bon gré de cette preuve d'amitié qu'il luy rendit en une si importante rencontre, qu'il la voulust recognoistre par l'important employ du gouvernement d'Arras, qui le mettoit dans la dernière considération et dans l'abondance ; mais celuy qui avoit trahi son parent pour sa fortune, trahit encore son bienfaiteur pour cette mesme fortune : comme il vit M. le Comte armé et prest d'entrer en France, il craignit qu'il le chastiast du manquement qu'il luy avoit fait, s'il demeuroit victorieux, et se défiant que le Cardinal se pust maintenir, il envoya offrir sa place et sa personne à M. le Comte ; et son offrande ne demeura pas secrète, le bruit en arriva aux oreilles de l'Eminence qui n'oublioit jamais de telles choses[1].

Saint-Preuil, ruiné auprès du tout-puissant, lui donna matière de chastier sa perfidie. Le maréchal de la Meilleraye, après le siège d'Aire que les Espagnols avoient

1. Cette cause secrète de la perte de Saint-Preuil n'était pas connue jusqu'à présent. Il fut condamné pour extorsions, abus d'autorité, concussions. Voir le *Récit véritable* relatif au sieur de Saint-Preuil, dans le *Journal de M. le Cardinal de Richelieu*. Paris, 1665. T. II, p. 216 et suiv. (Note de M. Monmerqué.)

rassiégée dès qu'il en fut party, ne pouvant sauver sa conqueste, songea d'en faire une autre presque aussi importante, et sur l'avis qu'il y avoit peu de gens dans Bapaume, il la fait investir pendant une marche en Flandre pour enlever un convoy qui alloit à Aire, lequel se sauva dans Armentières. Le maréchal donc s'étant rabattu sur Bapaume avec l'armée, en neuf ou dix jours il la réduisit à capituler; la garnison devoit estre conduite à Douay, mais elle renvoya son escorte avant que d'y arriver, et ne retint qu'un trompette de notre général. M. de Saint-Preuil, durant ce temps là, étoit en party là autour avec cinq ou six cents chevaux ; il rencontre cette garnison et la veut charger; le trompette, apercevant nos gens en posture de fondre bientost sur ceux-cy, pique à eux et avertit M. de Saint-Preuil que Bapaume ayant été prise, ces troupes qui l'ont défendue s'en vont à Douay jusques où on leur a promis de les conduire, et que ne croyant pas avoir rien à craindre, en étant si près, elles avoient renvoyé l'escorte le matin, et s'étoient contentées de le tenir avec elles jusques à ce qu'elles y fussent. M. de Saint-Preuil, furieux à la vue des ennemis, se moque du trompette, il donne teste baissée à travers et ne trouve pas de résistance ; en un mot il tue ceux qui font mine de se défendre et emmène les autres à Arras avec leur bagage. Le maréchal de la Meilleraye fait savoir aussitost cette extravagante boutade à l'Eminence, lequel, ravy de l'occasion, envoya l'ordre au maréchal de se rendre promptement à Arras, de se saisir de la place et du gouverneur et de faire conduire M. de Saint-Preuil à Amiens sous bonne garde, ce qui fut exécuté avec une merveilleuse promptitude.

Mais, considérez le malheur de ce pauvre gentilhomme : le maréchal étoit son capital ennemy, et il [Saint-Preuil] eut le déplaisir d'estre gourmandé par luy avant que d'estre livré au bourreau. M. le cardinal de Richelieu fit grand bruit de ce grand exemple de la justice du Roy, et la lettre de Sa Majesté à Monseigneur fut pour cela, c'est à dire pour répandre dans le royaume et parmi les étrangers que le manquement de Saint-Preuil, blessant le droit des gens, ce crime seroit puni selon sa gravité et cousteroit la vie à son auteur, comme il arriva le mois suivant.

L'on publia encore un autre sujet de haine de Son Eminence pour Saint-Preuil : qu'il avoit trouvé belle une dame de grande qualité, dont les charmes captivoient le tout-puissant, et s'étoit mis en devoir de le lui témoigner, et quoique ses vœux n'eussent pas été reçus, néanmoins l'irrévérence envers le patron passoit à une humeur comme la sienne pour un crime irrémissible. Enfin Dieu chastia M. de Saint-Preuil à raison de la tyrannie qu'il exerçoit sur le pauvre peuple, et une tyrannie si horrible que toute la France l'abominoit ; elle passa jusques à faire tuer un homme pour posséder sa femme, et à des exactions intolérables en un temps où la guerre ayant tout ruiné, tous les gens se trouvoient dans l'impuissance de payer. M. de Noyers, que ses excès avoient rendu son ennemy, luy nuisit autant ou plus qu'aucun autre, et il se déchaisna tout à fait quand il fut éclaircy du sentiment de M. le Cardinal. Mais enfin M. de Saint-Preuil, qui avoit vécu en impie, mourut en fort bon chrétien et fut si heureux dans son malheur qu'il tira ce grand avantage de ses crimes.

L'hiver appelant tout le monde à Paris, Monseigneur, qui avoit été voir le Roy en Picardie, s'y rendit avec Sa Majesté, étant toujours très bien traité d'Elle et de M. le Cardinal, mais il y apprit une chose fascheuse dont l'on avoit déjà murmuré à Blois parmy nous, que l'Eminence songeoit à se faire nommer régent par le Roy, ou à la première place sous la régente, en cas que Sa Majesté vinst à manquer.

L'on parloit fort alors du voyage de Roussillon et du siège de Perpignan[1], et sans doute l'occasion étoit belle et ne se pouvoit présenter semblable de plusieurs siècles. Les Catalans s'étoient donnés au Roy, avoient repoussé plusieurs fois les Espagnols jusques dans l'Aragon ; nos troupes, qui étoient auxiliaires, les avoient battus partout ; ainsi Perpignan étoit hors d'espérance de secours du costé de terre ; elle étoit mal pourvue de vivres ; la grosse garnison en consumoit beaucoup ; le Languedoc ne l'aidoit plus ; l'on n'y cultivoit plus la terre ; enfin les avis portoient tous qu'il n'y avoit pas de vivres pour trois mois, et l'armée du Roy prenant Collioure[2], place maritime qui n'étoit pas pour durer trois semaines, le Roy pouvoit faire cette illustre et utile conqueste et couronner ainsi toutes les autres. Sa Majesté, goustant extrêmement ce dessein qui étoit beau, se résolut de tenter la chose ; mais M. le Cardinal, qui craignoit toujours la Reyne et Monseigneur, conseilloit au Roy de les mener, de bien munir ses frontières de Picardie, de Champagne et d'Alsace, d'y tenir de bonnes troupes, sous la con-

1. Perpignan capitula le 29 août 1642, après trois mois de tranchée ouverte.
2. Collioure fut repris sur les Espagnols le 13 avril 1642.

duite de M^rs d'Harcourt, de Guiche et d'Erlac[1], et de laisser M. le Prince à Paris, avec un conseil dont il seroit chef, pour avoir l'œil à tout ce qui pourroit survenir, et y pourvoir durant son absence. Quant à Messeigneurs les enfants de France, il proposoit qu'ils fussent gardés au bois de Vincennes, dont M. de Chavigny étoit gouverneur, afin qu'ils fussent entre ses mains.

Cependant M. de Fontrailles[2], qui avoit travaillé à la liaison de Monseigneur et de M. le Grand, et les avoit mis aux mains plusieurs fois à Amiens et ailleurs, les pressoit l'un et l'autre de se défaire du Cardinal; le bruit courut que pour embarquer Son Altesse royale avec son ami, il luy disoit que le Roy luy avoit témoigné plusieurs fois combien cet homme luy étoit à charge, et qu'il l'avoit conjuré de l'en défaire, de sorte, ajoutoit-il, que c'est un marché sans peur, que de se lier avec celuy qui possède absolument le Roy, et qui est poussé à entreprendre par Sa Majesté mesme. Il passoit ensuite à ces particularités pour le faire résoudre, que le Roy a révélé à son favory tout ce que le Cardinal luy a dit contre luy, l'a conjuré de luy estre fidèle, et de ne plus rendre compte de ce qui se passoit chez luy, comme il avoit fait autrefois, ni nommer ceux qu'il approchoit de sa personne; qu'il étoit las de vivre avec la contrainte où il avoit été jusques là; qu'il vouloit la paix et cherchoit les

1. Jean-Louis d'Erlach, seigneur de Castelen, précédemment colonel d'un régiment suisse au service de France, et général major de l'armée du duc de Saxe-Weymar, était alors gouverneur de Brisach pour le roi.

2. Louis d'Astarac, vicomte de Fontrailles, marquis de Marestang, sénéchal d'Armagnac, mourut le 15 juillet 1677.

conjonctures pour la faire; qu'on l'embarquoit continuellement en de nouveaux desseins et qu'il n'auroit plus que celuy de terminer promptement la guerre. Il proteste que la Reyne appuiera M. le Grand, et que M. de Thou, qui est serviteur de Sa Majesté, a déjà fait la liaison entre M. le Grand et M. de Bouillon; qu'il ne reste qu'à racommoder celuy-cy avec Son Altesse royale, et que si elle le veut écouter en ses justifications, elle cognoistra qu'il n'est pas si coupable envers elle qu'on luy a voulu faire croire.

M. de Montrésor, cousin germain de M. de Thou[1], et qui luy étoit intrinsèque[2], avoit déjà témoigné quelque chose de cette liaison à Monseigneur, lequel avoit mesme trouvé bon que M. de Thou luy en parlast à Paris et s'entremist pour racommoder M. de Bouillon avec luy, et il avoit donné de toute sa force sur l'Éminence, exagérant la haine qu'il avoit conçue contre luy Monseigneur, la butte de sa tyrannie durant tant d'années, ajoutant que le bruit que le Roy luy devoit commander de suivre[3] étoit fondé sur le dessein qu'avoit le Cardinal de l'exclure de la régence et de la prendre comme premier ministre sous la Reyne : ainsi il le fait résoudre à la ruine du Cardinal et à précipiter le colosse dont la grande ombre incommodoit tout le monde, et il protestoit, de mesme que M. de Fontrailles, qu'étant nécessaire d'avoir un sujet

---

1. François-Auguste de Thou était fils de Gasparde de la Châtre, dont la sœur, Madeleine de la Châtre, était mère de M. de Montrésor.

2. Expression qui signifie : intime, familier avec ses plus secrètes pensées. (Note de M. Monmerqué.)

3. De suivre la cour.

de réputation et bon capitaine pour commander sous Monseigneur, s'il étoit expédient de prendre les armes, et une bonne place de retraite s'il se falloit mettre à couvert, il n'y avoit en France que M. de Bouillon sur lequel il pust jeter les yeux, car disposant de Sedan qui étoit sa maison, l'on avoit là une ville la plus propre pour leurs desseins que l'on auroit pu choisir dans tout le royaume; et parce que Monseigneur étoit toujours mal satisfait de M. de Bouillon, se plaignant de certains manquements durant sa retraite en Lorraine, il le défendit, allégua ses raisons et les fit paroistre telles que Son Altesse royale les reçut, voulut tout oublier et le considérer de là en avant comme son serviteur et son amy.

Voilà donc Monseigneur, M. de Bouillon et M. le Grand unis de la dernière union, et très résolus d'arracher le ministère des mains du Cardinal *in ogni modo*, et, pour convenir des moyens, ils s'assemblèrent à l'hostel de Venise, derrière les Minimes[1], où M. le comte de Brion, premier écuyer de Monseigneur, étoit logé et toute l'écurie de Son Altesse royale. Monseigneur, M. de Bouillon et M. le Grand entrèrent dans une chambre, et M. le comte d'Aubijoux, Mrs de Brion et de Fontrailles demeurèrent ensemble dans une autre. La première chose dont l'on parla dans cette conférence, et Monseigneur la proposa, fut que M. de Thou ne sut rien de tout ce qu'on résoudroit[2], parce que, ayant une grande quantité d'amis,

1. L'hôtel de Venise était rue Saint-Gilles au Marais.
2. Si plus tard, lorsque la conspiration fut découverte, M. de Thou put dire à ses juges « qu'il n'étoit coupable que parce qu'il avoit des oreilles » (*Mémoires de Madame de Motteville*, t. I, p. 77),

il étoit comme impossible qu'il ne s'en ouvrist à quelqu'un, et pour peu qu'ils fussent soupçonnés ils étoient perdus. (Je tiens cecy de Monseigneur mesme.) Après quelques discours et propositions, ils convinrent qu'ils avoient besoin d'une bonne armée, d'une excellente place pour retraite, et de puissants amis pour avoir de l'argent, et quoique l'Espagne leur semblast fort foible alors, et peu pécunieuse, néanmoins n'y ayant dans l'Europe que cette puissance capable de les soutenir et assister promptement, ils se fermèrent là, et M. de Bouillon offrit sa place et se dévoua au service de Monseigneur et du party. M. le Grand promit de battre en ruine le Cardinal dans l'esprit du Roy, de le détruire s'il pouvoit et d'effacer les mauvaises impressions qu'il y avoit mises de son frère. Enfin ils conclurent de dépescher M. de Fontrailles en Espagne pour traiter avec le Comte-Duc, au nom de Monseigneur seulement, afin que si l'affaire étoit découverte, M. le Grand le pust servir à la cour et le raccommoder avec le Roy, et pour avoir bientost à Sedan un corps d'armée des vieilles troupes espagnoles de Flandre et d'Allemagne, de l'argent et les munitions nécessaires.

Vous voyez donc par là que Monseigneur ne vouloit point aller au voyage de Catalogne, ni suivre le Roy, et méditoit au contraire, en cas qu'on l'en pressast trop, de se retirer à Sedan et y appeler les mécontents de la cour et du royaume, et que luy et M. de Bouillon avoient désiré de s'attacher à l'Espagne pour

on voit, par le récit de Goulas, que Monsieur n'en put dire autant, et que sa participation dans le complot de Cinq-Mars fut personnelle et effective.

estre soutenus à Sedan et secourus dans le besoin. Monseigneur étoit persuadé, et je le luy ay ouy dire mille fois, que les Espagnols sont tellement infatués de la créance qu'il est aisé de nous brouiller et de mettre le feu dans notre état par nous mesmes, qu'ils reçoivent toujours les propositions qui leur en sont faites et n'épargnent rien en ces rencontres, témoin la conduite de Philippe second, un des plus sages de leurs rois, et ses ordres au duc de Parme, quand il commandoit pour luy au Pays Bas.

L'on m'a assuré que M. de Fontrailles eut peine d'accepter la commission, qu'il ne fut point content qu'on eut ainsi disposé de luy sans l'entendre et qu'il se défendit assez longtemps, que néanmoins M. le Grand le cajola et le pressa de sorte qu'il se rendit et fut fait ambassadeur malgré luy. Il s'en acquitta à merveille, comme vous verrez. Il partit de la cour, sans donner d'ombrage aux émissaires de M. le Cardinal, parce qu'il luy étoit ordinaire d'aller ainsi brusquement en Gascogne, à la maison de Castillon, et assez souvent il y demeuroit inconnu, et sans qu'on le sut dans la province.

L'on ne parloit alors que du voyage de Roussillon et du siège de Perpignan, et quoique M. le Grand fit courir force bruits au désavantage de M. le Cardinal, sur ce sujet, comme qu'il menoit le Roy en ce pays pour s'en défaire, qu'il usurperoit en ce cas la régence du royaume, etc., etc., et que mesme il eut découplé les médecins de Sa Majesté, qui disoient que les chaleurs du climat luy étoient mortelles, afin de rompre le voyage ; néanmoins l'intérest de l'État prévalut sur celuy d'Hippocrate et du favory ; ou, si vous l'aimez mieux, celuy de M. le Cardinal sur la cabale de M. le Grand. L'Éminence croyoit se défaire plus aisément de ce jeune étourdy hors de Paris et éloigné de conseil, et que si le Roy tomboit malade dans la plaine de Roussillon, si malsaine, ou en chemin, il se pourroit résoudre à faire le testament et luy laisser, sous la Reyne, ou sous Monseigneur, toute l'autorité qu'il avoit; et le favory se promettoit que le séjour de Paris, ou des environs, faisant mieux jouir Sa Majesté des douceurs de la paix, il auroit plus de matière de le dégouster du Cardinal, l'architecte et le premier mobile de la guerre qui embrasoit toute l'Europe. Mais M. le cardinal de Richelieu, ayant persuadé le Roy d'entreprendre ce grand voyage pour sa gloire et pour obliger les Espagnols à la paix, il crut d'avoir un grand avantage sur son ennemy, et cela confirma la cour dans la créance qu'il n'étoit point déchu, comme l'on avoit dit. Mesme il régala dans son Palais-Cardinal tous les grands du royaume, et Monseigneur, bon ouvrier de dissimulation, s'y trouva et joua mieux son personnage que ceux qui se firent admirer sur le théâtre, à la comédie d'après soupé.

Mais voicy une rencontre tout à fait rare : M. de Bouillon, ayant accepté le commandement de l'armée d'Italie, il luy dit, lorsqu'il s'en fut remercier, que le Roy avoit tout oublié le passé, et que néanmoins il falloit qu'il prist garde à l'avenir et ne luy pas déplaire, parce qu'il n'y auroit pas de retour. J'ay appris une chose durant la régence qui va vous surprendre, qu'après le combat de Sedan, comme M. de Bouillon eut traité, il fallut qu'il vint demander pardon au Roy; et le propre jour, je pense, qu'il parut à la cour, il se lia avec M. le Grand contre ce qu'il avoit promis et juré au Cardinal, le matin[1].

Mais reprenons notre discours et disons que le Roy partit pour le Languedoc à la fin du mois de janvier[2], et qu'il parut à la conduite de M. le Cardinal qu'il craignoit un mauvais effet des mauvaises impressions que M. le Grand avoit données de luy à Sa Majesté, quoiqu'il eut fait bonne mine à Paris, car il ne se sépara point du Roy, comme il avoit de coutume, allant par pays; il fit les mesmes gistes, il le vit et l'entretint tous les jours, et il apporta autant de précautions et de complaisances que son ennemy en avoit peu.

Je vous ay dit, je pense, ou si j'y ay manqué, il vous faut dire icy que le favory avoit résolu de tuer le ministre par le chemin, mais l'occasion s'en étant présentée à Briare, il saigna du nez, alléguant l'absence de Monseigneur pour excuse, et qu'il falloit qu'il fust à la cour, où il étoit attendu tous les jours, M. le Cardinal pressant le Roy de le faire venir. Il[3] étoit à Blois arresté effectivement par la goutte et songeoit plus à prendre le chemin de Sedan que celuy de Narbonne et de Languedoc. Il attendoit des nouvelles du succès du voyage de M. de Fontrailles, lequel avoit été très heureux, s'il faut user de ce terme, parce que le Comte-Duc avoit accordé au nom du Roy d'Espagne tout ce qu'il avoit demandé, pressé qu'il étoit des armes de France en Aragon et de la

---

1. Goulas, dans le manuscrit de Vienne (fol. 280 et 281), se montre plus sobre de détails sur toute cette affaire.
2. Louis XIII quitta Paris le 28 janvier 1642.
3. *Il,* Monsieur.

crainte de perdre Perpignan, et peut estre sa fortune. Monseigneur se défioit fort de la conduite de M. le Grand, toute extravagante, et estimoit beaucoup celle de M. le Cardinal, toute sage ; voilà pourquoy, quand il apprit qu'il logeoit toujours auprès du Roy, luy parloit plus souvent, se rendoit très complaisant, étoit plus soumis, il ne pouvoit que concevoir mauvaise opinion de ses desseins, et afin de s'éclaircir davantage avant que de se déterminer, il voulut avoir du temps et témoigna de se rendre au conseil de ses médecins qui jugeoient les eaux de Bourbon excellentes et salutaires à sa goutte.

L'y voilà donc résolu, et comme Bourbon étoit sur le chemin de Catalogne, c'étoit obéir aux ordres du Roy et s'approcher de la cour que d'y aller. Il dépesche au Roy M. de Belloy[1], pour l'assurer qu'il part de Blois dans quatre jours, et il en partit en effet, laissant ses confidents de Sedan dans l'incertitude s'il se rendroit à cette place dès qu'il auroit bu, et ceux du voyage de Languedoc s'il se rendroit à Narbonne où étoit Sa Majesté. Il disoit cela mesme aux uns et aux autres. Apprenant la prise de Collioure, il envoya M. le comte de Brion pour s'en réjouir avec Sa Majesté et la prier d'avoir agréable qu'il prist les eaux de Bourbon, en passant[2] ; mais dès

1. M. de Belloy avait ordre d'aller également prendre des nouvelles de la santé du Cardinal, et Richelieu, remerciant Son Altesse royale, le 10 avril 1642, lui écrivait : « Les assurances que M. de Belloy m'a données que la santé de Votre Altesse est au point que ses serviteurs le peuvent souhaiter, m'ont causé tant de joie qu'elle est capable de me faire recouvrer entièrement la mienne. » (Bibl. nat. Armoires de Baluze, paq. 1, n° 1, fol. 98.)

2. Richelieu écrit à Louis XIII, de Narbonne, le 23 avril 1642 :

qu'il y fut, M. le comte d'Aubijoux arrive avec le traité d'Espagne : M. de Fontrailles, qui d'abord avoit été trouver M. le Grand, au retour de Madrid, le luy avoit mis entre les mains pour en prendre copie, et ils avoient aussitost chargé M. d'Aubijoux de l'original, afin de le porter à Monseigneur. Les ordres avoient été envoyés en Flandre à Francisque Melo qui y commandoit; tout étoit prest, disoient-ils, les troupes, l'argent, et ils attendoient Monseigneur, lequel ne branloit point encore et avoit grand peine à remuer les pieds. Néanmoins, étant extrêmement pressé de partir, il demanda l'ordre qui ouvroit la porte de Sedan, et il est vray que ces messieurs avoient si bien conduit leur affaire que cette pièce principale manquoit, sans laquelle il n'y avoit point moyen de s'embarquer. Ainsi ce fut à M. le comte d'Aubijoux d'envoyer en Piémont la quérir, et il y dépescha en toute diligence M. de Montmort, son parent, brave gentilhomme et d'esprit, s'il y en avoit en France, lequel prit la poste et s'y en courut.

Voicy une seconde bévue qui acheva de tout gaster. M. de Montmort n'étant point connu de M. de Bouillon, quelques lettres qu'il eut, jamais le duc ne luy voulut confier l'ordre, tellement qu'il revint sans rien faire, et ce fut à M. d'Aubijoux de se travestir et d'aller luy mesme en Piémont le demander. Tout

« Ce billet est pour faire savoir au roy que M. le comte de Brion le va trouver de la part de Monsieur, pour se réjouir avec Sa Majesté des bons succès de Catalogne, et de la prise de Colioure; et pour luy dire que la goutte, qui l'a repris depuis peu, l'empesche non seulement de venir en Languedoc, mais qu'elle l'oblige d'aller aux bains de Bourbon par l'advis des médecins. » (*Lettres de Richelieu*, t. VI, p. 904.)

cecy fit consumer beaucoup de temps, et les choses de la cour changèrent. Monseigneur, apprenant que M. le Grand avoit moins de faveur, et que le Roy étoit assez mal, alla bride en main et jugea à propos de ne pas branler; mais l'incertitude où il étoit luy faisant une peine extrême, il fit partir M. des Ouches et luy commanda de luy rapporter promptement des nouvelles de Sa Majesté et de la cour; et ce voyage ne l'en sortit pas, l'envoyé étant demeuré trois semaines sans écrire et sans revenir, pendant quoy il arrive un gentilhomme à Bourbon, de la part du Roy, qui apporte une lettre à Son Altesse royale par laquelle Sa Majesté luy donne avis que M. le Grand a disparu, et qu'il le prie d'aller commander l'armée de Champagne, faisant état de se rendre incontinent en Picardie, où il croit sa présence nécessaire[1]; mais ce que le gentilhomme débita mit un horrible embarras dans l'esprit de Monseigneur, parce qu'il assuroit que Mrs de Thou et de Chavagnac avoient été arrestés et que le Roy s'aboucheroit bientost avec Son Emi-

---

1. La lettre par laquelle le roi nommait Monsieur général en chef de l'armée de Champagne porte la date du 13 juin 1642 : le même jour Cinq-Mars était arrêté. Dès le 9 juin, Richelieu avait découvert la conspiration dans laquelle le frère du roi se trouvait si compromis : il voulut donner confiance à Monsieur, en le faisant investir d'un commandement, afin d'éviter qu'au milieu des bruits mystérieux qui circulaient déjà sur la découverte de la conspiration de Cinq-Mars, Gaston ne prît peur et ne s'enfuît en Espagne. Monsieur tomba ingénument dans le piège que lui tendait le cardinal. Dans une seconde lettre, datée du 13 juin, le roi annonce à son frère l'arrestation de Cinq-Mars, imputant seulement au favori « les insolences extraordinaires qu'il a commises en mon endroit. » (Bibl. nat., Fr. 3843, fol. 54.)

nence, toujours malade à Tarascon. Ainsy Monseigneur, sous prétexte de ce commandement de l'armée de Champagne, envoie à M. le Cardinal le remercier, et choisit M. de Patrix, qui, ayant beaucoup d'esprit, pourroit pénétrer les nuages qui environnoient alors la cour et le ministère; et ses colères au jeu, prenant des eaux, ses inquiétudes, ses craintes, ayant beaucoup augmenté sa goutte, il se fit porter à Moulins, où il sut que M. le Grand étoit pris[1], qu'on avoit dépesché en Italie pour prendre M. de Bouillon, et que le Roy et M. le Cardinal seroient bientost de deçà; ainsi il crut les devoir prévenir, et que se déclarer coupable à Sa Majesté, sans s'expliquer davantage, et commencer par luy demander pardon, pourroit adoucir le Roy et le disposer à luy faire grâce, et oublier son crime quand il le luy confesseroit[2]. Ce fut le sujet de l'envoy de M. l'abbé de la Rivière, lequel se mit en

1. « Il avoit été pris à Narbonne, le 13 juin, après s'estre pensé sauver, et sans un bourgeois chez lequel il étoit caché, qui, retournant le matin de la campagne, sut de sa femme qu'il étoit dans son logis et en donna avis, il évadoit. Aussitost on le mena à Montpellier et on l'enferma dans la citadelle. » (*Mémoires de N. Goulas,* Ms. de Vienne, fol. 286.) — Voir Ms. de Vienne, fol. 285, comment, selon Goulas, le cardinal découvrit la conspiration de Cinq-Mars.

2. Il est impossible de dépeindre la terreur qui s'empara de Monsieur lorsqu'il apprit que sa complicité était découverte. Ce fut le 25 juin que lui parvint cette terrible nouvelle, et, du même jour, nous avons de lui cinq lettres écrites au premier moment de son effroi. Ces lettres sont adressées au roi, auprès duquel il s'excuse; au cardinal, dont il implore le pardon; à Mazarin, à Sublet des Noyers et à Chavigny, à la sollicitude et à la bienveillance desquels il se recommande, et auxquels il adresse les plus basses supplications. On peut lire ces lettres, conservées à la Bibliothèque nationale. (Fr. 17483, fol. 47 et suiv.)

chemin à l'heure mesme[1] et ne laissa à Moulins pas une fleur de sa rhétorique.

Là dessus, M. d'Aubijoux arrive avec l'ordre de M. de Bouillon pour entrer à Sedan ; il presse Monseigneur de partir ; il luy remontre qu'il n'a que cette seule voie pour sauver ses serviteurs, et soy mesme, et le prince répond qu'il ne luy est pas possible alors, et qu'il le fera dans peu de jours, luy commandant de demeurer et de l'accompagner. (Je tiens cecy de M. d'Aubijoux.) M. de Patrix retourne et ne rapporte qu'un simple compliment de M. le Cardinal et rien de l'armée de Champagne ; mais il dit que l'on tient l'Eminence mieux que jamais avec le Roy, et M. le Grand perdu. (Jugez quelle nouvelle à Monseigneur.) Néanmoins il fallut faire bonne mine et attendre M. de la Rivière, lequel revint[2] et annonça que Son Altesse royale étant découvert, et le Roy infiniment offensé, il falloit sortir du royaume et aller promptement à

1. L'abbé de la Rivière quitta Moulins le 25 juin, porteur des cinq lettres dont il est parlé dans la note précédente.
2. Louis XIII, qui était alors à Montfrin, reçut le 29 juin l'abbé de la Rivière, avec une telle sévérité, que ce pauvre abbé, s'il faut en croire Chavigny, « fut pris presque d'une défaillance, et ensuite d'une espèce de choléra morbus, dont il a été guéri en lui rassurant l'esprit. » Le 30 juin, en quittant Montfrin, Louis XIII remit à M. de la Rivière, pour Monsieur, un écrit ainsi conçu : « Après ce que le sieur de la Rivière m'a déclaré de la part de mon frère, je désire qu'il le retourne trouver pour luy dire que, s'il m'envoie, par écrit, toutes les choses dans lesquelles il s'est engagé et auxquelles on l'a voulu porter contre mon service, et qu'il me déclare franchement tout ce qu'il sait, sans rien réserver, il recevra des effets de ma bonté, ainsy qu'il en a déjà reçu plusieurs fois par le passé. Je désire que le sieur de la Rivière m'apporte promptement réponse, et qu'il vienne au devant de moi. Du 30 juin 1642. »

Venise avec cent mille écus que le Roy par pitié donnoit pour tout entretènement, moyennant quoy Monseigneur donneroit une déclaration par écrit de tout le détail de la cabale et des desseins qui avoient été formés contre la France.

M. Goulas pensa mourir de douleur quand il sut le crime de son maistre de sa propre confession; il répandit mille larmes, bien qu'il eut peine à comprendre qu'il l'eust commis; enfin il luy dit franchement qu'il avoit fait une si grande faute, et contre Dieu, et contre le Roy et contre l'État, qu'il doutoit avec raison qu'elle luy fust pardonnée et que pour luy, qui n'étoit rien, il aimeroit mieux se laisser couper le bras que de signer une pareille chose. Mais il n'étoit pas question de cela, il falloit dresser, signer et envoyer une déclaration dont M. de la Rivière fut chargé[1]. Certes l'on ne se soucioit guères à la cour que Monseigneur allast à Venise ou ailleurs; on luy vouloit faire peur, et à ses gens de mourir de faim; l'on pensoit à tirer de luy de quoy convaincre les prisonniers destinés au supplice, et selon que je l'ay appris et ay pu conjecturer de ce que j'ay lu touchant cette affaire, les dépositions de Monseigneur étonnèrent

---

1. Le 7 juillet 1642, Monsieur écrivait à Chavigny : « Je ne puis désavouer d'avoir failli, la confession que je vous envoie en est la preuve... Je me résous de faire toutes les choses dont je m'aviseray et que vous me conseillerez... » (Arch. des Affaires étrangères. France, 1642, juin-août, fol. 177.) — Le cardinal répondait à Monsieur, le 13 juillet : « J'ay été extremement aise d'apprendre par la lettre qu'il vous a plu m'écrire, et par M. de la Rivière, que Votre Altesse prend le vray chemin qu'il faut pour se tirer du malheur et du crime où les ennemis de l'État et du roy l'avoient précipitée... » (*Lettres de Richelieu*, t. VII, p. 29.)

M. de Bouillon et le firent parler; les réponses de M. de Bouillon gastèrent M. le Grand, et l'imprudence de M. le Grand, surpris et piqué de ce qu'avoit dit M. de Bouillon, perdit le pauvre M. de Thou, lequel effectivement ne savoit rien du traité d'Espagne, et croyoit seulement qu'on se retireroit à Sedan, et que la retraite de Monseigneur et de plusieurs personnes de qualité dans cette place donneroit matière à M. le Grand de tailler en pièces M. le Cardinal et de si bien fomenter la mauvaise humeur du Roy qu'il l'éloigneroit des affaires et de sa personne, afin de mettre son royaume en paix.

M. de la Rivière m'a conté une chose assez particulière sur ce sujet qui m'est toujours demeurée à l'esprit et qui mérite d'avoir icy sa place. Il travailloit de toute sa force à faire oublier à M. le Cardinal cette nouvelle pièce de son maistre et luy protestoit que, témoignant à Son Altesse royale en cette importante occasion par ses bons offices auprès du Roy qu'il vouloit ses bonnes grâces, il se l'acquerroit entièrement : il exagéroit mesme la grande disposition qu'il avoit à l'aimer par la grande estime qu'il faisoit de sa personne et de son mérite, et que, le sortant d'un si mauvais pas, rien au monde ne le sépareroit plus de ses interests. Il [le Cardinal] luy répondit : « M. de la Rivière, vous m'assurez que Monsieur m'estime et qu'il m'aimera, qu'il m'a toujours extrêmement estimé et que dorénavant j'en auray des preuves. Savez-vous bien qu'il m'a fait dire la mesme chose plusieurs fois, sans en rien tenir? Vous me faites souvenir d'une femme coquette que le mary a surprise en flagrant délit : elle luy proteste qu'elle l'aime, qu'elle l'a toujours aimé, qu'elle a un dernier respect pour sa personne, qu'elle est ravie de sa présence, qu'elle languit en son absence, et il voit son ruffien à son costé. Je ne le crois point, M. de la Rivière; mais que Monsieur fasse ce que désire le Roy, et nous verrons ce que nous pourrons faire pour luy. » Ce fut par où l'on prit Monseigneur pour le résoudre à tout ce qu'on voulut, que s'il contentoit Sa Majesté, il y avoit moyen de l'adoucir et de beaucoup gagner sur son esprit, et M. de la Rivière se servit de ce puissant argument qu'il ne falloit point sortir du royaume à quelque prix que ce fust, à cause que le Roy étant moribond, s'il en venoit faute durant l'absence de Monseigneur, avant qu'il fust à Paris, toutes les mesures seroient prises, la Reyne seroit déclarée régente, et il n'y auroit que le désespoir pour luy.

Il faut dire icy que Monseigneur, ayant avis que l'on menoit M. le Grand à la citadelle de Montpellier, il brusla le traité d'Espagne et en garda la copie avec des passeports à tout événement; et que M. d'Aubijoux, ayant vainement attendu, disparut et passa en Angleterre[1].

Mais Monseigneur, voyant qu'il falloit répondre devant M. le chancelier et certains commissaires, l'attendit à Villefranche, ville de la souveraineté de Dombes, qui appartenoit à Mademoiselle. Le chef de la justice de France, accompagné de force robes lon-

---

[1]. Le baron d'Aubijoux, qui était un des favoris de Monsieur les plus ardents à la perte du cardinal, trouva prudent de prendre la fuite; c'était d'ailleurs, ainsi que l'écrivait Sublet des Noyers au cardinal, « un de ceux qui devoient savoir le plus de nouvelles de cette maudite conspiration ».

gues, partit de Lyon et le vint trouver, et Monseigneur déclara tout, répondit à tout, reconnut le traité d'Espagne et en souscrivit la copie et la fit contresigner à son secrétaire[1]; enfin, il contenta le Roy, ou, si vous l'aimez mieux, M. le Cardinal, et donna ainsi de quoy fort embarrasser les prisonniers ; et M. le chancelier retourna travailler à leur procès. Monseigneur, enfin, accompagné de M. de Villeroy, sortit de France, car Sa Majesté le luy avoit envoyé, et il l'étoit venu joindre à Feurs[2], pour le disposer à tout déclarer et ne rien laisser derrière, et la promesse qu'il en fit radoucit beaucoup la cour[3], puisqu'au lieu de Venise l'on ne parla plus que d'Annecy, ville de l'État de Savoie, assez proche de Lyon : la maison ne fut point cassée et renvoyée ; l'on n'y changea quoi que ce soit, les appointements demeurant[4], et l'on prit le chemin de cette ville.

Mais voicy une particularité que vous ne verrez point dans l'histoire. La Reyne appréhendoit fort d'estre embarrassée dans les réponses des malheureux et de Monseigneur particulièrement, avec lequel elle avoit intelligence; elle savoit que le Cardinal n'étoit

1. Dans le manuscrit de Vienne (fol. 289), Goulas se montre plus sévère pour Monsieur, et, après ces mots « et la fit contresigner à son secrétaire », ajoute : « Enfin se prostitua, il faut ainsi dire, et donna de quoy convaincre et condamner les prisonniers ».
2. Feurs, petite ville du département de la Loire, à 23 kil. de Montbrison, ancienne capitale du Forez, aujourd'hui chef-lieu de canton.
3. « Cette docilité, franchise ou faiblesse de Monsieur, radoucit extrêmement la cour. » (Ms. de Vienne, fol. 289.)
4. « Peut-estre afin d'en tirer une nouvelle bassesse incomparablement plus honteuse que l'autre. (Ms. de Vienne, fol. 289.)

pas de ses amis et que la proposition de la mener au voyage avoit été forgée dans sa boutique, si bien qu'étant en grande inquiétude, elle avoit prié madame de Saint-Georges, gouvernante de Mademoiselle, d'apprendre des nouvelles de Monseigneur, par le moyen de M. Goulas, lequel avoit si bien concerté avec Monseigneur ce qu'il diroit en son interrogation qu'il n'y eut rien qui la put faire soupçonner ni près ni loin. Ainsi, dès que M. le chancelier eut repris le chemin de Lyon, M. Goulas écrivit à madame de Saint-Georges ce qui s'étoit passé à Villefranche, et que Monseigneur partoit pour Annecy, et mit en apostille : « Vous assurerez votre amie qu'elle peut dormir de bon sommeil. » Ainsi Sa Majesté fut plus tranquille et ce peu de paroles la consola extrêmement[1]. Elle ne s'est pas souvenue du service que M. Goulas luy fit en cette rencontre, non plus que de beaucoup d'autres services de ce temps là, où il n'y avoit pas presse à la servir[2].

Mais dès que Monseigneur fut à Annecy, on luy vint annoncer que le Roy vouloit qu'il fust confronté avec les prisonniers, et qu'il leur soutinst ce qu'il avoit déclaré par écrit. Jamais il n'y eut une pareille affliction à la sienne ; il refuse franc de le faire, il proteste

---

1. La part que la reine semble avoir prise dans la conspiration de Cinq-Mars sera bien difficile à définir ; les indications que donne ici Goulas manquent de précision. Richelieu, tout en démentant les bruits qui circulèrent sur la complicité de la reine, ne laissa pas toutefois de vouloir s'en éclaircir (voir sa lettre du 25 octobre 1642 à M. de Chavigny, *Lettres de Richelieu,* t. VII, p. 154) ; il ne paraît pas que le temps ait permis au cardinal de poursuivre l'enquête qu'il avait commencée à ce sujet.

2. Ce paragraphe ne se trouve pas dans le manuscrit de Vienne.

qu'il ira plutost à Venise et aux antipodes, et il envoye au Roy M. de la Rivière, et à M. le Cardinal M. du Boulay[1], pour les conjurer de ne le pas couvrir d'infamie et l'exempter d'une chose si honteuse à un fils de France, et à un prince qui a l'honneur d'estre frère du Roy[2]. Ils obtiennent enfin non seulement la grâce de n'estre point confronté, mais celle de retourner à Blois et de jouir de tous ses appointements dans son apanage; et il faut dire la vérité : M. Goulas luy rendit encore icy un notable service, quand il luy conseilla de tenir ferme et de ne se pas laisser strapazzer[3] de la sorte, et le murmure et l'indignation de sa maison furent tels, et la générosité de ses officiers si grande que pas un seul ne se démentit, et tous conclurent à souffrir plutost la dernière extrémité que cette note d'infamie. Le Roy mesme ne luy sut point mauvais gré de ce refus, parce qu'il aimoit que ceux de son sang eussent du cœur et de l'honneur. Que si l'on n'eut point eu de biais pour condamner M. de Thou, il eut fallu à la fin subir juridiction, car M. le Cardinal étoit tellement animé contre luy qu'il avoit juré sa

---

1. Nicolas Brulart, seigneur du Boulay, fils puîné de Pierre Brulart, seigneur de Genlis, et de Madeleine Chevalier, mort le 27 octobre 1659.

2. Monsieur se refusa, en effet, avec une énergie bien rare chez ce prince, à l'humiliation d'une confrontation avec ses complices. « Monsieur a déclaré, mandait Chavigny au Cardinal, qu'il n'y a point d'extrémité qu'il ne souffre plutost que de se résoudre à voir M[rs] le Grand et de Bouillon en face... » L'on sait que le chancelier trouva, dans son *abisme* judiciaire, le moyen de substituer une déclaration de Monsieur à la confrontation.

3. De l'italien *strapazzare*, maltraiter, insulter. Le mot *strapazzer* est remplacé, dans le manuscrit de Vienne, par le mot *matiner*.

perte. L'on assure mesme qu'il s'en étoit déclaré à M. le Prince auquel il ne confioit pas ses plus secrètes pensées; ce qui arriva de cette sorte. M. le Prince étoit le meilleur courtisan de France et le plus soumis à ceux qui avoient l'autorité; ayant appris que M. le Cardinal avoit eu le dessus, et que ses ennemis étoient entre ses mains, accusés de conspiration contre l'État, il s'étoit mis en chemin pour s'aller offrir à luy, sous quelque prétexte, pour l'encenser et le rendre toujours plus favorable à M. d'Enghien, son fils, qui avoit épousé la nièce et jouoit à merveilles le personnage de bon neveu. Passant à Lyon, M. le chancelier l'avoit informé de tout ce qui concernoit les prisonniers et luy avoit dit entre autres choses qu'il n'y avoit rien dans leurs dépositions et leurs réponses qui pust nuire à M. de Thou. M. le Cardinal, qui considéroit celuy-cy comme l'auteur du désordre, apprenant ce discours, le reçut très mal et répondit au Prince en colère : « M. le chancelier a bonne grâce de parler ainsi; Thou est coupable, et il faut qu'il meure. » Il est donc croyable qu'il s'étoit laissé entendre à M. le chancelier là dessus, et pour garder les formes et trouver de quoy le convaincre, il falloit que Monseigneur fust confronté, parce qu'il l'avoit accusé de savoir sa retraite à Sedan, d'avoir porté M. de Bouillon à offrir sa place et sa personne, d'avoir été à Vendosme à dessein de débaucher M. de Beaufort et l'engager dans le party; et M. de Bouillon avoit dit qu'il l'avoit été trouver à Limeuil[1] de la part de M. le Grand, qu'il leur

---

1. Limeuil, petite ville du département de la Dordogne, à 38 kil. de Bergerac, canton de Saint-Alvère.

avoit souvent porté les paroles de leurs rendez-vous ;
et quant à luy, il nioit d'avoir rien su de leurs négoces,
et que, s'ils s'étoient vus par son moyen à certaines
heures données, il croyoit que c'étoit par amitié, et
que M. le Grand ne pouvant guères éloigner le Roy [1],
n'avoit que très peu de commodité de voir et d'entretenir ses amis.

Ainsi il falloit que tous ces messieurs fussent confrontés pour tirer la vérité du fait, avant que de travailler à leur procès ; mais le Roy étant entré à la fin dans les sentiments de Monseigneur, en ce qui regardoit cette confrontation, chacun jugea raisonnable de ne pas mortifier à ce point un si grand prince : l'on consulta les plus habiles avocats et jurisconsultes pour savoir quel acte y pourroit suppléer, et ils répondirent qu'attendu la qualité de fils de France et de frère du Roy, il suffisoit qu'il fust encore interrogé par M. le chancelier, en présence des commissaires, pourvu qu'il persévérast en sa première déposition et la signast. C'est par où il en sortit, et M. de Laubardemont, rapporteur, ayant allégué une ancienne ordonnance par laquelle, en crime d'État et de lèze Majesté, ceux qui en ont eu connoissance sans le révéler, sont censés les avoir commis, ou les avoir voulu commettre, et doivent estre punis comme complices, il étoit notoire que M. de Thou ayant su le traité d'Espagne et ne l'ayant pas révélé, il méritoit le mesme chastiment que les autres ; et M. le Grand ayant dit en ses réponses que M. de Thou en avoit été informé à Carcassonne par M. de Fontrailles mesme, qui l'avoit fait, il y en avoit assez pour le perdre.

1. *Sic*, pour *s'éloigner du Roy*. (Note de M. Monmerqué.)

Aussi le pauvre M. de Thou ne manqua pas de luy reprocher qu'il le faisoit mourir et ostoit la vie à son amy. Le Cardinal donc, ayant son compte, se soucia peu que Monseigneur fust confronté, et voyant son plus cruel ennemy perdu, demeura satisfait, si bien qu'il renvoya Son Altesse royale à Blois, lequel se tint très heureux d'en estre quitte à si bon marché. Il en prit le chemin avec grande joie après tant de craintes et d'inquiétudes, et le repos de sa maison ne fut pas sans beaucoup d'épines dont je vous entretiendray tantost.

Je vous dois marquer maintenant que notre maistre, quelque attache qu'il eust avec la cabale de M. le Grand, qui étoit dans sa cour, ne vouloit point qu'elle taillast en pièces M. Goulas et qu'il en avoit assez bonne opinion pour croire qu'en quelque lieu qu'il allast et quelque chose qui arrivast, il en pouvoit recevoir de bons conseils. Avant que de partir de Blois et de s'acheminer à Bourbon, appréhendant peut estre qu'abbayé[1] par ces messieurs, il ne se dégoustast et prist quelque prétexte pour ne pas suivre, il vint le matin à sa chambre, et après plusieurs propos, il demeura quelque temps sans parler; tout à coup il dit, répondant à sa pensée, « Voilà M. Goulas, homme de bien et d'honneur et fort résolu. » — « Oui, répartit-il, Monseigneur, il y a en luy quelque chose de cela et Votre Altesse royale ne le croit pas. » — « Si, par Dieu, interrompit-il, je le crois et je vous ay toujours vu prendre les choses du bon biais, et aller plus droit au fond que les autres. » Ensuite de quoy il s'ouvrit sur des affaires délicates

1. Aboyé.

et le ménagea extrêmement. Ce qui étant connu des gens de contrebande, et Monseigneur mesme leur parlant toujours de M. Goulas avec estime, ils pensèrent qu'il ne le falloit point pousser et luy firent dire qu'ils mettoient grande différence entre luy et M. de la Rivière, et que s'il n'étoit point si lié avec luy, ils voudroient estre de ses amis.

Quand la cabale fut découverte et la chance tournée, la plupart gagnèrent au pied[1] et les autres calèrent la voile[2]; quelques-uns abjurèrent leurs erreurs, et notre petite cour demeura calme, ou du moins sans beaucoup d'agitation. Mais le Roy et M. le Cardinal étant à Paris, et ce dernier, considérant la fortune qu'il avoit courue, ne voulut plus retomber en pareil inconvénient; il travailla à oster d'auprès du Roy tous les suspects, et ceux qui avoient le moins du monde trempé dans le dessein de sa ruine, et il y eut bien de la rumeur en cette rencontre dont je toucheray quelque chose après avoir dit que M. le Grand et M. de Thou moururent constamment et chrétiennement[3], et que le dernier égala en fermeté, piété et résignation nos plus saints et plus fameux martyrs. Et certes il voulut mourir, et se fit connoistre à ses juges par un discours étudié, mais judicieux et chrétien, qu'il leur fit avant qu'ils l'interrogeassent, leur remontrant que sans la confession qu'il alloit faire, ils

1. *Gagner au pied*, expression familière qui signifie : s'enfuir, s'esquiver. (Littré.)

2. *Caler la voile*, expression familière qui signifie : rabattre de ses prétentions, céder. (Littré.)

3. Le 12 septembre 1642. Les détails contenus dans le paragraphe précédent et le commencement de celui-ci ne figurent pas dans le manuscrit de Vienne.

n'avoient point de quoy le convaincre et le condamner par les lois, et qu'il désiroit avec raison de ne plus vivre puisque Dieu luy avoit donné de telles dispositions qu'en tout le cours d'une longue vie il ne croyoit pas d'en avoir de meilleure et de plus pieuse.

Quant à M. de Bouillon, M. le prince d'Orange, son oncle, et madame la landgrave luy servirent extrêmement, parce que le Roy en avoit affaire et n'osoit les désobliger ; d'ailleurs la conjoncture étoit si belle pour tirer Sedan de ses mains et l'unir à la France, que c'eut été une faute d'État bien grande de la laisser échapper. Le Roy donc luy pardonna à cette condition, et M. le cardinal Mazarin fut envoyé à Sedan avec quelques compagnies des gardes françoises et suisses, qui, l'ayant reçu pour le Roy, y établit M. de Fabert pour gouverneur ; après quoy M. de Bouillon sortit de Pierre Encise et s'en alla chez M. le comte de Roucy, son beau frère, plaindre son désastre, et s'en consoler avec sa femme, ses enfants et ses amis[1].

Je ne puis ne vous pas rapporter ce que j'appris de l'entrevue de Sa Majesté et de Son Éminence après la détention de M. le Grand et le déchiffrement de sa cabale ; c'est une chose singulière et remarquable, une chose telle que la postérité l'admirera encore plus que nous. Je vous ay dit que le Roy étoit très mal satisfait de M. le Cardinal, et que la froideur étoit venue à ce point que le dernier se trouvant fort mal à Narbonne, et ayant désiré de parler à Sa Majesté,

---

1. Sedan fut remis à Mazarin par la duchesse de Bouillon le 29 septembre 1642. — François de la Rochefoucauld de Roye, comte de Roucy, avait épousé Julienne-Catherine de la Tour, sœur du duc de Bouillon.

jamais il ne luy voulut donner ce contentement, quoiqu'il l'en eust fait supplier plusieurs fois; ainsi regardant cette rigueur si extraordinaire comme une disgrâce, il avoit pris l'épouvante et s'étoit retiré à Tarascon, sous prétexte de prendre des eaux, dans la créance qu'il n'y avoit point de sûreté pour luy à Narbonne, place où il n'étoit point le maistre[1]. Le Roy, étonné de cette retraite, dans l'embarras où la nouvelle du malheur de M. le maréchal de Guiche l'avoit mis et la trahison de M. le Grand, luy écrit par deux fois de sa propre main qu'il luy veut parler et qu'il le prie de reprendre la conduite de ses affaires[2]. Luy, se voyant recherché, ne fait pas davantage le cruel, prétendant de bien profiter de cet entretien, et le Roy, qui s'étoit approché et étoit venu à Montfrin[3] prendre aussi des eaux, ne manqua pas de se rendre à Tarascon, une lieue de là, et d'autant qu'il étoit tourmenté des hémorroïdes, à tel point qu'il ne se pouvoit tenir debout ni assis, on luy dressa un lit dans la chambre du Cardinal, où il se mit, l'autre étant couché dans le sien, foible, languissant et encore malade, ou feignant de l'estre[4]. Il fit de grands reproches à Sa Majesté et le confondit étrangement quand il luy représenta com-

---

1. Richelieu quitta Narbonne le 27 mai pour se rendre à Tarascon.
2. Une des deux lettres auxquelles Goulas fait ici allusion porte la date du 3 juin : « ... Je vous aime plus que jamais, écrit le Roy au cardinal; il y a trop longtemps que nous sommes ensemble pour nous jamais séparer, ce que je veux bien que tout le monde sache. »
3. Montfrin, village du département du Gard, à 12 kil. de Nîmes.
4. Cette visite du souverain à son ministre eut lieu le 28 juin 1642.

bien il avoit favorisé le grand écuyer à son préjudice, un traître qui s'entendoit avec ses ennemis pour luy arracher des mains une si belle conqueste que Perpignan, et ce qu'il avoit fait contre luy qui se sacrifioit à sa gloire et au bien de son royaume. Ses lamentations furent si efficaces et ses plaintes si bien fondées et si fortes que le Roy en pleura à chaudes larmes et luy fit une confession générale de ce qui s'étoit passé à Perpignan, sans en oublier une circonstance. Après cela le Roy trouva bon que le procès fut fait aux coupables et qu'ils fussent chastiés selon leurs démérites ; et ils se séparèrent ainsi le mieux du monde apparemment, mais avec la dernière défiance dans le cœur, car le Roy ne pouvoit digérer cette hauteur extrême de son ministre, ni le ministre oublier l'ingratitude du Roy, et l'on croyoit qu'il avoit résolu de n'aller jamais chez luy que ses gardes ne fussent meslés parmy les siens [1].

Il n'y eut de témoins de cette conférence que Mrs de Chavigny et de Noyers, après laquelle Sa Majesté ne se souvint plus du tout de l'amitié qu'elle avoit jurée éternelle à M. le Grand ; et voicy une étrange particularité sur ce sujet que j'ay tant eu de peine à croire : le Roy ayant su quand il seroit condamné et exécuté, ce jour là, regardant sa montre l'après disnée, et voyant qu'il approchoit de quatre heures, il dit : « M. le Grand va bientost mal passer le temps ; » ce qui confirma la créance de l'extrême dureté de son âme [2].

1. Après cette entrevue avec son premier ministre, Louis XIII se mit en route (29 juin) pour retourner à Fontainebleau.
2. Louis XIII dut être informé de ce lugubre événement par

Certes vous lirez des relations de ces choses mieux circonstanciées et mieux faites, mais non pas plus véritables, et bien que je ne fusse pas à la cour de Monseigneur en ce temps fascheux, néanmoins j'en puis parler comme parfaitement instruit et informé, parce que M. Goulas, qui n'y avoit pas peu de part, me faisoit l'honneur de m'écrire souvent, et, s'il manquoit de loisir, son commis suppléoit, et mes autres amis, les premiers de la maison de Son Altesse royale, ne me laissoient pas dans l'incertitude et dans l'ignorance. Il y avoit aussi des gens de qualité de Paris qui m'envoyoient de bonnes relations, et je ne vous ay rien dit que de puisé dans leurs sources et dont je ne me sois éclaircy depuis avec Monseigneur mesme, durant les dernières années de sa vie.

Il me reste de vous apprendre, finissant ce chapitre, pourquoy j'étois absent et ce qui me tenoit éloigné du lieu où m'appeloit mon devoir. En voicy une bonne raison : je n'avois guère d'argent, et Son Altesse royale nous ayant fait don à M. de Patrix et à moy des chablis[1] de ses forests de Valois, qui devoit produire seize cents écus, j'étois à Paris pour solliciter l'affaire et trouver quelqu'un qui nous avançast l'argent; enfin j'avois un petit mal-talent[2] que je ne disois pas. Monseigneur, ce me sembloit, ne me traitoit pas à

Richelieu qui lui écrivit de Lentilly, le 12 septembre : « Votre Majesté aura tout à la fois deux nouvelles bien différentes : l'une est la reddition de Perpignan..., l'autre est la condamnation et l'exécution de M. le Grand et de M. de Thou. » (*Lettres de Richelieu*, t. VIII, p. 122.)

1. Bois abattu par le vent ou par l'orage.
2. Aigreur, mauvaise disposition, ressentiment, de l'italien *mallalento*. (Note de M. Monmerqué.)

l'accoustumée, et me parloit moins souvent, il n'agissoit pas avec la mesme confiance, dont cherchant la cause, je m'allay imaginer qu'il avoit soupçon que je rendois compte de ce qu'il me disoit et ne se souvenoit plus combien j'étois éloigné de cette lascheté : et certes, si j'eusse voulu exercer ce métier, il m'auroit mieux réussy et je ne serois pas demeuré dans la poussière. Je crus donc que m'éloignant en une conjoncture si délicate qu'étoit celle de ce temps là, il m'estimeroit sans autre attache chez luy que celle d'un honneste homme qui cherche à rendre ce qu'il doit à son maistre et à ses amis sans intérest de son honneur[1]. Je ne me trouvay point mal de ma conduite, car il demanda quelquefois de mes nouvelles, et M. Goulas luy disoit que j'avois la fièvre, et que je luy mandois qu'étant presque guéry, je me rendrois bientost auprès de luy. M. de la Rivière luy en disoit autant, et je m'en vins à la Mothe, afin que ceux qui partoient de Paris et l'alloient trouver, ne m'y voyant pas, ne pussent dire que j'y battois le pavé. En effet, j'étois tout languissant à la ville, et le séjour de Brie me rendit mes forces.

Mais comme nous susmes le malheur de notre maistre, qu'il étoit embarrassé dans l'affaire de M. le Grand, qu'il devoit aller à Sedan et qu'il avoit un traité avec l'Espagne pour lequel le Roy le chassoit de son royaume et l'envoyoit à Venise, où il n'auroit que peu de subsistance; jugez quelle consternation et quel désespoir! Je perdis mes ressentiments, la passion pour sa personne me reprit plus violente et plus enflammée, et je me résolus de l'aller servir à mes dépens à Venise et au bout du monde; et M^rs les marquis de Maulevrier

---

1. Sans dommage pour son honneur.

et de Bacqueville m'ayant écrit qu'ils partoient et l'alloient joindre au plus tost et qu'ils m'attendroient deux ou trois jours, si j'étois en état et en volonté de les accompagner, j'acceptay le party et me préparay à quitter la Brie et ma maison pour longtemps. Mais M. de Maulevrier ayant eu nouvelle de Lyon que, la cour s'adoucissant, Son Altesse royale auroit permission de retourner à Blois, nous changeasmes de dessein et résolusmes d'attendre, puisque nous pouvions nous exempter avec bienséance de faire deux ou trois cents lieues par des chemins aspres et incommodes.

Monseigneur étant de retour chez luy, ceux qui l'avoient accompagné désirant revoir leurs maisons et leurs amis, ce fut à nous autres, qui n'avions bougé de deçà, de nous piquer d'assiduité, et nous en usasmes de sorte qu'il nous en témoigna de la satisfaction. Il nous ramena bientost à Paris sur l'importante rencontre de la mort du cardinal de Richelieu, comme vous allez voir par la suite de ce discours, qui sera mieux circonstancié qu'auparavant, à cause qu'à dire vray j'écrivois alors ce qui venoit à ma connoissance, à dessein d'en régaler quelque amy curieux des particularités de notre histoire.

CHAPITRE XXXIII.

Du séjour de Son Altesse royale à Blois, Chambord et Orléans, et de la mort de M. le cardinal de Richelieu. 1642.

Nous nous rendismes à Blois en mesme temps que Monseigneur, qui nous reçut avec sa bonté accoustumée ; j'en fus, en mon particulier, admirablement bien traité ; et il me témoigna plusieurs fois la satisfaction qu'il avoit de M. Goulas. Il espéroit que le Roy oublieroit tout, et il faisoit solliciter M. de Chavigny de parler de son retour auprès de Sa Majesté, quoiqu'il répondist qu'il n'étoit pas temps, n'osant dire ce qu'il savoit là dessus. Cette réponse et d'autres obliques l'embarrassoient, et quoiqu'il raisonnast beaucoup dessus, il ne touchoit point le but et ne se défioit en aucune façon de ce qui luy étoit préparé.

Or il ne se faut point étonner de l'aversion extrême qu'avoit l'Éminence pour Monseigneur, car il est certain, et M. Goulas me l'a soutenu mille fois, qu'il [M. le Cardinal] avoit voulu sincèrement s'accommoder avec luy, quand l'on partit de Paris pour le Roussillon, prétendant le faire déclarer régent, et d'avoir l'autorité sous luy à la première indisposition qu'auroit le Roy en Languedoc ou en chemin, moyennant qu'il fist une frasque à M. le Grand, et luy donnast matière de le ruiner auprès de Sa Majesté, où il l'avoit déjà entamé. Il est vray qu'à Paris M. de Chavigny en avoit dit quelque chose à Son Altesse royale, j'entends de la régence, et qu'il n'y appuya pas, s'imaginant qu'on le vouloit tromper et leurrer, jusques à ce que l'on n'eust plus besoin de luy. Ainsi il refusa de suivre sous divers prétextes, mais en effet parce qu'il penchoit de l'autre costé et que son engagement étoit fait. M. Goulas m'assura que la proposition avoit été faite tout de bon, parce que (et je pense que le Roy l'a dit depuis) ni M. le Cardinal, ni ses émissaires principaux, Mrs de Chavigny et de Noyers, ne nommèrent jamais le nom de Monseigneur durant tout le voyage, dans la créance qu'il reviendroit et ne refuseroit jamais cet avantageux party ; mais quand ils le virent signé dans le traité d'Espagne, ils se déchaisnèrent dessus à l'instigation de l'Éminence, au désespoir de trouver contre luy le prince dont il prétendoit s'appuyer ; enfin ces messieurs agirent de sorte qu'ils le rendirent comme irréconciliable, et il fallut que la mort s'en meslast pour le rajuster. Ils méditoient donc une déclaration infamante que le Roy devoit publier contre son frère, et de la faire porter au parlement pour y être enregistrée, par laquelle, après un narré de ce qu'il avoit tramé contre l'État et de ses vieux péchés sans exception, avec leurs circonstances, il luy ostoit le gouvernement d'Auvergne, et toute administration du royaume à l'avenir, nommément la régence durant le bas âge de ses enfants, si Dieu dispose de luy avant leur majorité, et commande qu'il ne sorte point de ses apanages sans ordres exprès, où il jouira de ses revenus, pensions, etc.

M. le Cardinal étoit encore vivant[1] lorsque le Roy envoya quérir messieurs du Parlement, pour leur commander d'enregistrer sa déclaration, et leur ayant dit succinctement qu'il vouloit oster les moyens à son frère de desservir l'État et nuire à la Reyne et à ses enfants, il ordonna à M. le chancelier d'expliquer ses volontés plus au long ; ce qu'ayant fait, M. le premier président répliqua et dit quelque chose, comme pour

---

1. Les détails fournis sur l'année 1642 ne sont pas présentés dans le manuscrit de Vienne dans le même ordre que dans le manuscrit de Paris ; pour faciliter la collation des deux manuscrits, nous croyons devoir indiquer ici que le présent paragraphe figure au fol. 292 du manuscrit de Vienne.

adoucir Sa Majesté, mais il eut ordre d'obéir au plus tost, et la déclaration fut vérifiée et enregistrée avec cette clause « de l'exprès commandement du Roy. » Cette nouvelle si faschcuse nous mortifia beaucoup, et il n'y avoit pas lieu de se plaindre, attendu le traité d'Espagne, dont la mémoire étoit si fraische [1], si bien que Monseigneur prit le party de souffrir et patienter, s'assurant que si Dieu disposoit du Roy, il pourroit aller à la cour et y faire valoir son bon droit.

Au milieu de ces transes et de tant d'inquiétudes [2], M. de Grammont, de Languedoc, arrive [3] le matin, cinquième décembre, fait éveiller Monseigneur et luy dit que M. le Cardinal est mort et qu'on ne croyoit pas que ce grand événement changeast rien à la cour, le Roy témoignant se vouloir servir des mesmes ministres et des mesmes maximes, et que Sa Majesté ayant déclamé contre luy ne rabattoit rien de son aigreur, comme il le verroit par les lettres de M. de la Rivière [4]. Ces lettres lues, Monseigneur fait appeler M. Goulas et luy commande de luy dire son sentiment en cette importante rencontre. Il répond qu'il est d'avis que Son Altesse royale prenne la poste à l'heure mesme,

---

1. « Et si odieuse, et il connut là ce que vouloit et n'osoit dire Chavigny, lorsque le tourmentant pour parler au Roy et luy demander la grâce de le voir et de luy rendre ses respects, il répondoit seulement: il n'est pas temps. » (Ms. de Vienne, fol. 292.)

2. M. de Monmerqué a lu le passage suivant des mémoires de Goulas, dans la séance publique que la Société de l'Histoire de France tint à l'Hôtel-de-Ville le 3 mai 1847 (voir le *Bulletin de la Société*, année 1847, p. 90).

3. A Chambord. (Ms. de Vienne.)

4. Les détails qui suivent manquent dans le manuscrit de Vienne.

et s'aille jeter aux pieds du Roy; qu'il le conjure d'oublier le passé et proteste que la persécution continuelle du feu cardinal a été la seule cause de ses malheurs; qu'arrivant à l'improviste, il embarrassera fort les ministres, et que s'ils veulent suivre les traces du défunt et s'établir donnant jalousie de luy au Roy, étant surpris ils n'auront pas le loisir de dresser leurs machines et leurs batteries; que la diligence ostoit le péril, parce qu'on songe deux fois avant que d'arrester un si grand prince; que n'ayant pas le temps de consulter, ils craindront de se méprendre; qu'il luy sera glorieux de faire une action haute et ferme, d'autant plus belle qu'elle paroit périlleuse; qu'il luy est utile que le Roy connoisse qu'il a toujours aimé et respecté sa personne, et qu'il est très innocent envers luy, puisqu'il se met entre ses mains; qu'enfin il ne luy reste que ce moyen d'effacer les mauvaises impressions que Sa Majesté a conçues de sa conduite passée, et que s'il arrive que le Roy le gourmande et le chasse de sa présence, ou commande qu'on luy ferme la porte de sa chambre ou de son cabinet, il satisfait tout le monde, qui attend de luy cette action; le Roy, qui le verra humilié et à ses pieds, quoiqu'on luy ait fait passer pour féroce, et soy mesme, ayant tout hasardé pour rentrer en la place qui luy appartient.

Mais les lettres de M. de la Rivière le partageoient; il luy mandoit positivement de n'aller pas, luy représentoit le danger où il se mettoit, n'obéissant pas à Sa Majesté et l'abordant au plus fort de sa colère; qu'il ne précipitast rien témérairement, pour les raisons qu'il luy feroit entendre bientost, dont il demeureroit satisfait. Monseigneur avoit envoyé ce bon abbé à l'Éminence, et prétendoit que, le recherchant avec soin, il se le rendroit moins ennemy. Sa créance étoit de le conjurer d'apaiser le Roy, et de s'assurer, luy, que rendant ce grand office à un prince si malheureux, il [le prince] ne pourroit sans se couvrir de honte et se déshonorer sortir jamais de ses intérests. Il [M. le Cardinal] répondit avec sa sécheresse ordinaire que Sa Majesté ne ressembloit pas aux autres grands rois, qui se croient immortels; qu'au contraire il pense souvent à ce qu'il nous faut tous faire par la condition de notre nature et de nécessité; qu'ainsi il veut pourvoir de son vivant au repos et à la sûreté de ses enfants et de son État, et établir un ordre pour la direction de ses affaires après sa mort; enfin il laisse entendre que Monseigneur s'est rendu indigne par le traité d'Espagne de toute indulgence, et a osté le moyen à quiconque le voudra servir de le faire auprès de Sa Majesté. Et la déclaration paroissant ensuite, ne la pouvoit-on pas dire l'effet de son ressentiment et la peine du refus que Son Altesse royale avoit fait de son amitié; car, comme je l'ay touché, il s'en vouloit servir contre M. le Grand, et Monseigneur peut-estre auroit écouté s'il n'eust point eu d'engagement avec l'autre, et s'il eust pu se fier en un trompeur insigne, qui l'avoit trompé tant de fois et qui le pouvoit encore faire impunément.

A la nouvelle de cette mort, chacun se crut obligé de s'aller réjouir avec Son Altesse royale, et comme il arrive d'ordinaire à la cour, cela se fit avec bruit et confusion. La plupart, moitié habillés, entrèrent dans sa chambre en ridicule équipage, afin de mieux témoigner leur zèle. Pour moi, je n'en branlay pas, et sans faire l'homme de bien, je me mis à genoux d'abord, je remerciai Dieu de ce qu'il nous délivroit de ce redoutable persécuteur et le priay de luy faire miséricorde. Monseigneur me demanda pourquoy je n'étois pas venu avec les autres, me voyant sortir de ma chambre demi-heure après, je luy répondis : « C'est parce que Votre Altesse royale ne peut douter que je ne sois ravy qu'il n'a plus ce grand ennemy. » Il me dit à l'oreille, s'appuyant sur moy, qu'il s'en alloit à Orléans ; que peut-estre il passeroit outre, et que La Rivière le rencontreroit en chemin pour l'informer de ce qui se passoit à la cour. J'appris que quand son premier valet de chambre tira son rideau si matin, sans attendre que M. de Grammont parlast, il s'étoit écrié : « Dieu soit loué, mon ennemi n'est plus au monde! » Et il avoit raison, sans doute, car si le cardinal eut vécu, il auroit passé par de grandes tribulations.

L'on ne se pouvoit imaginer parmy nous que le Roy fust si irrité contre Monseigneur, et néanmoins il est certain que, sans qu'il se sentist pressé de son mal, et que le christianisme vouloit qu'il mist tout au pied de la croix, il l'auroit poussé fort loin ; car dès que le cardinal eut rendu l'esprit[1], M. de la Rivière ne manqua pas de s'aller jeter à ses pieds et de le conjurer de rendre ses bonnes grâces à Monseigneur, qui est son frère ; il proteste qu'il ne veut vivre que pour l'honorer et le servir ; qu'il abhorre le passé ; qu'il en fera telle pénitence qu'il luy plaira ; qu'il ne demande

1. A partir de cet endroit, le récit du manuscrit de Vienne devient plus conforme à celui de Paris, mais reste plus sobre de détails.

que de faire surseoir l'enregistrement de la déclaration ; et le Roy s'emporte et s'écrie qu'il aimeroit autant égorger sa femme et ses enfants que de les laisser à la discrétion de son frère. Cette aigreur si étrange nous arresta à Orléans, où nous reçusmes les relations de ce qui s'étoit passé à la mort de son Éminence, laquelle, à mon sens, ne fut pas moins merveilleuse que sa vie [1]. Il la regarda fermement; il l'attendit courageusement et la souffrit chrétiennement. Il y voulut estre traité comme on fait les moindres artisans et les simples femmes ; il désira qu'on lui fist les mesmes questions, et comme on lui demanda s'il ne pardonnoit pas à ses ennemis, il dit : « De fort bon cœur et je n'ay d'ennemis que ceux du Roy et de l'État. » — S'il ne croyoit pas tous les articles de foy ? Il répondit qu'il les croyoit tous, et qu'il mourroit de mille morts pour les défendre et en rendre témoignage. — Si en cas que Dieu luy rendist sa santé, il n'étoit pas résolu de mieux vivre ? Il dit qu'il aimeroit mieux mourir de mille morts que de commettre un péché mortel.

Ce fut le 3me décembre qu'il reçut l'extrême onction et il ne vit personne auprès de son lit sans luy faire quelque signe d'amitié. Le Roy l'avoit visité le jour auparavant et luy avoit témoigné beaucoup

---

1. On peut consulter sur la mort du cardinal de Richelieu les deux relations suivantes : 1° *Journal de ce qui s'est fait et passé à la maladie et à la mort de feu monseigneur l'Eminentissime cardinal duc de Richelieu, et les dernières paroles qu'il a proférées, envoyé à monseigneur de Fontenay-Mareuil, ambassadeur du roi à Rome* (Bibliothèque nationale) ; 2° *Récit de ce qui s'est passé un peu avant la mort de monseigneur le cardinal de Richelieu, arrivée le jeudi 4 décembre 1642, sur le midi* (Bibliothèque nationale).

de déplaisir de le voir en l'état où il étoit, et il luy dit qu'il prenoit congé de Sa Majesté, connoissant qu'il alloit payer ce qu'il devoit à la nature ; qu'il remportoit cette consolation en La quittant qu'il l'avoit toujours servy avec fidélité ; que ses ennemis étoient fort bas et son État au plus haut point de réputation qu'il fust jamais ; qu'il luy demandoit en récompense de protéger ses parents, auxquels il ne donneroit point sa bénédiction qu'à condition qu'ils luy fussent toujours fidèles ; mais qu'il prie Sa Majesté de ne point changer ses ministres qui étoient bien instruits de ses affaires, et avoient toute la capacité nécessaire à leurs emplois qu'il pouvoit désirer ; enfin il le conjure de trouver bon qu'il dispose de ses bénéfices en faveur de ses parents, de ses charges et de ses places, et l'avertit de prendre garde à son frère qui est mal intentionné et léger ; à la Reyne, qui est espagnole ; et aux princes de son sang, dont l'un est inquiet[1], et l'autre demésurément ambitieux[2] ; qu'il éloigne des affaires tous les grands du royaume, à cause qu'il ne s'y peut fier, et qu'il continue la guerre encore trois ans ; au moins qu'il le publie, afin d'oster l'espérance aux Espagnols de profiter de sa mort qu'ils attendent avec impatience. Il est vray que le roy, au sortir de cet entretien, se fit montrer son palais et en remarqua à loisir toute la magnificence et les richesses[3]. Il

---

1. M. le Prince.
2. Le duc d'Enghien, dit depuis le grand Condé.
3. Corneille (*Menteur*, acte II, scène V), a exprimé, par ces deux vers, l'admiration qu'excitait alors le Palais-Cardinal :

> Et l'univers entier ne peut rien voir d'égal
> Aux superbes dehors du Palais-Cardinal.

suivit en tout les dispositions du cardinal, et bien que peu touché de sa perte, il joua à merveille et fit tout ce qu'il falloit en cette rencontre pour n'estre pas cru mauvais maistre.

Le soir du 3e décembre que le cardinal avoit tant dit et fait de belles choses, l'on s'imagina qu'il se portoit mieux, et la nouvelle en vint à Chambord, laquelle acheva de nous consterner; mais le lendemain au matin il sentit qu'il falloit partir, et voyant madame d'Aiguillon aux cris et aux sanglots, il l'appela pour lui dire adieu, et ajouta aussitost : « Retirez-vous, ma chère nièce, nous nous attendrissons l'un l'autre. » Il expira incontinent après.

Le Roy, apprenant sa mort, protesta hautement qu'il maintiendroit les choses en l'état qu'elles étoient durant sa vie, et se mit à déclamer contre Monseigneur. Peut-estre que la présence et l'action de M. de la Rivière le luy fit faire, car ce fut alors qu'il se jeta à ses pieds, et luy parla avec les termes que j'ay marqués cy dessus; et certes je ne saurois que je n'admire le bonheur continuel et la constante fortune de ce grand homme, et voicy, ce me semble, le comble de la félicité humaine, qu'ayant achevé de si belles et si hautes entreprises, répandu l'estime de sa personne par toute la terre, acquis d'immenses richesses, élevé ses amis, abaissé ses ennemis, il meure humble et pénitent au milieu de sa gloire, demandant pardon à Dieu et l'adorant avec tous les sentiments d'un bon chrétien; et j'ajoute, si vous voulez, que le Roy, son maistre, le vient plaindre au chevet de son lit, répand des larmes, et départ ses grands établissements en la manière qu'il le désire, mesme il trouve bon qu'il distribue ses bénéfices, enfin il fait régner après sa mort son esprit et ses maximes dans son conseil, ce qui est à mon sens la plus illustre gloire de cet homme illustre. Que s'il est permis à un particulier, chétif comme je suis, de juger de la conduite d'un si grand ministre, je dis que ce héros avoit plus d'une partie mortelle, et que sa vanité, son orgueil, son appétit de vengeance, sa cruauté ont fait de grandes taches à sa belle vie.

Le bruit courut en ce temps là qu'il songeoit à humilier les princes du sang, et qu'outre la déclaration contre Monseigneur[1], il y en avoit une autre pour les obliger de céder le pas aux cardinaux partout ; il voulut mesme que M. d'Enghien allast exprès en Provence donner la main droite au cardinal de Lyon, son frère, jusques dans son propre logis, comme il la prenoit chez luy avec M. le Prince, lequel la luy cédoit, disoit-il, parce qu'il le trouvoit et qu'il étoit en effet le plus grand homme du monde; mais il [M. le Cardinal] passa bien au delà, car la Reyne l'ayant été visiter par ordre du Roy, il prit un fauteuil auprès d'elle, et craignant que le Roy, très délicat sur ces choses, le trouvast mauvais, il luy dit que c'étoit l'usage d'Espagne, et elle répartit très à propos qu'il y avoit si longtemps qu'elle en étoit partie qu'elle ne s'en souvenoit plus[2] ; ce qui passa pourtant, et à la très grande

1. Cette déclaration, enregistrée par le parlement le 9 décembre 1642, excluait le duc d'Orléans de la régence.
2. « La Reine fut voir le Cardinal, à Ruel, où il ne quitta point son fauteuil, ce dont elle fut fort surprise, principalement lorsqu'il lui dit qu'elle ne devoit pas trouver étrange son procédé, vu qu'en Espagne les cardinaux avoient le fauteuil devant les reines,

honte du cardinal et de sa pourpre, laquelle figurant le sang de Jésus-Christ, Notre Seigneur, et le leur représentant continuellement, à ce qu'ils assurent, leur représente aussy son incompréhensible humilité et cet anéantissement qu'il a voulu porter icy bas, pour apprendre aux hommes à s'humilier.

Mais les honnestes gens de la cour et de Paris parlèrent diversement de la vie de ce grand homme; les uns disoient qu'elle étoit toute noire de crimes et qu'il avoit toujours tout sacrifié pour sa fortune; qu'il avoit adoré le maréchal d'Ancre, et étoit entré dans son esprit par une basse et sale complaisance; qu'il s'étoit rendu nécessaire à ce favory en luy déchiffrant l'humeur et les intérests des grands et les cabales de la cour; qu'il étoit monté par là à un plus haut degré de considération et qu'il en avoit eu la charge de premier aumosnier de la Reyne, dont il tira de l'argent aussitost pour payer une partie des dettes de sa maison et frustrer les créanciers de l'autre; que le maréchal l'avoit employé auprès de sa maistresse dans ses violents et injustes desseins, et qu'ainsi il avoit été le principal ministre et l'architecte de la détention de M. le Prince; qu'il en avoit eu pour récompense la charge de secrétaire d'État, si peu séante à un évesque; qu'ayant été chassé à la mort du maréchal, il étoit rentré à la cour par un crime, se prostituant à M. de Luynes et s'engageant

au lieu d'excuser son manque de respect sur la faiblesse que lui causoit sa maladie..... Mais, voyant qu'il le prenoit sur ce ton, elle lui dit qu'elle avoit oublié les coutumes d'Espagne et qu'elle étoit entièrement françoise. » (*Mémoires de Montglas*, t. II, p. 62.)

de le servir, s'il le remettoit auprès de la Reyne ; qu'il s'en étoit dignement acquitté et avoit tenu parole, empeschant sa maistresse premièrement d'aller à la cour, et puis de se retirer en Guyenne, enfin l'arrestant à Angers, où il vendit le party moyennant la promesse du chapeau ; que la Reyne le luy ayant fait avoir à grand peine contre les vœux et l'espérance de ses amis et de ses ennemis, et l'ayant élevé à la première place du conseil, il l'avoit merveilleusement reconnue, l'ayant traitée comme chacun sait. Ajoutez la mort de M. de Chalais, de M. le Grand Prieur, de M. de Puylorens, la persécution continuelle de Monseigneur, la querelle avec M. de Bouquingham et la guerre des Anglois pour sa vanité, et la ruine de M. le Comte et de la maison de Guise, à cause que ces princes généreux ne pouvoient souffrir la servitude.

Les autres soutenoient au contraire qu'il n'étoit rien de si beau que ce cours continuel de grandes et héroïques actions de Sa Majesté durant son ministère, que l'on pouvoit dire les fruits de ses conseils et de ses veilles ; la ruine des huguenots, ce party si formidable, et la prise de La Rochelle ; passer les Alpes au cœur de l'hiver, malgré M. de Savoye et l'Espagne ; secourir Casal et fondre en mesme temps sur les rebelles de Languedoc, et les réduire à recevoir la loy de leur maistre, eux qui faisoient gloire de la luy donner ; démanteler Montauban, retourner en Italie et briser ses fers ; prendre Pignerol, conquérir l'Alsace et la Lorraine ; rompre hautement avec l'Espagne, la battre en Flandre, en Italie, en Catalogne ; dresser partout d'illustres trophées ; dompter le Rhin et la Meuse par le moyen de Brisach, de Philipsbourg et de Sedan ;

enfin couronner tant de merveilles par une plus grande, la prise de Perpignan et la conqueste du Roussillon ; et tout cela, au milieu des bourrasques et des tempestes de la cour, contre vent et marée, malgré les cabales et les oppositions intestines, les bruits et les menaces des peuples, les cris des malintentionnés, les traverses des grands et des médiocres, les gronderies et les chagrins du maistre mesme, ce qui certainement est une forte preuve que tant d'excellentes choses sont sorties plutost de la teste de ce ministre que des bras et des mains de ses capitaines.

Mais, pour revenir à mon propos[1], Monseigneur part de Chambord et va coucher à Orléans, en dessein de passer outre, quoique M. de la Rivière luy eust mandé de ne pas branler ; le billet court à la poste de tenir les chevaux prests, et l'on croit qu'au moins Monseigneur ira jusques à Limours qui est de son apanage ; car il raisonnoit de cette sorte que si La Rivière avoit quelque chose à luy dire d'assez fort pour l'arrester, il arresteroit à Limours et reviendroit sur ses pas ; sinon il suivroit son chemin et verroit le Roy.

Il devoit donc partir d'Orléans, le lendemain, à quatre heures du matin, mais il arrive un courrier à deux, qui porte une lettre de notre agent de mesme teneur que la première, sans s'expliquer davantage. Néanmoins il y avoit à la fin que M. de Seneterre[2] avoit ordre du Roy d'aller à Orléans et feroit savoir à Son Altesse

1. Le reste du présent chapitre ne se trouve pas dans le Ms. de Vienne.
2. Henri de Saint-Nectaire, ou de Senneterre, marquis de la Ferté-Nabert, fils de François, seigneur de Saint-Nectaire, et de Jeanne de Laval, mort le 4 janvier 1662.

royale l'intention de Sa Majesté, et que pour luy il se rendroit auprès d'Elle, le soir mesme. Ainsi nous voilà fixés à Orléans. M. de la Rivière y arrive au temps qu'il l'a écrit, et l'envoyé du Roy deux jours après. Celuy cy, habile et délié courtisan, et très agréable à Monseigneur, ne manqua pas d'agir selon ses instructions et de réduire Son Altesse royale à se conformer aux volontés du Roy; moyennant quoy il donne espérance que tout ce qui a été fait contre luy sera révoqué, cette infamante déclaration particulièrement, et qu'il retournera à la cour; mais il ajoute qu'il faut demeurer quelque temps à Blois à cause qu'il est de la dernière importance que le bruit du traitement qu'il reçoit se répande en Espagne et en Italie, afin de persuader tous les princes, amis et ennemis, qu'il n'y aura aucun changement en France, et qu'ils se tromperoient de croire qu'il y eust à profiter ou à perdre à la mort du premier ministre.

Monseigneur se paya de ces raisons d'État et ne passa point outre; et d'autant qu'il avoit besoin de gens à la cour qui le servissent adroitement et utilement, et qu'il croyoit M. de Seneterre assez amy de M. de Chavigny pour qu'il [M. de Chavigny] souhaitast de le voir attaché auprès de Son Altesse royale, sur l'avis qui vint que M. le duc de Bellegarde, premier gentilhomme de la chambre et surintendant de la maison de Monseigneur, étoit fort mal, on luy fit espérer cette belle charge, et M. Goulas en donna la vue à son maistre, peut-estre afin que M. de la Rivière, qui faisoit trop de chemin, à son gré, marchast dorénavant d'un pas plus lent et ne songeast pas à l'indépendance. Il étoit pourtant du service de

Monseigneur alors d'avoir un homme de ce mérite auprès de luy, ou, pour mieux dire, auprès du Roy, qui travaillast efficacement à faire une liaison très étroite de luy et des ministres d'État, et avec tant de secret et d'adresse que le Roy n'en prit pas d'ombrage.

M. de la Rivière se proposoit, et toute la maison s'opposoit à sa prétention; or, afin d'y parvenir et de persuader les gens tant de Saint-Germain que d'Orléans qu'il y étoit plus propre qu'aucun autre, il s'étoit fait fort de delà que son maistre en faisoit assez de cas pour luy donner l'abbaye de Saint Benoist sur Loire que M. le cardinal de Richelieu avoit possédée depuis la mort de M. de Moret, sur le simple brevet du Roy, quoiqu'elle fust à la collation de Monseigneur, et sans avoir voulu demander celuy de Son Altesse royale à son retour de Flandre; et bien que son neveu en jouist, on la prétendoit vacante avec raison; si bien que M. le marquis de Vardes, à qui Monseigneur l'avoit promise dès le combat de Castelnaudary, à la nouvelle de la mort du cardinal, s'en étoit venu à Orléans et prioit Son Altesse royale de se souvenir de la grâce qu'il luy avoit faite.

Il la luy vouloit donner, sans doute, et je le sais si bien que l'on ne le peut pas mieux savoir, puisque Monseigneur me fit l'honneur de me le dire. M. de la Rivière pourtant s'efforçoit de l'emporter par la raison que j'ay dite, et découpla tous ses amis après Monseigneur, après M. le marquis de Vardes et quelques autres encore avec lesquels Monseigneur s'étoit engagé. Il faisoit dire à Son Altesse royale qu'il le mettoit en état de le servir plus utilement par cette marque d'estime ; que luy ayant fait l'honneur de l'employer depuis l'affaire de M. le Grand, il luy étoit glorieux de reconnoistre ses services ; que le fils de M. de Vardes qu'il destinoit à l'église n'en vouloit point estre, et qu'il ne pouvoit donner en conscience ce grand bénéfice, chef d'ordre, à qui visiblement en useroit mal. Il faisoit dire à M. de Vardes que monsieur son fils, ne prenant point la soutane, il valoit mieux qu'il retint une bonne pension sur l'abbaye ; qu'aussi bien Monseigneur étant engagé à M. du Fretoy[1], qui avoit un fils d'église, il emporteroit le bénéfice, si le sien le refusoit ; que le luy cédant, il feroit un amy à la fortune duquel il auroit part ; que la pension luy seroit payée d'avance ; qu'il appuyeroit ses intérests à la cour ; qu'il le serviroit dans toutes ses prétentions auprès de Sa Majesté et auprès de Son Altesse royale. Il offroit une petite abbaye à M. du Fretoy ; il promettoit à M. Goulas mille écus de pension et à M. de Grammont cinq cents ; enfin il se mettoit en quatre afin d'emporter cette pièce de vingt cinq mille livres de rente, avec des collations de toute sorte ; et son travail ne fut pas vain, car M. de Vardes, ayant arresté la chose jusques à ce qu'il eust su la volonté de son fils, qu'il faisoit fort catéchiser, comme il vit qu'il refusoit toujours constamment de vestir la soutane, il acquiesça, et M. de la Rivière donna tout ce qu'il avoit promis à ces messieurs, hormis à M. Goulas, lequel luy avoit dit généreusement qu'il le remercioit de sa pension et ne demandoit que ses bonnes grâces.

1. Antoine d'Estourmel, marquis du Fretoy, premier gentilhomme de Monsieur.

Il luy jura là dessus qu'il auroit le premier bénéfice vacant qui passeroit quatre cents écus, et il est vray qu'il n'y a pas songé depuis.

L'ardeur qu'il témoigna, et les pas qu'il fit pour avoir ce beau bénéfice, donnèrent lieu à nos messieurs de contrebande de le piller et le déchirer d'une étrange manière. Il s'étoit ouvert à quelque faux frère que s'il pouvoit obtenir cette abbaye de Monseigneur, il auroit bientost le brevet du Roy, si bien qu'ils représentèrent au maistre que le *petit père* (c'est ainsi que l'appeloit Son Altesse royale) infailliblement avoit pris des mesures de delà, et s'entendoit avec les donneurs d'expéditions de Sa Majesté; et Monseigneur leur répartit plaisamment, à sa manière, qu'il en vouloit faire de mesme, et se vouloit aussi entendre avec eux, comme pour leur déclarer une bonne fois qu'il consentoit d'estre vendu et qu'il en tireroit le profit. En effet ils furent assez surpris de voir dépescher à la cour M. de Boisgeffroy pour obtenir la permission d'y aller, et il y avoit sujet de s'étonner, après ce que je vous ay dit de ce gentilhomme. Néanmoins, étant parent de M. de Chavigny et son amy particulier, Son Altesse royale heurtoit avec raison à cette porte, et estimoit que le maistre du logis étoit capable de luy rendre office; aussi le croyoit-on très puissant alors, mesmement depuis que le Roy avoit déclaré le cardinal Mazarin premier ministre et chef de son conseil, et luy avoit donné pour adjoints Mrs de Chavigny et de Noyers[1].

1. Sublet des Noyers fut bientôt exilé en sa terre de Dangu (Eure) (10 avril 1643), et remplacé par Michel le Tellier. « Le petit bonhomme », comme l'appelait Louis XIII, mourut quelque

L'on dit que M. Mazarin reçut cette grande grâce du prince avec modestie ; qu'il s'excusa sur son incapacité ; qu'il supplia le Roy de trouver bon qu'il l'allast servir à Rome, luy remontrant qu'il avoit quantité de personnes en France dignes de cet honneur, et qui s'acquitteroient mieux que luy de cet employ ; qu'il seroit plus utile à Sa Majesté près du pape, à cause des habitudes qu'il avoit à sa cour : paroles spécieuses et dites plutost par ostentation que sincèrement, auxquelles le Roy répondit qu'il iroit à Rome quand il seroit temps, mais qu'il vouloit que présentement il prist la conduite de ses affaires.

L'on se persuadoit pourtant que toute l'autorité demeureroit à Chavigny, comme celuy qui, ayant ruiné M. le Grand, étoit entré par là dans la dernière confiance ; d'ailleurs son père étant surintendant des finances, et luy secrétaire d'État avec le département des étrangers, on les tenoit avec raison les arbitres des affaires du dedans et du dehors. Monseigneur donc se devoit servir de M. de Boisgeffroy, leur parent et leur créature, et il leur témoignoit par là qu'il vouloit leur avoir obligation de son retour qu'ils ménagèrent et obtinrent incontinent ; car quinze jours après nous arrivasmes à Paris.

Mais disons quelque chose du testament de M. le cardinal de Richelieu, qui alluma un si grand feu dans sa famille.

---

temps après sa retraite, en 1645. — Voir sur les menées de Mazarin et de Chavigny, d'une part, et de des Noyers, de l'autre, après la mort de Richelieu, les *Mémoires de la Châtre* (p. 177 et suiv.).

CHAPITRE XXXIV.

Du retour de Monseigneur auprès du Roy et de ce qui se passa à la cour au commencement de l'année 1643.

Vous allez voir que les biens, les établissements, les honneurs, la grandeur ne font pas la félicité des hommes, car les héritiers de M. le cardinal de Richelieu, recueillant sa riche et ample succession, au lieu d'en jouir en paix, commencèrent par s'étrangler et s'entre-arracher ce que le testateur avoit prétendu qu'ils partageassent doucement et en bons amis et alliés selon sa disposition.

M. le chancelier avoit le testament chez luy et il en avoit été fait exécuteur avec M. Bouthillier, surintendant des finances, et M. de Noyers, secrétaire d'État. Étant ouvert en présence des exécuteurs et de M. le maréchal de Brezé, beau frère[1], celuy cy fut fort surpris de ce que son fils n'avoit qu'un partage de cadet, quoiqu'en dix-sept autres testaments il eust été institué le principal héritier et déclaré duc de Richelieu et amiral, ce qui étoit le plus beau de la succession ; et par ce dernier testament tout étoit donné au petit du Pont de Courlay, neveu de madame d'Aiguillon. Le

---

1. Urbain de Maillé, marquis de Brézé, fils ainé de Charles de Maillé, seigneur de Brézé, et de Jacqueline de Thévale, maréchal de France en 1632, mort le 13 février 1650 ; il était né en 1598. Sa fille, Claire-Clémence de Maillé-Brézé, était la femme du duc d'Enghien.

maréchal, frustré de ses espérances, s'emporte, déclame, peste, et dit tout ce que la rage fait dire quand elle est maistresse des sens, et, s'étant un peu déchargé, va trouver le Roy auquel il fait de grandes plaintes, et ménage si bien son esprit que Sa Majesté veut que le marquis de Brezé soit amiral; il s'engage mesme à le faire, nonobstant ce qu'il a promis au feu cardinal. Là dessus M. le Prince et M. d'Enghien s'intéressent pour le marquis, jettent feu et flamme, protestent qu'ils feront casser le testament, chargent sur madame d'Aiguillon, laquelle a changé l'esprit de son oncle, disent-ils, et l'a obligé par ses flatteries de préférer ses neveux à son frère et au marquis, son cousin, afin de jouir pendant leur minorité des grands biens qui leur ont été laissés, et elle est blasmée, abbayée[1], abandonnée de tous, elle qui naguères se voyoit adorée des grands et des petits. M. le maréchal de Brezé, toujours violent, se veut venger de cette dame, et la blesse en la partie plus sensible; il crie que c'est une carogne (ce sont ses termes), qu'elle a eu deux enfants de M. le Cardinal; que c'est une avare, sans mérite, sans naissance; qu'il ne luy appartient pas d'estre duchesse, n'étant point demoiselle; qu'elle a pu aisément falsifier un testament, elle qui est petite fille de notaire; et mille autres choses impertinentes et ridicules. Beaucoup d'autres gens encore se prennent à elle et l'attaquent sur la terre d'Aiguillon, disant qu'elle l'a eue pour rien; qu'il la luy faut enchérir; qu'elle a pillé les meubles de la Reyne mère; qu'elle a fait mille affaires injustes, et

1. Aboyée, invectivée. (Note de M. Monmerqué.)

que sans compter l'or, l'argent, les cristaux, les tapisseries, les lits, les bagues en grand nombre, si le testament subsiste, elle possédera huit cent mille livres de rente. M. le Prince, outré de ce que M. le Cardinal n'avoit rien laissé à monsieur son fils, mesme qu'il eust exclu madame sa belle fille de la succession du marquis de Brezé, son [beau] frère, en cas de mort, parle de disputer ce testament, et soutient que M. d'Enghien la doit avoir par son contrat de mariage.

Cependant le Roy donne le gouvernement de Bretagne au maréchal de la Meilleraye[1], et madame de Vendosme arrivant, et l'ayant fait supplier qu'elle luy pust parler des interests de son mari, il répondit en colère qu'elle s'en pouvoit retourner d'où elle venoit et qu'il ne la vouloit pas voir. Il ferma aussi la bouche aux amis de Mrs de Vendosme et de Beaufort, s'emportant contre eux après avoir si mal traité cette princesse. Et vous remarquerez en passant la nature de la cour et le procédé des courtisans : elle [madame de Vendosme] demeura seule dès que le Roy se fust déclaré, et il n'y eut que M. d'Angoulesme qui s'en approcha et luy fit civilité; il la conduisit mesme jusques à son carrosse, plaignant son malheur et la consolant de cette disgrâce[2]. L'on dit là dessus que le

1. « Cousin du défunt, et traita à l'ordinaire ses parents, ses amis et ses créatures. » Ms. de Vienne, fol. 296.

2. « Madame de Vendosme..... vint à Saint-Germain pour parler au Roi du retour de son mari, mais, comme elle avoit ordre de demeurer à Anet, Sa Majesté lui manda que si elle n'eust pas été une femme, il l'eust envoyée à la Bastille, et qu'elle s'en retournast promptement où elle avoit commandement de demeurer. » (*Mémoires de Montglas*, t. II, page 70.)

Roy enverroit à la Bastille ceux qui auroient la hardiesse de luy parler des bannis, prisonniers et autres misérables, et que M. de Barradat, cy devant son favory, l'ayant fait supplier d'avoir agréable qu'il vint à la cour, il avoit répondu sèchement qu'il se tint chez luy, et qu'il le manderoit quand il auroit besoin de son service.

Il [le Roy] sortit de Saint-Germain et s'en alla à Versailles, importuné de la quantité de gens qui arrivoient ; enfin tous ceux qui se présentèrent à dessein de servir leurs parents et amis persécutés sous le gouvernement passé, ou de profiter de la mort de Son Eminence, se mécontentèrent extrêmement, et les mesmes ministres demeurant et agissant par les mesmes maximes, il ne parut point que le cardinal de Richelieu fust mort et que la fortune pust brouiller et déconcerter les affaires de France[1].

Le Roy disoit souvent que luy et feu M. le Cardinal avoient toujours été si conformes en opinions, sentiments, desseins, pensées et en tout, qu'il ne luy proposoit presque rien qu'il n'eust déjà eu dans l'esprit ; aussi trouvoit-il bon de ses proches ce qu'il n'auroit point souffert des autres, et le maréchal de Brezé ayant pris la liberté de lui parler du maréchal de Bassompierre, prisonnier à la Bastille, il ne s'en fascha point, il luy dit doucement qu'il se donnast patience, et qu'ayant été de la faction de la Reyne, sa mère, il n'étoit pas temps qu'il sortist[2]. Mrs de Marsillac et de

---

1. Guy Patin (*Lettres*, t. I, p. 98) dit de Richelieu : *Etiam mortuus imperat*.
2. Le maréchal de Bassompierre sortit de la Bastille le 18 jan-

Retz arrivant, il s'enquit s'ils avoient eu ordre d'aller chez eux, et il les vit à cause qu'ils ne l'avoient pas eu.

Nous eusmes à Orléans[1] un gentilhomme de la part de M. de Noailles[2], avec une lettre qui surprit extrêmement Monseigneur, car il avoit accepté son gouvernement d'Auvergne que le Roy luy avoit donné, et il envoyoit luy en faire compliment, protestant que Sa Majesté avoit usé de la dernière violence, etc.; si bien que le courrier, la dépesche, les civilités, tout fut rebuté et avec aigreur; ce que voyant les gens de Monseigneur, auxquels il [M. de Noailles] avoit écrit, comme M. Goulas et quelques autres, ils n'osèrent faire réponse, et laissèrent retourner son noble, sans le charger de quoy que ce soit.

La mort du Cardinal étant sue en Angleterre, M. de Beaufort, par ordre de monsieur son père, passa en France; mais il fut assez étonné d'apprendre qu'il n'y avoit aucun changement à la cour, et que le Roy faisoit difficulté de voir ceux qui s'étoient retirés à leurs maisons avec congé. Il estima donc plus à propos et plus sûr de faire négocier son retour, et en attendant il s'arresta à Anet.

L'on manda aussi à Orléans que M. de Vendosme, outré de ce que le grand maistre avoit eu le gouvernement de Bretagne, luy avoit fait écrire deux ou trois billets par lesquels il le menaçoit de le charger

---

vier 1643, et ne reparut à la cour que fort peu de temps avant la mort du roi.

1. Paragraphe qui ne se trouve pas dans le Ms. de Vienne.

2. François de Noailles, comte d'Ayen, appelé M. de Noailles depuis la mort de son père.

fort ou foible partout où il le rencontreroit; mais celuy-cy, qui se voyoit en possession d'une si belle pièce et qui avoit fait le serment, se soucioit peu de sa bravoure, étant assez brave pour la repousser et assez bien secondé pour se maintenir.

En ces entrefaites, la nouvelle arrive que Tortone[1] a été reprise par les Espagnols et que notre ambassadeur à Rome, qui en étoit sorti quand et celuy de Portugal, ou bientost après, parce que le Pape avoit toujours refusé l'audience publique à ce dernier, y étoit retourné de l'ordre du Roy, afin de travailler à l'accommodement du duc de Parme, et certes il n'y avança pas plus qu'au commencement; les neveux se moquèrent toujours de luy, et il eut beau se plaindre et crier qu'ils l'avoient fourbé, comme il étoit vray, il n'en fut autre chose et le Saint Père se tint ferme dans les intérests de sa maison contre le droit et l'équité, si bien qu'on parla en France de défendre tout commerce avec Rome, si l'on continuoit à maltraiter ainsi nos alliés. Le Pape croyoit, ou feignoit de croire que le Roy appuyoit le duc de Parme, et favorisoit la ligue d'Italie faite contre le Saint Siège. Quant à Tortone, c'étoit la ville que les Espagnols avoient reprise; le chasteau, bon par excellence, tenoit encore et pouvoit tenir longtemps, et l'on disoit à Paris que s'il coustoit autant aux Espagnols qu'à nous, ils ruineroient leur armée, car la nostre et la plupart de nos meilleurs officiers avoient péri là devant, sans avantage aucun pour l'État; ainsi il nous seroit aisé de la reprendre, ou de faire une autre conqueste de plus

1. Tortone, sur la Scrivia, à 26 kil. E. d'Alexandrie.

d'éclat encore, mais de plus de profit. Le Roy avoit donné cette place à M. le prince Thomas, généralissime de ses armées en Italie, et avoit dépesché en Piémont, sur le bruit de ce siège, M. du Plessis Praslin, pour estre son lieutenant général. Il est vray qu'on le traita bien en cette rencontre, car avant qu'il partit on luy porta deux brevets, l'un d'une abbaye de deux mille livres de rente, pour son fils, et l'autre de la lieutenance à Toul.

J'ay dit que M. de Baradat avoit souffert un rebut[1], mais n'étant pás content d'une tentative par ses amis, il en voulut faire une seconde par luy mesme ; il écrit au Roy et ne se put empescher de répandre un peu de souffre sur sa lettre, qui fit un mauvais effet. Ces paroles, qui blessoient le feu cardinal, que sa tyrannie l'avoit éloigné de Sa Majesté sans récompense de ses charges, piquèrent extrêmement le Roy, et il dit avec colère que cela étoit faux, le cardinal ne l'ayant point chassé, mais luy, et qu'il luy avoit fait toucher cent mille écus. Avant qu'avoir lu cette lettre, il avoit témoigné à M. l'évesque de Lizieux[2] qu'il pouvoit venir, et M. de Crecia, son beau frère, s'en étoit allé à Paris à toute bride le quérir. L'on crut mesme qu'il restoit encore dans le cœur du Roy quelque étincelle de sa première affection, parce qu'ayant dit qu'il pouvoit venir, il luy échappa un peu après qu'il ne seroit point huit jours à Saint-Germain qu'ils n'eus-

1. Voir plus haut, page 425, ligne 3.
2. Philippe de Cospéan, né à Mons en 1571, régent de l'Université de Paris, puis successivement évêque d'Aire, de Nantes et de Lisieux, mourut en 1646 (voyez M. Ch. Livet, *Philippe de Cospéan, sa vie et ses œuvres*, Paris, 1854, in-18).

sent cent querelles ensemble. Néanmoins le pauvre M. de Barradat, apprenant le mauvais effet de sa lettre et n'osant se présenter, M. de Souvré laissa entendre qu'il étoit là, et le Roy commanda qu'il entrast et le reçut assez bien, touché peut-estre de ses larmes qui couloient en grande abondance; mais depuis, sur ce que ceux qui craignoient qu'il se rajustast dirent à Sa Majesté que l'on prétendoit à Paris qu'il le dust gouverner et que ses amis de la cour le poussoient à l'entreprendre, il luy fit savoir que s'il avoit eu cette pensée, ou que si elle étoit venue à quelqu'un, ils la pouvoient rejeter comme une fadaise, protestant qu'il n'en seroit jamais rien. Depuis cela il ne fut pas autrement traité que le commun.

Quant à M. de Saint-Simon, le Roy d'abord luy fit bonne chère, quoique son entrée dans sa chambre luy eust déplu, s'étant laissé accompagner de force gens mis de sa main dans l'écurie; il luy parla assez et avec amitié, mais de choses indifférentes; celuy-cy, averty que ses vœux avoient été peu agréés, retourna incontinent à Paris et fit bien, parce qu'étant riche et établi, possédant les premiers honneurs du royaume, les bonnes grâces du Roy mourant ne le pouvoient rendre autre qu'il étoit.

Certes Sa Majesté avoit si grand peur qu'on ne le crust capable de se confier encore à un favory, que M. de Schomberg, qui passoit pour estre des mieux avec luy, s'étant présenté à un petit souper qu'il faisoit pour se réjouir, sans avoir été nommé, il luy en prit un tel chagrin qu'il fallut qu'il se retirast. La chose alla jusques à dire qu'il n'y avoit pas de place s'il ne luy donnoit la sienne. Quelques jours après il en fit un autre où le rebuté se trouva des nommés, et il est vray qu'il ne parut en Sa Majesté ni aigreur ni dégoust pour luy.

Environ ce temps là il tomba malade et vomit trois fois en une heure, et sa faiblesse étant très grande, l'on eut beaucoup de peine à le remettre. Les ministres alors, c'est à dire le cardinal Mazarin et Mrs de Chavigny et de Noyers, confidents du feu cardinal de Richelieu, songèrent tout de bon à obliger la Reyne, et afin qu'elle oubliast tout le passé, ils luy promirent de la faire déclarer régente. Noyers, qui chassoit à part, l'entreprit et se servit du confesseur du Roy; mais ce bon jésuite eut ordre aussitost de se retirer; parce que le cardinal et Chavigny dirent au Roy, qui n'aimoit la Reyne que médiocrement, à cause qu'il la croyoit d'intelligence avec l'Espagne par le moyen de madame de Chevreuse, que c'étoit le dessein de Noyers de luy faire donner la régence par Sa Majesté. Il n'en falloit pas davantage pour gaster l'affaire, le Roy ne voulant ni régente, ni régent, mais un conseil qui eut l'autorité. Mesme Chavigny ayant eu ordre de la Reyne de luy demander pardon de tout ce qu'elle pouvoit avoir fait qui luy eust déplu, il reçut cecy avec froideur et dit sur l'affaire de Chalais : « En l'état où je suis, je dois tout pardonner, mais je ne la dois point croire. »

Ce fut donc vers le commencement du caresme que Sa Majesté reçut cette grande attaque de son mal, et Monseigneur, qui étoit à Paris[1], alla incontinent à

1. Monsieur était descendu chez sa fille, mademoiselle de Montpensier; et celle-ci nous apprend que son père était alors « aussi gai que si Mrs de Cinq-Mars et de Thou ne fussent pas demeurés par les chemins. » (*Mémoires*, t. I, p. 63.) « J'avoue, ajoute made-

Saint-Germain et fut assez bien traité du Roy. Il luy fit son compliment à l'oreille, qui contenoit en substance qu'il ne sortiroit jamais de son devoir, et Sa Majesté répondit tout haut qu'il croiroit à ses paroles lorsqu'elles seroient accompagnées d'une bonne conduite. Il parla aussitost de choses indifférentes, et chacun s'étant retiré par respect, ils s'entretinrent quelque temps en particulier, d'où l'on conclut que le Roy s'attendriroit pour son frère. Mais ce qui avoit été fait contre luy demeura et il ne reçut de grâce que la surséance des poursuites contre Mrs de Brion et de Montrésor, et le brevet de l'abbaye de Saint Benoist pour La Rivière; encore l'affaire ayant été jugée en sa faveur au conseil, sur l'opposition que le neveu du feu cardinal avoit formée, le Roy ne put s'empescher de dire à M. le chancelier qu'il avoit fait une injustice. Mais la déclaration contre Monseigneur demeura toujours dans le registre du Parlement, ses compagnies de gendarmes et de chevaux légers demeurèrent cassées, et le Roy commanda à M. de Noailles de prendre les lettres du gouvernement d'Auvergne. Il est vray que celuy cy ayant eu l'audace un jour de se présenter devant Monseigneur dans le cabinet du Roy, il fit supplier Sa Majesté de luy commander d'en sortir, et ce fut à M. de Noailles de déloger.

L'on parla fort à Paris durant tout le mois de janvier[1] de la régence du royaume pour laquelle la Reyne avoit les vœux de tout le monde, à cause qu'on appré-

moiselle de Montpensier, que je ne le pus voir sans penser à eux, et que, dans ma joie, je sentis que la sienne me donnoit du chagrin. »

1. Janvier 1643.

hendoit que Monseigneur se laissast mener par un favory, et La Rivière avoit alors plus de part auprès de luy que personne; il se tenoit continuellement à ses costés à Saint-Germain et ailleurs; il brilloit partout, se relevoit, se cuidoit[1], comme pour montrer ses espérances; ce qui faisoit un mal extrême à son maistre; l'on passa mesme jusques à dire que ce qui l'attachoit si fort à cet homme étoit la communion d'un crime, ayant donné par son conseil au feu cardinal de quoy faire mourir M. le Grand et M. de Thou.

Cependant, sur le bruit que les Espagnols faisoient de grands préparatifs vers la frontière de Picardie, M. le maréchal de Guiche eut ordre du Roy de visiter toutes les places et de les mettre en bon état. Sa Majesté donna aussi le commandement de l'armée de cette province à M. d'Enghien, avec l'extrême mortification de Monseigneur qui avoit une furieuse jalousie de ce jeune prince. L'on crut que M. de Noyers luy avoit procuré cette grâce, ou, pour mieux dire, avoit disposé le Roy à la luy faire, car il s'étoit publiquement plus aidé auprès des autres ministres, ayant su de celuy-cy qu'il étoit temps de parler, leur disant que puisqu'ils faisoient profession d'estre de ses amis, il leur demandoit cette preuve de leur bonne volonté qu'il ne manqueroit point de reconnoistre; qu'il étoit de naissance et d'ambition à désirer ces sortes d'emplois; que le Roy luy accordant celuy cy par leurs bons offices, il ne l'oublieroit jamais et trouveroit moyen de se revancher. Celle [l'armée] de Bourgogne étoit destinée au grand maistre de l'artillerie[2], lequel étoit occupé en ce

1. *Se cuider*, se pavaner, faire l'outrecuidant. (Littré.)
2. Le maréchal de La Meilleraie.

temps là aux États de Bretagne qu'il tenoit comme gouverneur; mais celuy-cy, pour faire sa cour au Roy, qui aimoit les gens désintéressés, dont il est si peu, refusa le présent de cent mille francs des États, peut-estre aussi par chagrin, ayant trouvé de la résistance à ses volontés dans la compagnie, que luy fit l'évesque de Vannes. Je n'ay point su le sujet de leur différend.

Mais M. de la Rivière, ayant appris le retour de M. de Montrésor, importuna fort son maistre de les raccommoder, et pour y disposer ce redoutable ennemy, il fit que Monseigneur déclara publiquement qu'il ne vouloit plus de partialités dans sa maison, qu'il désiroit qu'on y vécut en bonne intelligence; que les brouilleries luy déplaisant extrêmement, il étoit résolu de n'en plus souffrir, et il protestoit en particulier à ses principaux domestiques que la réconciliation de Montrésor et de La Rivière luy étoit importante, à cause que dans la créance qu'il affectionnoit La Rivière, les amis de Montrésor en grand nombre luy étoient moins affectionnés, et cecy acheva de gaster M. de la Rivière, car l'on crut qu'il l'avoit mis dans l'esprit de Monseigneur pour avoir prétexte de donner sur force honnestes gens, qui faisoient cas de M. de Montrésor, et les ruiner auprès de leur maistre, l'assurant qu'ils se refroidissoient fort pour luy.

En ce même temps M. de Beaufort[1] revint à la cour, ayant eu permission de voir le Roy; et, sans mentir,

1. François, duc de Beaufort, second fils du duc de Vendôme, né en 1616, tué au siège de Candie en 1669. Il s'était retiré en Angleterre (août 1642) à la suite de la découverte du complot de Cinq-Mars, dans lequel il s'était trouvé compromis par les aveux de Monsieur.

jamais homme disgracié ne retourna avec plus d'applaudissement, et l'on jeta les yeux sur luy comme sur un brave à opposer aux autres braves dans l'occasion. L'on commença mesme de le faire considérer par la Reyne, luy persuadant qu'elle en pourroit avoir affaire, et qu'elle le devoit fort ménager. Elle crut ce conseil comme elle fit paroistre depuis, ce conseil, dis-je, qui fut donné par l'évesque de Beauvais[1], lequel le jugeoit un instrument propre à détruire le cardinal Mazarin, et il ne s'apercevoit pas que ce jeune prince, plus emporté qu'il n'étoit de besoin, et ayant de grandes prétentions, gasteroit leurs affaires, comme il fit; et que ne devoit-il pas prétendre et espérer quand il vit qu'on luy confioit M. le Dauphin et Monsieur durant l'embarras de la cour.

Mais le Roy, chagrin de son mal et de sa foiblesse, répandoit toujours sa mauvaise humeur sur quelqu'un; le petit M. de Noyers, qu'on disoit estre si bien d'abord, en tasta comme les autres, et plus fortement que les autres, car le Roy dit un jour de luy que jamais homme n'avoit été si dévoué à la faveur, et que si le cardinal de Richelieu luy eust ordonné de se faire Turc, il auroit pris le turban. Il luy laissa entendre bientost après que certains deniers avoient été divertis sans qu'il en eust su l'employ, et qu'on faisoit beaucoup de choses

---

1. Augustin Potier, évêque de Beauvais en 1617, était grand aumônier de la reine. Nommé ministre d'État au commencement de la régence, Augustin Potier fut bientôt obligé de se retirer. Il mourut le 19 juin 1650. C'est lui que Retz traitait de « bête mitrée ». Le jugement sévère du cardinal de Retz sur l'évêque de Beauvais a été appuyé avec beaucoup de détails par M. V. Cousin. (Voir le *Journal des savants*, 1856, note des pages 58 et 59.)

de cette nature qu'il n'approuvoit pas. Le petit homme, dévot[1] et désintéressé au dernier point, se sentant piquer en la partie sensible, ne se put empescher de témoigner sa douleur et, sans se mettre en peine de le détromper, demande congé, qu'il obtient, et s'en va. Les malins dirent là dessus que voyant les autres ministres, ses ennemis, prévaloir auprès du maistre, et qu'attendant davantage à déloger, il tomberoit peut-estre plus rudement, il les prévint, jugeant meilleur de sortir de cette sorte, mesme qu'il avoit espérance de retourner aussitost que la Reyne seroit en possession de la régence, parce qu'il n'étoit point probable qu'elle se servist de ceux qui luy avoient voulu donner un corégent et mettre Monseigneur en compétence[2] avec elle là dessus. L'on tenoit pour assuré que M. de Chavigny en avoit fait l'avance inutilement et que depuis, ayant témoigné à Monseigneur qu'il en viendroit à bout, le suppliant d'éloigner de luy La Rivière son ennemy, le prince le luy avoit promis et s'étoit engagé de plus à le laisser dans l'autorité et dans les affaires avec le mesme employ que du temps du feu Cardinal.

Mais le Roy se sentant affoiblir de jour en jour[3] et jugeant enfin son mal sans remède, se résolut de mettre ordre à son État et de laisser la régence à la Reyne; ainsi il mande tout ce qu'il y avoit de per-

---

[1]. Retz insinue que Des Noyers « s'étoit mis en tête d'être archevêque de Paris » (*Mémoires*, t. I, p. 207).

[2]. *Sic*, l'auteur a sans doute voulu dire *en concurrence*. (Note de M. Monmerqué.)

[3]. « Mourant tous les jours, dit Madame de Motteville (*Mémoires*, t. I, p. 95), sans pouvoir achever de mourir. »

sonnes considérables à la cour, et fait lire en leur présence ce qu'il desiroit qui fust pratiqué après sa mort, touchant le gouvernement du royaume. Il entend que la Reyne soit régente durant la minorité de son fils, que Monseigneur ait la lieutenance générale du Roy ; que M. le Prince ait la première place après luy dans le conseil ; que toutes les affaires passent par l'avis de ces trois, et de quatre autres ministres indestituables, sinon en cas de forfaiture : M. le cardinal Mazarin, M. le chancelier, M. Bouthillier, surintendant des finances, et M. de Chavigny, secrétaire d'État ; et arrivant la mort de la régente, que les quatre ministres nomment le régent ; enfin, qu'il n'en soit fait que de leur avis.

La lecture de cette déclaration ayant été faite[1], elle fut signée de la Reyne et de Monseigneur, que le Roy conjura de demeurer unis inséparablement et de conspirer au bien du royaume et de ses enfants. Monseigneur versa mille larmes voyant le Roy si bas, et l'entendant parler de mourir ; la Reyne n'en fit pas moins ; et si le Roy n'en eust pas plus de tendresse pour l'un ni pour l'autre, il se laissa entendre bientost après qu'il seroit fort aise que Monseigneur retournast à Paris, ce qu'il fit, la Reyne luy promettant de le tenir averty de ce qui arriveroit à Saint-Germain[2]. Il y revint pourtant sans estre mandé, à cause qu'il estimoit de son devoir de rendre ses respects au

1. Voir dans V. Cousin (*Madame de Chevreuse*, Appendice, p. 471-476) le texte de cette déclaration, qui fut enregistrée au parlement vingt-trois jours avant la mort du Roi, le 21 avril 1643.
2. Toute la cour était alors logée au vieux château de Saint-Germain ; le roi habitait le château neuf.

Roy, lequel s'en voulant moquer luy dit quand il l'aborda : « Eh bien, mon frère, comment va la santé? »

Vous jugez bien qu'en ce temps là chacun songeoit à sa fortune : ceux qui l'avoient bonne, à se maintenir et s'appuyer, les autres à rendre meilleure la leur médiocre[1]. M. de la Rivière, qui avoit une assez belle place, travailloit à y demeurer, et ne se croyant pas assez fort pour porter un si grand faix que la faveur d'un fils de France, lieutenant général du Roy dans tout son royaume et chef de son conseil, et se voyant hay, abbayé, méprisé des premiers de la maison de son maistre et de toute la cabale des Importants, qui avoient alors le haut du pavé, pensa qu'il se devoit étayer de M. le maréchal d'Estrées[2], qu'il avoit servy dans son dernier mariage, et avec lequel il avoit toujours conservé une étroite intelligence ; et sous prétexte que le maréchal travailloit à le raccommoder avec M. de Beaufort, et luy oster de dessus les bras un prince de ce cœur et de ce mérite, il ne partoit point d'auprès de luy et le voyoit avec grande assiduité ; il luy promettoit de le faire ministre de Monseigneur et de le rendre le milieu entre la Reyne et Son Altesse royale ; il se figuroit qu'ayant persuadé les gens que le maréchal avoit sa confiance, personne ne s'opposeroit plus à une faveur subalterne, et on le laisseroit en paix.

1. « Tous ceux, dit La Rochefoucauld (*Mémoires,* t. I, p. 57), qui avoient souffert sous le cardinal de Richelieu attendoient avec impatience un changement, dont chaque particulier espéroit de profiter. »

2. François-Annibal, marquis de Cœuvres, depuis duc d'Estrées, maréchal de France en 1626, avait épousé en secondes noces, en 1634, Anne Habert de Montmor.

M. Goulas avoit été de cet avis, disant qu'il falloit à Monseigneur un homme de teste et d'exécution qui le fit respecter dans la cour et tint en devoir les brouillons qui entreprendroient de diviser la régente et le lieutenant général, ce qui étoit la ruine de l'État.

Cependant le Roy se souvient que M. le Dauphin n'est pas encore baptisé et veut que la cérémonie s'en fasse au plus tost[1]. Il commande que madame la Princesse soit la marraine et M. le cardinal Mazarin le parrain. La marraine le nomma Louis; et il arriva incontinent après une chose fort plaisante sur ce sujet, car quelqu'un demandant au petit prince comment il avoit nom, il répondit : « Je m'appelle Louis quatorzième, mais il ne le faut pas encore dire, puisque mon papa n'est pas mort. »

Certes il faut avouer la vérité, la Reyne se comporta merveilleusement bien en cette occasion, et fit tout ce que doit faire une honneste femme. Elle écoutoit tout le monde et ne répondoit que rarement, témoignant peu de sentiment des choses de la terre en l'état où se trouvoit son mari. Ceux qui paroissoient avoir plus de part auprès d'elle étoient M. l'évêque de Beauvais, M. le président de Bailleul; et M. de Lyonne, nouvellement arrivé d'Italie, se proposoit et s'efforçoit de donner atteinte à la confiance; les parieurs de la cour étoient pour luy et personne ne touchoit le but; l'on ne songeoit point au cardinal Mazarin à cause qu'on ne se défioit point qu'il fust de longue main serviteur de la Reyne et qu'il l'eust servie quand le Roy la voulut

1. Le roi fit baptiser le dauphin dans sa chapelle, par l'évêque de Meaux, son premier aumônier, le 22 avril 1643.

mener au voyage et le cardinal de Richelieu travailla à luy oster ses enfants. Mylord Montagu avoit porté les paroles, et M. de Chavigny, si clairvoyant, y fut trompé comme les autres. La Reyne, dis-je, témoignoit peu d'envie d'avoir part aux affaires, ne se déclaroit de rien, ne donnoit point les charges de sa maison, briguées de force gens de qualité; elle prioit Dieu presque continuellement et luy demandoit la santé de son mari et la conservation de ses deux fils, Monsieur ayant été considérablement malade depuis peu.

Or il faut remarquer que le Roy avoit fait mettre dans la déclaration que madame de Chevreuse ne retourneroit point en France et M. de Chasteauneuf ne sortiroit point de prison qu'après la paix, et qu'ayant su que M. de Chevreuse étoit dans sa garde-robe, il luy envoya faire compliment et protester qu'il l'estimoit beaucoup et rendoit témoignage qu'il l'avoit toujours bien servy. Il crut aussi devoir disposer des charges et des bénéfices qui vaquoient; il donna la charge de grand maistre à M. d'Enghien, une abbaye à M. le commandeur de Souvré, une autre abbaye à M. d'Humières; M. du Hallier, qu'il avoit fait depuis peu gouverneur de Champagne, eut le baston de maréchal de France; l'on parla aussi de faire le maréchal de Guébriant gouverneur de M. le Dauphin, et l'on blasma les ministres de s'estre trop hastés et d'avoir poussé le Roy à tout distribuer, parce que, ayant obligé demi-douzaine de personnes, ils en avoient désobligé cent; enfin il ne fut jamais tant brillé[1], tant chucheté;

1. *Brillé*, terme de chasse; il se dit des chiens qui battent bien la plaine, et paraît signifier ici que chacun à la cour étoit alerte pour ses intérêts. (Note de M. Monmerqué.)

les visages étoient bien colorés, personne de triste, peu de larmes et de véritable douleur, et l'on prépara les habits de deuil, ce qui donna sujet à M. de Guimené de dire qu'il sembloit que le roy d'Espagne fust venu mourir à Saint-Germain.

Dans l'extrémité où se vit le Roy, il voulut tout oublier et tout pardonner; et l'on envoya quérir les exilés, les prisonniers de la Bastille la plupart, et les autres misérables, et ce fut comme une amnistie générale et un jubilé universel. Mais Monseigneur en ce temps là reçut un sanglant déplaisir qu'il fallut dissimuler. M. de Beaufort et M. le maréchal de la Meilleraye avoient eu quelque pique sur le gouvernement de Bretagne, et les amis du maréchal avoient été mandés et s'étoient rendus en grand nombre à Saint-Germain auprès de luy. Là dessus M. le Prince dit à Monseigneur qu'il avoit envoyé quérir sa maison, et à l'heure mesme Son Altesse royale commanda que la sienne vint aussi. La Reyne, avertie que ces princes veulent avoir tous leurs gens auprès d'eux, en prend ombrage, et voilà les gardes redoublées, particulièrement chez les enfants de France. Il est vray que les rendeurs de bons offices imputèrent l'action innocente de Son Altesse royale à mauvais dessein, et dirent qu'il vouloit enlever M. le Dauphin et Monsieur. Jugez quel déplaisir, et s'il n'y avoit pas de quoy faire mettre en pièces les auteurs d'une si noire calomnie. L'on ne sut point qui ils étoient, ou il se fallut taire, mais pour sa consolation, le Roy luy permit [à Monsieur] d'envoyer quérir Madame qui étoit à Bruxelles, et M. de Fontaine Chalandre, son premier écuyer, luy fut aussitost dépesché.

Le Roy, cognoissant qu'il alloit mourir, envisagea la mort avec une merveilleuse constance : il ne se peut plus de fermeté en cette terrible rencontre; il entretint son chirurgien de l'ouverture qu'il feroit de son corps; il parla de son lit de parade, et commanda qu'on le mist de certain costé afin que le peuple le vist mieux et plus commodément; il regarda le clocher de Saint-Denis, considéra l'église, exagéra la misère de la condition humaine, le bonheur de la vie future, la miséricorde de Dieu; et dit mille belles choses morales et chrétiennes, et ajouta qu'il étoit né le vendredi, qu'il avoit été roy le vendredi, sacré le vendredi et qu'il mourroit le vendredi, et que ce jour sans doute seroit le plus heureux de sa vie, parce que c'étoit celuy qui l'entreroit dans le ciel. Mais son mal, qui avoit fait un grand effort, venant à diminuer, il désira qu'on le laissast en repos, et témoigna de s'ennuyer beaucoup des soins, des larmes et de la présence de force gens; mesme les fréquentes visites de Monseigneur luy furent extrêmement à charge, et il ne put s'empescher de s'en déclarer.

L'entrée de la Reyne au conseil luy déplut; il accuse ses serviteurs de cruauté de ce qu'ils l'ont trop tost condamné; il se plaint qu'on l'ait cru mort, sans grand fondement, et qu'on luy ait prononcé son arrest à la volée; il dit qu'on l'a plus maltraité qu'on ne fait les plus criminels auxquels on ne lit point leur sentence que peu devant leur supplice; il proteste contre l'ignorance des médecins; il renonce à leurs remèdes et dit qu'il n'en prendra jamais, qu'il ne veut tenir la vie que de Dieu, qu'il l'attend par un miracle; et la faculté de médecine qui étoit là, confessant qu'elle ne connoit rien à sa maladie, le bruit se répand à la cour et à Paris qu'il a été empoisonné et que le cardinal de Richelieu a fait le coup; d'autres pensent qu'il est ensorcelé, et le peuple appuye sur ces chimères et s'échauffe, et l'on a sujet de craindre une émotion dans la ville, si bien qu'une compagnie des gardes est commandée pour la conservation du beau palais de l'Éminence qu'il avoit donné par testament à M. d'Anjou. Et ce n'étoit pas sans raison que l'on appréhendoit le désordre à Paris là dessus, car la canaille s'étoit tellement emportée contre le feu cardinal que plusieurs proposoient d'en aller prendre le corps en Sorbonne, et le traisner à la voirie; si bien que les docteurs ostèrent promptement de leur église tout l'appareil mortuaire et firent courir divers bruits afin de rompre le coup. Tantost l'on dit qu'il avoit été emporté hors de Paris, tantost qu'il étoit avec les docteurs, tantost qu'il avoit été mis en dépost dans la Bastille, sur quoy quelqu'un s'écria : « Par un juste jugement de Dieu, afin qu'il demeurast en un lieu où il avoit injustement détenu tant d'innocents durant sa vie. »

Mais, si l'on murmuroit contre le premier ministre qui n'étoit plus, l'on n'épargnoit pas ceux qui étoient dans les affaires. Les gens ne leur pouvoient pardonner la manière dont la déclaration de la régence étoit conçue, disant qu'ils s'étoient ridiculement rendus régents de la régente. On trouvoit étrange aussi qu'ils eussent fait faire ministre M. de Longueville[1],

1. Henri II d'Orléans, duc de Longueville, comte de Dunois, s'était marié en secondes noces, en 1642, avec Anne-Geneviève de Bourbon-Condé qui fut la célèbre madame de Longueville.

puisque c'étoit sacrifier bassement à M. le Prince, et comme mendier sa protection ; c'étoit ouvrir la porte au conseil à plusieurs princes et désordonner ce qui avoit été premièrement ordonné ; et l'on ajoutoit que craignant l'autorité de la régente et de Monseigneur, qu'ils estimoient leur ruine, ils avoient plus considéré leur subsistance que celle de l'État. Mais avant que de faire enregistrer au Parlement cette déclaration de la régence de la Reyne et du pouvoir de Monseigneur, il falloit tirer du registre celle que le Roy y avoit fait mettre contre ce dernier, laquelle le privoit de toute administration dans le royaume, et M. Goulas, en ayant eu l'ordre de Sa Majesté, se présenta au Parlement, lequel fit la chose avec joie pour l'affection et l'estime que la compagnie avoit toujours témoigné à Son Altesse royale.

Que si cette affection d'un si célèbre corps luy fut extrêmement agréable, la nouvelle qu'il reçut en ce même temps ne le fut pas moins. Madame étoit partie de Bruxelles et approchoit de la frontière, le Roy ayant consenti son mariage et désiré qu'il fust refait ; et les docteurs l'avoient conseillé de la sorte, disant qu'il les falloit remarier avec la clause *en tant que besoin seroit*, pour sauver l'honneur de Madame, qui avoit si longtemps couché avec son mari. Son Altesse royale avoit encore une puissante raison de le refaire, puisque sur l'opposition que le Roy y avoit toujours formée et sa cassation au Parlement, sans cette nouvelle cérémonie, on auroit pu contester la couronne à ses descendants, en cas qu'ils y fussent venus quelque jour.

Je finis ce chapitre par un grand événement arrivé

en Espagne et une *bravure*[1] des Espagnols à notre égard. L'on nous la débita à Paris de cette sorte que leur roy vouloit donner la paix à son neveu, en cas qu'il perdist le roy son père, et que les généraux de ses armées avoient ordre de cesser tous actes d'hostilité contre nous dès qu'ils auroient la nouvelle de sa mort. Mais le vray sens de ce discours étoit qu'ils la vouloient de tout leur cœur, cette paix, pour pouvoir dompter les Catalans, et pousser à bout les Portugais, et que tastant le pouls aux François magnifiquement, ils faisoient une avance spécieuse et belle sans rien engager, car ils tiennent que *palabras de complimentos no obligan*[2]. Ils nous le firent incontinent paroistre à Rocroy[3].

L'évènement est la disgrâce du comte-duc d'Olivarès[4] après avoir gouverné pendant vingt deux ans. Il est certain que ce grand ministre avoit du mérite, qu'il possédoit de grandes qualités, et qu'il n'y avoit pas de sujet en toute l'Espagne plus digne d'occuper la place qu'il tenoit, et il est certain aussi qu'il n'y eut pas d'homme plus malheureux en son siècle : aussi l'accusoit-on de prendre des voies écartées et toutes siennes dans le maniement des affaires et de se servir de gens qui fussent plus dans sa dépendance que capables des emplois où il les destinoit. Les Espagnols disoient qu'il avoit d'assez bonnes pensées, mais

1. Du mot espagnol *bravura*, bravade, rodomontade. (Note de M. Monmerqué.)
2. Les paroles de politesse n'obligent point. (Traduction de M. Monmerqué.)
3. Voir plus loin, page 456 et suiv.
4. Gaspard de Guzman, III⁰ comte-duc d'Olivarès, premier ministre du roi d'Espagne de 1623 à 1643, mourut en 1645.

qu'il exécutoit mal, et ne rencontroit jamais, *no puede acertar*. En vingt ans d'autorité et de puissance absolue, l'on peut dire qu'il ne fit rien de beau, et tant de mauvais succès et de pertes, qui se suivirent les unes les autres, ouvrirent enfin les yeux à son maistre qui se mit en teste de gouverner pour voir s'il feroit mieux et pourroit changer sa mauvaise fortune. La reine d'Espagne se servit de son malheur pour le ruiner, et ses ennemis, le voyant entreprendre par si forte partie, la secondèrent et se servirent bien de cette occasion. Ceux dont il reçut les plus grands coups furent l'ambassadeur de l'Empereur et le comte de Castille : celuy-là parloit de la part de son maistre et celuy-cy, oncle de D. Luis de Haro[1], fit voir que le ministre n'avoit chassé son neveu que pour avancer son bastard. L'on a dit que se voyant perdu auprès de Sa Majesté, il luy écrivit un billet par lequel il luy demandoit permission de se retirer à une de ses maisons afin de songer à son salut, vieil et incommodé comme il étoit, et que le roy pour réponse luy ordonna de continuer les fonctions de sa charge et l'administration des affaires ; mais à quelques jours de là il répondit à son billet par un billet de cette teneur : que luy ayant demandé plusieurs fois de se retirer, il en étoit content et le luy permettoit, parce qu'il se vouloit charger luy mesme de ses affaires selon les vœux de tous ses peuples ; qu'au reste il avoit satisfaction de ses services et le témoigneroit à tout le monde. Ce grand homme ne fut ni surpris, ni étonné de ce coup, qui ne luy étoit pas imprévu ; il porta sa disgrace

1. D. Louis de Haro, né en 1598, mourut en 1661.

avec grand cœur et des sentiments fort chrétiens, et comme sa femme, à laquelle il envoya le billet du roy, à quatre lieues de Madrid, fut arrivée la nuit, couverte de larmes, il la consola, répétant plusieurs fois ces paroles qu'il falloit croire leur malheur le service du roy. Sa chute fut assez douce, car Sa Majesté ne pouvoit oublier l'ancienne amitié et l'estime qu'il en avoit faite; mais ses créatures furent poussées fortement et délogèrent la plupart, comme c'est l'ordinaire dans les cours, parce que possédant les bonnes places, ceux qui les veulent les en arrachent. L'on assura mesme que le roy, par un excès de bonté et de douceur, avoit fait du bien à plusieurs de ceux-là avant que de congédier leur Mecenas, et il faut que je dise icy à la gloire de ce prince ce qu'un homme de qualité de notre cour, et digne de foy, a protesté mille fois au retour de Madrid, où il avoit eu l'honneur de le voir assez privément, que c'est le plus honneste homme de sa cour, et qu'il ne se peut rien de plus poli et de plus délicat que sa conversation et ses pensées; mais il s'arreste là et ne se peut donner la peine de gouverner; aussi ayant éloigné le Comte-Duc, il se presta bientost après à D. Luis de Haro qu'il avoit aimé dès sa jeunesse, comme le compagnon de ses plaisirs, mais qui ne manquoit pas de grands talents et des qualités qu'il faut pour présider aux affaires. Il n'a pourtant pas mieux fait que son prédécesseur, et ce changement de ministre n'a point changé la mauvaise fortune de l'Espagne qu'il semble que Dieu veuille chastier de ses injustices.

J'ay ouy dire à M. de Fontrailles que le Comte-Duc étoit si bien informé de nos affaires et des intrigues de notre cour qu'il ne luy apprit rien de nouveau que la liaison de M. de Bouillon et de M. le Grand avec Monsieur. Il en savoit tout le fin; il connoissoit les gens de commerce, les dévoués au ministère, les parents, les premiers montants aux charges, les talents, le fort et le foible de chacun, et il crut parler à un confident du cardinal de Richelieu. Et pour moy j'en puis dire autant du marquis d'Aytone, qui commandoit au Pays Bas, lorsque Monseigneur y passa; je ne l'aurois point cru si on me l'eust dit : il fallut que j'en fusse témoin pour en estre persuadé. M. de Puylorens allant traiter quelque chose avec luy, lorsqu'il étoit à l'armée, il témoigna qu'on luy feroit plaisir de l'accompagner; plusieurs des plus honnestes gens de la cour de Monseigneur le firent, et j'y allay avec les autres. Le marquis nous fit tous souper avec luy, et après soupé, ils s'entretinrent longtemps en public, luy et M. de Puylorens et du Fargis. Je m'approchay pour l'observer et pour l'entendre, car je savois la langue espagnole, et à dire vray il parla de nos affaires de France comme un du conseil du Roy, et dit mesme certaines particularités que j'ignorois; mais quand il tomba sur nos frontières, je dis de Flandre, Champagne, Italie et Espagne, je proteste que je ne crus pas que les ministres du Roy en fussent si bien instruits; il me ravit et je connus là qu'à grand tort l'on accusoit le Comte-Duc de peu de lumière dans le choix qu'il faisoit des gens pour les principaux emplois, car il ne pouvoit mieux choisir pour la Flandre que celuy-cy, et il y servit très dignement. Il étoit de la maison de Moncade de Catalogne, de ceux qui avoient été seigneurs du Béarn, et Monsieur pour l'obliger luy dit un jour : « M. le marquis, le nom de Gaston que je porte vient de votre maison et de vos ancêtres. » Il reçut cette amitié avec grand respect et je pense qu'il ne fut jamais si aise.

Mais c'est assez de cette cour étrangère : revenons à la nostre, si inquiète, si agitée, si brouillée, dans l'attente d'un si grand évènement que la mort du Roy.

CHAPITRE XXXV.

De la mort du Roy, de l'état de la cour alors et de l'arrivée de Madame à Paris (1643).

Cette bluette de santé qui parut au Roy ne fut véritablement qu'une bluette qui s'éteignit incontinent avec sa vie ; et deux jours avant qu'il mourust, le 12 may, comme on luy eut proposé un remède et conseillé d'envoyer quérir l'apothicaire des Feuillants pour le luy préparer, il dit à un de ses écuyers de luy mener un carrosse, mais de prendre garde d'aller doucement de peur que le grand chaud tuast ses chevaux. Il semble par là qu'il ne croyoit point d'estre si bas et de mourir. Néanmoins il avoit eu une grande foiblesse et un assoupissement ensuite, lequel ayant été jugé mortel par les médecins, M. de Bellegarde envoya en toute diligence quérir Monseigneur, qui, bien qu'il eust résolu de se mettre au lit à cause de la goutte qui le tastoit, ne laissa pas de demander un carrosse et d'aller à Saint-Germain. Le Roy les voyant, la Reyne et luy, dans sa ruelle, les fit encore approcher et les conjura de demeurer fort unis, leur recommandant ses enfants et son État, et Monseigneur luy témoigna de nouveau le déplaisir extrême qu'il avoit du passé, et que sans la persécution du cardinal de Richelieu il ne luy auroit jamais donné aucun mécontentement ; enfin il luy protesta de sa fidélité et de son affection envers sa personne et sa couronne.

Le 13º au matin, le Roy se trouvant mieux, tout se passa en discours de piété avec M. l'évesque de Lizieux, le père Vincent et le confesseur, et les prières de la recommandation de l'âme furent remises au lendemain 14º. Il demanda dès la pointe du jour à ses médecins s'il vivroit bien encore deux heures, et ceux-cy ne l'en ayant pas voulu assurer, il fit appeler M^{rs} les évesques de Meaux et de Lizieux, lesquels ayant fait la recommandation de l'âme, il perdit la parole et sans cesser les actes de contrition et de foy il alla jusques à deux heures après midy qu'il expira[1].

Dès qu'il eut rendu l'esprit, tout le monde passa chez la Reyne, et l'on vit ce qui ne manque jamais d'arriver à la cour, le soleil levant adoré, et le couchant, ou couché, sans culte et sans offrandes. M. l'évesque de Beauvais fut environné et suivy des courtisans, et M. le cardinal Mazarin et M. le chancelier fuis et méprisés ; et sans M. de Chavigny, qui se trouva là comme M. le chancelier y vint, il n'auroit eu personne à luy parler. L'on disoit mesme que le jour auparavant M. le maréchal de Vitry s'entretenant avec luy et le surintendant, ces deux ayant dit que le confesseur du

---

1. Le jeudi 14 mai 1643, jour de l'Ascension, à deux heures trois quarts de l'après-midi. (Mémoire de Dubois, valet de chambre de Louis XIII, dans les *Curiosités historiques*, 1759, t. II, page 80.)

Roy avoit eu ordre de Sa Majesté de déclarer ceux qu'elle vouloit qui fussent honorés de la dignité de duc, il répartit brusquement, à sa manière, que si le confesseur avoit avancé cela, il mentoit, parce que le Roy n'y avoit point songé, et que s'il eut eu dessein de faire des ducs il auroit jeté les yeux sur luy plutost que sur aucun autre. Sans doute ce langage les surprit, n'y étant pas trop accoustumés, car l'on ne parloit pas ainsi du temps du défunt cardinal. Mais au milieu de leurs angoisses ils reçurent de la consolation : Monseigneur se laissa entendre qu'il les soutiendroit, peut-estre afin d'obliger la Reyne à le considérer davantage, et luy accorder les établissements qu'il désiroit de prendre durant sa régence, s'il la luy abandonnoit; car ils n'étoient pas encore tout à fait d'accord, et ils s'accommodèrent incontinent, M. de la Rivière, à qui l'on offroit l'évesché de Chartres, faisant consentir son maistre que la Reyne fust régente à pur et à plein, et le conseil établi par le feu Roy, aboli, moyennant quoy il auroit un grand gouvernement et une place. Il demanda celuy de Champagne, et on luy promit le Languedoc pour l'oster à M. le Prince, qui en mouroit d'envie, et La Rivière eut une abbaye de grand revenu au lieu de l'évesché de Chartres, à cause que la dévotion fondit dessus, ne le trouvant pas d'assez bonnes mœurs pour estre évesque. Néanmoins cecy se fit quelque temps après.

Les serviteurs de Monseigneur ignorant ce secret le poussoient à se faire corégent, et M. Goulas entre autres luy disoit : qu'il se donnast de garde de laisser toute l'autorité à celle qui la résigneroit à un confident, parce qu'il luy faudroit dépendre de tous les deux ; il faudroit qu'il se ménageast avec un premier ministre, qu'il luy demandast des grâces; qu'étant corégent il les donneroit et feroit des créatures; qu'il n'étoit rien si aisé à luy que de se mettre en possession de la corégence; que le Roy allant au Parlement, dès que la Reyne auroit pris sa séance à droite, il n'auroit qu'à passer de l'autre costé et prendre la sienne, informant la compagnie de son dessein et de sa prétention si juste et si légitime; que les ministres de la Reyne étonnés et elle destituée de conseil céderoit, et qu'il partageroit ainsi l'autorité si elle ne luy demeuroit tout entière. Mais Monseigneur, d'accord avec Sa Majesté, par l'entremise et à la persuasion de M. de la Rivière, à qui, outre l'évesché dont on le leurroit, l'on avoit fait peur, passa à la teste des ducs et pairs, sa place ordinaire, qu'il dit à M. Goulas depuis estre celle du lieutenant général, lorsque celuy cy luy reprocha qu'il eust laissé échapper une si belle occasion, ajoutant qu'il avoit promis à la Reyne de ne luy pas contester la régence et de se contenter de ce que luy avoit donné le feu Roy. M. Goulas luy répliqua, à ce qu'il me dit, qu'il prioit Dieu qu'il s'en trouvast bien, mais qu'il s'en repentiroit assurément.

Le soir du jour de la mort du Roy, il y eut une espèce de démeslé entre M. le Prince et M. de Beaufort. Il faisoit assez chaud pour la saison et le grand monde qui étoit chez la Reyne y causoit une telle chaleur qu'on y étouffoit. Elle commanda à M. de Beaufort de dire à Monseigneur de faire sortir tout ce qui étoit là et de venir auprès d'elle; luy s'acquittant de sa commission, M. le Prince, qui causoit avec Monseigneur, prit la parole, et s'adressant à M. de Beaufort luy dit qu'il trouvoit mauvais qu'il luy ordonnast rien et que la Reyne avoit les capitaines des gardes pour luy commander ce qu'il luy plairoit. M. de Beaufort luy répliqua qu'il n'avoit point cru luy rien ordonner et qu'il feroit toujours ce que luy commanderoit la Reyne. Monseigneur imposa silence et, ayant tout apaisé, chacun sortit[1].

Cependant M. le Prince avoit mandé M. d'Enghien, son fils, et l'on croyoit que les ministres qui l'avoient servy depuis peu le désiroient à la cour, pour s'appuyer d'un homme de cette qualité, de ce cœur et de ce mérite, contre les confidents de la Reyne qu'ils appréhendoient. D'abord, ils avoient fait résoudre Sa Majesté à n'aller pas au Parlement, disant qu'elle n'y avoit que faire puisqu'elle étoit en possession de la régence dès le vivant du Roy, mais en effet ils redoutoient ce grand corps, ulcéré contre le gouvernement passé où ils avoient tant eu de part, et s'imaginoient que les plus hardis demandant qu'ils rendissent compte de leur administration, ils feroient là une ouverture où la Reyne et Monseigneur pourroient donner. En effet, ils craignoient fort leur union, l'estimant comme une conspiration à leur ruine, et se souvenant combien la déclaration du Roy touchant la régence étoit bizarrement conçue et combien peu respectueuse envers eux; aussi avoient-ils fait dire à Sa Majesté, avant la mort du Roy, qu'ils n'entendoient point du tout qu'elle subsistast; qu'ils ne l'avoient point dressée et qu'elle avoit été trouvée dans la cassette du cardinal de Riche-

---

[1]. Conférer sur cet incident de cour le récit identique qu'en a fait Monglat (*Mémoires*, t. I, p. 408).

lieu, où le feu Roy l'avoit prise et avoit voulu qu'elle passast en cette forme.

Or le jour d'après la mort du Roy, 15ᵉ may, le jeune Roy et la Reyne, sa mère, partirent de Saint-Germain, accompagnés de Monseigneur, de M. le Prince et de toute la France, et Leurs Majestés allèrent prendre possession du Louvre où depuis longtemps la Reyne n'avoit fait de séjour considérable[1]. Le Parlement les y fut saluer, et il faut remarquer qu'on avoit résolu dans la compagnie que l'on supplieroit le Roy de vouloir tenir son lit de justice dans sa cour des pairs. Les députés l'ayant fait entendre à Leurs Majestés, la Reyne répondit : qu'il étoit raisonnable, et que le Roy iroit ; et Monseigneur, prenant la parole, dit : que la Reyne ayant été blessée par la déclaration qui luy donnoit le pouvoir de régente et luy injurié, il étoit à propos de la réformer et d'en oster ce qui préjudicioit à l'un et à l'autre.

La chose résolue d'aller au Parlement, le Roy s'y rendit le .... may[2] en la manière accoustumée, accompagné de la régente, sa mère, de Monseigneur et de toute la cour. La Reyne fut déclarée régente et Monseigneur lieutenant général dans toutes les provinces du royaume, tout comme le feu Roy l'avoit ordonné, et il n'y eut pas faute de gens qui murmurèrent

---

1. « Le lendemain de la mort du roi Louis XIII, le roi Louis XIV, la Reine, Monsieur duc d'Anjou, le duc d'Orléans et le prince de Condé partirent de Saint-Germain pour venir à Paris ; et le corps du feu Roi demeura seul à Saint-Germain, sans autre presse que celle du peuple, qui courut le voir par curiosité plutôt que par tendresse. » (*Mémoires de Madame de Motteville*, tome I, page 100.)

2. Le 18.

contre Monseigneur qui laissoit ainsi prendre l'absolu pouvoir à la Reyne et la couronnoit de ses propres mains sans en recevoir aucun avantage[1], et je répondois à quelques uns qu'ils devoient attendre à le blasmer qu'ils vissent s'il laissoit la primogéniture pour une écuellée de lentilles. Certes tout le venin tomba sur M. de la Rivière, lequel avoit empesché son maistre de se prévaloir de l'occasion pour ses intérests particuliers; si bien que quand l'on sut qu'il n'auroit point l'évesché de Chartres et que la Reyne avoit donné sur luy, l'on en fut ravy, et on le dit justement payé de ses bons services. Mais les gens furent attrapés, car il ne voulut point l'évesché, et il me le dit positivement, me donnant cette raison, qui me sembla si bonne, qu'il ne songeoit pas encore à se faire prestre et abhorroit la résidence; il falloit aussi que la Reyne le pillast afin de couvrir son honneur[2].

Ce fut en ce temps qu'arriva Madame[3], laquelle séjourna à Meudon, en attendant que son équipage de deuil se fist et s'achevast, et qu'elle eust appris l'air et la langue de la cour. Elle étoit partie de Bruxelles sur ce que Monseigneur, comme je l'ay dit cy-devant[4], avoit obtenu du Roy qu'il consentoit son mariage, moyennant qu'il fust refait, et avec cette clause *en tant que besoin seroit*, et afin de conserver l'honneur de Madame, laquelle avoit si longtemps cou-

---

1. On peut lire dans les *Mémoires du jeune Brienne* (t. I, p. 296) comment les choses se passèrent et quelle fermeté Anne d'Autriche déploya, pour la première fois, dans cette circonstance.

2. *Sic,* mais il y a obscurité. (Note de M. Monmerqué.) — Le sens est : afin qu'on ne l'accusât pas de s'être vendu à la reine.

3. La duchesse d'Orléans.

4. Voir plus haut, page 443.

ché avec Monseigneur, et afin de valider et affermir le mariage à cause des enfants que l'on pourroit chicaner sans cela après sa mort. Quand elle apprit qu'il falloit refaire son mariage (ce fut à Cambray), elle s'arreste, elle tempeste, elle jette feu et flamme et proteste qu'elle entrera plutost en religion que d'entrer en France pour souffrir une telle honte, et l'on a beau luy remontrer de quelle conséquence luy est cette cérémonie et à l'État, elle demeure ferme et ne veut point entendre raison. Madame la princesse de Phaltzbourg, sa sœur, M. de Goze[1], son parent, la pressent de se rendre aux volontés de Monseigneur et à ses véritables intérests ; rien, elle persiste, elle feint d'estre malade et refuse de passer outre ; enfin elle dépesche à Monseigneur et ne veut point envoyer son contrat de mariage qu'il falloit ratifier ; on luy redépesche son courrier avec ordre de continuer son chemin, et tous ses parents et les amis de sa maison ayant condamné sa trop grande fermeté, elle se laissa vaincre et chemina. M. Goulas me disoit là dessus que ses conventions et son douaire s'en iroient en fumée, la mort de son mari arrivant, sans cette formalité, parce que Monseigneur n'ayant aucun bien que reversible à la couronne, elle ne sauroit où les prendre si le Roy ne les assignoit sur quelque fonds particulier. Dès qu'elle fut à Meudon, M. l'archevesque de Paris l'alla saluer, et y trouvant Monseigneur, il leur donna sa bénédiction nuptiale *en tant que besoin étoit*, en présence de madame de Guise, de messieurs ses enfants[2]

1. Charles, fils naturel de Charles III, duc de Lorraine, aïeul de la princesse Marguerite, était abbé de Gorze, au diocèse de Metz.
2. Les enfants de la duchesse de Guise.

et de quelques autres princes de la maison de Lorraine. Et deux ou trois jours après elle vint prendre possession du beau palais de Luxembourg où l'on travailla à luy faire sa maison.

La Reyne, se voyant maistresse absolue, montra bientost qu'elle avoit l'autorité, et que M. le cardinal Mazarin n'étoit pas si mal dans son esprit que ses collègues. Le surintendant, connoissant que son poste étoit envié, demanda congé et l'obtint; il attendit pourtant que son fils baissast, et peut-estre que la Reyne donna dessus, comme pour donner un coup d'éperon au père.

C'étoient le Cardinal et M. de Beaufort qui disputoient de la faveur; car, encore que la Reyne eust fait ministre d'État M. l'évesque de Beauvais, l'on s'apercevoit qu'il n'étoit pas si bien qu'on avoit cru. Néanmoins les gens disoient et croyoient que le retour de madame de Chevreuse décideroit la chose et que cette princesse couronneroit le vainqueur; mais le Cardinal, qui l'avoit trouvée demi-détruite par l'évesque de Beauvais, ne s'en mit pas trop en peine, et puis elle luy donna beau jeu quand elle s'unit avec M. de Beaufort, dont la vanité et l'empressement commençoient de beaucoup déplaire à la Reyne. Madame de Chevreuse et ses amis étoient persuadés que sa présence rallumeroit cette grande affection que Sa Majesté avoit toujours eue pour elle, et que madame de Senecey, madame de Hautefort et les autres amies la secondant, le Cardinal succomberoit; l'on y fut pourtant trompé, et les spéculatifs du grand monde raisonnèrent mal, car cet homme tenoit par la nécessité, personne en France n'ayant connoissance des affaires étrangères comme luy, et tous les parents et toutes les créatures du feu cardinal favorisant son élévation, parce qu'il devoit sa pourpre et sa gratitude au défunt et à ses amis.

Mais voyons ce que fait M. d'Enghien, lequel aima mieux suivre sa pointe et se couronner de gloire à sa campagne que de se venir mesler dans les intrigues du cabinet, comme M. le Prince avoit désiré d'abord à l'instigation des ministres. Il commandoit une belle armée composée des meilleures troupes de France, et ayant su que les ennemis marchoient du costé de Rocroy et puis qu'ils l'avoient investi, il envoya en diligence M. de Gassion pour y jeter quatre cents hommes, ce qu'il fit, et il le suivit sous prétexte que ce secours n'étant pas suffisant, il y en falloit faire entrer un plus considérable, et cela afin d'engager ses gens au combat et réduire ses officiers principaux à y conclure, car M. le maréchal de l'Hospital, son lieutenant général, ne se pouvoit résoudre à hasarder ainsi notre royaume et toutes nos conquestes. J'ay appris depuis, et de bonne part, que le jeune prince raisonnoit de cette sorte : qu'étant battu, la cour seroit si embarrassée qu'elle ne l'en considéreroit pas moins, et que s'il battoit l'ennemy, il cueilleroit le plus beau laurier qu'homme de son âge pouvoit cueillir et se mettroit en la plus haute estime du monde. Il entraisne ainsi le maréchal, et ayant tout à fait embarqué la chose, il luy demande et aux autres ce qu'il faut faire; sur quoy M. de la Ferté Seneterre, se prenant à rire, dit : « Monsieur, vous n'estes pas en état de délibérer, puisqu'il ne vous est pas possible de ne point combattre. » Là-dessus la bataille est résolue ; l'on va aux ennemis, et sur la nouvelle qu'ils attendoient Beck le lendemain à midy, avec quatre mille hommes, l'attaque est commandée à la pointe du jour, afin qu'il n'arrive pas à temps. L'on charge au lever de l'aurore ; le bruit du canon anime les deux partis ; on combat avec une ardeur incroyable, et M. de Gassion ayant fait un tour de son métier, fut cause, après Dieu, de notre bonheur ; aussi M. le duc écrivit-il à la régente qu'il méritoit le baston de maréchal de France et qu'il la prioit de le luy donner, ce qu'elle promit par sa réponse, le voulant obliger de bonne grâce. L'on crut pourtant que madame la Princesse, qui étoit très bien avec la Reyne en ce temps là, vit la chose avec peine, quoique cet excellent capitaine fut digne de cet honneur, servant à merveille, n'épargnant jamais sa personne, se trouvant partout, allant continuellement aux nouvelles et tourmentant les ennemis jour et nuit, ce qui obligea d'abord les gens sensés de dire que ne pouvant faire, étant maréchal de France, ce qu'il faisoit maréchal de camp ou simple colonel, l'on ostoit au Roy le premier chevau-léger de son royaume et qu'il feroit grand besoin dans ses armées.

Certes notre victoire fut belle et complète, et il fallut que les Espagnols confessassent que leurs gens étoient moins braves que les nostres. Il est vray qu'ils poussèrent d'abord une des pointes de notre armée[1], qu'ils se saisirent du canon et le tournèrent mesme

---

1. L'aile gauche, commandée par le maréchal de l'Hôpital. (*Relation de Rocroy et de Fribourg,* par le marquis de la Moussaye dans le *Recueil* de la Monnoye. La Haye, 1714. In-4°, t. II, p. 298.)

contre nous; mais nos soldats, offensés de cette niche de la fortune, et secourus de leurs compagnons qui avoient passé sur le ventre des ennemis, le regagnèrent généreusement, et mirent en pièces les vainqueurs pour se venger de l'affront qu'ils en avoient reçu. En un mot on leur tua six ou sept mille hommes et il y en eut bien six mille de prisonniers, et sans le corps que Beck commandoit, qui se trouva à propos pour recueillir et arrester les fuyards, toute la grande armée espagnole étoit ruinée absolument et la Flandre en hasard.

M. d'Enghien, ayant si glorieusement garanti Rocroy et voyant l'épouvante par tout le pays, songea à prendre une place de réputation qui fut utile et importante à notre État. Il jeta les yeux sur Thionville, dépourvue d'hommes et par conséquent qui luy faisoit beau jeu, et pour couvrir son dessein, il s'en éloigne et prend quelques villotes et chasteaux qui ne luy coustèrent ni beaucoup de temps, ni beaucoup de sang, en attendant que M. le marquis de Gesvres investist ce rempart excellent du Luxembourg. Il exécuta ce qui luy avoit été commandé avec sa bravoure et sa diligence accoutumée, et M. d'Enghien arriva à Thionville deux jours après; mais avant que la circonvallation fut faite et les quartiers assurés, Beck y jeta huit cents hommes qui passèrent par celuy du comte de Grancey; ainsi elle dura plus qu'on n'avoit cru et nous y perdismes de bons hommes, entre autres ce M. le marquis de Gesvres que la France certes ne sauroit assez regretter, puisqu'il possédoit toutes les qualités qui font les héros; et voyez la cruauté de la fortune, la place fut rendue deux ou trois jours après et ce fut notre propre mine qui l'accabla et l'étouffa[1]. Madame de Blérencourt[2], sa tante, me disoit de luy, quand je la fus consoler de cette perte, qu'on l'auroit pu dire parfait, n'eut été un vice dont il étoit entaché, « mais, ajouta-t-elle aussitost, c'est le vice des honnestes gens : la vanité et un furieux desir de gloire. » Il en acquit certes beaucoup en ce siège et en toutes les autres occasions où il s'étoit trouvé, et s'il eut vécu il auroit passé au rang des illustres et plus renommés capitaines de l'Europe. J'ay voulu rendre ce témoignage à son mérite comme pour le payer en quelque façon des effets que j'ai reçus de son extrême courtoisie.

Mais pendant que M. le duc d'Enghien faisoit de si belles choses, il arriva de considérables changements à la cour. La Reyne accrut le nombre des ministres d'État par la promotion de M. l'évesque de Beauvais à cet important employ; M. le Prince le demanda aussitost pour M. de Longueville, son gendre, et la Reyne, n'osant le refuser, le luy promit à son retour de Munster où il alloit estre un des plénipotentiaires du Roy, et le surintendant des finances s'étant retiré comme j'ai dit, M. le président de Bailleul[3] et M. d'Avaux[4] furent

1. Louis Potier, marquis de Gesvres, lieutenant-général, mourut à l'âge de 33 ans, au siège de Thionville, le 4 août 1643, accablé sous l'effondrement d'une mine. Il s'étoit, dit Moreri, singulièrement signalé, avoit reçu 41 blessures et avoit mérité le brevet de maréchal de France.

2. Charlotte de Vieux-Pont, dame d'Annebaut, femme de Bernard Potier, seigneur de Blérencourt, oncle du marquis de Gesvres. (Note de M. Monmerqué.)

3. Nicolas de Bailleul, président à mortier, chancelier de la Reine, surintendant des finances en 1643, mourut en 1652.

4. Claude de Mesmes, comte d'Avaux, l'un des plénipotentiaires de Munster, mourut sans alliance en 1650. (Note de M. Monmerqué.)

mis en sa place, et exercèrent conjointement la surintendance, bien que peu propres à ce manége, et mal informés de ces sortes d'affaires. Monseigneur voulut aussi entrer pour son *vado*[1] en ces établissements de ministres des finances et demanda que M. d'Hemery[2] fust contrôleur général, et il fit l'affaire parce que d'Hemery étoit homme du cardinal Mazarin, lequel avoit employé La Rivière auprès de Monseigneur pour ne point paroistre là dedans. Et voyez qui fut admirable : M. de la Rivière, ami de M. d'Hemery, ayant trouvé facilité à le mettre dans le contrôle, crut qu'il le pourroit élever plus haut et porta son maistre à le proposer pour secrétaire d'État, avec le département de la guerre, luy disant qu'il avoit là besoin d'une créature confidente, sans considérer que M. le Cardinal y avoit la sienne ; et la chose ne réussit point, car M. de la Rivière n'avoit pas encore avec luy la liaison qu'il eut depuis, à cause que le Cardinal n'étoit point assez puissant, et qu'on se persuadoit à la cour qu'il auroit fort à faire à se maintenir contre madame de Chevreuse qui l'entreprenoit.

Mais c'étoit une chose plaisante à voir que la conduite du Cardinal avec M. de Chavigny, qu'il avoit adoré et encensé autrefois ; lorsqu'il vouloit parler de quelque affaire importante, il le laissoit seul, il lui ostoit la connoissance des médiocres autant qu'il pou-

1. *Vado,* mise en jeu, intérêt dans le jeu, terme du jeu de la bassette. (*Dict. de Trévoux.*)
2. Michel Particelli, sieur d'Hémery, d'abord contrôleur, puis surintendant des finances. « C'étoit, dit le cardinal de Retz, l'esprit le plus corrompu de son siècle..... il disoit en plein conseil que la foi n'étoit que pour les marchands. »

voit, et rien ne luy couloit plus par ce canal que goutte à goutte, dont il reçut tant de déplaisir, mesme de ce que les gens s'apercevoient de sa disgrâce, qu'il demanda congé et l'eut. Monseigneur demeura extrêmement surpris de sa brusque retraite, car il avoit prié la Reyne de ne le point laisser aller, lorsqu'il parla de se retirer quand et son père. Et voicy qui vous va sembler admirable : M. Goulas et quelques autres ayant échauffé Monseigneur là dessus, il se plaignit partout que la Reyne fist des choses de cette conséquence sans sa participation; il le luy dit luy-mesme et ne dissimula point son déplaisir de ce qu'elle sortist du conseil un sujet portant son caractère, et elle luy répliqua qu'elle n'avoit point cru ni dû croire que son chancelier l'eust pressée de luy donner congé, sans luy avoir communiqué son dessein, et eu de luy la permission de luy en parler; propos qui ferma la bouche de Son Altesse royale et apaisa incontinent tout son mécontentement et toutes ses plaintes. Sur quoy les malins de la cour dirent avec raison que le cardinal Mazarin, qui avoit porté la parole pour M. de Chavigny, son amy, et demandé son congé, avoit agi de bon cœur en cette rencontre, parce que la Reyne, voulant que M. de Brienne fust encore secrétaire d'État, et la créature du Cardinal branlant, il avoit abandonné pour la sauver M. de Chavigny, son créateur[1].

Ce fut alors qu'arriva ce gros essaim de malheureux qui avoient été éloignés à diverses fois et à divers temps : madame de Senecey qui demanda de rentrer

---

1. La reine regardoit Chavigny comme le principal auteur du testament de Louis XIII, et des restrictions mises par ce prince à sa régence. (*Mémoires de Motteville*, t. I, p. 104.)

dans sa charge et y rentra, et madame de Brassac eut cent mille francs de récompense ; madame de Hautefort qui reprit sa place dans les bonnes grâces de la Reyne, laquelle rétablissant madame de Senecey auprès d'elle voulut qu'elle prist la conduite du Roy et le gouvernast, éloignant madame de Lansac, sans luy rien donner, à cause qu'elle avoit mal vécu avec Sa Majesté durant la vie du cardinal de Richelieu[1] ; Mrs de Guise, d'Elbeuf, d'Épernon, de la Vieuville[2], enfin madame de Chevreuse et tous les autres qui ne songent qu'à se faire rendre leurs établissements et leurs biens.

M. le cardinal Mazarin ne manqua pas de faire toutes sortes d'avance à madame de Chevreuse, qu'elle refusa dans la pensée de mettre incontinent M. de Chasteauneuf à sa place, ce dont il étoit bien averty ; aussi prit-il ses précautions là-dessus auprès de Sa Majesté, luy faisant toucher du doigt les inconvénients où elle tomberoit si elle appeloit cet homme dans le conseil ; ensuite de quoy il laissa agir M. le chancelier contre luy, lequel ne l'épargna pas et luy porta de bonnes bottes. Mais la Reyne ne s'expliquant point, madame de Chevreuse s'impatiente et, croyant avec raison que le rebut de M. de Chasteauneuf montroit trop clairement la diminution de sa faveur prétendue, elle en parle à Sa Majesté ; elle se plaint de sa place,

1. On lit de plus grands détails sur le retour de mesdames de Senecey, d'Hautefort et de Chevreuse dans les *Mémoires de Madame de Motteville*, t. I, p. 103 et suiv.

2. Le feu roi, durant sa dernière maladie, avait rappelé ces exilés ; mais ils n'étaient pas encore revenus à la cour quand il mourut.

elle se prend au cardinal Mazarin et s'explique en des termes qui donnèrent lieu à la Reyne de soupçonner qu'elle est revenue persuadée qu'elle a tout pouvoir sur son esprit. Mais ce M. de Chasteauneuf surprit étrangement la compagnie quand il se présenta avec l'habit, la contenance et la démarche de chancelier, soutenant hautement que M. Séguier n'étoit que garde des sceaux et prétendoit à tort une charge et une qualité qui luy appartenoit. Et certes tous les vieux courtisans s'étonnèrent que la Reyne souffrist que ces gens se comportassent de la sorte et qu'elle témoignast tant de facilité en un siècle où les esprits étoient si disposés à la licence et au mépris du souverain; qu'elle fist de grandes libéralités, lorsque la guerre et les charges de l'État consumoient tant de finances, et où l'on étoit si instant sous l'appréhension de tomber en une horrible nécessité; qu'en quatre jours elle eust fait douze maréchaux de camp, la plupart jeunes gens qui n'avoient vu que deux campagnes, ce qui dégoustoit du service les personnes de condition, anciens serviteurs du feu Roy, et luy mettoit cent importuns sur les bras.

Cependant ce qui se traitoit à notre cour dissipa tous ces murmures et donna matière d'entretien au Palais-Royal et à la ville. M. Le Coigneux étoit revenu d'Angleterre, et bien qu'il eust protesté d'abord de n'avoir point la pensée de rentrer chez Son Altesse royale, craignant de révolter nos gens contre luy et les avoir peu favorables en ce dont il étoit question alors, c'est-à-dire d'estre rétably dans sa charge de président au mortier; dès qu'il eut obtenu cette grâce avec assez de facilité, il ne se souvint plus de ce qu'il avoit dit si souvent et si haut; il découple tous ses amis après Monseigneur qui le circonvallent et le pressent de rendre à M. Le Coigneux ce que M. de Chavigny a usurpé dans sa maison; il luy en parle mesme quand il le sollicite d'appuyer ses intérests auprès de la Reyne touchant sa charge du Parlement; il luy représente qu'il a été son martyr, et qu'il a souffert dix ans de persécution à cause qu'il étoit son domestique et l'honoroit de sa confiance. Monseigneur ne répondant pas catégoriquement, il le pressa davantage, car l'ayant gouverné il le connoissoit, et il en tira enfin cette parole qu'il ne le violenteroit jamais. On le tourmente néanmoins au nom de Son Altesse royale, on lui demande sa démission moyennant cinquante mille écus, qui est ce que luy a cousté la charge de chancelier, et d'autant qu'il hésitoit toujours, on luy fit dire, de Monseigneur et de son consentement, que s'il ne vouloit accepter cette récompense et envoyer sa démission, l'on consigneroit la somme en main tierce, afin qu'il la retirast dans un certain temps, après quoy il seroit destitué. Ce propos l'ayant étonné et embarrassé, il entra en quelque traité et fit des propositions ridicules qui furent rejetées. Le bruit étoit que M. de la Rivière, son ennemy, et M. Goulas, qui avoit sujet de ne le pas aimer, ne le vouloient point dans la maison, et l'on trouvoit fort étrange qu'ils préférassent un homme qui avoit toujours persécuté leur maistre à celuy qui l'avoit toujours bien servy; à quoy ils répondoient que Monseigneur ne tomboit point d'accord qu'il en eust été toujours bien servy, et qu'ainsi il ne le devoit point réduire à s'expliquer là dessus et dire les raisons pour lesquelles il ne le vouloit plus dans sa maison; qu'il se devoit contenter qu'il l'eust remis dans le Parlement et qu'il luy offrist récompense; qu'il étoit inouï qu'on servist un maistre malgré qu'il en veut; qu'on l'offensoit de témoigner comme un dessein de le prendre à force; qu'enfin cette conduite de M. Le Coigneux étoit mauvaise, puisque indubitablement elle ne luy réussiroit pas.

Certes toute la cour murmuroit de cette préférence que Son Altesse royale donnoit à M. de Chavigny, mesme Monseigneur ayant dit qu'en certaines rencontres il luy avoit perdu le respect et l'avoit poussé à bout. Mrs Goulas et La Rivière donc le soutinrent et firent changer leur maistre, luy alléguant qu'il étoit glorieux à Son Altesse royale qu'un des ministres de l'État fust son chancelier, qu'un homme que l'on envoyoit à Munster traiter pour la paix générale, y allant avec ce caractère, luy donneroit un extrême éclat parmi les étrangers; qu'il luy falloit un sujet de ce talent dans ses affaires, un homme vigoureux et ferme, un homme intelligent et habile qui savoit la cour à merveille, qui y avoit de grandes habitudes, qui ayant été poussé et outragé par la Reyne, ne pouvoit jamais favoriser ses interests et estre son serviteur. Quant à M. de Chavigny, il désiroit cet employ parce qu'il sentoit défaillir son ministère, et ne croyoit point se garantir qu'en s'appuyant de Monseigneur, de si grande considération dans l'État par sa naissance et sa qualité de lieutenant général. D'ailleurs tous ses proches, désespérés de ce qu'il étoit sorty de sa charge, et craignant sa ruine totale dans laquelle ils voyoient la leur, le tourmentoient et le poussoient à s'appuyer de Son Altesse royale, lequel non seulement pouvoit fermer la bouche à M. Le Coigneux, mais mesme le faire lutter contre le cardinal Mazarin ; et certes le dépit, mauvais conseiller, luy fit faire une horrible faute quand il demanda congé et vendit sa charge de secrétaire d'État : il avoit trop d'esprit pour ne pas le reconnoistre bientost ; mais il n'y put remédier, la chose étant faite et la Reyne engagée. Ainsi il fallut prendre quatre cent mille francs que donna M. de Brienne le lendemain du jour qu'il luy mit entre les mains sa démission. La Reyne prétendoit qu'il ne touchast que cent mille écus, et Monseigneur, feignant d'être mécontent, à l'instigation de M. Goulas, et refusant d'aller au conseil, l'on envoya offrir encore cent mille francs qui furent acceptés, *e pace con tutti*. Et considérez de grâce à quel point cet homme qu'on tenoit avoir tant d'esprit fut aveuglé par sa gloire : il savoit que le ministre vouloit une personne confidente à sa place, comment ne pas aller au devant, et proposer, selon le conseil de M. Goulas, de changer de département avec celuy de ses confrères qu'il luy nommeroit ?

Mais, pour revenir à M. Le Coigneux, Monseigneur désiroit qu'il rentrast dans sa charge de président et reprist son rang, et M. le Prince s'efforçoit de maintenir son intendant, M. de Nesmond, qui l'exerçoit ; il n'étoit donc pas aisé de les contenter tous deux, car Messieurs du Parlement ne goustoient point qu'on créast de charges nouvelles, mais la fortune s'en mesla et accommoda la chose. M. de Bullion étant mort quelque temps auparavant, et sa charge n'ayant pu estre remplie par son fils, faute de l'âge, on luy fit trouver bon d'en prendre récompense, quoique la Reyne, se souvenant des services du père, y résistast; néanmoins, luy l'en priant, elle l'agréa; si bien que M. Le Coigneux fut président de la cour avec son rang, et M. de Nesmond demeura, mais le dernier, quoique M. le Prince fist beaucoup de pas et employast tout son crédit pour le cramponner à sa place. Nous verrons tantost ce qui se passa à l'occasion de la charge de chancelier de Son Altesse royale.

FIN DU PREMIER VOLUME.

APPENDICE

1.

(Voir p. 36.)

.....[1] Cependant comme je n'ay pas encore parlé de la bravoure du duc de Buckingham, de la magnificence de sa flotte, de ses forces, de ses desseins, il est temps d'en dire quelque chose. Il avoit constamment[2] plus de cent vaisseaux et plusieurs de ces ramberges qu'ils appellent, lesquelles ressemblent à des chasteaux pour dominer et tyranniser la mer et la tenir de quelque façon captive. Il y avoit dessus dix mille hommes de combat[3], de braves chefs, quantité de gens de condition de la cour du Roy son maistre, et de l'artillerie sans nombre, de sorte que quand elle tiroit toute, il sembloit estre le Jupiter tonnant des poëtes, au milieu de tant de foudres. La soie, l'or, l'argent, l'ivoire éclatoient dessus et dedans ses vaisseaux ; des provisions de toute sorte pour la bonne chère ; les délices, les parfums, la propreté, la politesse de mesme qu'à Londres ; les plus beaux chevaux du monde pour les carrosses et pour le combat s'il mettoit pied à terre ; et luy avec la mesme courtoisie, mais toujours accompagnée de grandeur et de majesté, qui le faisoient respecter et aimer également de tous.

Il publia d'abord un manifeste dans lequel il exposoit que le

1. Ces détails sur le siège de La Rochelle sont reproduits d'après le Ms. de Vienne, fol. 133 et suiv.
2. Certainement.
3. Bassompierre dit : huit mille hommes.

roy son maistre, ne pouvant oublier l'injure faite à Sa Majesté par le roy de France, s'étoit résolu d'en tirer raison et de se venger de ce qu'il avoit fait périr de faim et de misère douze mille de ses sujets, refusant l'entrée de son royaume au comte de Mansfeld, que ses troupes, destinées pour le secours du prince palatin roy de Bohême, devoient joindre; ce que n'ayant pu faire et seconder Mansfeld, le prince beau-frère du roy son maistre avoit perdu ses états, manquant de tout pour les défendre. Qu'outre ce sujet si légitime de satisfaire son ressentiment, le roy son maistre avoit encore pour but d'empescher l'oppression des réformés de France et de les protéger à l'avenir, leur roy les voulant exterminer et promettant de les chasser de son royaume, quoiqu'il leur eust tant de fois accordé la liberté de conscience, et qu'il eust promis au roy son maistre, intervenu dans tous les traités, de les considérer de mesme que ses autres sujets. Qu'il n'avoit point fait raser le fort Louis, comme l'on étoit convenu; que plusieurs navires anglois ayant été arrestés dans les ports de Normandie et de Bretagne et les marchands souffert de grandes pertes, l'on ne pouvoit avoir raison, etc.....

Mais cet écrit ridicule en toutes ses parties n'opéra rien et ne justifia ni son armement, ni sa rupture; nos huguenots mesme s'en moquèrent. Arrivant à Rhé, il envoya vers les Rochelois leur demander d'estre reçu dans leur ville, et ces républicains n'agréant pas trop la demande et la refusant civilement, la batterie fut changée et les prières suivirent de l'accommoder de vivres pour son argent, ce qu'ils luy accordèrent, et très imprudemment certes, puisqu'ils avancèrent ainsi la perte de leur ville, et que s'ostant le pain, ils s'ostèrent le moyen de conjurer la tempeste qui les menaçoit et qui les engloutit.

Il ne se peut de plus brave descente que celle qu'il fit en Rhé[1]; jamais il ne fut tant canonné que quand il mit pied à terre, car Toiras, gouverneur du pays d'Aulnis et de l'Isle, brave et expérimenté capitaine, luy disputa le terrain, investit mesme ses gens dans leurs chaloupes, et ne céda qu'à leur nombre et

1. La descente des Anglais en l'île de Ré et le combat eurent lieu le 23 juillet 1627.

non pas à leur valeur. Que si le duc acquit icy quelque gloire, elle luy cousta fort cher, ayant perdu de ses meilleurs et principaux officiers, mesme Saint-Blanquart que le duc de Rohan tenoit auprès du roy d'Angleterre, homme extrêmement estimé et considéré dans le parti huguenot, et très capable de servir de la teste et de la main.

Les Anglois descendus trouvèrent à dire quatre ou cinq cents de leurs hommes, et les François quarante ou cinquante et sept à huit braves gentilshommes de condition : le baron de Chantal[1] entre autres, des plus accomplis de la cour, et Restinclier[2], frère de Toiras, capitaine aux gardes.

Toiras, retiré dans son fort Saint-Martin, y trouva environ quinze cents soldats, mais la place étoit sans parapet et par conséquent fort mauvaise; il n'avoit pu la mettre en état faute de temps ou d'argent. Ses gens s'étonnèrent de ce qu'ils ne croyoient point se pouvoir défendre là dedans, ni recevoir du secours, les ennemis tenant la mer fermée et couvrant de la multitude de leurs vaisseaux tout le rivage, ce qui lui causoit beaucoup d'inquiétude. Néanmoins il les entreprend et leur parle magnifiquement de leur grand cœur et de leur zèle au service du Roy, et avec mépris des Anglois ; il les remplit d'espérance, et donnant ordre à ses munitions, ses vivres, son artillerie, il met la pique et la pelle entre les mains de ses soldats, répare les lieux ouverts et plus foibles, assigne à chacun son poste pour le travail et le combat, et change tellement tout le monde que les plus froids devinrent les plus ardents et impatients d'affronter et de joindre l'ennemy.

L'on a dit et cru avec fondement que si le duc eust suivy sa pointe après le combat, la consternation où l'on étoit dans le fort y eust causé quelque révolte, et l'on y auroit songé à traiter nonobstant les remontrances du gouverneur et la résistance des capitaines.

Le lendemain les ennemis firent leurs approches, et, ne manquant pas de canons, dressèrent quatre batteries qui tonnèrent et foudroyèrent sans relasche. Les assiégés ne craignoient

1. Le père de madame de Sévigné.
2. Restinclières le jeune, frère puîné de Toiras.

alors que la faim, parce qu'ils avoient travaillé et mis leur place en assez bon état; elle leur parut de défense, la peur étant dissipée, et il est certain que quelques jours après elle fut assez bonne pour les assurer.

Buckingham se promettoit de les avoir faute de vivres, aussi ne les pressa-t-il pas, voulant épargner le sang des siens, et ne s'appliqua particulièrement qu'à empescher qu'il n'y en entrast. Mais Monsieur, ainsi que j'ay dit, ayant fait partir d'Andouins avec ses pinasses qui passèrent presque toutes [1], apprit aux assiégés qu'ils en auroient et qu'on ne les laisseroit pas sans pain.

En effet, dès que le Roy fut au camp, le cardinal de Richelieu, voulant avoir la gloire du salut de cette place, envoya préparer et équiper plusieurs petits vaisseaux de divers ports, et les ayant fait charger de toute sorte de rafraichissements, ils entrèrent la plupart et la munirent, de sorte que Buckingham eut mauvaise opinion de son entreprise, mesme voyant que ses vaines attaques l'avoient extrêmement affaibly.

Quelque renfort luy étant arrivé d'Angleterre, les Rochelois et les François du party le conjurèrent de donner encore un assaut; il en tomba d'accord, et pour les contenter il perdit encore trois cents hommes, c'est-à-dire par sa complaisance. Enfin tant de pertes et de malheurs le rebutèrent, il se retira comme il sut que le Roy faisoit passer de ses meilleures troupes dans l'isle afin de le combattre sur son embarquement. Elles firent telle diligence et arrivèrent si à propos, que Toiras les ayant joint avec quatre à cinq cents des siens, ils chargèrent tous ensemble les Anglois dans leur retraite, leur tuèrent quatorze à quinze cents hommes, en prirent cent cinquante et parmy eux deux ou trois mylors qui eurent honte de fuir après tant de fanfares, leurs drapeaux, quatre pièces de canon, enfin emportèrent une victoire complète et entière.

Le maréchal de Schomberg et Toiras acquirent là beaucoup d'honneur, et la noblesse de la cour donna de belles preuves de son courage, n'ayant pas été paresseux à se mettre en mer pour avoir part à la gloire de cette action. L'on porta aussitost les

1. Dans la nuit du 7 au 8 octobre.

drapeaux au Roy (il y en avoit quarante-quatre), et Sa Majesté ayant su qu'il se trouvoit plusieurs gentilshommes anglois entre les prisonniers, les renvoya et en fit comme un présent à la Reyne sa sœur, beau à la vérité et digne d'un grand roy victorieux et modéré dans son bonheur.

Mais admirons icy l'injustice de la cour et le pouvoir qu'y a la fortune et la calomnie; Toiras y fut déchiré et noircy de mille manières, c'est-à-dire par les émissaires du cardinal de Richelieu que le Roy savoit ne l'aimer pas; aussi les mauvais prosnes firent-ils peu d'impression et n'empeschèrent point Sa Majesté de luy donner cent mille écus et cent mille louanges. Bientost après son fort Saint-Martin fut démoly et rasé, de crainte que ces mesmes Anglois ou d'autres étrangers ennemis ne le surprissent et s'y maintinssent.

Mais voicy un mot admirable de Monsieur sur le sujet du duc de Soubise, et qui mérite d'avoir place dans ce récit. L'on contoit en sa présence comment, le jour de la descente des Anglois en Rhé, il alla voir sa mère malade à La Rochelle, et les braves le blasmant d'avoir ainsi négligé une occasion de si grand éclat, Son Altesse royale dit brusquement à sa manière qu'ils avoient grand tort, car, étant zélé huguenot et très attaché à l'Écriture, il avoit gardé le précepte à la rigueur, lequel enseigne d'honorer père et mère afin de vivre longuement sur la terre. Je n'oublieray point non plus une espèce de prodige d'un soldat gascon, natif d'Agen, qui passa sous les vaisseaux anglois et nagea deux ou trois lieues pour gagner terre et le camp du Roy lorsqu'on étoit plus en peine de la place et qu'on désiroit extrêmement des nouvelles; il est vray qu'il n'en pouvoit plus arrivant au rivage, qu'il évanouit, et qu'ayant repris ses forces il assura que les poissons l'avoient pensé dévorer, et il paroissoit à sa peau qu'ils étoient grands et avec des dents bien tranchantes. Il portoit un billet à son col dans du plomb, lequel donnoit avis de l'extrémité des assiégés et qu'il les falloit secourir dans trois jours, après la date manquant de tout et n'ayant de quoy manger que pour jusque là.

Le Roy, bien averty de l'imprudence des Rochelois qui s'étoient dessaisis de leurs blés et de leurs vivres, se résolut de les bloquer tout à fait et de les prendre par longueur de siège. Il avoit déjà le fort Louis d'un costé et d'autres forts bien avancés vers le canal, si bien qu'il en commanda encore sur les avancées principales, puis des redoutes et des lignes selon les maximes de la guerre.

Mais Monsieur, connoissant que la lieutenance générale n'étoit rien le Roy présent, et que Sa Majesté passeroit là l'hiver, enfin que le cardinal de Richelieu, toujours affamé de gloire, se mesloit de tout et ne pouvoit souffrir que personne s'occupast mesme de sa charge, demanda congé et s'en alla à Paris où la Reyne sa mère étoit avec le pouvoir et un conseil en l'absence du Roy.

Durant que l'on battoit les Anglois en Rhé et que l'on resserroit les Rochelois, le duc de Rohan sonnoit l'alarme en Languedoc et ralliait les huguenots de la province et des voisines. Il convoqua une assemblée de la secte, où il se fit déclarer général des armes du party; et l'on y résolut qu'ils s'uniroient avec les Anglois et ne s'accommoderoient jamais sans les comprendre dans le traité. Mais comme ces peuples étoient fort las des troubles, plusieurs écoutèrent un certain envoyé du Roy nommé Galland, lequel, étant huguenot, leur sembloit moins suspect, et étant homme d'esprit et éloquent, leur parloit de sorte qu'il les maintenoit en l'envie de ne rien innover et de jouir en paix du bénéfice des édits.

En effet, Montauban et Castres, deux villes si dévouées à la cause et enclines à la rébellion, ne voulurent plus estre rebelles, et se rendirent aux raisons de Galland, ou pour mieux parler à la raison; tout le pays de Foix et de bonnes villes des environs demeurèrent dans l'obéissance et surent fort bien réparer ce qu'ils devoient au souverain. Mais le duc de Rohan, ayant mis ensemble quatre mille hommes, et conservant intelligence en beaucoup d'endroits avec les factieux et les mutins, débaucha quelques unes de celles cy, sans faire pourtant de progrès considérables; car le duc de Montmorency, gouverneur de Languedoc pour le Roy, s'étoit mis en campagne, et approchoit, et sa présence retenoit les gens et les empeschoit de se déclarer. M. le Prince parut aussi en mesme temps avec ordre de commander les armes de Sa Majesté dans ces provinces, ce qui ne plut guères au duc de Montmorency, quoique son beau frère, et il travailla aussitost aux affaires du Roy avec l'or et avec le fer,

APPENDICE. 475

ayant corrompu Brizon[1], un des principaux chefs des huguenots, lequel livra des places sur le Rhosne, qui incommodoient la navigation, et ainsi le commerce fut incontinent rétably. Ce faux frère ne le porta pas loin; l'on ne luy pardonna pas, et les zélés de la cause et du pillage qui cessoit l'assassinèrent.

Environ ce temps, le père de Bérulle, général de l'Oratoire, fut fait cardinal à la recommandation de la Reyne mère, et je le remarque à cause qu'on le regarda depuis dans la cour comme celuy qui disputeroit sa faveur et sa confiance au cardinal de Richelieu, étant sa créature de mesme que luy, et une créature plus soumise et plus dépendante. L'autre donnoit déjà de l'ombrage, et le garde des sceaux de Marillac, son ennemy, marquoit toutes ces choses et révoltoit sa maistresse à toute occasion.

Ce fut encore vers ce temps là que mourut le maréchal de Thémines, l'un des plus déterminés hommes du monde; il fut emporté à La Rochelle par une maladie ou par la vieillesse, lorsqu'il témoignoit plus de zèle pour le service du Roy et de son État. Il avoit été maréchal de France à cause qu'il arresta M. le Prince durant la régence de la Reyne et la faveur du maréchal d'Ancre; toujours dévoué aux puissants, et par conséquent chéri d'eux, il accepta le gouvernement de Bretagne à la disgrâce du duc de Vendosme; mais s'il étoit très brave soldat, beaucoup le tenoient mauvais capitaine; et il est certain qu'à Montauban il fit tant tuer de gens à son attaque de Ville-Bourbon, qu'il rebuta tout le monde; il la fallut enfin abandonner. Il désiroit beaucoup commander les secours de Rhé et les troupes d'élite qui passoient la mer pour combattre les Anglois; il eut été ravi de cueillir un si beau laurier avant mourir, mais Dieu le tira du monde et mit fin à sa vie et à son ambition. Certes elle étoit très raisonnable en cette rencontre, cette ambition, et bien séante à un vieux seigneur françois passionné pour son Roy et pour sa patrie, aussy fut-elle louée de tous; et Sa Majesté, après avoir regretté la mort de ce serviteur, honora sa vertu de mille éloges.

1. Joachim, baron de Beaumont, seigneur de Brison, de la maison de Grimoard de Beauvoir du Roure, dit *le brave Brison*.

M. le Prince, arrivant de Languedoc, alla à Toulouse et y porta quelques édits sur lesquels il y eut du bruit, et un certain confident du duc de Rohan, envoyé par luy pour débaucher le pays de Foix, étant tombé entre les mains de ce parlement sévère, et échauffé déjà sur l'oppression de la province et les désordres de la guerre, paya de sa teste et la laissa sur un échaffaud. M. le Prince reçut la nouvelle à Toulouse de ce qui s'étoit passé à Montpellier; le duc de Rohan, qui avoit intelligence dans la citadelle et se jugeoit en état de l'emporter et de s'emparer aussi d'une si bonne et si riche ville, se trouva loin de son compte, parce que l'intelligence étant double et le marchand de mauvaise foy, le gouverneur de la citadelle et luy attirèrent plusieurs de ses braves dans le filet et firent périr plus de quatre cents hommes, entre lesquels il y avoit près de quarante de ses meilleurs officiers.....

II.

(Voir p. 114.)

Lettre de Gaston, duc d'Orléans, à M. de Lorraine.

Mon frère, j'avois bien cru que la violence du C. de R.[1] étoit extresme; la détention de la Reyne, madame ma mère, m'en étoit une preuve bien certaine, et je m'étois mesme imaginé qu'elle iroit bien jusques au point de ne me souffrir dans la cour, ni mesme dans ma maison d'Orléans, à cause de la proximité de Paris, mais je n'eusse jamais pensé qu'il se fust porté à me forcer de sortir du royaume, et ainsy je ne jugeois pas avoir le bien de vous voir pendant mon malheur. Aujourd'huy, me trouvant surpris dans . . . .[2] encores que j'aie été bien reçu en la Franche Comté, et particulièrement en

1. C. de R., c'est-à-dire : du cardinal de Richelieu.
2. Quelques mots n'ont pu être lus par M. Monmerqué, qui indiquait en note que cette lettre, ainsi que les suivantes, était transcrite sur une copie de lettres du duc d'Orléans faisant partie de son cabinet.

cette ville, néanmoins parce que ce séjour tire à quelque conséquence, et que quand on porteroit le Roy, mon seigneur, à me faire un pire traitement que celuy que je reçois, je ne voudrois rien faire qui luy put déplaire, joint que je ne puis estre en aucun lieu si en seureté qu'en vos États, je vous conjure par l'amitié que vous m'avez promise de m'y vouloir donner retraite. J'attends la réponse de cette lettre que vous rendra le s^r du Fretoy, pour partir de ce lieu; je vous prie qu'elle soit aussi favorable que je l'espère, en la peine où je suis, vous assurant que j'en auray tout le ressentiment que mérite une telle obligation que je vous demande avec la mesme affection que je seray toujours,

  Mon frère,
   Votre très affectionné frère,
    Signé GASTON.

A Besançon, ce 30 mars 1631.

III.

(Voir p. 117.)

Lettre de Gaston, duc d'Orléans, à M. Roger, son procureur général.

Monsieur Roger, désirant d'estre informé bien particulièrement de tout ce que vous avez fait touchant cette requeste que je vous avois envoyée et de plusieurs circonstances sur ce sujet que vous n'avez pas pu m'écrire, ne manquez pas à l'instant que vous recevrez cette lettre de vous mettre en chemin pour vous rendre près de moy, le plus tost qu'il vous sera possible. Je m'assure que cognoissant comme c'est pour une chose qui importe à mon service, vous n'y perdrez pas un moment; aussi ne le devez-vous faire, si vous voulez que je croie que vous y estes affectionné, et que je suis aussi toujours,

  Monsieur Roger,
   Votre bien bon amy,
    GASTON.

A Nancy, ce dernier avril 1631.

IV.

(Voir p. 117.)

Autre lettre de Gaston au même M. Roger, son procureur général.

Monsieur Roger, j'ay été bien étonné d'apprendre que vous avez été arresté chez le chevalier du guet, vu que vous m'avez mandé que l'on étoit satisfait de l'ordre que vous avez tenu touchant les commandements que je vous ai faits, et comme deux choses si contraires ne peuvent pas s'accorder, j'ai aussi beaucoup de sujet d'en avoir une créance qui n'est pas à son avantage, jusques à ce que j'aie été pleinement informé par vous mesme des circonstances de cette affaire et pourquoy vous ne vous y estes gouverné comme je vous l'avois commandé. Je vous écrivis ces jours passés de vous rendre près de moy pour cet effet le plus tost qui vous seroit possible, mais comme je doute que mes lettres vous aient été rendues, j'ai bien voulu vous confirmer par celle cy la mesme chose, m'assurant que vous n'y ferez faute en tant que vous désirez que je sois toujours,

   Monsieur Roger,
    Votre bien bon maistre,
          GASTON.

A Nancy, ce 28 may 1631[1].

---

1. Par une troisième lettre datée d'Épinal, du 4 juillet 1631, le sieur Roger fut positivement mandé. (Note de M. Monmerqué.)

SOMMAIRES

CHAPITRE XIV [1].

L'état de la cour quand le sieur de la Mothe y entra et comment il fut traité de Son Altesse royale (1626-1627). — Arrivée de Goulas à la cour de Monsieur en qualité de gentilhomme ordinaire de la maison du prince, p. 1. — Présentation de Goulas à Monsieur (Noël 1626), p. 2. — Premières relations de Goulas avec M. Passart, un des aumôniers de Monsieur, p. 3. — Présentation de Goulas chez le duc de Bellegarde, p. 5. — Chez MM. Le Coigneux et de Puylaurens, p. 6. — État de la cour de Monsieur en 1627, p. 7. — Élévation de Puylaurens et de Bois d'Ennemetz, p. 9. — Situation du duc de Bellegarde, p. 10. — Crédit de M. Le Coigneux, p. 11. — De MM. de Houailly, de Brion, des Ouches, de Patrix, de Maulevrier, p. 12. — Inclination de Monsieur pour le comte de Moret et pour M. de Bouteville, p. 14. — État de la cour du roi en 1627, p. 15. — Portrait de Louis XIII, p. 16. — Situation de la reine mère, du marquis d'Effiat et de M. de Marillac, p. 17. — Projets de Richelieu confiés à M. du Tremblay, frère du père Joseph, p. 19. — Le cardinal dépêche M. de Bassompierre vers le roi d'Angleterre, et envoie le duc d'Angoulême en Poitou, p. 21. — Divertissements de Monsieur, p. 22. — Relations de Goulas avec M. d'Hozier, le généalogiste, p. 23. — Aventures de Monsieur avec le comte de Brion, à propos de leurs courses nocturnes, ibid.

CHAPITRE XV.

De la mort de Madame et du voyage de La Rochelle (1627). — Goulas reçoit de M. Passart de bonnes leçons de conduite, p. 25. — Naissance de Mademoiselle et mort de Madame, p. 27. — Propos du duc de Bellegarde sur la naissance de Mademoiselle,

---

1. Voir, à la note 1 de la première page, pourquoi l'ouvrage commence au chapitre XIV.

p. 28. — Chagrin de Monsieur à la mort de Madame, p. 29. — Exécution de MM. de Bouteville et des Chapelles, ibid. — Monsieur, mécontent, se retire à Chantilly, p. 30. — Goulas est employé aux messages et compliments de Monsieur pour le roi, malade à Villeroy, p. 31. — Monsieur reçoit ordre de partir pour La Rochelle, p. 32. — Puylorens profite de ce départ pour se défaire de Bois d'Ennemetz, ibid. — Disgrâce et mort de ce dernier, p. 33. — Premières escarmouches des gentilshommes à la suite de Monsieur devant La Rochelle, p. 34. — Arrivée du roi au quartier d'Aytré, p. 35. — Maladie de Goulas, p. 36. — Son retour à Paris, p. 37.

CHAPITRE XVI.

Des sentiments, des passions et de l'état de l'âme du sieur de la Mothe, au retour du premier voyage de La Rochelle et après sa grande maladie (1628). — Goulas se reprend de passion pour une demoiselle qu'il avait servie autrefois, p. 39. — Il se lie d'amitié avec M. de Brasseuse, avec lequel il fréquente le salon de Mme de Nogent du Tillet, p. 40. — Goulas s'adonne à l'étude de l'histoire, suivant les conseils de M. Passart, p. 44. — Monsieur court le cerf à Chantilly, ibid. — Goulas commence à entrer dans la familiarité de Monsieur, p. 45. — Il visite Mme de Mortefontaine, sa tante, p. 47. — MM. de Boissettes et de Brasseuse donnent, pendant trois nuits consécutives, les vingt-quatre violons à Mme de Nogent, p. 49.

CHAPITRE XVII.

D'un second voyage de M. de la Mothe-Goulas à La Rochelle, et d'un autre en Piémont (1628-1630). — Monsieur part comme volontaire pour le siège de La Rochelle, p. 52. — Il est reçu chez le baron de Boisgeoffroy, p. 53. — Détails sur le siège de La Rochelle, p. 54. — Le roi, à peine revenu de La Rochelle, repart pour le Piémont, p. 55. — Mésintelligence entre la reine mère et le cardinal, p. 56. — Goulas négocie l'acquisition d'une compagnie dans un des vieux régiments, p. 57. — Le roi force le Pas de Suze et reçoit Madame Royale, p. 59. — Monsieur ne rejoint pas le roi, à cause de l'affaire de Marie de Gonzague; détails sur cette affaire, p. 61 et suiv. — Goulas quitte l'armée du roi et joint Monsieur à Montargis, p. 66. — Monsieur passe en Champagne et fait dessein de se retirer en

Lorraine, p. 67. — Arrivée de Monsieur à Nancy, sa réception par les princes lorrains, p. 68. — Propos des courtisans de Monsieur sur le cardinal, p. 69. — Anecdote relative aux relations amoureuses du duc de Lorraine avec Mlle de Savigny, p. 71. — Le père de Condren négocie l'accommodement de Monsieur avec le roi, p. 73. — Réconciliation du roi avec Monsieur, p. 74.

CHAPITRE XVIII.

De l'amitié que fit le sieur de la Mothe-Goulas avec le père de Condren, et des merveilleuses qualités de cet excellent père. — Habitudes et pratiques du père de Condren, son éloge, p. 75 et suiv. — Sa mort, p. 82.

CHAPITRE XIX.

De ce qui s'est passé depuis la réconciliation de Monsieur avec le Roy et la Reyne, sa mère, qui se fit à Troyes, jusques à la rupture d'éclat de Son Altesse royale avec M. le cardinal de Richelieu (1630).
— Occupation de la Valteline par les Espagnols, p. 85. — Départ du cardinal de Richelieu, p. 86. — Visite de Monsieur au roi, p. 87. — Propos de la cour sur les actes et les projets du cardinal, *ibid.* — Émotion du duc de Savoie à la nouvelle de la prise de Mantoue, p. 89. — Maladie du roi à Lyon, et craintes du cardinal, p. 90. — Projets formés à la cour de Monsieur pendant la maladie du roi, p. 91. — Causes de l'aversion de la reine mère pour Richelieu, p. 93. — Journée des Dupes, p. 94. — Monsieur, mécontent, se retire à Orléans, p. 98. Le cardinal de la Valette est envoyé vers Monsieur pour l'engager à retourner à Paris, p. 99. — Fête offerte à Monsieur par Léonard Goulas, secrétaire des commandements, p. 100. — Disgrâce de Léonard Goulas, obligé de céder la moitié de sa charge, p. 101. — Les ministres de Monsieur s'entendent avec les ministres du roi, p. 102. — Monsieur se plaint à M. de la Valette des mauvais desseins du cardinal, p. 103. — Il projette de se retirer en Lorraine, p. 104. — Préparatifs de départ, levée de troupes, p. 105. — Monsieur mal servi par les officiers de ses gardes, p. 106.

CHAPITRE XX.

Du second voyage de Lorraine et de ce qui se passa à la cour de Mon-

seigneur en sortant de France et durant son séjour à Nancy et Épinal, jusques à la disgrâce et à l'éloignement de M. Goulas (1631). — Monsieur quitte Orléans avec ses trois compagnies, p. 107. — Goulas se lie, pendant la route, avec M. de Manneville, p. 108. — La petite troupe de Monsieur arrive à Seurre, p. 109. — M. de Bellegarde envoie M. d'Amanzé près du roi pour lui demander la permission de recevoir Monsieur, p. 110. — Retour de M. d'Amanzé; les troupes du roi avancent à grandes journées; les gentilshommes qui ont suivi Monsieur sont déclarés coupables du crime de lèse-Majesté, p. 111. — Monsieur quitte Seurre et, arrivant à Besançon, envoie au roi M. de Briançon, porteur d'une lettre, p. 112. — Les habitants de Besançon reçoivent fort mal les troupes de Monsieur, p. 114. — Mathieu de Mourgues passe incognito à Besançon, p. 115. — Monsieur quitte Besançon et arrive à Nancy, où il apprend la déclaration du roi contre lui et les siens, p. 116. — Détails sur l'enregistrement de la déclaration royale, p. 117. — Monsieur fait sa cour à la princesse Marguerite, et Puylaurens à la princesse de Phalsbourg, p. 118. — La princesse de Phalsbourg projette avec Puylaurens le mariage de Monsieur et de la princesse Marguerite, p. 119. — Intimité entre Léonard Goulas et M. de la Rivière; tous deux, se montrant contraires au mariage de Monsieur, sont disgraciés par suite des intrigues de Puylaurens et de la princesse de Phalsbourg, p. 120. — Désespoir de Nicolas Goulas au sujet de la disgrâce de son cousin, p. 121. — La princesse de Phalsbourg contribue également à discréditer M. Le Coigneux, p. 122. — On apprend à la cour de Monsieur la retraite de la reine mère en Flandre, p. 123. — Anecdotes racontées par Monsieur à Goulas, p. 124.

CHAPITRE XXI.

*Des aventures de M*rs *Goulas et de la Rivière pendant leur disgrâce, et de ce qui arriva à M. de la Mothe-Goulas en Lorraine, jusques au partement de Monseigneur pour Bruxelles* (1631-1632). — Léonard Goulas et M. de la Rivière sont arrêtés à la frontière et conduits vers Paris, p. 126. — Ils échappent à la Bastille et en sont quittes pour quelques aventures avec le prévôt Milly, p. 128. — Mis en liberté, ils se retirent dans la principauté de Salm, p. 130. — Anecdote de Léonard Goulas se confessant à un vieux chartreux, p. 131. — Goulas et M. de la Rivière écrivent

SOMMAIRES. 483

à la princesse de Phalsbourg pour rentrer en grâce auprès d'elle, *ibid.* — Cette princesse rétablit en faveur ceux qu'elle avait fait éloigner de Monsieur, p. 133. — Anecdote sur M. de Manneville, *ibid.* — M. des Landes-Fayen, se rendant à Bruxelles auprès de la reine mère, passe à Nancy, p. 135. — Dévotions de M. Goulas et conversion de M. de Manneville chez les carmes déchaussés, p. 136. — Le roi s'approche de la Lorraine avec une bonne armée, p. 137. — Le duc de Lorraine rend ses devoirs à Sa Majesté et songe à s'accommoder, p. 138. — Monsieur se retire en Flandre, et épouse secrètement, avant de partir, la princesse Marguerite, p. 139. — Attaque, sans succès, par quelques gens d'armes de Monsieur, d'une voiture d'argent destiné à la solde des troupes royales, p. 140. — M. de Chaudebonne prédit à la princesse de Phalsbourg l'oubli dans lequel la mettra bientôt Puylaurens, p. 142.

CHAPITRE XXII.

De l'état de la Lorraine lorsque Monseigneur se retira et des véritables causes de la ruine du duc Charles. — Description de la Lorraine en 1631, p. 143. — Détails sur la famille régnante de Lorraine, p. 144. — Un songe de Mme de Vaudemont, p. 145. — Relations de Mme de Chevreuse avec le duc Charles de Lorraine, *ibid.* — Traité de Moyenvic, p. 147 et suiv. — Détails sur le mariage de Monsieur avec la princesse Marguerite, p. 150. — Malgré son traité avec le roi, le duc Charles maintient son alliance avec l'Espagne, la reine et Monsieur; M. de Guron découvre et révèle ces pratiques, p. 151. — Le roi se plaint de la conduite du duc Charles qui proteste et presse Monsieur d'entrer en France, p. 152. — La précipitation de Monsieur dans cette occurrence est cause des malheurs dont M. de Montmorency va devenir la victime, *ibid.* — Monsieur est reçu à Nancy, p. 153. — Le roi considère cette réception comme une violation du traité fait avec le duc Charles et se propose d'envahir la Lorraine, *ibid.* — Traité de Liverdun, p. 154. — Confusion de M. de Montmorency en apprenant le mariage de Monsieur avec la princesse Marguerite, *ibid.* — Le duc de Lorraine propose le mariage de son frère avec Mme de Combalet, p. 155. — L'abbé d'Elbène révèle le mariage de Monsieur, p. 156. — Le cardinal de Lorraine soutient qu'il n'est pas consommé, et qu'on attend l'agrément du roi, p. 157. — Négociations entre le cardinal de Richelieu et le cardinal de Lorraine au sujet du mariage de Monsieur, p. 158. — La princesse Marguerite se retire à Thionville, p. 159. — Le roi veut entrer dans Nancy, mais les portes lui en sont fermées, p. 160. — Il se prépare à assiéger la ville; traité de Charmes, p. 161. — La reddition de Nancy démontre à Monsieur la nécessité d'un accommodement, p. 163.

CHAPITRE XXIII.

Du voyage de Nancy à Bruxelles et de la marche de Monseigneur vers Nancy pour passer en Languedoc, avec tout ce qui lui arriva jusques à son entrée dans la province (1632). — Le comte d'Embden reçoit Monsieur à Luxembourg, p. 164. — Disgrâce de M^{rs} Le Coigneux et Monsigot, p. 165. — Monsieur projette de porter la guerre en France, p. 166. — Ses projets sont découverts par M. de Guron, p. 167. — Entrée de Monsieur à Bruxelles; sa réception par l'Infante, p. 168. — Monsieur est pressé de toutes parts d'entrer en France, p. 169. — Goulas quitte Bruxelles avec Voiture; manière dont celui-ci composait ses lettres, p. 170. — Anecdote relative à M. de Patris, p. 171. — Goulas rejoint Monsieur près de Dijon; quelques gentilshommes de Monsieur tirent sur les maisons des juges du maréchal de Marillac, p. 172. — Les troupes de Monsieur passent la Loire et se répandent dans le Bourbonnais, p. 173. — Manifeste publié par Monsieur à son entrée en France, p. 174. — Monsieur n'est pas reçu dans Vichy; jeu de mots de M. Voiture à ce propos, p. 175. — Monsieur est reçu à Aigueperse, mais ne peut s'approcher de Saint-Flour, p. 175. — Arrivé près de Lodève, il est informé que M. de Montmorency n'est pas prêt à se joindre à lui, p. 176. — M. de Montmorency se décide toutefois à tout hasarder, p. 178. — Il rejoint enfin les troupes de Monsieur dans l'Albigeois et les conduit à Beziers, p. 179. — M. de Montmorency devant les États du Languedoc, *ibid.* — Appréhensions de Léonard Goulas sur les affaires de Monsieur, p. 180. — Anecdote relative à M. de Jouy-Sardini : les pénitents de Monseigneur, p. 181. — Malgré les mauvaises nouvelles, Puylaurens et les favoris de Monsieur se divertissent à Beziers, p. 182.

CHAPITRE XXIV.

De ce qui arriva à Monseigneur en Languedoc, de la ruine de ses affaires et de son accommodement avec le Roy (1632). — M. de Montmorency organise les troupes de Monsieur, p. 183. — Conduite du baron de Perault à Beaucaire, p. 185. — Goulas demande à Puylaurens la faveur de combattre dans sa troupe, p. 187. — L'insuccès des troupes de Monsieur devant Beaucaire fait naître des doutes sur le résultat de l'entreprise, p. 188. — Même insuccès devant Saint-Félix de Carmain, *ibid.* — Combat de Castelnaudary; prise de M. de Montmorency, p. 189. — Mort du comte de Moret, p. 191. — Puylaurens se dérobe au premier coup de pistolet; déplorable conduite de la plupart des chefs, p. 192. — M. de La Ferté-Imbault est chargé de rallier les troupes de Monsieur, p. 193. — Monsieur envoie Mrs de Chaudebonne et Nicolas Goulas pour traiter avec le roi, p. 193. — Rencontre de M. de Chaudebonne avec son frère, M. d'Aiguebonne, envoyé par le roi vers Monsieur, p. 194. — Réception de M. de Chaudebonne dans la chambre du roi, p. 195. — Retour de M. de Chaudebonne et de Nicolas Goulas auprès de Monsieur, p. 196. — Consternation de la cour de Monsieur à la suite des nouvelles apportées par M. de Chaudebonne; Monsieur demande au roi de nouveaux envoyés pour traiter, p. 197. — Le roi pardonne à Monsieur et à ses serviteurs, p. 198. — Réflexions de Goulas, p. 199. — Énumération des morts et des blessés au combat de Castelnaudary, p. 200. — Anecdote relative à M. de Conigy, écuyer de quartier sous M. de Brion, p. 201. — Anecdote relative au baron de Chevy qui est tué par M. de Chamoreau, p. 203.

CHAPITRE XXV.

Du second voyage de Monseigneur en Flandre et de ce qui lui arriva en ce pays, tant à Bruxelles qu'à l'armée des Espagnols (1633). — Goulas revient à Paris mettre ordre à ses affaires, p. 205. — Monsieur fait demander au roi la grâce de M. de Montmorency, p. 206. — Affliction inconcevable de trois dames qui versent des torrents de larmes sur le tombeau de M. de Montmorency, p. 207. — Apprenant la mort du duc, Monsieur songe à sortir du royaume et prend la route de Bruxelles, *ibid.* — Explication sur la date de la lettre que Monsieur écrivit alors au roi, p. 208. — Goulas dessine et plante le parterre et les bois du château de la Mothe, avant de rejoindre Monsieur à Bruxelles, p. 209. — Arrêt du parlement de Dijon qui condamne les principaux serviteurs de Monsieur à avoir la tête tranchée, p. 210. — Passion de Monsieur pour doña Blanca, p. 211. — Mariage de celle-ci avec D. Louis de Briseña, p. 212. — L'Infante entoure Monsieur de mille attentions, p. 213. — Éloge de l'Infante, p. 214. — Les galanteries à la cour de l'Infante, p. 215. — Relations excellentes du marquis d'Ayetone avec Monsieur, p. 216. — Conduite de Monsieur devant Rheinberg, au passage de la Meuse, p. 216. — Divers incidents du combat, dont Goulas a été témoin, p. 218. — Visite et réception de Monsieur au camp du duc de Lerme, p. 220. — Retour de Monsieur à Bruxelles, p. 223. — Personnages qui étaient restés dans cette ville attachés à la fortune de Monsieur, p. 224. — Trouble causé par l'arrivée de la princesse Marguerite à Bruxelles, p. 225. — Embarras de la princesse qui n'entend pas un mot d'espagnol, p. 226. — L'archevêque de Malines bénit le mariage de Monsieur, p. 227. — La liaison d'un gentilhomme normand avec une demoiselle de Chimay cause une première rumeur dans Bruxelles contre les Français, p. 228. — Mort de l'Infante, p. 230. — Le conseil d'Espagne en Flandre assure toute protection à Monsieur, p. 233.

CHAPITRE XXVI.

Du séjour de Monseigneur à Bruxelles après la mort de l'Infante, de son accommodement avec le Roy et de son retour en France (1634). — La nouvelle se répand à Bruxelles que le roi entend poursuivre la dissolution du mariage de Monsieur, p. 233. — On y parle aussi de la dernière harangue du cardinal de Richelieu, p. 234. — Et de la cession que le duc de Lorraine avait faite de ses états au prince cardinal, son frère, sans la participation du roi, p. 235. — Troubles en Flandre, p. 236. — Arrestation du duc d'Arscot et du prince de Barbançon, p. 237. — Attentat à la vie de M. de Puylaurens, p. 238. — Diverses conjectures sur les auteurs de cet attentat, p. 240. — Les gentilshommes de la cour de Monsieur commencent à être sans ressources; Léonard Goulas fait manger à ses amis « sa dernière assiette d'argent », p. 241. — Anecdote de Mélampe, p. 243. — Goulas entre de plus en plus dans l'intimité de Monsieur, p. 244. — Quelques intrigues de cour, *ibid.* — Comment la princesse de Phalsbourg parvint à s'évader de Nancy, p. 245. — Son arrivée à Bruxelles, p. 246. — Monsieur commence à faire négocier son accommodement avec le roi par M. d'Elbène, *ibid.* — Les Espagnols engagent d'ailleurs Monsieur à quitter Bruxelles, p. 247. — Monsieur essaie de dissimuler ses projets

SOMMAIRES. 487

de départ en faisant des levées de troupes, p. 248. — Efforts faits de toutes parts pour ruiner doña Blanca dans l'affection de Monsieur, p. 250. — Arrêt du parlement qui déclare nul le mariage de Monsieur, p. 251. — Le bruit de l'accommodement de Monsieur avec le roi se répand dans Bruxelles; M. d'Elbène laisse entrevoir à Goulas l'espoir d'un départ prochain, p. 252. — Monsieur prétexte une partie de chasse pour quitter Bruxelles et rentrer en France, p. 253. — Mrs de la Rivière et Léonard Goulas songent à se mettre en sûreté après le départ furtif de leur maître, p. 254. — Attitude courageuse de Madame, p. 256. — La reine mère se plaint hautement de la conduite de Monsieur, p. 257. — Les Goulas quittent Bruxelles à leur tour, p. 258. — Anecdote de Mlle de Chimay, p. 259.

CHAPITRE XXVII.

Du séjour de Monseigneur à Blois, après son accommodement avec le Roy, et de son voyage à la cour, ensuite des noces de M. de Puylorens, qui fut arresté à quelques jours de là et mené au bois de Vincennes, où il mourut (1635-1636). — Retour de Monsieur en France, sa réception à Saint-Germain et à Ruel, p. 261. — Sa réinstallation à Blois et ses projets de reconstruction du château, *ibid.* — Richelieu songe au mariage de ses trois nièces, p. 262. — Puylaurens est fiancé à une nièce du cardinal, p. 263. — Nicolas Goulas, nommé depuis peu gentilhomme de la chambre, assiste à la cérémonie des fiançailles, p. 264. — Et à la réception de Puylaurens comme duc et pair, p. 265. — Fêtes à l'occasion du mariage, p. 266. — Arrestation de Puylaurens, p. 267. — Monsieur n'ose pas se plaindre de l'emprisonnement de son favori, p. 268. — Le cardinal exhorte Léonard Goulas et La Rivière à rester bons serviteurs de Monsieur, *ibid.* — Causes de la ruine de Puylaurens, p. 269. — Motifs des propos tenus par le cardinal à Léonard Goulas et à La Rivière, p. 272. — Mort de M. de Puylaurens, p. 273. — Assemblées du clergé appelé à délibérer sur les conditions de validité des mariages des princes du sang, p. 257. — M. de la Rivière prend dans la confiance de Monsieur la place laissée vacante par la mort de Puylaurens, p. 277. — Opposition de Mrs de Montrésor et d'Espinay, p. 278. — Promenades de Monsieur sur la Loire, p. 279. — Le bruit se répand que Monsieur veut fuir en Angleterre, p. 280. — M. d'Elbène se résout à perdre La Rivière dans l'esprit de son maître, p. 281. —

Nicolas Goulas est plusieurs fois envoyé près du roi, porteur des lettres de Monsieur, *ibid.* — Dans une de ces courses, Goulas est reçu par le cardinal, p. 282. — Monsieur vient à Paris lors du voyage du duc de Parme à la cour, p. 284. — M. de la Rivière est mis à la Bastille, p. 285. — M. de Chavigny obtient pour son oncle, le coadjuteur de Tours, la charge de premier aumônier de Monsieur, p. 286. — M. de Montrésor entre dans la confiance de Monsieur, et d'Elbène retourne disgracié à Paris, p. 287. — Monsieur commande à Nicolas Goulas de courtiser une demoiselle de Blois, p. 288. — Mauvais succès des armes du roi, p. 288. — Le roi offre à Monsieur, qui l'accepte, la lieutenance générale de l'armée, p. 289.

CHAPITRE XXVIII.

Du voyage de Corbie et de ce qui s'y passa; mesme du retour de Monseigneur à Blois (1636). — Le baron de Boisgeoffroy remplace M. d'Elbène auprès de Monsieur, p. 290. — Le rôle que devait jouer Boisgeoffroy étant découvert, il est forcé de se retirer, p. 291. — Nicolas Goulas devient de plus en plus familier de Monsieur, p. 292. — Monsieur lève des troupes dans son apanage, p. 293. — Il entre dans une conjuration contre le cardinal, p. 293. — Il se rend à l'armée et attaque Roye avec succès, p. 294. — Il séjourne à Péronne où l'on essaie de faire entrer Saint-Ybar dans sa faveur, p. 295. — Le cardinal est informé par Saint-Preuil de la conjuration qui le menace, p. 296. — Arrivée du roi et du cardinal devant Corbie, p. 297. — Les projets des conjurés avortent à Amiens, p. 298. — Monsieur abandonne aussitôt l'armée sous le prétexte des maladies contagieuses, p. 300. — Retour de Monsieur à Blois, p. 301. — Son inquiétude en apprenant la prise de Corbie; sa rencontre avec M. le Comte qui partage ses préoccupations, p. 302. — Mrs de Bautru, de Chavigny et de Guiche sont dépêchés près de Monsieur, p. 303. — Efforts pour désunir M. le Comte et Monsieur, p. 304. — Monsieur signe un acte de soumission au roi entre les mains de Chavigny, p. 306. — Reproches adressés à Monsieur par Montrésor, p. 307. — Les Goulas combattent avec succès son influence, p. 309. — Entrevue du roi avec Monsieur, à Orléans, p. 309. — Le cardinal traite avec M. le Comte, p. 311. — Situation de Nicolas Goulas auprès de Monsieur, p. 313. — M. de la Rivière sort de prison et est envoyé à Blois, p. 314. — Léonard Goulas lui fait « le plan de la cour »; Monsieur

SOMMAIRES. 489

traite La Rivière comme auparavant, p. 315. — Le comte de
Fiesque, agent de M. le Comte, séjourne à Blois, p. 317. — Les
gentilshommes de Monsieur dénigrent les filles de Blois et vantent la beauté de celles de Tours, p. 318. — Ils profitent d'une
partie de chasse pour faire connaitre à Monsieur la belle Louison,
p. 319.

CHAPITRE XXIX.

*Monseigneur quitte la demoiselle de Blois et s'embarque avec Louison
de Tours; ses galanteries, sa jalousie et la ruine de M^{rs} de la
Rochepot et d'Espinay (1637).* — Monsieur quitte la demoiselle
de Blois pour Louison de Tours, p. 321. — Disgrâce de M. de
la Rochepot, p. 322. — Monsieur envoie sa musique à Tours et
y fait venir des comédiens et des danseurs, p. 323. — Ses confidents le traitent comme un jaloux, p. 325. — Monsieur vient
à Paris, et confie ses chagrins au roi alors épris de Mlle de
Hautefort, p. 326. — Il revient encore à la cour au moment des
couches de la reine, p. 328. — Douleur de son Altesse royale à
l'occasion de la naissance du dauphin, p. 328. — Soupçonnant
les infidélités de Louison, Monsieur tend un piège à d'Espinay,
p. 329. — Il découvre les relations de Louison avec son confident qu'il chasse de sa cour, p. 332. — Il refuse de reconnaitre
l'enfant que bientôt après Louison mit au monde, p. 333. — Le
cardinal met M. de Cinq-Mars en faveur auprès du roi, p. 334. —
Le roi se rend à Lyon, puis à Grenoble, où il rencontre la duchesse
de Savoie, p. 335. — De retour à Fontainebleau, le roi éloigne
Mlle de Hautefort, et s'attache de plus en plus à Cinq-Mars,
p. 337. — Fêtes à l'occasion de la grossesse de la reine, p. 338. —
Prise d'Arras, p. 339. — Comment Monsieur apprend à Chambord la naissance du duc d'Anjou, p. 340. — Monsieur témoigne
plus de confiance à M. de Belloy, p. 341. — Anecdote sur M. de
Belloy et Mme de Choisy, p. 342.

CHAPITRE XXX.

Des embarras de la cour, et des desseins et de la mort de M. le Comte.
— L'inconduite de Cinq-Mars et ses relations avec Marion
Delorme désolent le roi, p. 344. — Disgrâce de la Chesnaye et
de du Perray, p. 346. — Propos tenus sur la reine, p. 347. —
M. le Comte essaie de s'attacher Cinq-Mars, *ibid.* — Monsieur
passe tout l'hiver à la cour et s'y comporte à merveille, p. 348.

— Situation de la petite cour de Monsieur à cette époque, p. 349. — Les desseins de M. le Comte sont découverts à la suite de l'arrestation de M. de Soubise, p. 350. — Causes de la haine de Richelieu pour M. le Comte, p. 354. — Motifs de la ruine de M. de Bouillon et de la brouillerie avec M. de Guise, p. 355. — M. de Bouillon traite avec l'Espagne, p. 357. — Le cardinal fait entrer une grande armée en Flandre, p. 358. — Mme de Cantecroix assure la réconciliation du roi avec le duc Charles de Lorraine, *ibid.* — M. de Vauchelles, envoyé de M. de Guise, essaie de détacher Monsieur du service du roi, p. 359. — Déclaration royale contre M. le Comte et réponse de ce dernier, p. 361. — Les troupes royales se présentent devant Sedan, p. 362. — Mort du comte de Soissons, p. 364. — Déroute des conjurés de Sedan, p. 365. — Malgré ces graves événements, les divertissements continuent à la cour de Monsieur, p. 367. — Conversation de Goulas avec M. de Jouy-Sardini et M. d'Elbène, p. 368.

CHAPITRE XXXI.

Du voyage de Monseigneur à la cour, à la fin de l'année 1641, où se fit la liaison avec M. le Grand et M. de Bouillon contre M. le cardinal de Richelieu, et de ce qui se passa en hiver 1642. — Fierté du cardinal après le succès de Sedan, p. 369. — Retraite patiente de Monsieur à Chambord, p. 370. — Disgrâce et éloge de M. de Saint-Preuil, p. 371. — Sujets de haine du cardinal contre ce gentilhomme, p. 374. — Voyage de Roussillon et siège de Perpignan, p. 375. — Conspiration de Monsieur, de M. de Bouillon et de M. le Grand contre le cardinal, p. 376. — Réunion des conjurés à l'hôtel de Venise, p. 378. — Monsieur songe à réunir à Sedan tous les mécontents de la cour, p. 379. — Mission de M. de Fontrailles en Espagne, p. 380. — Le cardinal fait entreprendre au roi le voyage du Roussillon, *ibid.* — Alliance de M. de Bouillon avec M. le Grand, p. 381. — Cinq-Mars ne peut mettre à exécution le projet qu'il avait formé de tuer le cardinal, en chemin pour le Languedoc, p. 382. — Monsieur se rend aux eaux de Bourbon, p. 383. — Retour de M. d'Aubijoux avec le traité d'Espagne, p. 384. — Monsieur envoie M. des Ouches prendre des nouvelles du roi, p. 385. — Il apprend bientôt la disparition de M. de Cinq-Mars, et reçoit l'ordre d'aller commander l'armée de Champagne, *ibid.* — A Moulins, Monsieur apprend l'arrestation de Cinq-Mars et envoie de suite M. de la Rivière demander pardon au roi, p. 386. — Trouble extrême à la cour de Monsieur, p. 387. — Paroles du cardinal à M. de la Rivière au sujet du prétendu repentir de Monsieur, p. 389. — Monsieur brûle le traité d'Espagne, p. 390. — Il fait de complets aveux à M. le chancelier, p. 391. — Inquiétude de la reine qui avait peur d'être compromise par les aveux des prisonniers et de Monsieur, p. 392. — Monsieur échappe à la confrontation avec les prisonniers et reçoit par grâce l'autorisation de retourner à Blois, p. 393. — Malgré les cabales, Monsieur conserve son estime à Léonard Goulas, p. 396. — Mort de Mrs de Cinq-Mars et de Thou, p. 397. — Le roi pardonne à M. de Bouillon, p. 398. — Détails sur l'entrevue du roi et du cardinal à Tarascon, p. 399. — De quelles personnes Goulas a reçu les détails qui précèdent, p. 401. — Retiré à Paris pendant ces événements, Goulas va rejoindre Monsieur à Blois, *ibid.*

CHAPITRE XXXIII.

Du séjour de Son Altesse royale à Blois, à Chambord et Orléans, et de la mort de M. le cardinal de Richelieu (1642). — Goulas est bien accueilli par Monsieur, p. 403. — Aversion du cardinal pour Monsieur, p. 404. — Déclaration royale qui enlève à Monsieur toute administration du royaume à l'avenir, *ibid.* — M. de Grammont vient annoncer à Monsieur la mort du cardinal, p. 406. — Hésitation de Monsieur sur la conduite qu'il doit tenir en cette circonstance, p. 407. — A la cour de Blois, chacun se réjouit de la mort de Richelieu, p. 408. — Le roi, malgré les supplications de M. de la Rivière, persiste à exiger l'enregistrement de sa déclaration contre Monsieur, p. 409. — Détails sur les derniers moments et les dernières pensées de Richelieu, p. 410. — Le roi proteste hautement qu'il maintient toutes choses en l'état où le cardinal les a laissées, p. 412. — Diverses appréciations sur Richelieu, p. 414. — Monsieur demeure à Orléans par l'ordre du roi, p. 416. — M. de Senneterre espère la charge de M. le duc de Bellegarde, p. 419. — Le marquis de Vardes sollicite l'abbaye de Saint-Benoît, p. 418. — M. de Boisgeoffroy vient demander au roi pour Monsieur la permission de se rendre auprès de Sa Majesté, p. 420. — Mazarin premier ministre, p. 421.

CHAPITRE XXXIV.

Du retour de Monseigneur auprès du Roy et de ce qui se passe à la cour au commencement de l'année 1643. — Luttes et convoitises suscitées par le testament de Richelieu, p. 422. — Le roi se retire à Versailles, p. 425. — Retour de M. de Beaufort en France, p. 426. — Reprise de Tortone par les Espagnols, p. 427. — Retour de M. de Barradat auprès du roi, p. 428. — Retour de M. de Saint-Simon, p. 429. — Le roi tombe malade, p. 430. — Monsieur se rend aussitôt auprès de Sa Majesté qui le reçoit bien, p. 431. — Le duc d'Enghien reçoit le commandement de l'armée de Picardie, p. 432. — M. de Montrésor revient près de Monsieur, et M. de Beaufort près du roi, p. 433. — Le roi répand sa mauvaise humeur sur M. de Noyers, p. 434. — Le roi songe, avant de mourir, à mettre ordre à son État, p. 435. — Déclaration royale relative à la régence, p. 436. — Chacun songe à bien asseoir sa fortune, p. 437. — Baptême du dauphin, p. 438. — Attitude de la reine à cette époque, *ibid.* — Le roi dispose de plusieurs charges importantes en faveur du duc d'Enghien, de Mrs de Souvré, d'Humières, du Hallier, de Guébriant, etc., p. 439. — Amnistie générale en faveur des exilés et des prisonniers de la Bastille, p. 440. — Le roi envisage la mort avec une merveilleuse constance, p. 441. — Le bruit se répand à Paris que le roi a été empoisonné par Richelieu et ces propos suscitent une grande émotion parmi le peuple, p. 442. — Retour de Madame, p. 443. — Disgrâce du comte d'Olivarès, p. 444. — Éloge de ce personnage, p. 446.

CHAPITRE XXXV.

De la mort du Roy, de l'état de la cour alors et de l'arrivée de Madame à Paris. — Le roi conjure la reine et Monsieur de demeurer unis, p. 448. — Derniers moments de Louis XIII, p. 449. — Monsieur repousse la co-régence et se contente des fonctions de lieutenant général, p. 450. — Démêlé entre M. le Prince et M. de Beaufort, le soir de la mort du roi, p. 451. — La reine et le jeune roi viennent prendre possession du Louvre et se rendent au parlement, p. 453. — Détails sur le retour de Madame, dont le mariage avec Monsieur est béni par l'archevêque de Paris « en tant que besoin seroit », p. 454. — Madame de Chevreuse s'unit avec M. de Beaufort contre Mazarin, p. 456. — M. le duc d'Enghien à Rocroi, p. 457. — Siège de Thionville ; mort de M. de Gesvres, p. 459. — La reine augmente le nombre de ses ministres, p. 460. — Conduite singulière de Mazarin à l'égard de M. de Chavigny, p. 461. — Retour des exilés, p. 462. — Mazarin et Mme de Chevreuse, p. 463. — M. Le Coigneux, revenu d'Angleterre, essaie en vain de reprendre sa charge auprès de Monsieur, p. 464. — M. de Chavigny vend sa charge de secrétaire d'État, p. 466. — M^rs Le Coigneux et de Nesmond reprennent leurs charges au parlement, p. 467.

APPENDICE.

I. — Détails sur le siège de La Rochelle, puisés dans le Manuscrit de Vienne, p. 469.
II. — Lettre de Monsieur à M. de Lorraine (30 mars 1631), p. 471.
III. — Lettre de Monsieur à M. Roger (31 avril 1631), p. 477.
IV. — Id. Id. (28 mai 1631), ibid.

ERRATA

Page 5, ligne 5, — dont *il leur avoit fait* compliment en foule, lisez : dont *ils lui avoient fait* compliment en foule.
Page 22, ligne 9, — à *l'arrivée* de cet État, lisez : à *la ruine* de cet État.
Page 29, ligne 18, — se *trouvant,* lisez : se *sauvant.*
Page 31, ligne 25, — *autant* qu'il était nécessaire, lisez : *au temps* qu'il était nécessaire.
Page 39, ligne 11, — à *Saint-Merry,* lisez : à *la Mercy.*
Page 40, ligne 28, — Id. Id.
Page 50, ligne 23, — M. de *Grassende,* lisez : M. de *Brasseuze.*
Page 72, ligne 15, — sur le lit *de* Son Altesse, lisez : sur le lit *auprès de* Son Altesse.
Page 77, ligne 3, — *compté,* lisez : *conté.*
Page 87, ligne 7, — *persévereroit,* lisez : *persévéroit.*
Page 101, ligne 12, — le *fuit,* lisez : le *fist.*
Page 122, ligne 22, — de *Jouy, Sardini,* lisez : de *Jouy-Sardini,*

Imprimerie GOUVERNEUR, G. DAUPELEY à Nogent-le-Rotrou.

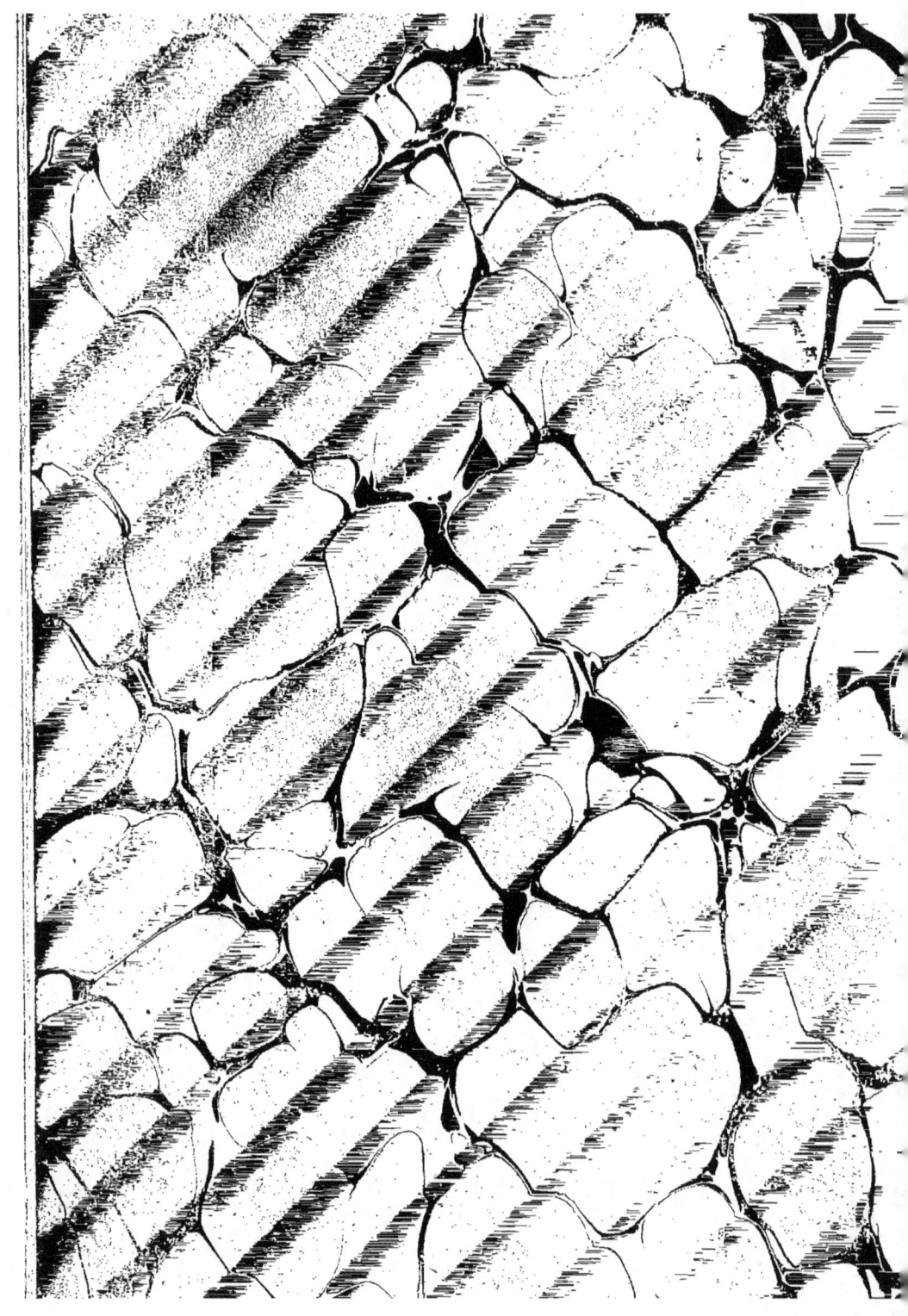

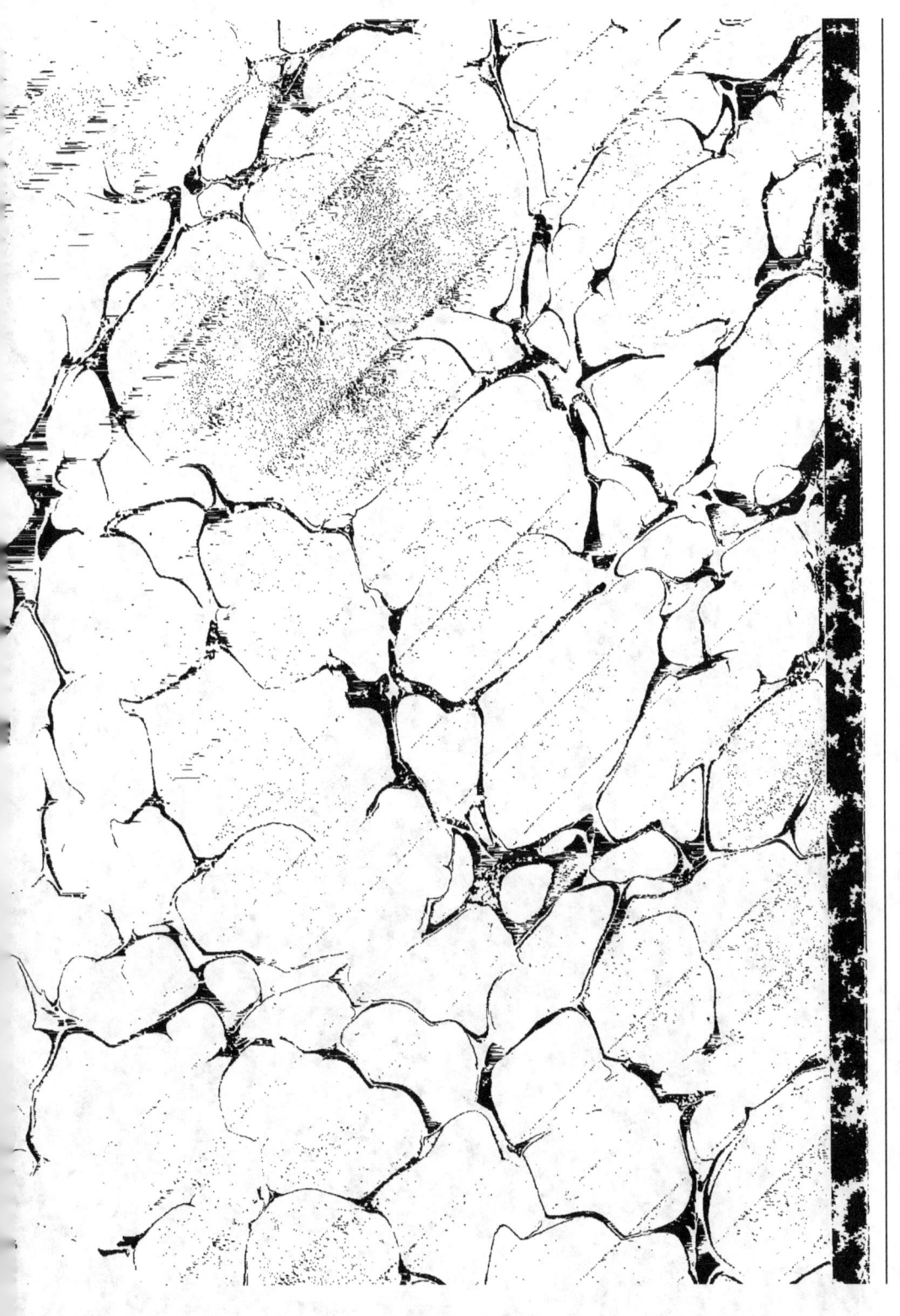

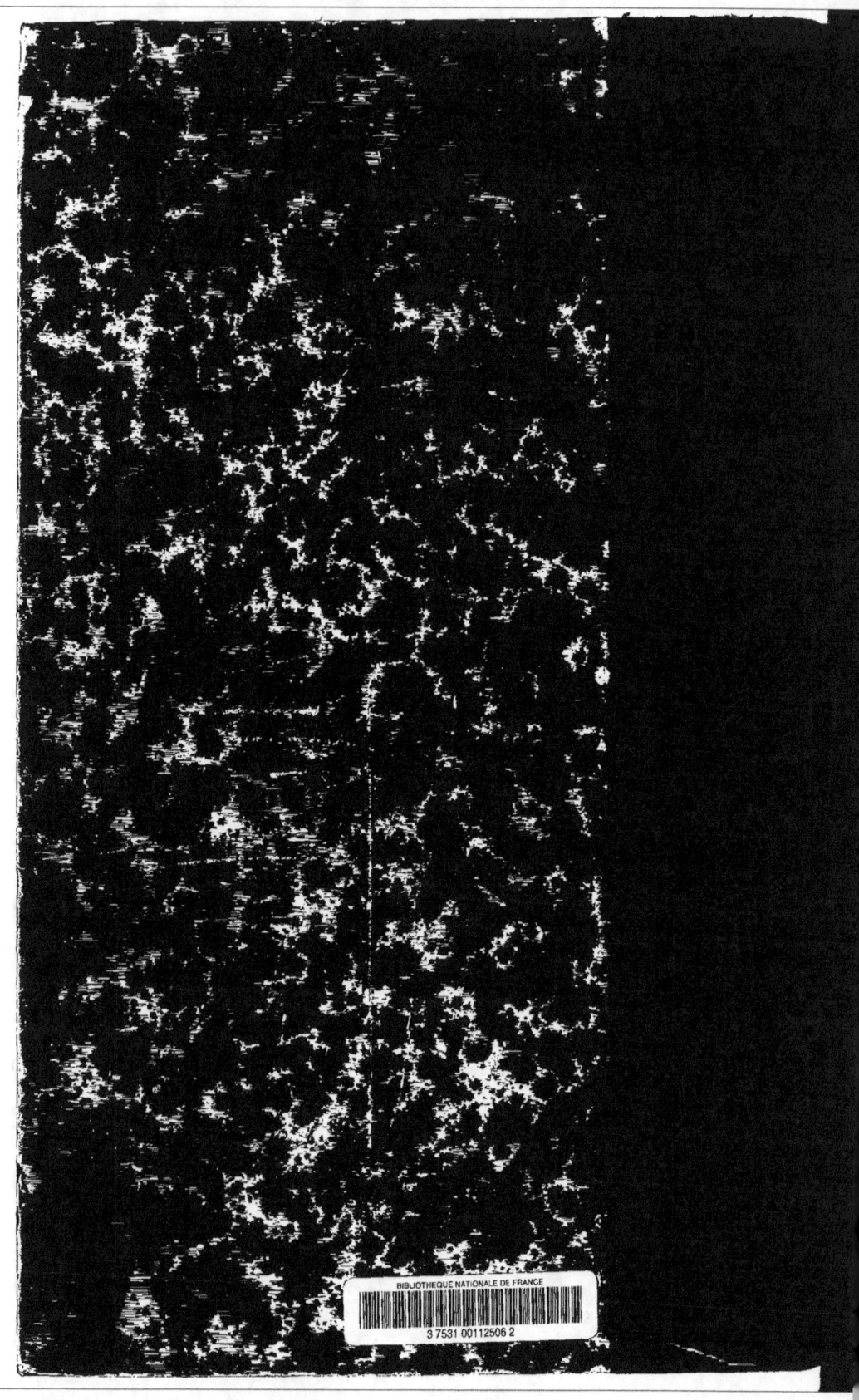

www.ingramcontent.com/pod-product-compliance
Lightning Source LLC
Chambersburg PA
CBHW071408230426
43669CB00010B/1488